家父長的 家庭教育

가부장적 가정교육

(아들을 아들로 키우기)

진기환 지음

明文堂

프롤로그(prologue)

가부장적(家父長的) 가정교육은
아들을 아들로 키우기 위한 노력이다.
이는 아버지의 정성과 사랑에 의한 헌신이며,
권위적이 아닌 교육 철학과 신념이 있어야 한다.

{자식 농사}

아내한테서 "당신이 이뤄놓은 것은 무엇인가? 아니면 내게 해 준게 뭐 있는가?" 그리고 자식들한테 "아빠는 왜 있는지 모르겠어!" – 이런 말을 들었다면, 그 가장(家長)은 정말 답답하고 비참할 것이다.

설자리가 없는 가장! 가장이 마음 둘 곳 없어 흔들릴 때, 다른 가족은 만족하고 마음이 편하겠는가? 물론 그 반대(逆)도 성립한다.

아버지가 가장 내에서 설자리를 잃었다면 가장 스스로 본인을 자책해야 한다. 그러면서 설자리를 되찾아야 한다. 세상의 모든 가장은 남편으로서의 역할을 다하고, 자녀들에게 가정의 중심으로 인정받는, 곧 가장으로서 권위를 확립해야 한다.

가정의 모든 행복은 아버지라는 존재에서, 또 가장에 의하여, 가장의 신념을 바탕으로 성립되고 확장되어야 한다. 현명한 아버지에 의한 바른 가정교육은 자식들의 꿈을 성취시켜 준다.

한 마을에서 농사를 지어도 잘 지은 사람과 못 지은 사람이 있다. 두 사람이 아래위 논에서 지은 농사지만, 누가 봐도 극명하게 차이가 나는 경우도 있다.

한 마을에서 또래의 아들을 키워도 아들 농사 잘 지었다는 말을 듣는 사람이 있다.

가을운동회 달리기는 빨리 달린 아이가 1등이지만, 달리기에서 한 번도 상을 타지 못했다 하여 달리기를 못하는 것은 아니다.

호박 농사는 큰 구덩이에 인분을 가득 퍼넣고 호박을 심으면 여름내내 호박이 열린다. 그러나 자식 농사는 낳고 키웠다 하여 성공 여부가 판가름 나지도 않는다.

아버지는 공부해야 한다. 그 공부는 책 읽는 공부만이 아니라 자식을 어떻게 키워야 하는가를 늘 생각해야 한다.

아버지라면 누구든 자식들을 키우고 가르쳐야 한다. 이 세상의 모든 아버지가 모두 교육학자이거나 선생님이 아니다. 그리고 아들 농사가 한두 가지 방법이나 1, 2년 가르쳐서 결판이 나는 것도 아니고, 누가 1등인지는 알 수 없더라도, 적어도 자식을 잘못 키웠다는 말을 들어서는 안 된다.

{ 애꾸눈 잭, One-Eyed Jacks }

트럼프(trump)의 11에 해당하는 잭(Jack) 카드 그림에 애꾸눈이 있다. 1961년 제작된 미국 영화 〈애꾸눈 잭, One-Eyed Jacks〉에서는 말론 브란도(Marlon Brando, 1924-2004년)가 그 주인공이다.

배신한 동료에 대한 복수는 우여곡절을 겪으면서 진행된다. 영화가 아닌 경우, 애꾸눈이라면 편견(偏見)이라는 뜻이 떠오른다.

필자는 평생을 학교에서만 살았기에 친구들로부터 '어떻게 하면 애들이 공부를 잘하게 할 수 있느냐?' 는 질문을 자주 들었다. 그런 질문에는 '선생이니까 선생 아들은 공부를 잘할 것이다. 아마 선생 나름대로 좋은 방법을 알고 있을 것이다' 는 뜻이 들어있다.

그러나 나에게 무슨 '뾰쪽 수' 나 '기발한 착상 또는 방법' 이 있을 수 없다. 또 내 자식에게 통하는 방법이 다른 아이들한테도 통할 것이라고 말할 수도 없다. 그러니 이처럼 난처한 질문에는 대답을 하지 않는 것이 가장 좋다.

6형제의 장남인 필자는 서울의 실업계 남자 고등학교에서 주로 근무했다. 필자가 근무한 학교가 남자 상고(商高)에서 남녀공학으로 바뀌었지만, 여학생 교실에서 수업도, 또는 여학생 반을 담임하지도 못했다. 그리고 필자는 아들만 둘을 키웠다.

딸도 못 키워본 사람이 가정교육을 논한다면, 마치 남자학교에 근무하며 여학생 생활지도 방법을 논하거나 여권신장을 주장하는 것과 같을 것이다.

그러니 나의 이 책이 어쩌면 편견으로 가득 찬 내용일 수도 있다. 그리고 가부장적(家父長的) 가정교육이라니!－지금 세상이 어느 때인데!

그러나 이는 나의 경험에 바탕을 둔 논리이며 주장이다. 나는 교육 이론가가 아니었으며, 또 새로운 교육 사조를 거부하는 교사도 아니었다. 나는 편견이나 고정관념을 가지고 이 책을 집필하지 않았다.

말론 브란도는 치밀한 계획과 부단한 노력으로 뜻을 이루었는데,

그는 어떤 편견에 사로잡힌 애꾸눈이 아니었다. 말론 브란도는 영화 〈대부(代父), The Godfather〉에서는 이탈리아 가족의 전통을, 그리고 시칠리아 섬 사람들의 의리를 지키는 보스(boss)였다.

{ 학생 지도 }

1988년 서울 올림픽은 우리나라의 경제와 문화, 사회에 지대한 영향을 끼쳤다. 빠른 경제적 발전에 따라 상업계 고등학교 교육에서도 큰 변화가 있었다. 남학교의 교과 활동과 생활지도는 결코 쉬운 일이 아니었다.

3월에 담임한 학급 학생을 낙오자 없이 상급 학년에 진급시키거나, 진학 또는 취업을 시킨 다음 헤어지는 2월에는 정말 만감(萬感)이 교차했다.

지각이나 결석하지 말라고 설득과 체벌, 성적을 더 올릴 수 있다고 격려했어도 좌절하는 학생, 낙담하지 말라고 희망을 말하며, 조그만 성취에도 함께 기뻐하면서 1년간 학생의 보호자가 되어야 한다.

모두에게 선한 영향을 끼쳤고 보람을 말할 수 있는 선생님이었다고 자부하지는 못한다. 학생의 인성과 가정환경 – 이런 저런 학부모, 크고 작은 사건으로 점철되는 1년이나 2년을 함께 생활하고 졸업시키면서, 나의 실수와 착오를 후회하며 기약 없는 뒷날의 재회를 생각한다.

내가 경험한 학생지도 – 그 과정에서 가정교육을 생각하지 않은 날이 없었다. 내가 가르친 모두가 한 사나이로 또 가장으로 제 몫을 다하며 살아가길 기원했다.

결혼하고 아버지가 되어 아들을 낳고, 그 아들을 고등학교에 보낼 것이다. 아들이 고등학교에 다닐 때면 아버지 본인의 고등학교 시절을 생각할 것이다.

1백 명 학생의 얼굴이 다르듯, 가정환경이 다르고, 행동이 서로 달랐다. 학생들 청소하는 모습을 보아도 인성과 개성의 차이를 절감했다. 결국 가정교육과 가정환경은 깊은 연관이 있었다.

{ 가족 그리고 가장(家長) }

남녀는 결혼으로 가정을 이루지만, 자식을 낳고 길러야 진정한 가정이고 가족이다. 자식을 낳아 기른다는 일은 얼마나 큰일인가! 우선 건강한 아들딸을 출산해야 한다. 건강한 아들딸을 바르게 키우는 일은 부모와 그 가족 모두의 책임이다.

그리고 남편이면서 아버지로서 아내와 자녀의 생존과 생활을 책임진다는 다짐이 있어야 가정이 만들어진다. 물론 아내이면서 아이들 어머니가 다짐하고 그렇게 이끌 수도 있지만, 이런 다짐과 선언은 아무래도 아버지가 해야 한다.

이러한 다짐과 선언을 한 사람이 가장(家長)이다. 가정에서는 아버지가 최고 어른이며, 책임자이기에 가부장(家父長)이라고 한다.

어머니는 자식을 본능으로 키운다. 자식의 냄새를 알고 자식의 체온, 건강, 피곤한 지 아니면 아픈가를 아버지보다 먼저 안다. 어머니의 자식을 향한 감정은 너무 따뜻하고 생생하게 살아 숨쉰다. 이 세상 모든 어머니는 자식을 끌어안고 지켜주며 양육한다.

필자의 생각이지만 '어머니' 란 말에는 아무런 수식어가 필요없다. 그냥 '어머니' 라는 말 하나에 모든 것이 다 들어있다. 어머니의 사랑과 헌신 – 그것 말고도 이 세상의 모든 좋은 말이나 찬사(讚辭)가, 그저 '어머니' 라는 말에 다 녹아있다.

아버지와 자식, 특히 아들과의 관계는 그야말로 형식이다. 아버지의 가슴에는 '너는 아들! 나는 아버지이고, 나는 너를 키우고 가르쳐야 한다' 는 의무감이 가득 차있다.

따라서 부친은 생물학적 본능의 양육자가 아닌 사회적 관리자라고 생각할 수도 있다.

자식－특히 아들은 아버지가 교육해야 한다. 그렇다고 아버지가 냉정해서는 안 된다. 자식에게 냉정한 동물은 지구상 어디에도 없다.

아버지는 아들 교육에 대한 책임감을 가지고 엄격해야 아들을 가르칠 수 있다. 물론 엄격한 아버지 교육의 바탕에는 사랑이 깔려 있다. 진정으로 자식을 사랑하지 않는다면 엄격할 수도 또 제대로 교육할 수 없다.

분명히, 우리나라의 일반적 가정은 예부터 가부장인 아버지를 중심으로 가정교육이 이뤄졌다. 가장에게는 가장의 자존심도 중요하다. 그 자존심을 지키려고 폭력적이라면 이미 가장이 아니다.

가부장적 가정교육은 힘이 아닌 정성과 사랑이며 이론적이고 철학적 바탕이 있어야 한다.

가장이 모범적이고 확실한 신념을 가지고, 언행(言行)이 일치될 때만 가장의 권위가 인정되고 가정교육의 효과를 기대할 수 있다.

그러나 '자식 농사' 라고 하는 자녀의 양육과 교육에서 그 주체인 아버지가 자신의 임무를 '성공적으로 수행하고 있다' 고 당당하게 말할 수 있는 사람은 과연 몇이나 될까?

'어떤 아버지가 되어야 하는가?' 이는 우리나라 모든 가정의 아버지들이 고민하는 문제이다.

가정은 일시적 결합체가 아니라 살아있는 동안 지속되어야 할 생명체이기에 가정에는 분명히 이어져야 할 신념이나 전통이 있어야 한다.

명문대가(名門大家)가 왜 존경받는가? 그 집의 경제적 부유(富裕)나 가장의 사회적 지위가 존경의 대상은 아니니다. 그 가정의 신념과 전통이 존경의 대상이 되는 것이다.

{ 가부장적 가정교육 }

21세기에, 시대적 흐름에 뒤떨어지지 않으면서 새로운 가풍(家風)을 창조하고 계승하는 것은 우리 모든 가장의 책무이다. 그런 의무 수행을 위해 아버지는 아는 것과 그리고 신념이 있어야 한다.

예를 들면, '친구가 왜 소중한가?' 를 아들에게 가르쳐주거나 깨우쳐 줄 수 있도록 아버지 나름대로의 바탕을 갖추어야 한다.

이 세상에 자녀교육보다 더 중요한 일이 또 어디에 있겠는가? 경제적으로는 성공을 거두었으나 자식, 특히 그 아들이 제대로 바르게 자라지 못했다면 그가 번 돈은 무슨 의미가 있는가?

우리나라의 경제적 발전과 사회변화는 가정생활과 가정교육의 내용이나 방법을 크게 바꾸어 놓았다. 그러나 결과적으로는 너나 할 것 없이 '요즈음 아이들이 버릇없고 나약하며, 이기적' 이라고 많은 걱정을 한다.

사실 그것도 걱정거리이지만 '아들이 아들답지 못하다' 곧 사내답지 못한 것이 더 큰 문제일 것이다. '사내답다' 는 표현은 느낌이지만, 하여튼 아들은 아들답게 키워야 한다.

이 세상의 부모들에게, 특히 아들을 가르쳐야 하는 아버지에게, 아들을 아들답게 제대로 강하게 키워야 한다고 외치면서 내 나름대로의 생각을 정리하였다. 아들 교육은 보수적이고 전통적인 가치관에 바탕을 두어야 한다고 생각한다.

교육도 유행을 탄다고 하지만 그 기본만은 변할 수 없다. 시대가 20세기에서 21세기로 바뀌어도 가정의 본질, 아버지와 아들 관계의 본바탕은 변할 수 없다.

아버지의 주관과 원칙에 의하여, 아버지에 의해 이루어지는 가정교육은 아들을 사내답고, 또 아들답게 키우는데 초점이 맞추어져야 할 것이다. 그래야만 다음 세대가 이어질 수 있다고 생각한다.

{ 가부장적은 남존여비가 아니다 }

필자는 교단에서 정년퇴직(2009년 2월)하기 전에 이 책을 집필했다. 이는 필자의 경험이고 신념이었다. 그리고 출판하고자 출판사를 찾아다녔다.

만나기 전에 원고를 설명했고, 서로 약속을 한 뒤, 어떤 출판사의 여자 편집장을 만났다.

출력한 원고를 본 여자 편집장이 나를 한 번 흘깃 쳐다보더니, 혼자 말했다.

"지금 시대가 어느 시대인데? 가부장적?"

그러면서 왼손으로 원고를 밀쳤다. 그래서 내가 물었다.

"가부장적 가정교육을 왜 나쁘다고 생각합니까?"

그러자 그 편집장이 나에게 반문했다.

"왜 그러세요?"

말하자면, 그는 '가부장적' 이란 말을 '남존여비(男尊女卑)' 와 동의어로 생각하는 모양이었다. 아예 나의 말을 듣고 싶지도 않다는 차가운 거절이었다.

그 당시, 그쪽은 분명 갑(甲)이었고, 나는 을(乙)이었다. 결국 2011년에 겨우 다른 출판사에서 출간되었지만, 필자의 신념은 변함없다.

{ 수구(守舊) 꼴통 }

지금은 남녀 모두 결혼을 당위로 받아들이지도 않거나, 늦추는 만혼이다. 결혼하여도 자녀 출산을 기피한다. 그러니 인구절벽에 초고령화 사회로 접어들었다. 거기에 이대남, 이대녀의 젠더(gender) 갈등도 폭발 직전이고, 페미니즘(feminism)의 위세에 남성들은 크게 위축되었다. 그런데 가부장적 가정교육으로 아들을 아들로 키워야 한다니!

내 책 제목을 보고서는 필자가 상투머리에 갓을 쓴, 꾀죄죄한 한복에 허연 두루마기를 입은 노인의 모습이 연상될 지도 모른다. 필자는 학교에서 역사 선생이었다.

1990년대 초에, 중·고등학교 교사들도 자가용을 구입하기 시작했다. 동료들이 소주를 마시면서 '우리 학교에서 자가용을 끝까지 타지 않을 사람, 아니면 가장 늦게 차를 살 사람'에 만창일치로 필자를 뽑았다. 그러나 필자는 동료들 누구보다 먼저 자가용을 구입했다. 놀라는 동료에게 내가 말했다.

"역사 선생은 수구 꼴통이 아닙니다. 누구보다도 혁신적이며 진보적입니다. 왜냐면 역사를 공부하여 발전과 진보를 알기 때문입니다."

필자가 전통적 가정교육에서 아들에게 오륜(五倫) 교육을 강조하는 까닭은, 오륜의 도덕을 이 시대에 맞춰 교육해야 한다는 뜻이다.

10여 년의 세월이 흘러 새로운 내용을 보충한 이 책이 다시 한 번 빛을 볼 수 있는 날, 모든 아버지들이 자신의 막중한 책무를 새롭게 느끼면서 아들 교육에 많은 관심을 갖는다면 우리나라의 모든 가정은 행복할 것이다. 아울러 우리나라 학교교육도 크게 진보할 것이며 우리 사회는 한층 더 안정될 것이라고 확신한다.

2023년 6월

도연(陶硯) 진기환(陳起煥)

참고 도서

○《韓國人의 傳統家庭敎育思想》: 李啓鶴, 柳蕙玲, 孫直銖, 李烘雨 共著, 한국정신문화연구원, 1993.

○《논어(論語)》: 張基槿 역, 明文堂, 1973.

○《맹자(孟子)》: 車柱環 역, 明文堂, 1972.

○《소학(小學)》: 朱熹 編, 李忠九, 金在烈 外 譯註, 전통문화연구회, 2019.

○《家庭教育與父母教育》: 陳鶴琴 著, 上海人民出版社, 2016.

○《파더십(Fathership)》: 강헌구, 강봉국 지음, 북클라우드, 2013.

○《공부하는 부모 성공하는 자녀》: 이명수 지음, 지성의 샘, 2007.

○《(부모와 교사를 위한) 기본생활예절교육》: 정영진 외 지음, 창지사, 2005.

○《2020. 청소년 종합 실태조사》: 여성가족부, 한국청소년 정책 연구원, 2021.

○《2021. 한국의 사회 동향》: 통계청, 통계개발원, 2021.

○《2019. 아동종합실태조사》: 보건복지부, 2019.

{ 차례 }

제2부 가정교육의 중요성

제1부

우리의 현실과 흐름

1. 가족 형태의 변화

1) 여성 가구주의 증가-결혼 기피, 만혼

여성가족부에서 발간한 《2019년 통계로 보는 여성의 삶》 책자에 의하면, 최근 우리 사회에서는 여성의 역할이 커지고 있다.

2019년 여성 가구주(家口主)는 6,224,000가구로 전체 가구의 31.2%나 된다. 그중에 미혼(未婚) 여성 가구는 1,487,000가구이다.

특히 2019년 1인 가구주는 남녀 모두 2001년보다 2배 이상 증가하였는데, 이는 남녀 모두 결혼을 미루거나 기피하는 현상에 따른 결과라 생각할 수 있다.

미혼남녀가 「결혼을 해야 한다.」는 비율은 20년 전보다 크게 하락하였는데, 남성의 경우 20년 전 79.5%에서 52.8%로 하락하였고, 여성은 67.9%에서 43.5%로 줄어들었다.

그리고 「이혼을 해서는 안 된다.」의 비율도 20년 전보다 하락하였는데, 남자는 63.7%에서 37.9%로, 여성은 57%에서 28.6%로 줄었다.

《2019년 통계로 보는 여성의 삶》에 의하면, 2018년 여성의 평균 초혼(初婚) 연령은 30.4세로, 남성(33.2세)에 비하여 2.8세 적다. 그러나 여성의 초혼 연령은 1990년 이후 상승 추세이며, 2015년 30.0세로 30대에 진입한 이후에도 계속 높아지고 있으며, 남성의 초혼 연령도 1990년 이후 상승 추세이다.

그리고 2018년 초혼 부부의 총 혼인 건수 20만 건 중 여성이 연상인 부부는 17.2%로, 2014년 이후 동갑내기 혼인 건수보다 높은 비중을 차지하고 있다.

여성가족부의 통계에 의하면, 우리나라 결혼식 문화에 대하여 「과도한 편」으로 인식하는 여성의 비율은 71.1%이나 된다. 특히 미혼 남성(64.6%)보다 미혼 여성(75%)이 「과도한 편이다.」라고 인식하고 있다.

「남녀가 결혼을 하지 않더라도 함께 살 수 있다.」고 생각하는 여성의 비율은 53.9%나 되었다. 그리고 「결혼 생활은 당사자보다 가족간의 관계가 우선해야 한다.」고 생각하는 여성의 비율은 46%로 나타났다.

특히 「외국인과 결혼해도 상관없다.」는 여성의 비율은 72.3%, 「결혼하지 않고도 자녀를 가질 수 있다.」는 여성의 비율은 28.7%나 되었다.

여성가족부에서 발간한《2019년 통계로 본 여성의 삶》에 의하면, 2018년 외국인과의 혼인은 22,698건으로, 총 혼인 건수의 8.8%를 차지하며, 전년(20,835건)보다 1,863건 증가하였다.

외국인과의 혼인 중「외국 여성과 한국 남성의 혼인」은 2005년을 정점으로 계속 감소하다 최근 3년 동안 소폭 증가하였으며,「한국 여성과 외국 남성의 혼인」은 전년보다 124건 증가한 것으로 나타났다.

외국 남성의 국적별 혼인을 살펴보면, 2000년에는 일본인 남성과의 혼인이 56.4%로 가장 높았으나, 2016년 중국인 남성과의 혼인이 24.4%로 가장 높고, 다음으로는 미국인 남성(23.6%)과의 혼인이었다.

2) 가정 파탄 – 이혼

그리고 2018년 총 이혼 건수는 108,700건으로, 그 전년 106,000건보다 2.5% 증가하였으나 2014년 이후 감소 추세이다.

이혼에 대하여「할 수도 있고, 하지 않을 수도 있다.」고 생각하는 여성의 비율이 49.3%로, 20년 전 대비, 증가하는 추세이다. 곧 1998년 31.4%에서 2008년 35.8%로, 다시 2018년에 49.3%로 크게 증가하였다.

반면,「이혼해서는 안 된다.」라고 생각하는 여성의 비율은 28.6%로 20년 전 대비 감소 추세이다. 곧 1998년 57%에서 2008

년 53.7%로, 2018년에는 28.6%로 크게 감소하였는데, 이는 결혼한 부부의 애정과 유대감, 가정과 사회에 대한 의무감의 감소이며 가정 붕괴의 한 단면이라고 생각할 수 있다.

2011년까지 혼인 지속기간이 4년 이하인 부부의 이혼 건수가 가장 많았지만, 2012년 이후부터는 20년 이상 함께 한 부부의 이혼 건수가 가장 많았다. 20년 이상 혼인을 지속한 경우라면 그 자녀가 중 · 고등학생이라고 생각할 수 있고, 이러한 이혼은 결국 우리나라 청소년의 생활에도 영향을 줄 수 있다고 분석하였다.

2018년 외국인과의 이혼은 7,140건으로, 총 이혼 건수의 6.6%를 차지하며 전년(7,130건)에 비해 증가했으나 2011년 이후 감소 추세이다.

이상의 여러 통계는 우리나라 가족 형태의 변화로 결국 정상적인 가정의 가구 수가 줄어드는 추세라 말할 수 있다.

● 졸혼

2022년에 작고한 한 소설가 L씨가 결혼생활 45년째였지만, 부부간은 졸혼(卒婚)상태였었다고 한다. 그런데 작가가 암으로 쓰러지자 졸혼 중이던 아내가 맨 먼저 달려와 지극정성으로 간병하며 졸혼 파기를 선언했다고 한다.

성인이 된 아들의 입장에서는 비록 정식 이혼이 아닌 졸혼이라는 상태였지만, 부부간의 의리와 인정은 변함없다고 생각했을 것이다. 결혼 45주년이면, 그 부부에게는 좋은 일도 나쁜 일도 참

많았을 것이다. 그 오랜 시간을 지내왔다는 자체가 대단한 일이지만, 성격차이에서 오는 부부생활의 어려움보다는 졸혼을 통하여 각자 마음 편한 생활을 선택했을 것이다.

또 유명한 탤런트 P씨는 일흔이 넘은 나이에 졸혼을 선언하고, 자신의 좌충우돌 싱글 라이프를 매스컴을 통하여 공개했다. 그는 4년 전 갑작스러운 허리 수술로 방송에서 하차하며 팬들과 시청자들에게 많은 아쉬움과 걱정을 남겼다.

4년 만에 방송에 출연한 그 탤런트는 여전히 호탕한 웃음과 건강한 모습을 보여주었다. 허리 수술에 이어 무릎 수술까지 해야 했던 그는 행복한 노년을 위한 재활 운동과 다이어트로 일상을 채우는가 하면 못 말리는 애주가의 모습을 보여주었다.

● 황혼 이혼

통계청이 발표한 〈2021년 혼인 · 이혼 통계〉에 따르면, 작년 혼인 건수는 19만 2507건으로, 1년 전(21만 3502건)에 비해 2만 995건(9.8%) 줄었다. 2020년(전년 대비 2만 5657건 감소)에 이어 2년 연속 2만 명대 감소하여, 혼인 건수가 처음으로 10만 명대로 떨어졌다. 1970년 혼인 통계 작성 이후 역대 최저치다. 혼인 건수는 2012년부터 10년 연속 감소세를 이어왔다.

이미 우리나라의 젊은이들 사이에 결혼은 필수가 아니라는 인식이 퍼졌고, 결혼하더라도 늦은 나이에 결혼하는 사례가 늘어나고 있다. 평균 결혼 연령은 초혼 기준 남성은 33.35세로, 30년 전인 1991년(27.91)에 비해 5.44세 늘었다. 초혼 여성 평균 결혼 연령은 31.08세로, 30년 전(24.84세)에 비해 6.24세 많아졌다.

「여자가 세 살 위면(女大三) 황금 벽돌을 껴안은 것이다(抱金磚).」라는 중국 속담이 있다지만, 우리나라에서도 '연상녀 + 연하남' 커플이 20%에 육박한 것으로 집계됐다.

초혼부부 기준 여자가 남자보다 연상인 부부의 결혼 건수는 전체 초혼부부의 19.2%로, 이 비율은 1년 전(18.5%)에 비해 0.7%p 증가했다. 역대 최대로, 관련 통계를 처음 집계한 1990년(8.8%)의 2.2배다. 1995년부터는 27년째 계속 늘어나는 중이다.

작년 동갑부부 결혼 비율은 16.6%로, 1년 전(16.2%)에 비해 0.4%p 증가했다. 남자가 연상인 경우는 64.2%로 역대 최저로, 1년 전(65.3%)에 비해 1.1%p 감소했다.

작년 이혼 건수는 10만 2천 건으로, 1년 전(10만 7천 건)에 비해 5천 건(4.5%) 감소했다. 2017년 10만 6천 건이었던 이혼은 2018년(10만 9천 건), 2019(11만 1천 건) 등 2년 연속 증가하다가 2020년(10만 7천 건), 2021년(10만 2천 건) 등 2년 연속 감소했다.

20년 이상 같이 산 부부의 황혼이혼은 3만 9천 건으로 1년 전(4만 건)에 비해 1천 건 정도 감소했다. 다만, 이 가운데 30년 이상 같이 산 부부의 이혼은 작년 1만 8천 건으로, 1년 전(1만 7천 건)

에 비해 1천 건이 증가했다. 10년 전인 2011년의(8천 건)의 2.2배다.

2021년 서울에서 '황혼이혼' 한 부부의 숫자가 '신혼이혼' 부부 숫자를 처음으로 앞질렀다. 인구 고령화로 중년·노년층이 꾸준히 늘어나는 가운데, 혼인 기피 현상으로 가정을 꾸린 20·30대 젊은 층이 줄어들면서 이 같은 역전 현상이 나타났다는 분석이다.

지난 2000년 '황혼이혼' 은 721건으로, 서울 전체 이혼 건수의 2.8%에 불과했다. 그런데 2013년 처음으로 10%를 넘어서더니, 2021년에는 20%를 돌파하며 해마다 상승세를 이어가고 있다. 반면 2000년 전체의 30%에 육박하던 '신혼이혼' 은 이후 지속적으로 감소하고 있다.

황혼이혼을 선택하는 부부가 늘면서 이혼 당사자들의 연령대도 높아졌다. 작년에 이혼한 서울 시민의 평균 연령은 남성 51.1세, 여성 48.3세였다. 각각 40.8세, 37.4세였던 20년 전보다 10세가량 많았다.

● 황혼이혼 증가 이유

노년에라도 자유를 찾겠다는 '황혼이혼' 이 증가하고 있다. 과거엔 갈등이 생겨도 가정을 유지하는 것이 우선순위였다면, 요즘은 개인의 행복을 중시하는 경향이 강해지면서 별거 혹은 졸혼의 이름으로 갈라서는 부부들이 늘고 있다.

부모의 이혼에 대해 "괜찮다."는 정서적 지지를 보내는 자녀들이 늘어난 것 역시 황혼이혼이 증가하는 이유 중 하나다.

2000년대까지만 해도 부모의 이혼을 받아들이지 못하는 자녀가 많았으나, 최근엔 가정보다 개인의 권리가 중요하다는 인식이 확산돼, 황혼이혼 상담이 늘은 것으로 해석할 수 있다.

이혼 시 경제적으로 자립할 수 있는 환경이 과거보다 나아진 점도 황혼이혼을 선택하는 배경이다. 이혼 재산 분할 판결 시에, 가사노동이 자산 형성에 기여한 정도를 높게 인정해주는 경우가 늘어나고, 이혼한 배우자의 연금을 나눠 수령할 수 있는 '연금 분할 제도'의 적용 대상이 넓어지면서 경제적으로 이혼을 선택할 수 있는 여유가 생긴 것이다.

1999년 시작된 연금 분할 제도는 혼인 중 양육과 가사노동으로 국민연금에 가입하지 못한 배우자의 기여를 인정해 이혼 시 연금을 일정 비율로 나누는 제도로, 2016년 공무원·사학 연금, 2020년 군인 연금까지 적용 대상이 확대됐다.(2022년 5월 26일 조선일보 기사를 요약)

● 결혼도 이혼도 안 하는 젊은이들

황혼이혼이 어제오늘 현상은 아니다. 장수(長壽)의 결과이기도 하고, 높아진 개인의 행복 추구 경향에 따른 변화이기도 하다.

30~40년 살고 사별(死別)로 끝나던 결혼이 이제는 50년 이상 이어지니 틀린 말이 아니다. 일부는 졸혼(卒婚)·해혼(解婚)·휴혼(休婚) 등으로 이혼하지 않고 헤어져 각자 행복을 추구하기도 한다.

그런데 젊은 층의 결혼과 이혼은 앞선 세대와 다른 양상을 보인다는 사실도 드러났다. 결혼 지속 기간별 이혼 실태를 살펴보면, 지난 7~9월 신혼 이혼 건수가 지난해보다 17.2%나 줄었다. 이 추세는 수년째 이어지고 있다고 한다. 20년 넘게 함께 산 부부의 이혼도 줄었지만 감소 폭은 4.7% 정도였다. 20년 전에는 이혼 부부가 평균 11년 만에 갈라섰지만, 최근엔 이 기간이 7년 더 긴 18.5년을 함께 살았다는 조사도 있다.

이런 통계는 '젊을수록 쉽게 만나고, 쉽게 헤어진다'는 통념을 깬다. 요즘 젊은이들은 결혼을 망설인다. 좁은 취업문과 천정부지 집값의 영향이 크다. 그러니 결혼에 앞서 이성과 함께 살며 짝을 고르는 세태가 우리 사회에서도 퍼지는 것 아니냐는 생각을 하게 된다. 그렇다면 자연히 젊은 층 이혼도 줄 것이다. 세태가 어떻게 변하든 젊은이가 짝 찾기를 주저하는 세상이 정상일 수 없다.(2021년 12월 18일 조선일보 〈만물상〉 칼럼)

● 마흔 넘어서도 '캥거루족' 생활

우리나라 50세 미만 성인 10명 중 3명이 독립하지 않고 부모와 같이 사는 것으로 나타났다. 20~30대뿐 아니라 40대에서도 미혼자 2명 중 1명은 부모와 동거 중이었다. 만혼(晩婚)과 비혼(非婚) 풍조가 퍼지고 취업난과 주거비 부담 등이 겹쳐 자녀들이 부모로부터 독립하지 못한다는 분석이다.

2022년 6월 28일 한국보건사회연구원이 펴낸 〈보건복지포럼 6월호〉에 따르면, 국내 만 19~49세 남녀 중 29.9%가 부모와 동거하고 있는 것으로 조사됐다. 지난해(2021) 보건사회연구원이 1만 가구 1만 4,538명을 대상으로 벌인 '가족과 출산 조사'에서 관련 내용을 따로 분석한 결과이다.

자녀가 부모로부터 주거 독립을 하는 계기는 결혼(36.4%), 진학(28.0%), 직장 관련(20.9%) 순이었다. 미혼자는 64.1%가 부모와 동거하고 있었고, 기혼자는 3.1%가 부모와 함께 살고 있었다. 미혼자 중에서도 여성은 부모와 동거 비율이 69.0%로, 남성(60.9%)보다 약간 높았다. 취업도 영향을 미쳤다. 취업자는 부모와 동거율이 23.5%였던 반면, 미취업자는 43.6%가 부모 곁에서 살고 있었다.

이번 조사에서 보통 사회적으로 자리를 잡았다고 간주하는 40대도 부모와 동거하는 비율이 9.2%로 나타났다. 40대 중 미혼자가 부모와 동거하는 비율은 48.8%였다. 이 밖에 20대(19~29세)에선 부모와 동거 비율이 62.4%, 30대는 16.0%였다. (2022년 6월 29일 조선일보 기사 참고)

3) 가족가치관의 변화

여성가족부에서 출간한 《2019년 통계로 보는 여성의 삶》의 자료에 의하면, 2018년 여성의 54.4%는 전반적으로 가족관계에 대하여 만족하는 것으로 나타났으며, 남성(59.0%)보다 4.6%p 낮은 만족도를 보였다.

특히 배우자와의 관계를 보면, 남편은 아내에게 75.9% 만족하는 것에 비해, 아내는 남편과의 관계에 63.0% 만족하는 것으로 나타나 부부간에 차이를 보여주고 있다. 이는 배우자와의 관계에서 여성의 경우 2년 전보다(58.5%) 그 만족도가 4.5% 증가한 수치이다.

「자기 부모와의 관계」와 「자녀와 관계」의 만족 비율은 여성과 남성의 차이가 크지 않았고, 「형제자매와의 관계」에서는 여성(56.8%)이 남성(54.6%)보다 만족도가 높다고 나타났다.

통계청과 통계개발원에서 발간한 《2021. 한국의 사회 동향》에 의하면,

▽ 한국인의 가족가치관은 전통적인 태도가 약화되는 방향으로 변화하였으며, 가족관계 만족도는 점차 향상되어왔다.

▽ 성(性), 연령, 혼인상태, 가족 구성, 사회경제적 지위에 따른 가족가치관의 차이와 만족도의 차이는 큰 변화 없이 유지되어왔다.

▽ 코로나19 사태 이후, 대졸 이상 남성의 결혼에 대한 태도와 가족관계 만족도는 긍정적인 방향으로 변화했는데, 이는 향후 가족 형성 및 가족생활에 중요한 변화를 가져올 수 있을 것이다.

가족가치관은 가족 형성 및 부부간의 역할 분담과 이와 관련된 태도를 의미한다. 가족가치관과 가족관계 만족도는 교육 수준의 향상, 여성의 경제활동 참가 증가, 혼인의 지역, 출산(出産) 감소 등 사회경제적, 그리고 인구학적 변화에 의해서 영향을 받는다.

결혼의 중요성과 부부간의 역할 분담을 강조하는 전통적인 가족가치관이 약화되는 경향이 있는 반면에, 가족관계 만족도의 변화 추이는 이전보다 그 예측이 더욱 어렵다.

이는 가족관계 만족도가 가족가치관의 중장기적 변화뿐만 아니라 경제적 불안정성의 증가 등 사회 경제적 조건의 단기적 변화에 의해서도 영향을 받기 때문이다.

가족가치관은 결혼, 이혼, 혼전동거(婚前同居, cohabitation), 비혼 출산(非婚 出産) 등 다양한 측면을 포함하는데, 코로나19로 인한 변화는 가족가치관의 측면에 따라 다르게 나타날 수 있다. 이 조사에서는 남녀 모두 전통적인 가족가치관이 점차 약화되는 추세를 확인할 수 있다.

곧 결혼을 반드시 해야 하고, 이혼하면 안 되며, 가사노동은 아내가 주로 담당해야 한다는 견해가 약화되고 있다. 또한 혼전동거와 비혼 출산을 부정적으로 인식하는 사람들의 비중 또한 줄어들고 있다.

결혼과 이혼, 아내 중심의 가사분담에 대한 태도는 남성이 여성보다 전통적 가치관을 가진 비율이 높은 반면, 혼전동거와 비혼 출산을 긍정적으로 보는 태도는 여성이 남성보다 더 낮은 것으로 나타났다.

코로나19 발생 이후, 가족가치관과 관련하여 가장 흥미로운 변화는 결혼에 대한 태도에서 발견된다. 팬데믹(pandemic, 전염병이 세계적으로 크게 유행하는 현상)이 결혼에 대한 부정적 태도의 증가 추세에 어느 정도 제동을 건 것으로 보이는데, 이러한 변화가 남성에게서 더욱 두드러졌다.

「결혼을 반드시 해야 한다.」 또는 「하는 것이 좋다.」는 응답한 남성이 2018년 53.8%에서 2020년 58.4%로 증가하였고, 여성의 경우는 44.0에서 44.7%로 비슷한 수준을 유지하였다.

그리고 비혼 출산을 긍정적으로 생각하는 사람들의 비율이 서서히 증가하는데, 2020년에는 남녀 모두 2018년과 비슷한 수준을 유지하였다.

한편 이혼과 가사분담, 혼전동거에 대한 전통적인 태도의 약화는 지속되는 것으로 나타났다.

4) 가족관계 만족도의 변화

가족관계 만족도의 변화는 관계를 맺는 대상(배우자, 자녀, 부모 등)에 따라 다르게 나타날 수 있다. 뿐만 아니라 성별, 연령, 혼인상태, 가족구성 등 다양한 사회 인구학적 조건에 따라 변화의 양상이 다르게 나타날 수 있다.

전반적인 가족관계 만족도는 남성이 여성보다 높은데, 이러한 성별 차이는 큰 변화 없이 유지되었다. 2020년의 경우에도 전반적인 가족관계 만족도가 향상되는 추세가 유지되었다.

전반적인 가족관계 만족도의 변화 패턴은 연령층에 따라 다르게 나타나는데, 50대 중반 이전까지는 연령층이 높아지면서 전반적인 만족도가 약간 하락하다가, 50대 후반 이후에는 만족도가 다시 증가하는 추세를 보여준다.

2014년 이후 2020년까지 전반적인 가족관계 만족도는 점차 향상되고 있는데, 2018년 고령층의 전반적인 가족관계 만족도는 이전보다 다소 낮은 수준이다.

● 배우자와의 관계 만족도

배우자와의 관계 만족도는 남성이 여성보다 더 만족하는 경향을 뚜렷하게 보이며, 배우자와 만족도의 성별 격차는 최근에 오면서 더욱 커지고 있다.

2020년 배우자와의 관계 만족도는 남녀 모두 2018년과 비슷한 수준에서 유지되었는데, 코로나19 확산 이후 배우자와 관계 만족도의 향상 추세가 둔화되었다.

이는 사회적 거리두기로 인해서 외부 활동이 감소하고, 부부가 함께 지내는 시간이 증가하였을 것이고, 함께하는 시간의 증가가 2020년에 배우자와의 관계 만족도를 향상시키지 않은 것이다.

한편 미취학(未就學) 아동이 있는 사람들은 그렇지 않은 사람들보다 배우자와의 관계 만족도가 더 높았으며, 2020년에 두 집단 간의 차이가 아주 소폭 증가했음을 볼 수 있다.

● 자녀와의 관계 만족도

전체적으로 자녀와의 관계 만족도는 다소 부침(浮沈)이 있지만, 점차 상승하는 경향을 보이고 있다. 성별로는 자녀와의 관계 만족도에서 차이가 없지만 연령별로는 차이를 보인다. 즉 연령층이 높아짐에 따라 자녀와의 관계 만족도는 감소하고 있다.

한편 2014년 이후 대부분의 연령층에서 자녀와의 관계 만족도는 상승하는 추세를 보여주고 있다. 그러나 코로나19 이후, 자녀와의 관계 만족도 향상 추세가 대부분의 연령층에서 정체(停滯)되었다. 2018년에는 이전보다 자녀와의 관계 만족도가 거의 모든 연령층에서 눈에 띄게 향상되었던 반면에, 2020년에는 2018년과 비슷한 수준에 머물렀다. 코로나19로 부모와 자녀 간의 상호작용 패턴에 변화가 있었는데, 단기적으로는 자녀와의 관계 만족도 향상으로 이어지지는 않았다.

자녀와의 관계 만족도 차이를 보면, 배우자와의 관계 만족도에서와 마찬가지로 미취학 아동이 있는 사람들의 만족도가 그렇지 않은 사람들보다 높았으며, 두 집단 간의 차이가 2020년에 소폭 증가했다.

어린 자녀가 있는 가구는 코로나19로 인해 가족과 머무는 시간이 증가하면서 배우자와 자녀와의 관계 만족도가 약간 증가하는 긍정적인 결과를 초래한 것으로 해석할 수 있다.

● 삶의 의미 1순위는?

오늘날 우리나라에서 아파트는 '물질적 풍요' 를 상징하는 대표적인 재화다.

2020년 11월 미국 퓨리서치센터에서 발표한 삶의 의미에 대한 의식을 조사한 결과는 우리 국민을 큰 혼란과 충격에 빠뜨렸다. 전 세계 성인 1만 7000명을 대상으로 '삶의 의미' 에 대한 설문조사를 했는데, 대한민국이 전혀 예상치 못했던 분야에서 1등을 기록했다.

'당신의 삶을 의미 있게 만드는 것이 무엇인가?' 라는 질문에 대해 한국인들은 '물질적 풍요' 를 1순위로 꼽았다. '물질적 풍요' , 즉 '돈' 을 1순위로 꼽은 나라는 전 세계에서 대한민국이 유일했다.

전 세계적으로 보면, 삶의 의미를 주는 제1의 가치는 '가족' 이다. 전체 응답자 중 38%가 '가족' 을 꼽았다. 이어 '직업' (25%),

'물질적 풍요' (19%) 순으로 이어진다. 17개국 중 14개국에서 가족은 1위에 올랐는데, '삶의 의미' 라는 말을 놓고 보면 전혀 이상하게 느껴지지 않는 결과다. 호주, 뉴질랜드 등에서는 가족을 최우선으로 꼽는 답변이 50%를 넘겼다.

반면 한국인들은 삶의 의미에서 1순위로 '물질적 풍요' 를 꼽았다(19%). 그 다음은 건강이었고(17%), 가족은 3위에 지나지 않았다(16%). 비록 근소한 차이이긴 하나 물질적 풍요가 1위를 차지했다는 것은 많은 시사(示唆)를 던져주고 있다. 한국을 제외하면 다른 그 어떤 나라도 이와 같은 결과를 보여주지는 않는다.

한국 사회의 배금주의적(拜金主義的), 생존주의적, 물질주의적 경향은 다른 연구와 조사를 통해서도 확인되고 있는 사실이다. 우리는 스스로 생각하듯 '넉넉하고 푸근한 마음' 을 갖고 있지 않다. 곧 대단히 치열하고 스트레스 가득한 분위기 속에 살아가고 있다.

퓨리서치센터의 조사를 좀 더 꼼꼼히 훑어보면, 한국인의 각박한 삶이 드러난다.

외국인들은 직업, 친구 관계, 교육과 배움, 자연을 즐기는 삶 등을 중요한 요소로 꼽았다. 하지만 한국인들은 그런 응답지에 거의 손도 대지 않았다. 주요 종교의 등록 신자를 합치면, 대한민국 전체 인구보다 클 정도로 제도권 종교가 성행하는 나라지만, 한국인 중 삶의 의미의 원천으로 종교를 꼽은 사람은 1% 뿐이다.

교회나 성당 불교의 절을 열심히 다니긴 해도 설문조사 용지를 받아들고 나면, 예수님 · 부처님보다 돈이 더 중요하다고 응답한다는 뜻이다.

1980년대부터 한국은 지금까지 꾸준히 생존을 중시하는 문화였다. 국민소득 2천 달러이던 시절이나 2만 달러이던 시절이나 한국인들은 여전히 자기 표현 대신 생존을 택한다. 전통과 종교가 아닌 세속과 이성을 중시하는 경향 또한 여전하다.

세계인의 가치관 조사에 따르면, 한국은 세속적이고 잇속을 따지며 생존을 위해 촉각을 곤두세우는 사람들이 살고 있는 나라이다. (《신동아》 2021년 12월 호. 노정태의 뷰파인더 - 60. 〈코리아 미스테리 - 한국인 19% 가족보다 돈이 중요〉의 내용을 요약)

5) 인구 변화

● 출생아(出生兒)의 감소와 고령화

여성가족부의 《2019 통계로 본 여성의 삶》에 의하면, 2018년 총 출생아 수는 전년보다 8.6% 감소한 326,900명이고, 이 중에 여아(女兒)의 수는 159,100명으로 48.7%를 차지한다. 출생성비(出生性比, 출생 시 여아 100명당 남아의 수)는 105.4명으로 10년 전보다 1.0명, 전년보다 0.9명 감소하여 정상 범위(103~107명)의 수준이다.

2018년 합계출산율(여성 1명이 평생 동안 낳을 것으로 예상되는 평균 출생아 수)은 0.98명으로 전년(1.05명)보다 0.08명(7.1%) 감소하였다.

사실 부부 2인이 2명의 자녀를 출산해야만 인구 수준을 유지하는데 합계 출산율이 1에도 미치지 못한다면, 이는 분명한 인구감소이며 장기적으로 경제나 국방 문제를 고려하면 국가의 존속과도 직결된다고 우려하지 않을 수 없다.

이러한 출생아 수의 감소, 곧 인구 절벽은 지금 우리나라가 당면한 가장 시급한 과제라 생각한다.

고령화 추세도 가파르다. 65세 이상 내국인 고령인구는 올해 892만 명(17.8%)에서 2040년 1,698만 명(35.3%)이 돼, 18년간 2배 가까이로 증가할 것으로 예상된다. 65세 이상 인구가 전체 인구의 20% 이상을 차지하는 「초고령사회」 진입 시점은 3년 뒤인 2025년(1,045만 명, 총 인구의 21%)으로 예측됐다.

● 비혼(非婚) 맘(mam)

유명한 여성 방송인이 몇 년 전에 일본에서 정자를 기증받아 아들을 출산했다는 언론 보도가 나오면서 「비혼(非婚) 맘(mam)」이 화두(話頭)가 됐다.

이 여성은 자신의 소셜네트워크서비스(SNS)를 통해 "아기를 낳고 싶었지만 출산만을 위해 급하게 결혼할 사람을 찾거나 사랑하지도 않는 사람과 결혼하기도 싫어서 고심 끝에 결혼하지 않고 엄마가 되기로 결정했다."고 말했다.

통계청도 2020년 11월 「결혼을 하지 않아도 자녀를 가질 수 있다.」고 생각하는 사람은 30.7%(남자 32.6%, 여자 28.8%)로 2012년 22.4%에서 지속적으로 증가하고 있다."고 발표했다.(통계청 《2020년 사회조사》, 13세 이상 3만 8000명 대상 조사)

통계청 조사에서 보듯, 이제 정자은행(精子銀行, sperm bank)을 이용한 비혼 출산은 과거처럼 「지나가는 바람」이 아니다. 정자은행 문제도 이제 공론화돼야 한다.

그런데 비혼 출산 문제는 반드시 짚고 넘어가야 하는 부분이 있다. 결혼은 하지 않고 애인과의 사이에서 출산하는 건 개인 선택이지만, 정자를 공여 받아 IVF(in vitro fertilization, 시험관아기 시술)를 한다면 국내에서는 장벽에 부딪힌다.

우선 국내에서는 정자은행에서 정자를 공여 받아 IVF를 하는 건 불법이다. 법적으로 혼인 관계에 있는 부부에게만 비배우자의 인공수정을 허가하고 있어 배우자가 없으면 불가능하다.

심지어 불의의 사고나 암으로 사망한 남편의 냉동정자로 임신을 시도하는 것도 불법이다. 최근 암으로 남편을 잃은 부인에게 생전에 냉동한 남편의 정자로 체외수정을 해준 병원이 법원으로부터 「배아생성의료기관 지정 취소」 처분을 받기도 했다.

현행 생명윤리법(23조)은 사망자의 난자 또는 정자로 수정하는 행위를 금지하고 있다. 그러니 비혼 여성이 정자은행을 이용해 IVF를 시도하는 것은 불가능에 가깝다. 남성의 신체적 이유(비폐쇄성 무정자증 등)로 인한 불임부부라고 해도 정자은행을 이용하려면 남편 동의가 있어야 한다.(이상 《신동아 2021년 1월 호》 〈사유리가 쏘아올린 비혼 맘－정자은행에 대한 몽상〉 기사 인용)

● 출산율 '꼴찌' 한국

여성이 일을 한다고 해서 출산율이 낮아지는 건 아니다. 하지만 남성이 육아와 집안일을 덜 할수록 출산율은 낮았다. 한국은 남성 육아 분담률이 일본 · 폴란드와 함께 낮은 3국 중 하나였고, 출산율은 가장 낮았다. 저(低)출산을 극복하려면 남성이 더 적극적으로 육아에 참여해야 한다는 의미다.

여성 경제 활동이 활발한 나라에서 출산율이 높아지고 있었다. 연구팀은 '여성이 일터로 많이 나갈수록 아이를 덜 낳으려 한다는 과거 통념은 이제 유효하지 않다' 면서 '오늘날 선진국에서는 대부분 여성들은 직업과 가족(자녀)을 모두 갖고 싶어 한다' 고 지적했다. 교육 수준도 거의 무관했다. 고학력이라고 출산을 기피하는 시대는 지났다.

반면 남성이 육아와 집안일을 덜 하는 나라에서 출산율이 낮은 경향이 나타났다. 남성의 가사와 육아 기여도가 높은 스웨덴 · 아이슬란드 · 노르웨이 · 핀란드 · 미국 등 상위 5국은 모두 합계출산율(여성 1명이 평생 낳을 것으로 예상되는 자녀 수)이 1.8명을 넘었지만, 기여도 낮은 하위 5국은 1.5명 미만이었다. 체코, 일본, 한국, 폴란드, 슬로바키아 등이 여기에 속했다.

우리나라 출산율은 더 떨어져 2019년 0.92명으로 OECD 국가 중 유일하게 1명 아래로 추락했고, 2021년에는 0.81명을 기록했다. 한국은 남성 가사 · 육아 기여도는 조사 대상 중 세 번째로 낮고, 출산율은 꼴찌였다. 연구팀은 '남성이 육아를 거의 하지 않는 나라에서는 여성들이 둘째 아이를 낳지 않을 가능성이 더 크다' 고 분석했다. 첫째를 낳고 '독박 육아' 를 겪은 여성일수록 둘째를 가지려 하지 않는다는 얘기다.

출산율이 높은 벨기에 · 프랑스 · 노르웨이 등에서는 남성이 가사에 많이 참여한다는 공통점이 나타났다. 반면에 아이를 가장 적게 낳는 두 나라, 한국과 일본에선 남녀가 집안일에 쓰는 시간이 크게 차이 났다. 한국 여성은 남성보다 집안일을 4.43배, 일본은 4.76배 더 많이 하는 것으로 조사됐다.

여성가족부가 최근 발표한 〈2021 양성평등 실태조사〉에서도 여성의 '독박 육아' 현실이 드러났다. 12세 이하 아동이 있는 집에서 여성이 평일 돌봄에 쓰는 시간은 3.7시간으로 남성(1.2시간)의 세 배가 넘었다. 맞벌이 가정에서도 돌봄 시간은 여성(1.4시간)이 남성(0.7시간)의 두 배였다. '아내가 주로 가사 · 돌봄을 부담한다' 는 응답은 68.9%에 달했고, 맞벌이 가정에서 '전적으로 또는 주로 아내가 가사와 돌봄을 한다' 는 비율이 60%를 웃돌았다. (2022년 5월 3일 조선일보 기사 요약)

● 인구 자연 감소

2022년 3월 인구가 사상 처음으로 2만 명 넘게 자연 감소했다. 인구 고령화와 신종 코로나바이러스감염증(코로나19) 대유행으로 사망자는 대폭 늘었지만, 출생자는 지속적으로 줄고 있기 때문이다.

2022년 5월 25일 통계청이 발표한 〈2022년 3월 인구동향〉에 따르면, 3월 인구는 1년 전보다 2만 1,562명(4.9%) 감소했다. 월간 인구 자연감소 폭이 2만 명을 넘은 것은 처음이며, 감소 폭도 역대 최대였다.

3월 출생아 수는 2만 2,925명으로, 지난해 같은 기간보다 1009명(4.2%) 감소했다. 1981년 통계 작성을 시작한 이래 3월 기준으로는 가장 낮았다.

이에 비해 사망자 수는 4만 4,487명으로 지난해 같은 기간보다 1만 7,937명(67.6%) 늘었다. 통계청 관계자는 "고령화가 진행되는 데다 코로나19 대유행으로 사망자 수가 급증했다."고 설명했다.

2022년 2월 27일부터 4월 2일까지 주간 초과사망자 수는 4만 8,768명으로, 과거 3년간 주간 최대 사망자 수에 비해 62.8% 증가했다. 초과사망은 일정 기간 동안 통상 수준을 초과해 발생한 사망으로, 코로나19 확진 사망자뿐만 아니라 제때 치료를 받지 못한 비(非)코로나 사망자까지 포괄한 통계다.

1분기(1~3월) 합계출산율은 0.86명으로 1분기 기준으로 역대 최저를 기록했다. 합계출산율은 여성 1명이 평생 낳을 것으로 예상되는 평균 출생아 수다. 통상 출생아 수가 연초에 많고 연말로 갈수록 줄어든다는 점을 고려하면, 2018년부터 이어진 1명 이하의 합계출산율이 올해도 이어질 가능성이 높다. (위 내용은 2022년 5월 26일 동아일보 기사 내용 요약이다.)

● 인구 절벽

초저출산과 고령화로 「인구절벽」에 직면한 대한민국의 내국인 인구가 2023년에 5,000만 명 밑으로 떨어진다. 2040년에는 내국인과 외국인을 합한 전체 인구도 지금보다 140만 명 이상 감소할 전망이다.

2022년 4월 14일 통계청이 발표한 〈장래인구추계를 반영한 내 · 외국인 인구전망(2020~2040년)〉에 따르면, 올해 5,163만 명인 대한민국 전체 인구(내국인+외국인)는 2040년에 5,019만 명으로 줄어든다. 올해보다 144만 명 적다.

2022년 5,003만 명이었던 내국인 수는 2023년에 4,992만 명으로 떨어져 처음으로 5,000만 명 선이 깨지고, 2040년에는 4,803만 명으로 줄어들 것으로 예측됐다. 대신 국내 거주 외국인은 해마다 조금씩 늘어날 전망이다. 올해 160만 명(전체 인구의 3.1%)인 외국인이 2040년 216만 명(4.3%)으로 늘어난다는 것이다.

반면 내국인 생산가능인구(15~64세)는 올해 3,526만 명(70.5%)에서 2040년 2,676만 명(55.7%)으로 떨어진다. 2040년엔 국민 절반 정도만 일하는 나이가 되는 것이다. 내국인 생산 가능인구는 베이비붐 세대(1955~1963년생)가 고령인구로 진입한 2020년대에는 연평균 35만 명씩 감소하고, 2030년대에는 55만 명씩 감소한다. 생산 가능인구 100명 당 부양해야 할 노인 수를 가리키는 '노년부양비'는 2022년 25.3명에서 2040년 63.4명으로 치솟는다. (2022년 4월 15일 조선일보 기사 인용)

이상 살펴본 우리나라 가정과 가족에 관련한 여러 변화는 아주 급격하다. 이는 우리나라의 경제적 사회적 변화의 일부이지만, 가정의 화평(和平)과 자녀에 대한 가정교육에 중요한 영향을 끼칠 수 있는 요소이다. 때문에 가정교육을 논하기 이전에 반드시 짚고 넘어갈 부분이다.

2. 청소년 실태

본 내용은 2021년 2월 여성가족부와 한국청소년 정책 연구원이 발간한 《2020년 청소년통합 실태조사》를 이용한 자료이다. 이 실태조사는 청소년들의 생활실태를 파악하기 위하여 건강과 주관적(主觀的) 삶의 질, 존중과 가치, 참여 및 사회인식, 학습과 활동, 진로 및 직업탐색, 사회 진입 및 이행 등 여러 문제를 다루고 있다.

본서에서는 청소년의 의식구조와 그 실태를 종합적으로 언급하고, 아울러 청소년의 생활이나 가정교육에 직접 관련이 있는 주 양육자(主 養育者)에 관련한 자료와 해석을 다루었다.

1) 청소년

● 건강과 주관적 삶의 질

청소년의 건강과 주관적 삶의 질 중 안녕감(安寧感)의 조사 결과를 보면, 청소년들의 「어제의 행복 정도」는 10점 만점에 7.01점, 「어제의 근심과 걱정」은 3.53점, 「어제의 우울」 정도는 2.90점으로 나타났다.

그리고 「요즈음 삶의 만족도」는 10점 만점에 6.59점, 「자신의 일에 대한 자부심」은 6.70점인데, 이는 비교적 저조한 편이라 생각된다. 이런 수치는 2017년 결과에 비교하여 긍적적인 지표는 다소 감소하고, 부정적인 지표의 수치는 다소 증가한 것이다.

예를 들어, 긍정적 척도인 「어제의 행복 정도」(2017년 7.13점 → 2020년 7.01)와 「요즈음 삶의 만족도」(2017년, 6.75점 → 2020년 6.59점), 「자신의 일에 대한 자부심」(2017년 6.85점 → 2020년, 6.70점) 등은 그 수치가 약간씩 감소하였다.

반면, 부정적 척도인 「어제의 근심, 걱정 정도」(2017년 3.24점 → 2020년 3.53점)와 「어제의 우울 정도」(2017년 2.53점 → 2020년 2.90점)는 약간씩 수치가 증가하였다.

종합한다면, 전반적으로 지난 3년간 우리나라 청소년들의 주관적 안녕감 정도, 혹은 행복한 삶의 정도가 다소 감소한 것으로 볼 수 있다.

청소년들의 신체활동 및 활동 시간은 「지난 일주일 동안 운동을 한 적이 없다.」는 비율이 늘어나고 있으며, 운동 시간도 짧아진 것으로 나타났다. 청소년들에게 「내가 사는 동네에는 청소년들이 운동할 수 있는 공간(운동장, 농구장, 축구장 등)이 있는가?」에 대한 질문 결과 76.8%의 응답자가 '그런 공간이 있다' 고 응답하였다.

● 스트레스와 삶의 만족도

청소년의 주관적 신체 건강 상태를 「나는 신체적으로 건강하다.」에 대하여 「그런 편이다.」와 「매우 그렇다.」는 응답이 97.4%로 거의 대부분 응답자가 자신이 신체적으로 건강하다고 평가하였다.

주관적 건강 상태를 나타내는 「나는 정신적으로 건강하다.」라는 항목에 「그런 편이다.」와 「매우 그렇다.」는 응답이 97.5%로 매우 높게 나타났다.

스트레스(stress)는 적응하기 어려운 환경에 처할 때 느끼는 심리적 또는 신체적 긴장 상태이다. 장기적으로 지속되면 심장병, 위궤양, 고혈압 따위의 신체적 질환을 일으키기도 하고 불면증, 신경증, 우울증 따위의 심리적 부적응을 나타내기도 한다.

청소년이 일상생활 중에 스트레스를 느끼는지에 대해서는 2001년, 가끔 경험한 경우가 60.1%였던 것에 비해 2020년에는 52.4%로 다소 감소하였다. 특히 「자주 경험했다.」는 비율은 2011년 23.1%에서 2020년 6.2%로 큰 폭으로 감소하였다.

스트레스는 연령이 낮은 집단에 비해 연령이 높은 집단에서 높게 나타나는 경향이 유지되고 있다.

영역별 삶의 만족도는 인간의 삶에서 중요한 부분들에 대한 만족도를 측정하는 조사였다. 영역별 점수의 점수 평균을 높은 점수별로 나열하면,

「나의 건강」(8.16점), 「가족과의 관계」(8.05점), 「친구들과의 관계」(7.83점), 「내가 사는 집」(7.68점), 「내 삶에서 선택의 자유」(7.65점), 「생활에서의 안전」(7.65점), 「나의 자유시간」(7.58점), 「내가 다니는 학교」(7.55점), 「우리 동네」(7.55점), 「나의 미래」(7.47점), 「나의 외모」(7.29점), 「내가 가지고 있는 돈과 물건(6.98점) 등의 순이었다.

자아존중감(自我尊重感)을 측정하기 위한 3가지 문항을 보면,

「내가 다른 사람들처럼 가치 있는 사람이라고 생각한다.」는 2014년, 91.1%에서 2020년 89.1%로 약간 감소했고,

「내가 좋은 성품을 가졌다고 생각한다.」는 문항은 2014년 87.2%에서 2017년 91.7%로 상승했다가 2020년 다시 86.2%로 감소했다.

「내 생활에 대체로 만족한다.」는 응답은 2014년 85.4% → 2017년 89.3% → 2020년 88.2%로 약간 감소하거나 비슷한 수준을 유지하고 있다. 전체적으로 2020년에 들어 자아존중감이 낮아졌음을 보여주었다.

● 부모와 대화 및 여가 활동

청소년의 부모와의 대화에서 나의 고민에 대한 대화를 보면, 2011년에는 34.3%가 「거의 하지 않는다.」고 하였으나 2020년에는 18.9%만이 「거의 하지 않는다.」고 응답하여 자신의 고민에 대한 대화를 하는 비율이 증가한 것으로 나타났다.

학교 생활에 대해서는 「대화를 거의 하지 않는다.」는 응답이 일정 정도로 유지되고 있지만, 「매일 한다.」는 응답은 2011년 15.6%에서 2020년 6.7%로 감소하였는데, 그 감소 원인은 확실하지 않다.

텔레비전이나 영화 등 매체나 문화에 대한 대화도 2011년 31.2%가 「거의 하지 않는다.」고 응답하였는데, 2020년에는 23.3%가 「거의 하지 않는다.」라고 응답하였다.

청소년들이 부모님 또는 양육자와의 여가활동은 연차별로 큰 변화 없이 유지되고 있다. 「여가활동을 거의 하지 않는다.」는 응답이 19.8 %였고, 「매일 한다.」는 응답은 4.5%였다.

부모님과 함께 보내는 시간이 30분 이상을 보내는 비율은 아래와 같다.

「어머니와 30분 이상을 보내는」 비율은 2011년에 70%대를 유지하고, 2020년에는 76.2%로 나타났다.

「아버지와 30분 이상을 보내는」 비율은 2011년에 45.6%, 2017년 41.1%, 2020년 40.6%로 40%대를 유지하였다. 이는 코로나19

로 인하여 가정에서 생활하는 경우가 증가하면서 어머니와 대화 시간이 증가하였으나 아버지와 대화 시간은 거의 변함이 없었다.

● 학교생활 만족도와 사교육 경험

학습활동 외 최근 1년간 여러 활동 중 참여율이 가장 높은 영역은 문화 및 예술 관련 활동이었다(참여율 57.0%). 다음으로는 건강 및 보건 관련, 그리고 자기 계발 관련 활동(참여율 21.6%), 자원봉사활동(21.5%) 환경 보전 관련 활동(21.1%), 직업 관련 활동(20.9%), 과학, 정보 관련 활동(18.9%), 모험 개척 활동(18.4%) 순으로 높은 참여율을 보였으며, 국제 교류활동 참여율은 6.7%로 가장 낮았다.

우리나라 청소년 중 초·중·고 재학생을 대상으로 한 학교생활에 대한 만족도 조사에서는 「선생님이나 친구 등과의 관계를 고려하면 현재 다니고 있는 학교생활이 만족스럽다.」고 응답한 학생은 2011년 82.1%, 2014년, 85.9%, 2017년 88.3%로 조금씩 증가하다가 2020년에는 80.3%로 감소하였다. 이러한 감소 현상은 코로나19 유행에 따라 학교에서 선생님이나 친구와의 관계 형성이 어려웠다는 점과 무관하지 않을 것이다.

최근 1년간 사교육 경험이 있는 청소년의 비율은 2011년 70.8%, 2014년 73.6%에 이어 2017년 82.9%로 증가하다가 2020년 77.8%

로 감소하였다.

사교육을 받은 경험이 있는 청소년들의 1주일 사교육 시간은 2011년 9시간 46분, 2014년 9시간 30분, 2017년 9시간 26분, 2020년 9시간 8분으로 감소하는 경향을 보였다.

반면, 혼자 공부하는 시간은 2011년 1일 평균 2시간 2분, 2014년 2시간에 이어 2017년 1시간 31분으로 감소하였다가, 2020년에는 1시간 46분이었다. 결국 학교 정규교육과 사교육에 눌려 정작 중요한 자신의 자율 학습은 줄어들었다.

● 스마트폰 중독

청소년들의 스마트폰·인터넷 의존도가 심화하고 있으며, 특히 초등학생들이 갈수록 심각해지고 있다는 조사 결과가 나왔다. 여성가족부는 학령 전환기에 있는 전국 초등학교 4학년, 중학교 1학년, 고등학교 1학년 총 127만 3,020명을 대상으로 벌인 '2022년 청소년 인터넷·스마트폰 이용 습관 진단조사' 결과를 2022년 5월 26일에 공개했다.

조사 대상 중 인터넷이나 스마트폰에 빠져 과(過) 의존 위험이 있다고 진단받은 청소년은 23만 5,687명으로 조사 참여자의 18.5%에 이르렀다.

이번 조사는 '인터넷(스마트폰)을 하지 못하면 안절부절못하고 초조해진다', '인터넷 사용 시간을 속이려고 한 적이 있다',

'인터넷 때문에 돈을 더 많이 쓰게 된다', '수시로 스마트폰을 사용하다가 지적받은 적이 있다' 등 설문을 통해 인터넷 · 스마트폰 이용으로 일상생활에 지장을 받거나 자기 조절에 어려움이 있는 정도를 분석했다.

과 의존 위험군 비율은 중1이 조사 대상 중 20.5%로 가장 높고, 그 다음으로 고1(19.3%), 초4(16.0%) 순이었지만, 초4년생 중에 위험군으로 진단받은 학생이 2년 전 조사 때보다 5,488명(8.6%) 늘어 증가 폭이 컸다.

같은 기간 중1은, 1,880명(2.2%), 고1은 199명(0.3%) 늘었다. 중1과 고1은 재학생 수가 줄고 초4는 늘어난 것도 영향을 미쳤으나, 디지털 기기 중독 위험 연령대가 낮아지고 있다는 지적이다. 조사에 참여한 초4년생의 96.5%가 스마트폰을 갖고 있었다.

성별로는 남자 청소년의 위험군 증가가 두드러졌다. 작년 대비 남자 청소년 위험군은 초 · 중 · 고 모두 증가했으나 여자 청소년은 소폭 늘거나 중1은 줄었다. 초 · 중학교 위험군은 남자가 많았지만 고교에선 여자가 많았다.

여가부는 인터넷 · 스마트폰과 의존 청소년을 위한 기숙형 '인터넷 · 스마트폰 치유 캠프', 청소년과 부모가 함께하는 '가족 치유 캠프', 자녀들 인터넷 · 스마트폰 사용 조절을 위한 부모 교육 등을 운영하고 있다.(2022년 5월 26일 조선일보 기사 요약)

● 음주 청소년

평소에 술을 마시는 청소년 두 명 중 한 명이 음주량이 많은 '위험 음주자' 로 분류됐다. 이들은 한 달에 평균 5, 6일 정도 술을 마시고, 음주 때마다 소주 1병 이상을 마셨다. 이들 위험 음주 청소년들은 그렇지 않은 청소년에 비해 가정 내에서 음주 권유 횟수가 많았던 것으로 나타났다.

2022년 6월 6일 질병관리청의 〈국민건강영양조사 요약 통계집〉은 2021년 전국 중 · 고교생 약 6만 명을 대상으로 실시한 〈제17차 청소년 건강 행태조사〉의 분석 결과이다. 이에 따르면, 최근 30일 동안 술을 1잔 이상 마신 적 있는 중 · 고교생 '음주자' 가운데 음주량이 많아 '위험 음주자' 로 분류된 학생이 절반에 육박했다.

1970, 80년대 필자가 고등학교, 2, 3학년을 담임할 때, 밤새워 술을 마시고 완전히 취한 상태에서 등교하여 교실에서 곯아 떨어진 학생을 심심찮게 볼 수 있었다. 그렇게 술이 취했어도 등교한 것은 결석하지 말라는 담임의 말을 따르려는 학생의 의지였다.

그럴 경우 우선 양호실에 보내 술이 깰 때까지 재우는 것이 최상이었다. 학부모가 담임에게 전화로 아들이 학교에 왔느냐고 물어보면 그래도 나은 편이었다. 학생이 깨어나면 술을 마신 사유를 물어서 부모한테 전화를 걸어 다음부터는 집에서도 단속해달라고 부탁하는 수밖에 없었다.

● 부모의 지원

청소년들의 희망교육수준은 4년제 대학이 80.7%로 가장 높게 나타났다. 이는 2017년과 비교해 볼 때 6.1% 상승한 수치이다. 앞으로 3년 이내의 진로계획을 조사한 결과 상급학교 진학이 44.2%로 가장 많았고, 취업이 35.3%, 아직 결정하지 못했다는 응답도 13.6%나 되었다.

청소년들의 인생 및 직업관을 조사한 결과 「나는 분명한 인생 목표가 있다.」라는 항목에 대해서는 응답 청소년 76.8%가 긍정적으로 응답하여 2017년도에 비하여 7.1%p 증가하였다.

「진로나 직업을 택할 시기가 되면, 내가 정한 기준에 의하여 선택할 것이다.」라는 항목에 대해서는 전체 응답 청소년의 56.8%가 응답하여 2017년에 비하여 3%p 감소하였다. 그리고 「내가 희망하는 직업을 미래에 가질 수 있다.」고 생각한다는 항목에 대해서는 전체 응답 청소년의 80.8%가 긍정적으로 응답하여 2017년에 비하여 변화가 거의 없었다.

우리나라 청소년에게 부모가 언제까지 필요한 모든 비용을 지원, 부담해야 하는가에 대한 조사에 의하면, 지난 2017년과 2020년 사이에 청소년들의 인식에 약간의 변화가 일어났음을 알 수 있다.

「결혼까지 모든 비용을 부담해야 한다.」는 응답은 크게 변하지 않았으나, 「취업까지 모든 비용을 부담해야 한다.」는 응답은 2017

년 18.6%에서 2020년 22.1%로 늘었다.

「대학교 졸업까지 모든 비용 부담」은 52%에서 60.7%로 비교적 크게 변하였다.

2) 주 양육자

여기서 말하는 주 양육자(主 養育者)는 조사대상인 9세~18세 청소년 자녀가 있는 부모, 또는 조손(祖孫) 가정의 조부모, 친인척으로 청소년의 양육을 책임지는 위치에 있는 사람이다. 일반적으로 청소년의 부모를 지칭한다.

청소년의 부모가 어떤 견해나 사고(思考)로 자식 또는 손자손녀를 양육하는가는 가정교육에서 아주 중요한 영역이다. 그래서 여기 주 양육자에 대한 설문 조사 결과를 요약, 정리하였다.

● 자녀에 대한 관심

주 양육자를 대상으로 자녀의 건강을 지원하고 있는가에 대한 설문에서,

「관심을 가지고 아이가 좋은 습관을 가질 수 있도록 돌보고 있다.」고 응답한 비율은 48.6%로 가장 많았다.

「관심을 가지고 아이가 좋은 습관을 가질 수 있도록 조금 신경쓰는 편이다.」라는 응답은 30.2%였다.

「아이에게 맡기고 있는 편이다.」라는 응답은 20.4%였는데, 「아

이의 건강에 전혀 신경쓸 여유가 없다.」는 응답도 있었다(0.8%).

그리고 「아이의 시간을 유용하게 사용할 수 있도록 돕고 있다.」고 응답한 비율은 93.8%로 나타났다.

● 자녀 결혼과 다양성 수용

주 양육자의 성 인지(性 認知) 태도에 대한 조사에 「결혼을 해야 한다.」고 응답한 비율은 59.7%였고, 「결혼을 하더라도 반드시 아이를 가질 필요는 없다.」고 응답한 비율은 47.2%로 나타났다.

한편 「결혼을 해서 맞벌이를 하는 경우 가사(家事)를 공동으로 분담하는 것이 당연하다.」고 응답한 비율은 88.5%로 나타났으며, 「가족을 부양해야 할 경제적 책임은 남자가 더 크다.」고 응답한 비율은 70.9%였다.

「내 자녀가 다른 인종이나 민족에 속하는 또래를 사귈 수 있다.」고 긍정적으로 응답한 비율은 83.4%로 나타났다.

그리고 「내 자녀가 다른 인종이나 민족에 속하는 또래를 이성친구로 사귈 수 있다.」고 긍정적으로 응답한 비율은 68.7%나 되었다.

즉 9~24세 청소년의 양육자가 자녀와 다른 인종이나 민족의 또래와 교류하는 것에 비교적 긍정적인 태도를 보였다. 그러나 이성친구로 지내는 것에 대해서는 친구로 지내는 것에 비하여 다소 부정적으로 인식하였다.

● 학습과 활동 영역

청소년 자녀가 있는 주 양육자의 자녀 학업 및 학습에 대한 관심 정도에서,

「우리 아이가 학교에서 배우는 내용을 알고 있다.」고 긍정적으로 응답한 비율은 78.8%였다.

그리고 「우리 아이가 사교육에서 배우는 내용을 알고 있다.」고 긍정적으로 응답한 비율은 83.1%나 되었다.

또한 「우리 아이가 스스로 혼자 공부하는 시간이 어느 정도인지 알고 있다.」고 응답한 비율이 89.5%였다.

동시에 「우리 아이가 무엇에 흥미를 느끼고 있는지 알고 있다.」고 응답한 비율은 93.5%로 나타났다.

그리고 학업이나 학습 이외의 활동이 아이를 위해 필요하다고 응답한 비율은 92.6%로 매우 높게 나타났다.

이런 문항을 통해 주 양육자의 자녀에 대한 관심 정도는 상당히 양호하다고 평가할 수 있다.

● 양육 관련 만족도

「자녀를 현재 잘 기우고 있다.」고 응답한 비율은 93.1%로 나타났고, 「앞으로 잘 키울 수 있다.」고 응답한 비율도 89.2%나 되었다.

그리고 「자녀와의 관계에 만족한다.」는 비율도 90.7%였으며, 「자녀의 의견을 존중한다.」는 비율도 91%나 되었다.

곧 주 양육자 10명 중 9명 정도가 자녀를 잘 키우고 있으며, 자녀와의 관계에 만족하고 자녀의 뜻이나 인격을 존중한다고 인식하고 있어, 전반적으로 양육 만족도가 높은 것으로 나타났다.

그리고 「자녀와의 대화가 충분하다.」고 응답한 비율은 81.1%로 다른 항목보다는 다소 낮은 편이었다. 또 사교육비가 부담된다는 비율은 83.7%로, 사교육비 부담에 따른 가계(家計) 부담이 큰 것으로 나타났다.

청소년의 주 양육자의 미디어 사용 제한 정도를 살펴보면,

「컴퓨터 사용시간을 제한한다.」는 응답이 가장 많았고(67.4%), 다음으로, 「스마트 기기 사용시간 제한」(66.9%)에 이어 「컴퓨터 프로그램의 종류와 내용을 제한한다.」(64.6%), 「스마트 기기 앱의 종류와 내용을 제한한다.」(62.4%) 순으로 나타났다.

한편 「텔레비전이나 영화의 시청 시간을 제한한다.」(57%) 다음으로는 「프로그램의 종류나 내용을 제한한다.」(55.8%)는 비율은 상대적으로 적은 것으로 조사되었다.

● 주 양육자의 스트레스

주 양육자가 최근 1년 동안 경험한 스트레스 수준을 살펴보면, 「일상생활 중 스트레스를 느꼈다.」는 비율이 94.7 %로 아주 높은 편이었다. 그리고 「자녀양육과 관련해 스트레스를 느꼈다.」고 응답한 비율이 87.2%로, 주 양육자의 대부분이 스트레스를 경험하는 것으로 나타났다.

한편 「대인관계가 어렵다.」고 응답한 비율은 56.2%였고, 「2주 이상 일상생활에 지장이 있을 정도로 슬프거나 절망 속에 빠졌다.」고 응답한 비율도 43.3%로, 주 양육자의 절반 정도가 우울한 기분을 느끼거나 대인관계에서 어려움을 겪는 것으로 확인되었다.

특히 2주 이상 슬픔이나 절망에 빠졌다는 응답은, 2017년에 비하여 크게 증가한 것으로 나타났다.

● 격려와 방임

우리나라는 저출산에 고령사회가 되었다. '저출산과 고령사회 위원회' 라는 대통령직속 기구가 있다고 한다. 거기서 제작한, 저출산 시대 극복을 위해 아이를 배려하는 사회를 만들자는 취지의 광고 영상이 논란에 휩싸였다.

곧 유튜브 채널에서 '아이에게 괜찮다고 말해주세요! 저출산 고령사회위원회 애티켓 캠페인' 이라는 제목의 영상을 올렸다. '애티켓' 은 아이 + 에티켓(etiguette)이라는 뜻이다.

식당에서 우는 아이, 어른과 부딪혀 신발에 음료를 쏟게 한 아이 등에게 '괜찮아' 라며 이해하고 배려해주자는 내용을 광고하고 있다. 아이는 어른에 비해 키가 작고 참을성이 부족한 만큼 이를 배려해야 하고, 이런 사회문화가 정착되면 저출산 문제도 점차 해결될 수 있다는 것이다.

좋은 취지에도 불구하고 온라인에서는 영상에 대한 갑론을박이 거세지고 있다. 의무사항이 아닌 배려를 강요한다는 주장이 나온다. 곧 '배려를 강요하고 가스라이팅(gaslighting)한다' 는 비판이 거세다.

가스라이팅이란 '상황 조작을 통해 타인의 마음에 자신에 대한 의심을 불러일으켜 현실감과 판단력을 잃게 만듦으로써, 그 사람을 정신적으로 황폐화시키고 그 사람에게 지배력을 행사하여 결국 그를 파국으로 몰아가는 것' 을 의미하는 심리학 용어이다

광고 취지를 찬성하는 쪽도 '아이는 미숙하고 잘못이 없어 배려할 수 있지만, 아이의 잘못을 보고도 사과하지 않는 부모까지 배려해야 하는 지는 의문이라' 고 지적한다.

사람들이 불편해하는 건 아이보다는 민폐를 방관하는 아이의 부모 때문인데, 이 광고는 이 점을 간과했기 때문에 반대 의견이 나온 것이라 생각된다.

3) 가정과 학교 밖 청소년

● 늘어나는 아동학대 – 행위자 77%가 부모

최근 5년간 아동학대로 아동 132명이 숨진 것으로 나타났다.

가정 내에서 발생한 아동학대 사망 사건의 가해자는 임신을 원치 않았거나, 양육지식이 부족했고, 사업 실패 등 극심한 경제적 스트레스에 시달린 것으로 파악됐다.

보건복지부와 중앙아동보호 전문기관의 '아동학대 사망사고 발생 현황 자료' 에 따르면, 2014~2018년 5년간 아동학대 사망 아동은 132명에 달했다.

연도별로는 2014년 14명, 2015년 16명, 2016년 36명, 2017년 38명, 2018년 28명 등이었다.

2018년 아동학대 사망사례를 살펴보면, 사망 피해 아동은 남아 15명, 여아 13명이었다. 사망 아동 연령은 0세 10명, 1세 8명, 4세 2명, 5세 2명, 6세 1명, 7세 2명, 8세 1명, 9세 2명 등이었다. 0~1세 아동이 64.3%로 신생아와 영아가 학대 사망에 가장 취약한 집단으로 나왔다.

사망 피해 아동의 가족 유형은 친부모가정 18명, 부자가족 1명, 모자가족 4명, 미혼부모 가정 3명, 동거(사실혼 포함) 2명 등이었다.

아동을 숨지게 한 학대 행위자는 30명이었다. 성별로는 남자 10명, 여자 20명이었고, 주 가해자의 연령은 10대 1명, 20대 14명, 30대 8명, 40대 6명, 50대 1명 등이었다.

학대 행위자의 직업은 무직이 12명으로 40%를 차지했다. 이어 주부(5명), 어린이집 보육 교직원(3명), 군인(2명), 단순 노무 종사자(2명), 자영업(1명), 회사원(1명), 서비스 및 판매종사자(1명), 기능원 및 관련 기능종사자(1명), 비정규직(1명), 자료 없는 기타(1명) 등이었다.

학대 행위자와 사망 아동의 관계는 친모 16명, 친부 9명, 보육교직원 3명, 아이돌보미 1명, 친인척 1명 등이었다.

사망에 이른 주요 학대 유형은, 치명적 신체학대(11명), 자녀 살해 후 자살(5명), 극단적 방임(5명), 신생아 살해(3명) 등 순으로 확인됐다.

2018년 아동학대 사망사례를 연구한 결과를 보면, 치명적 신체학대로 아동을 숨지게 한 경우 친부 가해자는 양육 지식이 없거나 스트레스로 상당 기간 영아를 가해하다가 아동의 울음에 촉발된 분노를 참지 못하고 심각한 가해 행동을 한 것으로 나타났다.

친모 가해자의 경우 미혼모거나 10대 출산 경험이 있으며, 아동이 사망할 때까지 상당 기간 지속해서 가해한 것으로 조사됐다.

아동을 살해한 뒤에 학대 행위자가 자살한 경우, 친부모가 사업실패나 빚 독촉 등 극심한 경제적 스트레스를 겪었던 것으로 나타났다. 신생아를 살해한 경우 원치 않는 임신으로 화장실에서 혼자서 출산하고 아동을 살해한 것으로 파악됐다. (2019년 8월 20일 연합뉴스 기사를 요약)

● 2021년, 아동학대 통계

아동복지법상 '보호 대상 아동'은 보호자가 아동을 양육하기에 적당하지 않거나 양육할 능력이 없는 아동을 뜻한다.

2022년 5월 31일, 보건복지부가 발표한 〈2021년도 보호 대상 아동 현황 보고 통계〉에 의하면, 2021년 신규 보호 대상 아동은 3,657명으로, 전년(2020년 4,120명)보다 소폭 줄었다.

보호 대상이 된 이유를 살펴보면, 학대가 47.4%(1,733명)로 가장 많았다. 보호 대상 아동 발생 원인 중 학대 비율은 2017년 35%를 기록한 이후 최근 5년 새 꾸준히 증가하고 있다.

전문가들은 아동 학대 관련 사회적 관심이 커지고 제도가 강화되면서 발견율이 높아진 것으로 분석하고 있다. 학대 다음으로 아동이 보호 대상이 되는 이유는 부모 이혼(11.4%), 미혼 부모·혼외자(10.4%), 부모 사망(8.1%), 비행·가출·부랑(7.9%) 등 순서였다.

보호 조치 유형으로는 보육원 등 시설 입소가 63.1%(2,308명), 가정 위탁·입양 등 가정 보호는 36.9%(1,349명)였다. (2022년 6월 1일 조선일보 기사 인용)

● 청소년의 일탈(逸脫)

필자는 서울의 남자 상업계 고등학교(나중에 남녀공학으로 전환)에서 34년을 재직했다. 학급 담인으로 기장 어려운 문제는 가출한 학생의 소재를 파악하여 만나거나 가정을 방문하여 학생과 학부모를 설득하여 학교로 데려오는 일이었다. 집을 나간 학생의 사연이나 상황은 모두 제각각이었다.

가끔은 경찰서에 가서 학부모 대신 담임으로서 학교에서 열심히 지도하겠다는 확약을 하고 학생을 데려오기도 했다.

개인의 인식과 태도는 언어, 특히 현상에 관한 용어(用語)나 정의(定意)의 영향을 받는다. 우리가 사용하는 모든 언어는 이른바 '프레임(frame)' 에 연결되어 있어, 듣고 말하고 생각할 때 머릿속에서 작동하게 된다.

2021년부터 청소년복지지원법이 개정되어 '가출청소년' 이라는 말은 '가정 밖 청소년' 이라는 용어로 바꾸게 되었다.

'가정 밖 청소년' 이라는 용어 변경은 가출(家出) 청소년이라는 부정적 낙인(烙印)과 편견(偏見)을 없애고, 적극적으로 포용하여 그들을 보통의 청소년으로 자리 잡게 하려는 뜻이다.

모든 청소년들은 가정과 사회의 보호를 받으며 건강하고 행복하게 성장할 권리가 있다. 그러나 그렇지 못한 청소년도 상당히 많다. 집을 나와 방황하거나 또래끼리 가출 팸(fam, 家出, family)을 이루고 살기도 한다.

집을 나온 청소년은 단순히 부모와의 갈등, 친구와 놀기 위해, 자유롭게 살고 싶어서 집을 나온 것이라고 생각하기 쉽지만 오히려 부모의 방임(放任)이나 학대(가정폭력) 등으로 가정 밖으로 내몰린 청소년이 50%를 넘는다고 한다.

부모 간의 불화, 부자간의 갈등은 물론, 진로와 학업 문제 또한 가출의 큰 원인이 된다. 더 큰 문제는 가정폭력 피해를 경험한 가출 청소년의 경우 학업중단의 위험이 더 높게 나타나고, 가출 후 폭력 사기 성매매 등 범죄 피해에 노출되기 쉽다는 것이다.

가정 밖 청소년에 대한 사회의 시선은 싸늘하다. 이들을 흔히 비행청소년이나 예비범죄자로 취급하는 등 부정적 인식이 강한 것이다. 실제로 범죄를 저지르는 청소년은 일부이나 이들에 대한 보호와 지원, 사회적 관심은 저조한 편이다.

모든 청소년들이 기본적인 의식주를 제공받고, 안전하고 건강하게 성장할 수 있도록 지원하는 것이 국가와 사회의 당연한 의무이다. 가정의 지원을 받지 못하는 청소년들도 미래를 꿈꾸며 당당히 사회인으로 성장할 수 있도록 국민의 따뜻한 시선과 지속적인 관심이 필요하다.

가정과 학교의 안에 있던, 밖에 있는 모두가 우리나라의 청소년이다. 차별할 수도 또는 방치해서도 안 된다.

● 학업중단

학교 밖 청소년은 취학을 유예했거나 3개월 이상 결석한 초등생 혹은 중학생, 제적이나 퇴학처분을 받기나 자퇴한 고등학생, 고등학교에 진학하지 않은 청소년을 뜻한다. 9~24세 학교 밖 청소년 총 3,291명에게 설문조사와 면담을 진행한 결과다.

여성가족부의 《2020, 청소년 종합실태조사》에 의하면,

청소년들의 학업중단 경험을 알아본 결과, 학교를 그만둔 적이

있다고 응답한 비율은 조사 대상의 0.8%로 2017년의 0.9%와 유사한 수준으로 나타났다.

학업중단 경험이 있는 청소년을 대상으로 학업중단 시기, 이유를 살펴보면,

① 고등학교 때 중단한 경우가 전체 중단자의 49%로 가장 많았고, 중학교 때 중단은 35%, 초등학교 때 중단한 경우는 15.8%로 나타났다.

2017년의 조사와 비교하면, 고등학교 때 중단자는 약간 감소하였고, 초 · 중학교 때 중단한 경우는 증가하였다.

② 학업 중단 주된 이유로는 '신체 건강상의 이유' 가 48.3%로 가장 많았고, 다음으로는 '검정고시를 준비하려고(11.3%)', '내 특기를 살리려고(8.6%)' , '심리 정신적인 문제가 있어서(7.6%)' , '공부하기 싫어서(7.5%)' 순으로 나타났다.

2017년의 경우, '공부하기 싫어서(13.1%)' , '선생님의 차별(12.6%)' , '아침에 일어나기가 힘들어서(12.2%)' , '신체 건강상의 이유(8.6%)' 였다. 2017년과 2020년의 조사에 왜 이러한 차이가 나는가에 대해서는 분석이 없다.

● 학교 밖 청소년의 진로

학교 밖 청소년 35.7%는 진로를 아직 정하지 못했다고 답했다. 나머지 64.3%는 진로를 정했다고 응답했다. 학생들이 정한 진로

는,

▽ 대학 진학 등(24.9%) ▽ 검정고시 준비(11.4%) ▽ 직업 훈련(5.7%) 순으로 많았다. 이외에 조사에서 진로로 제시한 문항은 ▽ 직업훈련 받을 예정 ▽ 대안 학교 진학 ▽ 취업과 진학 병행 ▽ 취업 예정 ▽ 해외 유학 ▽ 시간제 근로 예정이다.

학교 밖 청소년 3명 중 1명은 "진로 결정을 아직 못했다."고 응답했다는 정부 조사 결과가 나왔다. 본인의 특기를 살릴 수업이 있었다면 학교에 계속 다녔을 것 같다고 응답한 청소년도 37%에 달한 것으로 나타났다.

학교 밖 청소년 10명 중 4명은 학교를 그만두고 어려움이 없었다고 답했다.

학교를 그만둔 뒤 선입견과 편견, 무시 때문에 힘들었다는 청소년은 6년 새 절반 가까이로 줄었다. 여성가족부에서는 "학교 밖 청소년에 대한 사회적 인식이 점차 개선되고 있다는 점은 긍정적"이라며, "학교를 그만둔 청소년의 진로 결정을 돕기 위해 직업역량강화 프로그램을 확대할 계획"이라고 설명했다.

● 신체적 학대

위기 청소년 10명 중 4명은 부모로부터 신체적 폭력을 당한 것으로 드러났다. 이들은 집을 나온 주된 요인으로 가족과의 갈등과 학대 등을 꼽았다.

여성가족부는 2022년 4월 28일 이 같은 내용을 담은 〈위기 청소년 생활실태조사 결과〉를 발표했다.

이번 조사는 지난해 8월 27일부터 11월 30일까지, 청소년상담복지센터 · 청소년쉼터 등 위기 청소년 지원기관 이용자 4,399명(9~18세)을 대상으로 이뤄졌다.

그 결과, 설문에 응한 위기 청소년의 44.4%는 보호자로부터 신체적 학대를 경험한 것으로 확인됐다. 이들이 집을 나온 원인(복수응답)도 가족과의 갈등(69.5%), 가족의 학대(28%) 등 때문이다.

응답자에게 가정폭력을 외부로 알렸는지를 물었다. 학대를 당한 이들 중 61.3%가 그렇다고 답했다. 외부로 알린 대상으로는 친구 · 선후배(27.2%)가 가장 많았고, 학교(18.1%), 경찰(16.9%), 청소년시설(15%), 친척(14.5%) 등의 순으로 파악됐다.

이들 대부분이 아직 경제적 능력이 부족한 탓일까? 가정 밖으로 나온 위기 청소년(복수응답)은 주로 친구집(62%), 노숙(29.8%), 여관 · 모텔(27.5%) 등을 전전한 것으로 나타났다. 가출 중 가장 힘들었던 점을 묻는 질문에는 54%가 생활비 부족이라고 답했다. 이외에도 갈 곳 없음(42.4%), 우울 · 불안감(33.3%), 일자리(2.9%) 등의 답을 내놨다.

이렇다 보니 생활비 등의 문제로 도박에 연루되기도 한다. 위기 청소년 중 16.6%는 현금을 건 도박을 경험했다고 대답했다.

도박 때문에 지인과 대부업체에게 돈을 빌린 경우도 있었다. 채무 경험에 대해서는 '경험 있다' 는 답변이 32.1%였다.

금액별로 보면 ▲ 100만원 이상(12.1%) ▲ 50~100만원 미만(2.5%) ▲ 10~50만원 미만(8.8%) 등으로 집계됐다.

이들은 도박의 부작용으로 지인에게 사기를 치거나(7.8%), 타인의 물건을 몰래 판 적이 있다(5.6%)고 고백했다.

여가부가 공개한 이날 자료에는 위기 청소년의 심리 · 정서적 위기를 묻는 질문도 포함됐다.

위기 청소년 가운데 '극단적 선택을 시도한 적이 있다' 고 말한 이는 9.9%로 확인됐다. 심리적 불안(48.4%), 가족과의 갈등(26.3%) 등이 주된 이유였다.

여가부는 이번 결과를 바탕으로 위기 청소년의 복지 · 보호 정책을 강화하겠다는 계획이다. 심리가 불안정한 위기 청소년의 극단적 선택을 막고자 시 · 도 청소년상담복지센터에 임상심리사를 신규 배치하기로 했다. 정서 · 행동상의 문제를 겪는 이들을 위한 청소년치료재활센터 설치도 추진한다는 방침이다. (조선일보 2022년 4월 29일 기사를 요약)

● 학교 밖 청소년, 고등학교 자퇴 비율 56% 넘어

학교 밖 청소년 10명 중 5명은 고등학생 때 자퇴했다는 조사 결과가 나왔다. 이들 대부분은 학교를 그만둔 이후 검정고시를 준비한 것으로 확인됐다.

여성가족부는 2022년 5월 이 같은 내용의 〈2021 학교 밖 청소년 실태조사〉 결과를 발표했다. 이번 조사는 지난해 4월부터 12월까지, 전국 만 9세~24세 이하 학교 밖 청소년 3,291명을 대상으로 이뤄졌다.

그 결과, 응답자들의 56.9%는 고등학생 때 학교를 그만둔 것으로 파악됐다. 이어 중학교(27.3%), 초등학교(15.8%) 순이다. 지난 2018년에 비해 고등학교 자퇴 비율은 3.6% 낮아졌지만, 초등학교 · 중학교 자퇴 비율은 각각 3.4%, 0.4% 증가했다.

학교를 그만둔 이들 중 37.2%는 학교에 다니는 게 의미 없다고 답했다. ▲학교 밖에서 원하는 것을 배우려고(29.6%) ▲심리 · 정신적으로 불안해서(23%) ▲학교 분위기와 맞지 않아서(17.2%) 등의 의견도 있었다.

이들에게 학교를 그만둔 이후의 삶을 물었다. 검정고시를 준비한다는 의견이 58.3%로 가장 많았다. 이외에도 대입준비(22.7%), 아르바이트(22.1%), 직업훈련 교육(15.6%) 등의 답변을 내놨다.

설문에 응답한 학교 밖 청소년은 '자퇴를 한 것을 후회하지 않는다(58.1%)' 고 답했지만, 사회적으로 따가운 시선을 피하지는 못했다. '자퇴 후 어떤 어려움을 겪었는가?' 라는 질문에 응답자의 26.1%는 선입견 · 편견이 힘들었다고 응답했다. 이들은 부모와 갈등(15.9%)을 겪거나 혼자라는 불안함(14.3%)을 느낀 것으로 조사됐다.

부당한 대우를 경험한 이도 적지 않았다. 학교를 그만둔 이후 공모전 참여 제한(9.1%), 대학 진학 시 불이익(7.2%), 취업 제한(4.7%) 등을 겪은 것으로 나타났다.(조선일보 2022년 5월 18일 기사 요약)

● 일반 청년의 위험한 정신건강 상태

서울 청년의 정신건강이 위험한 상태인 것으로 나타났다. 2022년 5월 19일 서울시에 따르면, 올해 '청년 마음건강 지원 사업'에 신청한 서울 거주 19~39세 청년 1,686명을 대상으로 최근 다면적 인성검사(MMPI)-2 검사를 실시했는데, 709명이 정신건강 어려움을 겪는 '위기군'에 해당하는 것으로 나타났다. 10명 중 4명꼴이다. 위기군 중 절반이 넘는 361명은 당장 치료가 필요한 '고위험군'으로 확인됐다. 다면적 인성검사(MMPI)는 개인 성격 및 정신 병리적 상태를 측정하는 검사이다.

청년들은 현재에 대한 불만족이나 불행(63.1점), 걱정이나 스트레스(62.7점) 등을 평균보다 많이 호소했다. 50점이 평균 수준인데, 검사에 참여한 청년들의 정서적 고통은 평균 65.5점에 달했다. 회의감(60.4점)이나 불안·분노 등 부정적 정서(58점)도 높게 나타났다.

청년들은 정신건강에 어려움을 호소하는 원인으로 취업난, 직장 등 사회 부적응, 가족 간 갈등 등을 꼽았다.

한 번도 정신건강 검사를 받아본 적이 없었던 취업준비생 B씨(27)도 검사를 받아보니 자신감 결여와 현재 삶에 대한 불안 수준이 높은 것으로 나타났다. 서울시 관계자는 "신청한 참가자 중에는 스스로 정신건강에 문제가 있다고 생각하지 않던 평범한 참가자가 더 많았다." 면서, "생각보다 많은 청년들이 정신건강에 이상신호가 나타났다." 고 지적했다. (2022년 5월 20일 조선일보 기사의 요약)

● 청소년의 극단적 선택 – 중학생과 여학생 증가율 높아

국립중앙의료원과 공동 연구팀이 국가응급진료정보망(NEDIS)을 활용해 분석한 결과, 극단적 선택을 시도한 뒤 응급실에 온 14~19세는 2019년 3,892명으로 2016년 1,894명에 비해 2.1배 늘어난 것으로 나타났다. 14~19세 인구 10만 명당 건수로 환산해 보면, 2016년 57.5건에서 2019년 135.5건으로 매년 35.6%씩 증가했다. 남성 청소년(18%)보다 여성 청소년의 연간 증가율(46.3%)이 높았다. 또 중학생의 연간 증가율(51.1%)이 고등학생(27%)보다 높아 상대적으로 어린 나이에 극단적 시도를 하는 청소년이 빠르게 늘고 있는 것으로 나타났다. (2022년 6월 25일 조선일보 기사 참고)

3. 젠더(gender) 갈등

1) 젠더

젠더(gender)는 '성(性)', '성별(性別)', '성의 구분' 등의 의미를 가진 말이다. 성(性, 남성, 여성, 중성 등) 또는 성별을 의미하는 단어인 섹스(sex)는 생물학적 구분으로, 이는 타고 난다.

섹스는 신체적 · 생리적 특징, 즉 염색체나 유전자 · 호르몬 · 생식기 등과 관련된 성의 범주로, 대개 남성 또는 여성으로 성별이 분류된다.

한편 젠더(gender)는 사회적 성(性, 姓이 아님) 구분이다. 다시 말해, 사회적 · 문화적 · 심리적인 특징, 즉 개개인의 성 역할이나 성 정체성(正體性) 또는 행동양식이나 사고방식 등과 관련된 성의 범주로, 남성다움과 여성다움의 규정에 사회적 영향이 작용하는 의미를 담고 있다. 곧 성별은 습득되는 것이지 타고나는 것이 아니라는 생각을 기반으로 한다.

성별이 사회적이고 문화적으로 구성된다는 점을 강조하며 사용하기 시작한 용어인 젠더는 성 역할이나 성 정체성이 불변하는 것이 아니라 역사적, 문화적, 사회적 상황에 따라 변화한다는 점을 전제로 하고 있다.

1995년 열린 UN 주최 베이징 세계여성대회에서는 성별이라는 용어를 섹스(sex) 대신 젠더(gender)로 채택하고 사용을 권장하였다. 세계보건기구(WHO)에서도 젠더는 남자와 여자에게 적합하다고 여겨지는 사회적 역할이나 행동 또는 활동과 자질을 의미한다고 설명하였다. 그러나 젠더의 개념이 광범위하게 퍼지면서 오히려 섹스와 젠더의 개념 구분이 모호해져 두 용어가 별 차이 없이 사용되거나 완전히 구분되는 개념으로 받아들여지지 않는 현상도 나타났다.

2) 페미니즘

페미니즘(feminism)은 여성의 권리 및 기회의 평등을 핵심으로 하는 여러 형태의 사회적, 정치적 운동과 이론을 포함하는 말이다.

이는 여성과 남성의 관계를 살펴보고, 여성이 사회 제도 및 관념에 의해 억압되고 있다는 생각이다. 역사적으로 남성이 사회활동과 정치참여를 주도해왔기 때문에, 페미니즘은 여성의 권리를 주장하고 실현하는 것을 목표로 한다. 남성 중심 사회에 여성이 참여하고, 여성의 권리나 지위를 지키자는 주장이라고 말할 수 있다.

페미니즘은 노예 제도, 인종 차별, 계급제도 등 사회적 불평등을 악화시키는 다양한 사회정책의 철폐와 제도의 개선을 주장하는 이론 및 사회 운동과 맞물려 발전해 왔다.

성별의 차별 문제를 개선하고 여성의 지위나 역할 등의 권리를 중요시하는 여성주의의 사상이나 여권주의(女權主義)를 말한다. 남성주의의 사회구조를 개선해서 평등한 사회로 만들자고 주장하는데, 줄여서 페미라 통칭한다.

페미니즘을 실천을 하는 사람이 페미니스트이다. 곧 남성 위주의 사회구조를 개선하기 위하여 노력하고 페미니즘을 실천하는 사람이다. 페미니즘이 정치판에서 자주 사용을 하다 보니 거기에 따른 반론이나 반감 또한 만만치 않으며 나쁜 의미로 사용되기도 한다. 이렇게 페미니즘의 주장에 따라 남자들도 역차별을 받고 있다는 주장이 나올 수밖에 없다.

19세기부터 1950년대까지의 페미니즘 운동과 이론의 발전을 1차 페미니즘이라 지칭하며, 영국과 미국에서 활발히 일어났고, 그 특징에 의거 자유주의 페미니즘이라고도 불린다.

1960년대부터 1980년대까지 2차 페미니즘 물결이 일어났다.

이 시기에는 노동 환경과 임금수준 개선을 비롯한 여러 사회적 불평등 현상으로부터 여성을 해방시키는 것에 집중하였다. 그러면서 여성을 계급처럼 인식하여 하나의 정치적 집단으로서 여성을 내세웠다. 사회 전반적인 제도의 개선을 요구하였고, 정치적이고 급진적인 성격이 짙어 급진적 페미니즘이라고도 불린다.

1990년대부터는 3차 페미니즘 물결이라 지칭한다. 이 시기에는 2차 페미니즘 물결이 실패한 부분을 극복하는 데에 집중하였다. 즉 여성의 인종, 국적, 종교, 계층 등 문화적 다양성에 관심을 갖고 전개되었다.

젠더 갈등을 연재물로 기획하여 연재하고 있는 조선일보 2022년 5월의 기사를 보면, 페미니즘을 강의하고 옹호하는 입장에 선 대학의 「여성학(女性學)」강의도 이대녀(二代女)와 이대남(二代男)의 갈등이 표출되면서 그런 강의를 수강하는 것조차 서로를 비난 공격하고 있어 수강 신청 학생도 줄고 강의도 많이 폐강되었다는 내용이 있다. (2022년 5월 25일 조선일보 기사 참고)

2022년 3월 9일의 제20대 대통령 선거에서 이대녀와 이대남의 정치적 대결이 투표에 큰 영향을 끼쳤는데, 그 주요 이슈는 여성가족부의 존폐 여부였다. 이대남은 여성가족부의 폐지를, 이대녀는 여성가족부의 존치를 열망하고 논쟁하였으며 투표로 이어졌다.

여하튼 젠더 갈등은 2022년 우리나라의 주요한 사회 이슈가 되었다. 이러한 사회 이슈는 결국 가정생활과 가정교육에도 영향을 끼칠 것이다.

페미니시즘의 상대적인 개념은 남성우월주의로 보통 마초이즘(machoism)이라고 말한다.

마초는 다듬어지지 않은 야성미 넘치는 남자다움을 뜻하기도 하고, 남자의 거칠고 힘만 앞세우며 덤비는 단순 무식한 남성적 기질을 뜻한다. 그래서 보통 못마땅하고 부정적인 의미로 쓰이기도 한다.

페미니즘이나 마초이즘 양쪽 모두 남녀평등을 말하고 있지만, 실제로는 상대를 공격하는 말로 사용되고 있다.

3) 맞벌이, 독박육아, 여자만 손해?

지금 우리나라 20대 남녀는 결혼을 희망하면서도 서로 다른 이유로 결혼을 망설이고 있다.

조선일보가 서울대 사회발전연구소와 만 16세 이상 남녀 1,786명에게 설문한 〈2022 대한민국 젠더의식 조사에 따르면, 결혼을 희망한다.〉는 20대 남성은 47.6%로 여성(33.6%)보다 많았다.

결혼을 망실이는 이유는 서로 달랐다. 20대 남성 47.2%가 '경제적으로 준비가 되지 않아서' 라고 답한 반면, 20대 여성 31.8%는 '결혼이 나의 자유를 제약해서' 라고 답했다.

특히 청년세대 여성은 상대의 조건은 물론 '사고방식' 까지 꼼꼼히 따졌다. 본지가 결혼정보업체 선우에 가입한 남녀 회원 690

명에게 '이성과 교제를 결정할 때 부정적 영향을 미치는 요소'가 무엇인지 묻자, 20·30대 여성 10명 중 9명(93.8%)이 '상대의 성평등 의식이 낮으면 사귀지 않는다'고 답했다. 또 79.7%는 '상대의 소득이 자기보다 낮으면 싫다'고 했다. 학력이 낮은 것(56.3%), 정치 성향이 다른 것(53.1%), 종교가 다른 것(50.8%)도 이유가 됐다.

조선일보와 서울대 사회발전연구소 조사에 따르면, '결혼을 반드시 해야 한다'는 생각에도 20·30대 여성의 64.5%가 반대했다. 실제로 서울의 한 대형 병원 간호사는 '결혼을 하면 내 삶을 주체적으로 결정하지 못할 것'이란 이유로 비혼(非婚)을 택했다.

나중에 국제기구에서 일해보고 싶다는 그는, "배우자가 생기면 어떤 일을 결정할 때 그의 의견을 듣지 않을 수 없다. 내 삶에 다른 이해관계자가 생기는 것이 싫다."고 했다.

어떤 중소기업 회사원은 6년 넘게 사귄 남자 친구가 있지만 '내 인생의 우선순위는 1위가 나, 2위가 가족, 3위가 경력이고, 결혼은 4순위'이라고 말했다.

젊은 여성들은 또, 결혼이 남성에게만 득이 되는 일이라고 믿는다. 맞벌이를 해도 가사, 육아 부담을 여성이 훨씬 더 많이 지는 탓이다.

2019년 기준 맞벌이부부의 경우 여성은 가사 노동을 하루 평균 3시간 7분 한 반면, 남성은 54분만 했다. 여성 커뮤니티에서는

'독박 가사, 독박 육아에 운다', '맞벌이인데 집안일은 내가 다 하고 남편은 설거지 하나 하고서 생색을 낸다' 는 토로가 잇따른다.

결혼을 희망하는 여성들도 '남성에게 종속되는 결혼은 하지 않겠다' 는 말을 했다. (2022년 5월 13일 조선일보 기사 요약)

4) 부부 갈등

젠더 갈등은 노년도 비켜가지 않는다. 조선일보와 서울대 사회발전연구소가 16세 이상 남녀 1,786명을 대상으로 한 〈2022 대한민국 젠더의식〉 조사 결과, 최근 1년간 배우자와 갈등을 빚은 적 있는 남성은 '60대 이상' 에서 60.9%로 가장 많았다. 여성은 20대(69.1%), 50대(66.7%), 60대 이상(58.4%) 순이었다.

결혼 생활 30년 이상 된 부부의 '황혼 이혼 상담' 도 크게 늘었다. 한국가정법률상담소에서 지난해 이혼 상담을 받은 전체 남성 중 60대 이상은 47.7%로 절반에 육박했다. 2011년 15%에서 3배나 급증한 셈이다. 같은 기간 60대 이상 여성 상담자는 9.2%에서 25.7%로 증가했다. 실제 황혼 이혼을 결행한 숫자도 2011년 7,900건에서 2021년 17,900건으로 127% 증가했다.

이는 가정에서의 여성 발언권이 커지면서 은퇴한 남성이 아내와 자녀들에게 소외감을 호소하는 경우가 많아진 것이다. 과거엔 남성들이 자기 치부를 드러내는 상담을 하지 않았지만 이젠 괴로움을 참지 못하고 탈출구를 찾으러 오는 노인이 많아진 현상일 것이다. (2022년 5월 26일 조선일보 기사 요약)

5) 상품화된 젊은 남녀

「프리미엄 소개팅 앱」을 표방한 한 애플리케이션에 올라온 남성들은 대부분 학벌, 자산, 직업으로 자기소개를 한다. 이 앱에서 여성은 얼굴 사진만 올리면 가입이 된다.

연애와 결혼에 있어서 '남자는 경제력, 여자는 외모' 라는 성차별 인식이 적나라하게 드러나는 곳 중 하나가 소개팅 앱이다. 일부 소개팅 앱은 자산, 직업, 외모 등의 인증을 통해 원하는 조건의 이성을 찾게 해준다. 남성은 경제력으로, 여성은 외모로 서열화가 이뤄진다.

가입할 때 연봉이나 보유 자산 · 자동차 등을 인증해야 하는 앱도 있다. '골드스푼' (회원 13만 명)은 1억 5천만 원 이상 자동차를 갖고 있거나 강남 3구 아파트, 네이버 부동산 시세 기준 20억 원 이상의 집에 살면 가입할 수 있다. 여성은 보정하지 않은 사진을 올려 남성 회원들에게 일정 점수 이상의 평가를 받으면 가입할 수 있다. 대기업에 다니며 스카이피플을 이용한 권모(43)씨는 "나와 상대의 조건을 맞춰서 만날 수 있다는 장점이 있지만, 연봉이나 부동산 인증을 못한 탓에 평점이 낮아 스트레스를 받았다." 고 했다.

이처럼 우리나라에서는 자산·소득 양극화와 성별 간 소득 격차가 크기 때문에 여성이 경제력 있는 남성을 선호하는 경향이 강하다. 결국 연애와 결혼이 비즈니스 전략처럼 추진되고 남자든 여자든 상품화되는 것이라고 요약할 수 있다. (2022년 5월 13일 조선일보 기사 요약)

6) 역할 분담의 혼란

20~30대 남성들의 '역차별' 불만과 '여성 혐오' 현상에는 호주제 폐지에도 불구하고 여전히 남성에게 1차 생계부양자 역할을 요구하는 우리 사회 분위기도 한몫한다는 지적이 나온다.

가정과 학교에서는 남녀가 평등하다고 줄곧 배웠는데, 결혼 후 가정 생계는 1차적으로 남자가 책임져야 한다는 가부장적 인식이 우리 사회에 남아있다는 것이다.

조선일보와 서울대 사회발전연구소 조사에서 '결혼하면 가족 생계는 주로 남자가 책임져야 한다' 는데, 20대 남성의 약 25%가 동의했다. 60대 이상 남성(33.4%) 다음으로 높은 수치다.

70대의 필자는 '남성은 가장으로서 생계를 책임져야 한다' 는 인식을 버린 적이 없고 내 아들과 며느리에게도 그렇게 말했다.

사실 우리 사회가 굉장히 많이 변했지만, 가족주의와 남성이 생계부양주의는 아직 크게 변하지 않았다. 비록 직업을 가진 젊은 여성들도 다른 부분에선 평등을 주장하면서, 1차 생계 부양자는 여전히 남편이라고 여기고 있다.

청년 남성들은 남녀 간 달라진 역할 분담에 혼란을 겪기도 한다. 지금의 기성세대들은 남성이라면 직장에 나가 가족 생계를 책임지고, 여성은 집에서 가사와 육아를 맡아야 한다는 성별 역할 분담이 확실한 시대를 살았다.

하지만 여성의 사회 진출이 늘고 맞벌이(2020년 기준 45.4%)가 보편화되자 남성들도 집안 일을 요구받는다. 맞벌이뿐 아니라 남자만 일하는 외벌이 가정에서도 '남자도 집안 일을 같이 해야 좋은 남편' 이라는 사회적 압력이 높아지는 분위기다.

그러니 젊은 남성 입장에서 볼 때, 부친 세대는 바깥 일만 하면 됐는데, 자기 세대에서는 늦게까지 야근하고 집에 와도 애를 보고 가사도 거들라고 하니 억울하다는 느낌을 가질 수밖에 없다.

제2부

가정교육의 중요성

1. 왜 가정교육인가

1) 무너지는 가정

부모의 별거나 이혼 · 질병 · 수감(收監) 등의 사유 때문에 버려지는 아이들의 숫자—곧 부모가 키울 수 없어 조부모나 친 · 인척, 다른 가정으로 위탁되는 아동의 숫자가 늘어나고 있다.

특히 위탁아동의 사유 중 부모의 별거 및 가출이나 이혼이 전체의 61%를 차지한다고 하는데, 이는 버려진 아이들 열 명 중에 여섯 명이 가정 해체 때문에 위탁된 셈이다. 또 위탁된 아이들이 부모의 재결합 등으로 다시 원래 가정으로 복귀하는 경우는 겨우 14%에 불과하다고 한다.

아이들은 부모에 의하여 양육되어야 하고, 부모는 자식을 길러야 할 책임이 있다. 그렇다면 위탁된 아이들은 사실대로 표현하면 부모에 의하여 버려진 아이들이다. 물론 위탁되었기에 더 좋은 환경에서 생활할 수 있고, 위탁된 아이들 중에서도 반듯하게 자라는 아이도 많을 것이다.

우리나라 초·중·고교 학생 5명 중 1명은 학교생활에 적응하지 못해 교육목표를 달성하기 어려운, 곧 학교를 다녀도 교육의 효과를 기대하지 못하는 '위기학생' 이라고 한다.

위기학생이란, 학교생활에 적응하지 못해 교육적 또는 심리학적인 지도가 없으면 학교가 제공하는 교육효과를 체득하지 못하거나 교육목표에 도달하기 어려운 학생을 뜻한다.

물론, 위기학생으로 분류되지만 그중에는 정도가 심한 학생에서부터 약간의 지원이나 지원만 있으면 정상적 교육을 성공적으로 수용할 수 있는 학생도 있을 것이다.

● 고 위험행동

위기학생들이 경험했다고 대답한 '고(高) 위험행동' 으로는 공공기물 파손, 후배 위협, 상습적 흡연과 음주, 우울장애, 가출, 자살시도, 성매매 및 성폭력, 성병 및 임신 등 개인적 위험행동을 포함하고 있다.

이전에 청소년 문제를 일으키는 계층이 대개 고등학생이었지만 지금은 그 연령이 많이 낮아졌다. 특히 위기의 중학생들이 늘고 있는데, 술 마시고 담배 피우는 중학생은 부지기수이다.

또래 학생들에게 상습적으로 폭력이나 성폭력을 가하는 경우도 있는데, 문제는 이런 일탈적 행동이 '문제아' 로 불린 일부 학생에 국한되던 과거와 달리 요즘엔 '평범한 다수' 로 확산되고 있다는 사실이다.

중학생들의 일탈적 행동은 성적(性的)인 부분에서도 뚜렷하게 나타난다. 가출한 여중생이 인터넷을 통해 성매매를 원한다는 글을 올리거나, 10대가 인터넷사이트를 통해 '역 원조교제' 를 알선하는 등 극단적 경우를 제외하더라도, '평범한' 중학생들의 성적 일탈은 크게 증가하고 있다.

● 거리에서 만나는 가족

청소년의 가출은 해당 가족만의 문제는 아니다. 이는 사회와 나라의 문제라고 보아야 한다.

가출한 청소년은 모든 규제나 속박에서 벗어난, 자유롭고도 아름다운 공상을 하지만 현실은 그 정반대라고 할 수 있다. 부모의 간섭과 갈등에서 그 반발과 반항으로 집을 나오지만 현실 세계는 미성숙한 상태의 청소년을 곧바로 어두운 골목으로 빨아들인다.

남학생들은 가출 후 일주일 지나면 상당수가 빈집털이나 강도로 나서고, 가출 여학생들은 그 절반이 석 달 안에 원조교제를 하거나 성매매업소에 나간다고 하니, 제발 그렇게 되지 않기를 바랄 뿐이다.

이렇게 가출한 청소년들은 거리에서 팸(fam. family, 가족)을 찾는다고 한다. 집에서 버림받고 돌아갈 곳 없는 청소년들에게 팸은 가족보다 더 가까운 사람들이다. 집을 나와 처지가 비슷한 또래끼리 모여 집단생활을 이루는 팸은 혼자 가출해 길거리를 떠돌다 집으로 돌아가던 과거의 가출 행태와 다르다. 가정에서 버려진 거리의 아이들에게 가출은 어쩌다 한번 실수하는 일탈(逸脫)이 아니라 '선택의 여지가 없는 생활' 로 바뀌었다.

가출 청소년의 거리생활에 팸은 필수라고 한다. 예전에는 돈이 떨어지면 집으로 돌아가거나 청소년 쉼터를 찾는 경우가 많았지만 요즈음은 가출 청소년끼리 팸을 이뤄 생활을 한다. 적게는 3, 4명에서 10명까지 팸의 구성원은 고시원이나 모텔을 함께 사용하며 가족이 된다고 한다.

팸은 수습 기간에 사귄 '이랭(일행)' 이 발전된 관계이다. 가출 직후 이랭으로 며칠을 함께 다니다 뜻이 맞으면 팸이 된다. 많은 경우는 아니지만, 가출하기 전부터 팸과 이랭을 구해놓고 집을 나오는 경우도 있다고 한다.

청소년이 길에서 팸을 찾는 그 근본 원인은 가정이 해체되었거나 방임으로 정상적인 가족을 이루지 못하고 있기 때문일 것이다. 거리로 나온 아이들은 비슷한 처지의 아이들끼리 이랭과 팸을 만들어 서로 의지하게 되는 것은 극히 자연스러운 일일 것이다.

팸은 탈선의 길로 빠지기 쉽다. 학교 인근에서 청소년을 상대로 돈을 빼앗거나 떼를 지어 다니면서 길거리에서 금품을 뜯어내는 '노상까기' , 인터넷에 이랭을 구한다는 글을 올려 '초짜' 가출 청소년의 군자금(집을 나올 때 가지고 나온 돈)을 뺏는 '이랭털기' , 인터넷에서 물품 판매 글을 올려놓고 돈을 받은 뒤 물건을 보내주지 않는 '구매 사기' 등 탈선 방식도 다양하다고 한다.

특히 여학생이 낀 팸은 성매매 위험에 쉽게 노출된다. 가출 후 성매매를 경험하는 여학생도 많고, 일부는 남학생과 어울려 원조교제를 가장해 돈을 뜯어내는 일도 있다고 한다.

요즈음 청소년 10명 중 1명은 가출을 경험하고, 4명은 가출 충동을 느끼는 것으로 알려져 있다. 그리고 청소년 가출의 원인은 대부분 부모와의 불화라고 한다. 그렇다면 청소년의 가출은 '부모의 불화 때문에 집에서 쫓겨나는 것' 이라 생각할 수 있다.

거리로 나온 청소년들은 자신과 처지가 비슷한 또래들과 어울리며 공동체감을 느끼고 그 안에서 가족을 찾으려는 경향이 강할 수밖에 없다. 정서적으로 불안정한 아이들끼리 모이다 보니 오히려 서로에게 상처를 주기도 하고 또 다른 탈선을 하는 경우가 많을 것이다.

● 무서운 10대

청소년들의 폭력이나 위험행동은 어제 오늘의 일이 아니다. 솔직히 말해서, 어렸을 때나 학창 시절에 나쁜 짓을 전혀 하지 않은 도덕군자 같은 사람이 몇이나 있겠는가?

또 15, 6세 이전에 나쁜 짓 좀 했다 하여 꼭 사회 범죄자가 되는 것도 아니다. 다시 말해, 가정이나 학교 또는 사회에서 한두 가지 또는 한두 번 나쁘거나 위험한 행동을 했다 하여, 곧 나쁜 성인으로 성장할 것이라는 예단은 극히 위험하다.

사실, 어느 시대건 청소년의 일탈이나 반사회적 행동은 비슷한 경향을 보여왔다. 그러나 요즈음 10대 청소년의 일탈이나 범죄는 '범죄 후에도 잘못을 모른다' 는 것이 더 큰 문제일 것이다.

승용차를 훔쳐 타고 음주 상태에서 도로를 질주하다가 인명사고를 내는 사건은 아주 흔한 일이 되었다. 또 거리에서 '어깨를 부딪쳤다' 는 이유로 행인을 집단폭행해 숨지게 한 청소년들의 이야기는 이제 뉴스거리도 되지 않는다.

특히 청소년들이 저지르는 성범죄가 급증하는 추세를 보이면서 더 이상 방치할 수 없는 사회 문제로 대두되고 있다. 성범죄에서 미성년자는 더 이상 피해자만은 아니라 피해자이면서 가해자이다. 청소년들－특히 중 · 고등학생들의 폭력이나 성범죄는 대부분 '어린 학생의 우발적인 범행' 이며, 또 '피해자와 합의' 했다는 이유로 불문에 부쳐지거나 가벼운 '학교 선생님의 선도' 나 '보호 관찰' 정도로 관용을 베푸는 것이 사실상 관례이다.

고등학교 남학생들이 중학교 여학생을 돌아가며 성폭행을 하고서도 그런 사실을 무용담처럼 떠들고 다니는 경우는 보통 있는 일이다. 이런 사건으로 신고가 되어 경찰에 적발된 한 남학생은 경찰에서도 담담했다.

"솔직히 이번 일을 잘못했다는 생각이 없었다. 학교 다닐 때 한두 번 정도 경험하는 애들이 어디 나 하나인가? 친구들이 어땠냐고 물었고, 조금 우쭐한 마음으로 사실대로 이야기했다."

청소년 사이에서 '남자가 여학생과 식사를 함께하고 여학생이 얻어먹었다면 대개 성관계를 암묵적으로 인정한다' 는 뜻으로 받아들여진다고 한다. 또 여자 애들이 성관계를 허락한다는 의사 표시로 키스나 애무를 허용하는 것이라고 한다.

청소년 상담원들이 전하는 바에 의하면, 어느 10대는 '우리 또래들 사이에서 강간은 하나의 경력' 이라고 고백했다니 큰 문제가 아닐 수 없다. 서로 아는 사이에서 또 그런 또래 집단에서의 평판이 최우선으로 인식되는데 '여학생을 강간했다는 것' 은 자신의 존재감을 드러낼 수 있는 자랑거리가 된다는 뜻이다.

이런 인식은 '자신의 욕구는 정당하며 결코 나쁘지 않다. 상대방은 그쪽 입장이고 그쪽 생각이다' 라는 남을 조금도 배려하지 못하는 극단적인 이기주의의 표현으로 보아야 한다.

만약 정상적인 가정에서 아버지의 일상적인 가정교육을 받고 여러 형제나 사촌들 사이에서 자랐다면, 아마도 이런 극단적인 비윤리적 생활 태도는 없었을 것이다.

● 디지털 시대의 가정

가정이란 남녀 양성이 부부로 결합하여 공동의 삶을 꾸려가는 공간이며, 가정생활이란 '사람의 자식' 으로 태어난 부부가 자녀를 낳아 다시 '사람의 자식' 으로 양육해 가는 과정이다.

사람의 자식으로 자녀를 양육한다는 것은, 정신적 육체적 성장을 의미하기에 가정은 인성의 바탕을 마련해주는 원초적인 학교이다. 따라서 부모의 가치관은 자녀의 인성과 성장에 절대적 영향을 미친다.

지금 우리 국민의 교육열은 세계 최고이며 사교육비는 나날이 크게 증가하고 있지만, 정작 가정에서 이루어져야 할 예절교육이나 인성교육은 소홀히 취급되거나 전혀 고려하지 않는 것 같아 안타깝기만 하다. 어찌 보면 '가정교육(家庭敎育)의 실종 상태' 라고 말할 수 있는데, 이러한 가정교육의 실종은 곧바로 '학교교육의 위기' 를 초래하고 심화시키는 현상으로 연결된다.

20세기 말, 산업사회에서 지식정보화 사회로 변화하는 과정에서는 지식 정보의 활용방법과 개인의 창의성이 중요한 가치로 평가되었다. 그러자 컴퓨터가 주요한 도구가 되었고, 컴퓨터 관련 산업이 눈부시게 발전했고 그 보급 또한 경이적이었다.

동시에 개인주의 문화가 팽배하면서, 지난 날 전통사회에서 중시되었던 공동체 문화가 크게 쇠퇴하였다. 이제는 한 마을에서 어른들에게 인사하며 마을 일에 협조하고, 마을 사람들과 같이 생활하며 즐기는 젊은이 대신, 단지 한 가정의 아들이며 오직 컴퓨터만을 벗하며 살아가는 그 자신만의 젊은이가 존재할 뿐이다.

21세기 디지털 시대에 인터넷 문화가 급속히 확산되어 아이들은 학교교육과 사교육을 통하여 디지털 문화에 빠르게 적응하여 거의 '컴 도사' 가 되었다. 부모들은 아이들이 21세기에 적응하기 위해서는 DQ(Digital quotient ; 디지털 지수)를 높여야 한다며 컴퓨터를 마련해주고 그 재능을 급속하게 키워주었다.

그리하여 지금은 유치원 아이들까지도 컴퓨터가 없으면 놀지 못할 정도가 되었다. 이제 컴퓨터는 초 · 중 · 고생 학습활동에 꼭 필요한 도구가 되었고, 많은 초등학생이 핸드폰을 소유하고 있다. 아이들은 카톡으로 자신의 존재를 확인하며, 하루라도 인터넷을 하지 않으면 불안해하는 중독현상이 나타날 정도로 컴퓨터는 생활의 가장 중요한 축이 되었다.

그러나 이 컴퓨터 때문에 학생들은 더욱더 외톨이가 되거나 이상 성격으로 변하는 경우가 있으며 가상공간에 깊이 빠져 윤리나 도덕에 무감각하고 현실적인 범죄를 저지르기도 한다.

인터넷 카페를 통해 '문친' 을 구해 우정을 나누기도 하는데, '문친' 은 '문자 친구' 의 줄임말이다. 중 · 고교생들 사이에서 실제 만나기보다 휴대폰 문자만 주고받는 친구를 부르는 말, 친구에게 소개받거나 인터넷을 통해 문친을 구하고, 문친이 실제 이성 친구로 발전하기도 한다.

문친 중에서도 서로 학업을 격려해 줄 '공친(공부 문친)' 을 구하는 경우도 많다. 문친이니 공친이니 하는 것은 친구를 쉽게 사귀고, 쉽게 바꾸는 학생들의 세태를 보여주는 것이다.

지금은 모든 가정에 컴퓨터가 보급되어 인터넷을 활용한 정보 습득과 상품 매매와 거래는 젊은 주부들에게 가사의 중요한 일부분이 되었다. 60대의 노인들도 언론 기사에 댓글을 달고, 인터넷

채팅을 하다가 불륜으로 발전하여 가정을 파탄으로 이끄는 사례가 나타나기도 한다.

그러나 아직도 많은 수의 할머니, 할아버지들이 시대의 흐름을 미처 감지하지 못하고 아직도 컴맹이라 할 수 있다. 그리고 아이들의 문화에 대한 이해가 부족하여 아이들을 지도하고 싶어도 아는 것이 없어 뒷전으로 밀려나 물끄러미 아이들만 바라만 보고 요구만 들어주는 상황이 되었다.

2) 가정교육의 부재

가정교육은 가정을 중심으로 생활하면서 이루어지는 유형무형의 교육을 의미한다. 물론 가족 구성원 모두가 생활하면서 이루어지기에 부모는 자녀를 교육하는 교육 담당자이면서 자녀는 모두 피교육자이다. 그 가정교육은 당연히 가장(家長)인 아버지가 되어야 한다.

지금 우리나라의 '학교 교육이 부실하다' 라고 말하지만, 그보다 더 문제가 되는 것은 가정교육이다. 우리나라에서 가정교육이 무너진 지 오래되었다. 가정교육은 다시 살아나야 하고 그 중심은 아버지이어야 한다. 가족은 계급조직처럼 어떤 위계질서가 있어야 하고 그 구성원 내에서 각자에게 주어지는 책임이 있다. 가족은 끈끈한 연대감으로 묶여 있기에 그만큼 교육 효과가 크다.

필자는 지금 우리나라에서 경제적 위기보다도 가정의 위기가 더 심각하다고 생각한다. 노숙자 문제야 경제가 풀리고 경기가 회복되면 해결될 문제이지만, 한번 깨어진 가정은 원상복구가 거의 불가능하다.

경제문제로 인한 가정 파탄 – 이혼가정의 증가와 그에 따른 편부편모의 가정, 소년소녀 가장이나 조손(祖孫)만의 가정 등등 – 곧 결손가정의 증가는 초 · 중 · 고등학교의 교실에서 숫자로 금방 나타난다.

그러나 그런 외형적 상처야 저소득층 자녀의 학비 지원이나 학생들의 중식지원 등 정책적인 노력으로 어느 정도 치유가 될 수도 있을 것이다. 그러나 그 가정의 자녀들이 받은 마음의 상처는 지금은 보이지도 않지만, 10년 뒤나 20년 뒤에 어떤 결과로 나타날지 아무도 알 수가 없다.

여하튼 결손 가정에서 가정교육이 제대로 이루어지기를 기대할 수 없다. 그렇지만 정상적 가정이라도 경제적 사회적 활동에 따라 자녀에 대한 아버지의 발언권이나 역할은 확실하게 약화되었다. 또 어머니의 사회 참여나 경제활동이 많아지는 동시에 자녀에 대한 가정교육은 전적으로 어머니가 담당하게 되었다.

● 핵가족

대체적으로 우리나라 가구 대부분이 부부와 자녀만으로 이루어져 가구 당 평균 가족 수가 3.3명에 불과한 핵가족이다. 대부분의 가정에 자녀가 하나나 둘밖에 없기 때문에 버릇없는 아이들이지만 그 자녀에 대한 부모의 기대수준이나 욕심은 매우 크다고 할 수 있다.

요즈음 아이들의 버릇없는 양상은 크게 세 가지로 생각할 수 있다.

우선, 자신의 이익에만 집착하고 단체 생활에는 잘 적응하지 못하는 이기주의적 행동을 한다.

둘째, 공공장소에서 마구 떠드는 행위나 노골적인 애정표현 등 주변을 전혀 의식하지 않고 자기 마음대로 행동을 한다.

셋째, 매사에 욕지거리와 폭력에 가까운 거칠고 과격한 행동을 서슴지 않는다는 점이다.

이 같은 현상에 대하여 100인의 100가지 분석과 진단이 있겠지만, 일반적으로 시대적 변화와 경제발전, 빠르게 진행되는 핵가족화와 소수의 자녀에 대한 과잉보호, 그리고 전통적 권위의 급속한 붕괴 등을 꼽을 수 있다.

우리나라의 경제발전이나 선진국화는 도시화를 촉발했고, 급격한 도시화는 인간관계를 소원하게 만든다. 게다가 지금의 부모세대 주축인 40~50대는 1980년대의 경제적 발전과 번영 속에서 비교적 풍요롭게 살아온 사람들이다. 이들은 1940, 50년대, 60년대의 어려운 상황을 겪어낸 부모들의 돌봄 속에 고생을 모르는 소년시절을 보냈기에 윗세대로부터 받은 보살핌을 자신들의 후대에게 그 이상을 베풀게 된다. 그래서 하나 둘뿐인 자식들의 요구를 모두 다 들어주는 것이 부모의 도리라고 생각하는 경우가 많다. 그러다 보니 과잉보호 속에 엄하게 꾸짖거나 가르치지를 못하였다. 결과적으로 이기적이고 자기중심적이며 버릇없는 아이들이 많이 존재하게 되었다.

아이들을 적게 낳다 보니 전업주부인 어머니의 경우 하루의 거의 대부분을 아이들에게 투자하게 되고, 그와 비례하여 자식에 대한 기대치는 더욱 높아지게 된다. 부모들의 맹목적 투자와 기대는 자식의 특성이나 적성은 거의 고려치 않은 채, 영어회화도 잘하면서 수학경시대회와 과학탐구대회에서도 상을 받고, 체육도 '수'를 받으며, 봉사활동 시간도 남보다 많아야 한다는 식으로 슈퍼보이가 되기를 기대하는데, 이런 기대는 곧 내 자식만이 최고가 되어야 한다는 극단적 이기주의만을 가르치게 된다.

그리하여 자식이 일류대학 유명학과에 입학하는 것을 지상과제로 삼아 그것이 성취되었을 때 부모는 자녀를 통해 대리만족을 얻지만, 이 과정 모두를 통하여 아이에게는 출세 지향적인 가치관만 심어주게 된다.

● 가정교육의 본질

우리 사회의 변화 속도는 너무 빠르며 우리나라의 교육정책은 쉴 사이 없이 바뀐다. 이러한 상황에서 사회 변화에 발맞춰 가정과 가정교육, 학교와 학교교육도 변화해야 할 것이다. 그러나 아무리 시대가 바뀐다 하여도 변화하는 변수(變數)가 있고, 변화해선 안 될 상수(常數)가 있다.

곧 가정교육의 내용과 방법, 수단은 변할 수 있지만 가정교육의 본질이 변화해서는 안 된다는 뜻이다. 가정교육의 일차적인 목표는 부업을 계승하도록 해서 가족이 획득한 신분과 지위를 오래도록 보존하는데 있을 것이다.

부모가 자식을 키우는 것을 양육(養育)이라고 하는데, 양육의 참뜻은 용기 있고 자신감을 갖고 살 수 있도록 가르치는 것이라고 생각한다. 교육의지가 없는 양육은 자식을 동물로 기르는 것과 같다. 집에서 기르는 강아지도 제멋대로 하도록 내버려 두지 않는다. 하물며 자식이 해달라는 대로 다 해주는 것은 돼지가 꿀꿀댈 때마다 사료를 주어 키우는 것과 무엇이 다른가? 애완견 훈련과 자식 교육은 분명히 다를 것이다. 애완견에게 이런 저런 통제를 바탕으로 훈련시키면서 자식은 왜 통제하지 않고 방임하는가?

우리 가정에서 이루어지는 가정교육은 생활 속에서 자녀들에게 인격의 기틀을 바르게 마련해 주어야 한다. 가정교육의 주체인 부모의 자질, 곧 부모의 성품은 자녀들에게 전달된다.

곧 부모는 직간접적으로 자녀에게 모델이 되므로, 부모는 언제나 최선을 다해 아이들에게 모범을 보여야 하며, 자식에게 좋은 열매를 맺으라고 재촉하지 말고 좋은 나무로 바르게 자라도록 도와야 한다.

부모의 행동은 아들에게 본보기가 되면서 즉석에서 영향을 준다. 아들과 대화를 했다고, 또 아들에게 무엇인가를 베푼 것으로 아들을 교육시켰다고 생각하는 것은 일종의 착각이다.

생활의 모든 순간이 가정교육의 연속이다. 부모가 집에 없더라도 부모의 행동이나 차림새, 말투, 감정 표현, 읽는 책과 취미활동 등 모두가 아들에게 교육적 큰 의미로 작용한다.

그래서 부모가 자식에 대한 가장 좋은 교육 방법은 자녀에게 모범을 보이는 것이다. 사실 배움이란 자체가 흉내나 모방에서 시작된다. 아들이 부모의 언행을 흉내 내고 따라 하는 것은 당연한 일이다. 자식들은 부모의 뒷모습을 보고 자란다. 그래서 가정교육이 더욱 중요한 것이다.

그리고 부모는 어느 정도 자녀 교육에 대한 철학적 신념을 갖고 있어야 한다. 적어도 내 아이에게 무엇을 가르칠 것인가에 대해 뚜렷한 주관이 있어야 한다. 부모의 뚜렷한 계획도 없이 그저 남이 하니까 따라 하고 흉내나 내는 교육은 자녀를 궁지에 몰아넣을 수 있으며, 또 지나친 욕심으로 자녀를 혹사해서도 안 되며, 성적 향상을 위한다고 학원이나 과외로 내몰아서도 안될 것이다.

요즈음 아이들은 먹고 자고 입는 일에 관하여, 자기 방 청소라든지 간단한 가사를 담당하는 자조(自助)의 기회도 없고, 실천하는 훈련을 받지 못했기 때문에 스스로 할 수 있는 일이 극히 제한되어 있다. 아이들의 기본생활습관은 하루아침에 갑자기 몸에 붙는 게 아니며 학교에서 모두 가르칠 수 있는 것도 아니다.

● 세 살 버릇 여든까지

'세 살 버릇 여든까지 간다' 는 속담은 기본 생활습관 지도를 소홀히 했을 경우 그 폐단이 성인이 되어서도 그대로 나타난다는 뜻이다. 따라서 어려서부터 예절과 인성(人性) 지도를 위한 자녀 훈육(訓育)을 강화해야 한다. 여기서 훈육이란 자녀에게 좋은 습관을 규칙적으로 훈련시켜 바르게 행동하도록 가르치는 것이다.

지금 70대의 할아버지들이나 40대의 아버지나 우리나라의 아버지들은 가장으로서 경제적 책임을 다하려고 많은 애를 쓴다. 그러나 아이들을 위한 보살핌－가령 아이들과 함께하는 시간이나 아이들을 위하여 간식이나 식사 준비를 한다든지, 아이들과 함께하는 집안 청소 같은 일에는 별로 마음을 쓰지 않는다.

말하자면, 가정을 위해 돈을 벌지만 가족을 위한 땀과 지혜를 내지 않는 것이다. 이는 분명 아버지가 가정교육의 가장 중요한 역할을 소홀히 하는 것이다. 아버지는 생활 속에서 아들과 함께 땀을 흘리며 아들을 가르쳐야 한다.

그리고 가정교육은 학교교육과 분리된 것이 아니다. 우리나라 학교교육은 초등학교 때부터 너무 지식 위주로 구성되어 있다. 그러다 보니 학교에서는 예절이나 인성지도를 할 기회가 없다. 일반적으로, 출세에 필요한 도구로써 지식을 배우는 곳이 학교이고, 그 배움 과정을 돕고 지원하는 곳이 가정이라는 생각은 크게 잘못된 것이다. 오히려 가정교육이 우선이고 그 가정교육 위에서 학교교육이 가능하다는 인식을 가져야 한다.

우선, 기본 생활습관은 연령에 맞추어 가정에서 먼저 가르쳐야 한다. 가정교육의 기초가 없으면 학교생활이 안 되고 따라서 학습활동도 성공적일 수 없다. 자식에 대한 가정교육도 없이 학교교육에 대하여 이런 저런 탓을 하는 것은, 마치 물결을 거슬러 올라가면서 힘이 든다고 불평하는 것과 똑같다.

● 과잉보호

가정교육의 본질은 자녀들을 사람의 자식, 곧 사람다운 사람으로 양육하는 데 있다고 하였다. 가정교육은 아이들이 인격의 기초를 갖추기 시작하는 시기에 맞추어 그 인성의 기초를 바르고 반듯하게 세울 수 있도록 이루어져야 한다. 가정교육을 통하여 아이들 행동에서의 잘잘못을 가르쳐야 하고, 동시에 잘못된 행동은 재발을 막는다는 뜻으로도 엄격하게 바로잡아주어야 한다.

예전에는 한 집에서 대여섯 명의 자녀가 보통이었으나 요즘은 한두 명이 고작이다. 아이들이 적다고 부모의 자녀에 대한 관심이 적어진 것은 아니다. 예전에 대여섯 명에게 분산되던 관심과 정이 지금은 한두 명에게로 집중되면서 과잉보호가 된다. 과잉보호는 아이에게 의타적인 나쁜 버릇과 의식만을 심어준다. 그렇다고 방치는 더욱 안 된다. 과잉보호나 방치가 아닌 아버지의 가정교육이 꼭 이루어져야 한다.

형제가 없는 가정에선 아이들이 아무래도 자기중심적으로 자라기 쉽다. 사실 어릴 적에는 모두 자기중심적이었다가 성장하면서 다른 사람의 존재를 인정하고 배려를 하게 되는데, 형제가 적으면 그러한 사회성을 배울 기회가 그만큼 적은 것이다.

● 엄부자모(嚴父慈母)의 전통

부모는 자기의 자식을 엄하게 교육하겠다는 의지가 있어야 한다. 교육을 위한 의지는 규율을 지키려는 의지이다. 교육은 처음에는 이끌어주되 혼자서 할 수 있도록 자율성을 부여해야 한다. 자신의 행동을 스스로 책임질 수 있도록 아버지가 가르쳐야 한다.

또 부모는 내 아이를 어떻게 가르칠지 교육의 방법에 대해서는 원대한 안목이 있어야 한다. 우선 부모는 자식에 대하여 엄격하게 가르치되 항상 자녀를 믿고 격려해야 한다. 이 말은 사사건건 엄격하게 자식을 가르치라는 뜻은 절대 아니다.

특히 아들을 가르치기 위해서는 관용과 엄격함을 동시에 지녀야 한다. 아버지의 관용과 엄격함이 반반보다는 엄격함이 10%

정도면 충분하다. 이는 평소의 엄격함이면 열 번 할 훈계를 묶어 한 번만 하더라도 그 훈계는 열 번의 훈계에 이르는 효과가 있을 것이다. 한 번으로 끝낼 수 있는 훈계를 열 번을 해야 한다면, 이는 평소에 엄격하지 않았기 때문이다.

필자의 생각이지만, 우리나라 부모들의 가정교육에서 가장 부족한 것은 아마 유머가 아닐까 생각한다. 유머는 엄한 자식 교육에 꼭 필요한 당근이니, 아버지의 엄한 교육만이 만능은 아니다. 유머의 바탕에는 선(善)의 의지가 들어 있다. 실수에 대한 가혹한 질책이 아닌 앞으로는 더 잘하라는 권면(勸勉)의 뜻과 아버지의 아량이 들어 있다. 유머가 있는 교육과 그리고 원칙에 충실하면서도 꾸준한 반복 훈련이 필요할 것이다.

아이가 '건강하다' 는 뜻은 육체적 건강과 함께 '혼자 살아갈 수 있는 능력을 갖췄다' 는 의미도 있을 것이다. 부모는 자식이 혼자 살아가는 방법을 가르치는 존재다.

그런데 요즘 부모들은 일정한 잣대를 갖지 못하고 애들을 대하는 경우가 많다. 잘못을 했을 경우, 어떤 때는 심하게 질책을 하고, 어떤 때는 잘못의 정도가 심한데도 묵과하기 일쑤이다. 이런 현상이 잦아지면 애들도 기준을 잡지 못하고 방황할 것이다. 그래서 자식이 아무리 귀엽다 하여도 '아직은 어린데!' 라는 생각만으로, 또 '온화하게 타일러 스스로 깨우치게 하겠다' 는 뜻으로 매번 말로만 가르쳐서도 안 된다.

한두 번 타일러 안 된다면, 다음에는 반드시 엄격하게 질책하거나 행동을 통제하여 강하게 가르쳐야 한다. 가정에서 엄한 가정교육을 받은 아이들은 그 인격의 기초가 튼튼할 것이다.

보통 꾸지람보다는 칭찬과 격려가 아이의 바른 성장과 인격형성에 좋다는 것을 누구나 알고 있다. 그러나 칭찬과 꾸중은 구체적으로 해야 한다.

모호한 칭찬은 선부른 허영심을 갖게 하거나 부정확한 자아개념을 심어줄 수도 있다. 또 필요 이상으로 칭찬을 많이 하면 아이들이 교만해져 남을 무시하게 된다.

부모는 올바른 것과 좋은 행동의 기준을 분명하게 제시하고 아이들이 몸에 배어 숙달될 때까지 반복해서 가르쳐야 한다. 아이들의 교육을 칭찬과 격려만으로 이끌려면 정말 대단한 식견과 부단한 노력에 인내가 있어야 할 것이다.

●아버지의 회초리 –절대 불가

우리나라에서 옛날에 아버지가 드는 회초리– 매는 사용하는 시기와 정도와 빈도의 분별력만 있다면 자녀들에게 약이 된다는 인식이 일반적이었다. 다시 말해서, 약이 되도록 사용하는 회초리는 효과가 있다고 생각하였다.

그러나 부모가 먼저 흥분하여 손찌검하거나, 자주 사용하는 매는 폭력이다. 적어도 회초리를 들었을 때, 그 매가 가지는 상징적 의미를 자식에게 되새겨 주어야 한다.

그간 우리나라에서는 아동학대 사건이 자주 발생하였다. 그 중에서도 2020년 10월 13일 서울특별시 양천구에서 발생한 아동학대 살인 사건이다. 홀트아동복지회에서 입양한 당시 8개월의 여자 아이를 입양모와 입양부가 장기간 심하게 학대하여 16개월이 되었을 때 죽음에 이르게 한 혐의를 받고 있다. 이른바 정인이 사건이다.

그간 우리나라 민법 915조에 징계권이라는 조항이 있었다.

민법 915조 – 친권자는 그 자녀를 보호 또는 교양하기 위하여 필요한 징계를 할 수 있고, 법원의 허가를 얻어 감화 또는 교정기관에 위탁할 수 있다.

그간 이 조항은 아동학대를 부추긴다는 여론이 높아 2021년 1월 26일에 완전 폐지되었다. 사실, 그동안 대부분의 부모는 민법에 징계권이 들어있는지조차 모르고 있었다.

그러나 이제 부모일지라도 자녀에게 체벌을 가한다면, 이를 인지한 사람이 112로 신고할 수 있다. 말하자면, 아버지가 자식에게 회초리를 들었다면, 또는 학교에서 교사가 학생에게 매질이나 체벌을 했다면, 이는 범죄행위라는 뜻이다. 그리고 매년 11월 19일은 '아동학대 예방의 날'이라고 경찰서에도 플래카드가 걸려 있다.

세상에 어느 부모가 자기 자식들을 학대하겠는가? 혼낼만하니까 혼내겠지! – 그러나 이제는 이런 생각을 할 수 없다.

어른들의 입장에서 내 자식을 내가 때려서라도 가르치는데, 누가 뭐라 하겠는가? 나도 아비로서 가르칠만큼 가르치는 것이다. '결코 지나친 체벌이 아니다' 라는 항변은 이제 통하지 않는다.

아이들은 때려서라도 가르쳐야 한다. – 이런 자세는 이제는 편견이다. 그런 편견을 걷어낸다면 우리 아이들을 잘 보호할 수 있을 것이다.

● 공경(恭敬)

우리의 전통적 교육사상에서 인격의 실체는 다른 사람에 대한 공경(敬)이라 할 수 있다. 이는 타인에 대한 – 윗사람이건 아랫사람이건 또 부부사이까지도 – 사랑의 표현이다. 그리고 경(敬)은 하늘 또는 절대자에게 갖는 두려움의 표현이다. 지금까지의 우리 가정교육은 결국 경(敬)을 가르치고 실천케 한 것이었다.

이런 가정교육을 담당하는 주체는 바로 엄부자모(嚴父慈母)이며, 엄한 아버지와 자애로운 어머니는 자녀들의 인격 함양의 원리로서 바로 효(孝)를 요구했었다.

지금 우리나라에서는 자녀교육은 전적으로 어머니의 몫이라는 잘못된 인식이 아주 널리 퍼져있다고 말할 수 있다. 그러나 가정에서 차지하는 아버지의 중요성을 볼 때 가정교육의 주체는 역시 아버지이어야 한다.

아이들에게 부모는 한 팀이어야 한다. 아이들의 문제에 대하여 부부간에 충분히 상의하여 한 목소리를 내어야 한다는 뜻이다. 그래도 아이들은 이런 결정이 아버지의 뜻이 더 강하게 작용했는지 아니면 어머니의 뜻이 더 강했는지를 다 안다.

적어도 부모의 말이 서로 다르다면, 자식들은 부모를 둘 다 무시하거나 거부하게 된다. 그렇다면 자식들 앞에서 아버지의 권위는 무엇인가? 말하자면, 자식들의 교육이나 일상생활의 여러 문제에서 누구의 의견이 더 중요한가 하는 문제이다.

집안일이나 자식 교육에 관한 결정권을 아내에게만 맡기는 가장은 자식에게 큰 소리를 칠 수 없다. 어머니의 가정교육을 측면에서 지원해주는 조교나 조수의 역할만 하는 아버지는 가장이 아니다. 돈이나 벌어다 주는 아버지라면 호주나 세대주가 아닌 아내와 아이들의 동거인으로 주민등록을 해야 할 것이다.

또 가정교육 문제에서 아버지의 의견은 그저 참고사항일 뿐이라면, 이는 아버지가 허약한 것이고 아버지로서의 권위는 없다는 의미일 것이다. 아들딸에게 잔소리를 하고 감독하는 권한이 어머니에게만 있다면 아버지는 가장이 아니다.

가정교육의 주체는 부부이다. 그러나 부부 중에서도 남편, 곧 아버지의 의도대로 진행이 되어야 한다. 그렇다 하여 아내의 의견을 무시나 하고 자의적으로 폭군처럼 결정하고 행동하라는 뜻은 아니다. 가장은 가장으로서 알 것은 알고 결정할 것은 능동적으로 결정하면서 가정을 이끌어야 한다는 뜻이다.

가부장적 가정교육이 시대에 뒤떨어진 낡은 교육이념이라고 생각할 수 있으나 가정교육이란 본래 전부터 계승 축적되어온 교육 경험과 방법이 시대를 통해도 변치 않는 원리나 이념이 깔려 있기에 현대 가정교육에 좋은 본보기가 되고 귀감이 된다. 특히 우리의 전통 문화의 바탕 위에 사회 적응을 위한 기초는 가정교육을 통해 이루어져야 한다.

2. 어머니와 아들

1) 어머니의 역할

'자식 자랑하는 사람은 팔푼이고, 마누라 자랑은 반 푼' 이라는 우리 속담처럼, 남편의 아내 칭찬이나 자랑은 좀 모자라는 사람의 몫이라 생각했다. 그러나 요즈음 시대에 마누라 자랑을 못하는 사람이야말로 진짜 바보가 된 느낌일 것이다.

필자는 처갓집 돈 자랑하는 친구를 '정말 바보로구나!' 하는 생각과 함께 한 번 더 쳐다본 적이 있었다. 오죽 자랑할게 없으면 처갓집의 돈 자랑을 하는지? 불쌍한 녀석!

그 친구는 '내 자식의 예술적 재능이 선천적인 것 같다' 느니, 또 '우리나라에는 중 · 고등학생의 예술적 재능을 제대로 키워줄 교육기관이 크게 부족하다' 면서 자랑과 걱정을 하더니, 연이어 마누라 자랑으로 자연스레 넘어가면서 '자식 교육은 아내에게 일임했고, 아내가 잘 해내기에 나는 아무 걱정이 없다' 면서 '가사와 자식 교육을 걱정 않고 오직 사업에만 전념할 수 있다' 고 결론을 내렸다.

그러나 그 사람이야말로 아들 교육이 정말로 잘 되고 있는지 다시 한 번 근본적인 점검을 해 보아야 할 것이다.

옛날 가정에서의 모든 자식 교육, 특히 아들에 대한 교육은 아버지가 담당했었다. 물론 어머니도 유아기 이후 청소년 시기에 이르도록 자식 교육의 큰 몫을 하고, 실제로 많은 영향을 주고 있다.

그러나 요즈음에는 어머니의 지식과 능력이 아버지 이상이기에, 또 어머니의 시간적 여유와 자녀교육에 대한 관심이 많기에 사실상 어머니가 자식 교육을 거의 책임지다시피 한 가정이 많다.

어머니의 자식 교육이 이처럼 절대적 영향력을 가지기 때문에 아버지는 자연스레 모든 것을 어머니에게 인계해 버리고 자식 교육에서 손을 떼고 부지런히 돈만 벌어댄다.

실제로 아버지가 감당 못하는 부분을 성공적으로 해내는 어머니가 많이 있다. 그러나 한없이 깊은 자식 사랑에 바탕을 두고 이루어지는 어머니의 자식 교육이 때로는 아이를 그르칠 수도 있는 것이기에 그 안전장치로서 아버지의 역할이 중요하며 어머니의 자식 교육에 대한 조언과 감독, 또는 직접 개입이 꼭 필요한 것이다.

● 어머니의 모습(1)

요즈음 어머니들은 서구식 교육 이론의 영향을 받아 교육의 실용성을 강조하거나 입시와 관련 있는 교육정책에 대한 논평은 물론 교육의 특별한 전문분야에 이르기까지, 예를 들면, '자아 정체성을 강화하기 위한 교육' 이나 '감성교육(感性教育)' 이나 '영재교육 시스템을 마련하기 위한 제언' 등 각 방면에 골고루 관심을 보이고 있다.

'무너지는 공교육' 이나 '살인적인 사교육비' 에 대해서는 나름대로 그 원인을 진단하여 결론을 내리고 대책을 건의할 수 있으며, '교육이민' 이라는 현상에 대해 울분과 개탄을 토로하기도 한다.

그러면서 때로는 '어학 교육은 조기교육이 가장 확실한 효과를 본다' 고 경험담을 강조하거나 '국제화 교육과 함께 리더십 교육을 해야 한다' 고 나름대로 이론을 내세우기도 한다.

만일 화제가 '왕따' 라는 주제로 옮아가면 '인간관계 교육이나 사회적응 교육을 받게 해야 한다' 고 일가견을 확실하게 정리하여 발표할 정도이다.

이어 특기 적성교육과 관련하여 '누구의 아이는 이번에 토플을 몇 점 맞았고, 무슨 경시대회에 나가 은상을 받았는데 목에 되게 힘을 주더라' 고 자신의 견문을 말하더니, 곧 험담을 한 멍석 가득 늘어놓기도 한다.

우리나라 어머니들의 치맛바람은 정말 거세다. 자식을 위해 대학총장의 표창장을 위조하고, 국회의원 사무실에서 인턴을 했다고 경력 증명서를 받아 대학입시에 활용하는 어머니, 아들이나 딸을 논문은 제2 저자로 이름을 올려 화려한 스펙을 만들어야 하고, 외국 대학진학을 위하여 봉사활동 실적을 만들어주는 것도 유능한 엄마의 몫이다. – 그래서 결국 입학과 졸업이 취소되고…, 부모의 극성에, 한때 온 나라 국민의 시선이 집중되었고, 나라의 정치적 이슈가 되어 나라의 여론을 양분하는 사태를 불러오기도 했다.

문제는 이런 자식을 위한 이런 치맛바람이 유행을 탄다는 것이다. 그런 치맛바람 폭에 휩쓸린 젊은 아들과 딸은 결국 30~40이 되어도 제대로 된 성인이 아니라 좀 모자라는 성인이 된다는 점이다. 제 발로 서지 못하는 성인은 성인이 아니다. 그저 40 먹은 어린애일 뿐이다.

어머니는 아무리 안타까워도, 또 어머니 자신의 능력이 아무리 뛰어나도 자녀를 정말로 위한다면 참아야 한다. 자녀가 제 발로 서도록 도와주는 것이 어머니의 역할이지 아들딸이 할 일을 어머니가 대신해 주어서는 안된다.

그러니 이런 현실에서 아버지의 참된 가정교육이나 기본 생활 예절교육이 언제 끼어들 수 있겠는가? 기본 생활교육이나 예절교육은 낡은 것이며, 그런 교육을 시킬 시간이 있으면 영어회화 비디오를 한 번 더 보게 시키겠다고 아우성일 것이다.

여하튼 어머니의 모든 관심은 자식이 얼마만큼 성적을 내어 어느 대학에 들어가느냐를 목표로 삼고, 또 그것이 곧 성공 여부를 판단하는 잣대가 된다.

그러나 아들의 진짜 성공 여부는 그 어머니가 살아있는 동안에는 알 수가 없을 것이다. 다만 '의지의 어머니'가 굳센 아들을 키워내고, 현명한 어머니는 자식이 현명하게 자립할 수 있도록 도와줄 뿐이지 그 역할을 대신해 주는 사람이 아니다.

● 어머니의 모습(2)

사실 어머니의 자식 키우기는 모두 제각각이다. 키우는 자식이 다르기에 키우는 방법이 달라야 하는 것은 자명한 이치이다.

아마 우리나라의 대부분 어머니들은 자식이 도달해야 할 일정 수준의 기대치를 가지고 있을 것이다. 이 어머니들은 자신이 정한 목표를 제시하고 방법까지 지시하면서, 아들 책상 앞 벽에 아들이 지켜야 할 약속사항이나 이행 방법까지 조목조목 써서 붙여준다. 그리고 아들 행동의 작은 것까지 간섭하며 따진다.

이런 어머니에게 아들의 소소한 불만은 처음부터 문제가 되지 않으며, 오직 목표 달성만을 위해 꿋꿋하게 참고 밀고 나가야 한다는 확신을 가지고 있다.

여기에서 조금 더 의식을 가진 어머니들은 아들이 목표 달성을 위해 노력하는 과정에서 무엇을 어떻게 하라고 윽박지르거나 강요하지 않고 대화를 통해 설득한다. 이런 어머니는 목표 달성도 중요하지만 가족과의 관계도 중요하다고 생각한다.

그리고 나름대로 높은 수준의 교육을 받았다고 자부하는 어머니는 여기서 조금 더 민주적인 방법을 내세운다. 즉 어머니는 자녀가 달성할 목표나 아이디어를 의논하여 제시한 뒤, 목표와 방향 설정은 아들에게 맡기면서 의욕을 북돋우며 목표를 달성하도록 적극적으로 돕는다. 물론 자식 잘되라고 쓰는 돈이기에 투자가 아무리 많아도 아까워하지 않는다.

반면, '모든 것이 다 타고난 팔자인데, 제 일은 제가 알아서 하겠지' 하면서 자식에게 위임하는 어머니도 있다. 이런 가정에서는 '애를 학원이라도 보내야지 왜 그냥 놔두는 거여!' 하면서 대개 아버지가 채근하며 걱정하는 경우가 많다.

이런 가정의 어머니는 의사결정과 실행에 대한 것을 자녀에게 맡기고 기다린다. 마치 확실한 신념이 있는 것 같아 옆집에서 이상하게 바라보는 경우라고 할 수 있다. 이런 스타일의 어머니는 자식이 목표 달성에 실패하더라도 '다음에는 더 나아지겠지' 하고 크게 신경 쓰지 않는다.

● 어른의 필수적 조건 – 자립(自立)

아들이 어른으로 성장하기 – 곧 성인(成人)이 된다는 것은 무엇인가?

아들이 어린이일 때는 부모의 보살핌이나 돌봄이 있었다. 이제 중 · 고등학교를 마치고 성인으로 대접받기 위해서는 아들이 자립해야 한다.

공자가 《논어》에서 말한 「열다섯에 배움에 뜻을 두었다(十有五而志于學).」는 구절은 '정신적 자립을 위한 준비' 라고 정의할 수 있다. 그 배움은 군복무와 직장생활을 겪으면서도 지속된다. 그리고 그 과정에서 결혼을 하고 자녀를 가지면서, 드디어 「30세에 자립(三十而立)」한다.

이는 부모의 보살핌에서 완전한 독립이며 자신의 독립적 사고(思考)와 사회 경제적인 자립이다. 이 자립은 자기 인생에 대한 책임을 알고 실천하는 것이다. 이제는 내가 남에 대한 보살핌을 베풀어야 한다는 뜻이다.

삼십이립(三十而立)을 하지 못했다면, 아직은 육체적 어른에 자립을 못한 아이, 곧 '어른 아이' 이다. 우리 사회에서 누가 '어른 아이' 를 성인으로 인정해 주겠는가? 이런 '어른 아이' 뒤에는 부모의 과잉보호가 있다.

아들은 자신의 시간과 의지(에너지)를 자신의 뜻대로 결정하고, 수입을 자신의 의지로 처분하며, 부모의 간섭없이 자신의 미래를 설계하고 또 실천해야 한다.

2) 어머니의 기대

● 똑똑한 어머니

어머니의 참을성이나 도덕성, 가치 기준이 아이들의 가정교육이나 일상 가정생활에서 매우 중요한 영향을 준다.

화가 났다고 '넌 자식이 아니라 웬수야!' 라고 소리를 지르며 극단적인 선언을 하거나, '~ 하지 마!' 아니면 사사건건 잔소리를 한다. 때로는 '네가 뭘 알아! 엄마 말 들어!' 하면서 아이를 절망에 빠뜨리기도 한다.

그리고 공부에 모든 것을 매어 달았기에 매사가 좀 비뚤어져 있어도 시험만 잘 보기를 요구하고, 아이 성적이 안 오른다고 학원을 수시로 바꾸며 달달 볶아대기도 한다. 그리고 형제나 사촌 때로는 옆집 아이와 비교하며 몰아댈 경우, 대부분의 아들은 금방 망가진다.

요즈음 '엄친아' 니 '엄친 딸' 이니 하는 유행어는 한물 간 것 같은 옛말이 되었지만, 성공적 가정교육에 필요한 완벽한 경제적 배경과 함께 어머니의 수완이나 능력은 물론 자녀 본인의 우수한 자질과 능력, 이 삼박자가 완벽하다는 뜻이 들어 있다.

이 세 가지를 완벽하게 겸비했다는 것은 경탄과 함께 부러움의 대상이지만, 그 속내에는 그런 자녀는 극히 희소하거나 존재할 수 없다는 반증(反證)이라고 보아야 한다.

아들이나 딸이 20세나 30세, 곧 자립하는 나이 이전에 남들 모두가 부러워할만한 완벽한 주변 환경이 그 엄마 친구의 아들이나 엄친 딸의 행복을 무덤에까지 보장할 것이라고 장담할 수 있는 '엄마 친구' 가 있을까? 필자는 아니라고 생각한다.

노래를 잘하는 것이 재능인 것처럼 공부하는 능력도 재능이며, 기본 재능은 타고난다. 그러나 타고난 것만으로 충분하다고 생각할 수는 없다. 그래서 숨은 재능을 찾아내고 키우려고 한다. 어려서 자식의 재능을 보려면 놀이 수준을 보면 알 수 있다. 놀이는 재능을 키워준다. 놀이를 통해 아이들은 자신감을 체득한다.

똑똑한 어머니들은 '나는 학교 다닐 때 공부 잘했다. 그런데 내 아들은 왜 이리 부진한가?' 라고 자신과 자식을 비교하거나 자식의 지능이나 능력을 의심하기도 한다.

이런 의심이나 비교를 할 경우, 어머니는 아들에게 가혹하거나 무리한 요구나 목표를 제시하면서,

'이것도 모르느냐!'

'이런 기본 문제도 틀리느냐?'

'이 정도도 모르면 다음을 어찌 하겠어?' 하면서 몰아붙이기도 한다.

이 경우 그 아들에게 어머니는 '그저 무서운 존재' 일 뿐이다. 그 아들은 기를 못 펴고 주눅이 들어 망가지거나 적극적으로 부모에 대항하거나 비행의 길로 접어들기도 한다.

자칭 '똑똑한 어머니' 가 자주 범하는 결정적 오판은 '내 자식은 내가 다 안다' 고 생각하는 것이다. 그러나 어머니와 그 아들은 분명히 다르다. 어머니가 볼 수 있는 아들의 모습은 아마 참모습의 절반도 안 될 것이다.

어머니는 아들이 공개하는 한쪽만을 보고 '그 나머지도 그럴 것' 이라고 추측하는 것뿐이다. 만약 세상의 모든 어머니들이 아들을 다 안다면, 이 세상에 공부를 안 하는 아들이나 사고를 내는 아들은 없어야 한다.

똑똑한 어머니들이 가지고 있는 자녀교육에 관한 일반적 지식은 그 내용이 단편적이고 비논리적이거나 깊이가 없는 경우가 많다. 영재 교육 프로그램이나 특수한 경우를 일반화하여 과장한 광고, 또는 신문 기사나 여성지에서 본 것, 아니면 자신과 어울리는 친구들의 검증되지 않은 이야기를 듣고 그냥 믿어버린 경우도 많이 있다.

그러다 보니 두 돌도 안 된 아이에게 영어회화를 가르치고 우리말도 제대로 못하는 어린애를 외국인 – 능력이나 교육적 신념을 검증받지 않았으나 외모는 진짜인 – 이 가르치는 영어유치원에 보내면서 엄청난 돈을 퍼붓는다. 그리고 조금만 처져도 불안에 떨며 아이들을 몰아붙이고 더 많은 돈을 요구하는 곳으로 옮겨간다.

"초등학교 때는 참 잘했어요. 그런데 중학교 2학년 때부터 저랬어요. 아마 친구를 잘못 사귄 것 같아요!"

스스로 '똑똑하다' 고 생각하는 학부모의 이런 푸념을 들을 때, '똑똑하다고 언제나 좋은 것은 아니다' 라는 생각이 든다. 정말 똑똑한 어머니라면 우선 내 자식에게서 원인을 찾아야 할 것이다.

현명한 어머니는 자식의 재능에 맞춰 가르치되, 그 재능을 과신하지 않는 통찰력이 있어야 한다. 그러면서 사랑하는 만큼 엄격하게 가르치면서 훈계에 정성을 다하는 어머니일 것이다.

그러나 자칭 '잘난 어머니'의 심리에는 '나는 현명하다. 그러니 내 자식도 똑똑하다. 지금의 이 문제는 내 자식 탓이 아니다'라는 생각이 깔려 있을 것이다.

내 자식 못난 것은 생각하지 않고 남의 탓으로 돌리는 똑똑한 어머니! 그러면서도 계속 더 많은 것을 자식에게 요구한다면, 그 자녀는 점점 어려운 상황으로 접어들 것이다.

사실, 이러한 경우에 그 가정과 자식 교육에서 아버지의 역할은 거의 무시되고, 아버지의 염려나 주장은 어머니의 목소리에 눌리게 된다. 한마디로 '잘났다고 생각하는 어머니가 못난 아들을 키우는 그런 경우'에 그 불행의 많은 몫은 아버지의 책임일 수도 있다.

왜냐하면, 어머니만 믿은 아버지가 자식 교육에 관한 역할을 일찍부터 포기했기 때문이다. 이 모든 것을 종합할 때, 자식 교육에서 아버지의 역할은 그래서 더욱 중요한 것이다.

● 대치동 카페 맘

요즈음 사교육의 진원지라고 할 수 있는 서울 대치동 학원가 인근 카페에서 자녀들을 기다리고 있는 엄마들을 카페 맘이라고 한다.

“대치동의 치열한 분위기 덕택에 아이들이 정신을 바짝 차린 것 같다.”고 말하는 주부들의 생각에는 사교육의 효과를 확신한다는 뜻이 들어 있다. 학원 관계자들 역시 대치동의 사교육이 강한 것은 치열한 경쟁 때문이라고 말한다고 한다.

옛날에는 ‘부자 3대 못 간다’ 고 했지만, 요즈음 부자는 철저한 가정교육과 우수 인재를 연결하는 인맥 관리를 통하여 부(富)의 세습을 위해 노력한다. 마찬가지로 대치동 엄마들은 우수한 학생끼리 공부를 하는 분위기 속에서 시너지 효과와 함께 자연스레 네트워크가 형성되도록 노력한다.

그러나 대치동은 하룻밤 사이에도 문 닫는 학원이 나오는 전쟁터이다. 지방에서 상경하고 강북에서도 밀려드는 대치동 러시의 배경엔 대한민국에서 가장 치열한 사교육의 생태를 집약적으로 보여준다고 한다.

이런 사교육 열풍은 실력에 상관없이 모든 학생이 한 교실에서 수업을 받는 가짜 평준화 정책의 산물일 것이다. 학생들이 학교를 외면하는 상황에서 비교적 우수한 수준의 학생들이 모여 선의의 경쟁을 통해 실력을 향상시키는 ‘대치동 스타일’ 이 만들어졌을 것이다. 사교육 열풍은 자식을 향한 어머니들의 열성이다.

세상에 양지가 있으면 음지가 있고, 햇볕을 받는 곳이 있으면 그림자가 생긴다. 우수한 학생들이 모여 열심히 한다 하여 그곳 구성원이 모두 우수한 것은 절대 아니다. 학원에서 집중적으로 일러주는 것은 문제를 잘 푸는 스킬(기술)인데, 기본 바탕이 없는 학생들은 일러줘도 못하는 경우가 많고 그런 스킬만 배운다고 성공한다는 보장도 없다.

사실 대치동에서 성공하는 아이라면 어디서든 성공한다. 대치동이라는 이름의 주술 같은 마력에 끌려 모여드는 학생들 중에는 다수의 들러리 학생들이 존재한다. 학원에서는 다수의 들러리가 있어야 이득이 창출된다. 학원에 이득이 많이 쏟아질 때 그와 비례하여 헛돈을 쓰는 대치동 카페 맘들이 있을 뿐이다.

과도한 학업 스트레스가 때로는 학생에게 치유할 수 없는 마음의 병을 만들기도 한다. 강남 일대에는 소아 · 청소년을 중심으로 하는 신경정신과가 속속 들어서고 있다. 공부로 인한 스트레스, 혹은 심리적 불안으로 이유 없이 어깨나 목 등 신체 일부분을 아주 빠른 속도로 반복해 움직이거나 이상한 소리를 내는 틱(Tic) 장애로 병원을 찾는 어린 환자들이 많다고 한다.

평생을 교직에서 살아온 필자의 경험으로는 학생들에게 가장 중요한 것은 무엇이든지 긍정적으로 생각하는 긍정적 마인드와 나도 할 수 있다는 자신감이다.

이런 것은 극성스러운 어머니가 밥숟가락으로 떠먹일 수 있는 것도 아니며, 링거 주사처럼 혈관으로 바로 주입시킬 수 있는 것도 아니다.

한번 열등감에 빠져 자신감을 잃은 학생은 학습은 물론 대인관계에서도 낙오자가 되며 영원한 루저(loser)가 될 수 있다.

'대치동' 이나 '사교육' 이니 '학원' 이 전부라고 생각하는 어머니와 학생에게 아버지의 강한 신념은 꼭 필요하며, 아버지의 가정교육과 실천은 자식에게 새로운 자신감을 심어줄 것이다.

3. 가정교육의 중심 : 아버지

1) 가정의 중심 : 아버지

'인간이 사회적 동물' 이라는 말은 인간은 서로 같이 어울려 살아야 한다는 뜻이다. 만일 어떤 사람이 자기 멋대로만 행동하고 남을 배려하지 못한다면, 그것은 사회생활을 하지 못한다는 뜻이다.

인간에게 사회 이전의 단위, 곧 사회를 구성하는 기본단위는 가정이며, 동시에 사회생활의 첫 시작은 바로 가정생활이라고 정리할 수 있고 그렇기 때문에 가정교육이 중요한 것이다.

가정은 가족 구성원이 생활하는 생산의 단위이면서 동시에 사회의 기본조직이라고 할 수 있다. 가정은 사유재산을 기초로 이루어지고 존속한다. 사유재산이라는 측면에서 볼 때 가정의 형성과 존속은 계급사회의 시작을 뜻한다.

또한 가정은 혈연을 바탕으로 부양관계가 형성되기에 사유재산과 함께 인륜관계가 가장 중요한 이념이 된다. 가정과 가정의 연합과 확대를 사회라고 할 때, 경제와 인륜은 사회에서도 중요한 이념이 된다. 경제 활동과 인륜관계의 주관자로서 가부장적 주체와 권위는 꼭 필요한 것이다.

가정은 사회라는 조직의 세포라고 할 수 있다. 생물학적 지식에 의하면, 세포에는 핵이 있어야 한다. 세포에는 핵만 있는 것은 물론 아니다. 다른 말로 바꾼다면, 핵을 포함하는 여러 요소가 세포를 이룬다.

그렇다면 가정을 구성하는, 곧 가정이라는 세포의 핵은 누구인가? 필자는 세포의 핵에 해당하는 부분이 바로 가정에서의 아버지라고 생각한다. 따라서 아버지의 역할은 참으로 중요하다.

인간의 기본 성격은 보통 6세 이전에 형성된다고 한다. '세 살 버릇 여든까지 간다' 는 말처럼 어릴 적 습관이 성격 형성에 영향을 주고 그러한 성격은 심성(心性)으로 고착된다고 볼 수 있다.

그러므로 모든 것이 거의 다 굳어진 고등학생을 대상으로 하는 심성(心性) 수련은 별로 소용이 없다고 생각한다. 마치 굳어진 쇠뿔을 바로 잡으려다가 소를 잡는 실수를 범하는 것처럼, 다 성장한 학생에게 뒤늦게 이런 저런 요구를 하면서 심성교육을 하는 것은 오히려 학생의 반발만 불러올 것이기 때문이다.

따라서 가정교육, 곧 자녀의 기본 생활습관 지도 및 성격 형성을 위한 예절 교육은 어려서부터 가정에서 아버지가 담당해야 한다. 그것도 엄격하게 – 고전적 원칙을 고집하는 면이 있어야 한다. 아버지가 원칙을 준수하며 일관성 있게 가정교육을 실시하여 자식들이 갖고 있는 터무니없는 욕망을 스스로 포기하게 만들어야 한다.

2) 가장의 책임

가정에서 남자 노릇하기가 쉽지 않다.

이때 '남자 노릇'이란 '가장의 책무 수행'이라고 해석해야 한다. 어떤 경우에는 아내와 자녀들의 요구나 응석을 받아주어야 하며, 자신의 주장을 접어야 할 때도 많다. 아내에게 일부러 져주는 일이야 가정의 평화를 위한 일보 양보라고 생각할 수도 있다.

어른이라 하더라도 한 가정의 가장(家長)인 어른과 아랫사람에 대한 상대적인 어른, 곧 세대 차이에 의한 윗대 어른을 생각할 수 있다. 사실 윗사람 노릇하기가 쉬운 일이 아닌 것처럼 가장 노릇도 쉬운 일이 아니다.

중국에는 「바보나 귀머거리가 아니면(不痴不聾), 시어머니와 시아버지 노릇을 할 수 없다(不作阿家阿翁).」는 속담도 있다. 하여튼 가장으로서 수행해야 할 여러 책임이 있는데, 그 책임은 실로 무거운 것이다. 가장이 그 책임을 다 수행하지 못했을 때, 그 가정은 화목하기가 어려울 것이다.

가장이기 전에, 어른으로서의 도리는 아랫사람에 대한 사랑이 그 첫 번째 요건이다. 아랫사람에게 사랑을 베풀되 각자의 위치에 따라 사랑을 베푸는 대상과 방법이 달라야 할 것이다. 곧 아내에게 베풀고 받는 사랑이 있고 형제간의 사랑, 곧 우애가 있다. 그리고 가장이 베풀 수 있는 사랑의 많은 부분을 차지하는 것은 자식 사랑이다.

특히 가장으로서의 아버지는 한 가정을 관리하는 무거운 책무가 있기 때문에 자식에 대한 무조건적인 사랑만으로는 가정관리가 되지 않을 것이고, 가장의 행위와 일상생활에 규범적인 예절이 있어야 할 것이다.

가장인 아버지의 할 일과 역할, 도리와 의무, 갖추어야 할 품성과 덕목을 열거하라면 하루 종일 이야기해도 모자랄 것이다. 필자가 생각하는, 가장의 도리와 책무를 교과서적으로 설명하면, 다음과 같은 것이 있다.

① 아버지는 가정의 구심점이다. 아버지의 말과 행동은 그 가정의 의사(意思)이며 행위로 간주된다. 그 언행에 책임을 져야 할 무거운 자리이다.

② 가장은 대외적으로 그 가정을 대표하며, 가족을 이끌 책임이 있다. 따라서 가장은 그 가족의 행위에 대한 책임을 져야 한

다. 이 때문에 아버지는 아들에게 엄격한 가정교육을 시켜야 하고, 잘잘못을 가려 칭찬하고 훈계해야 한다.

③ 가족들의 일상생활 전반에 대해 알아야 하고, 원만하게 영위되도록 가르쳐야 한다.

④ 경제적 뒷받침이 없이 행복한 가정을 이끄는 것은 어렵다. 말하자면, 경제력은 가정의 행복을 담는 그릇인 셈이다. 부지런히 경제 활동을 하면서 가족의 위계와 능력에 따라 가정 업무를 분담시켜야 하고, 가정 경제가 유지되도록 수입을 관리하고 지출을 조절하며 감독과 독려를 해야 한다.

⑤ 가장은 가정의 관리자로 조상의 유덕과 전통을 수호 계승할 책임이 있다. 또 아들을 가르쳐 가문을 융성케 할 책임이 있다.

3) 아버지만의 역할

부모는 자식을 낳아 품에 안고 기른다. 특히 영아기에서 유아기를 거쳐 사춘기 이전까지 부모와 가족은 지속적인 상호작용을 통해 자식의 자아형성에 큰 몫을 담당하게 된다. 이 시기에 아들과 딸은 어머니의 절대적인 보호와 양육을 거치면서 성장한다.

물론 아버지도 중요한 역할을 하지만 어머니만큼 영향력이 크지는 않을 것이다. 이 시기에 아버지는 분명 가정을 지키는 방호벽이 되어야 하며 비바람을 막아주는 지붕이 되어야 한다.

자식들이 사춘기에 도달하면 부모에게 또 그 주변인에게 요구

사항이 많아지게 된다. 아들딸이 원하는 물건이나 조건을 공급하고 만들어 주어 아들딸의 욕구를 충족시켜 주어야 한다.

그런데 이 과정에서 대부분의 어머니는 자식의 기대와 욕구를 충족시켜 주려고 많은 노력을 기울인다. 그렇다 하여 아들딸의 모든 욕구나 기대를 다 충족시켜줄 수는 없다. 또 분명히 거절하고 제한해야 할 욕구도 많이 있다.

여기서 아버지는 분명하게 자식들의 욕구나 행동에 한계를 설정해 주고, 안 되는 것은 또 해서는 안 될 것은 분명히 제한해 주어야 한다. 그렇게 되면 아들딸의 욕구불만은 어떤 형태로든 표출될 것이다. 그런 욕구불만을 일으키는 역할은 물론, 자식들의 욕구불만을 교육을 통해 스스로 제한하고 해소할 수 있도록 가르치는 역할을 아버지가 담당해야 한다.

곧 아버지는 가정교육을 통해서 안 되는 것이 분명히 있으며, 네 뜻이 최고가 아니라는 것을 깨닫게 해주어야 한다. 아버지의 이런 가정교육이 없으면 아들은 커서 사회생활에 부적응하거나 이단적 반항아가 된다.

안 되는 것을 가르치는 일－이는 정말 중요하며, 아버지가 그 소임을 다해야 한다.

아버지가 가정교육을 통해 수행해야 할 또 한 가지 가장 중요한 일은, 자식과의 정(情) 떼기(分離)이다. 이 말은 여러 의미로 받아들일 수 있고 또 거부나 배척될 수도 있는 말이다. 그러나 아버지는 분명 아들딸, 특히 아들과의 관계에서 부모와 자식은 남일 수도 있다는 것을 분명히 가르쳐야 한다.

청년기를 지나 성년이 된 아들을 언제까지 끌어안고 살아야 하겠는가? 어느 단계에서는 분명히 아들을 독립시켜야 한다. 아들과 어머니의 밀착된 정을 어느 정도 끊어주어야 아들이 결혼하면서 부부의 정을 깊게 할 수 있다.

아버지가 분명하게 지원을 거절하고 등을 떠밀며 나가라고 해야 한다. 물론 일부러 시험에 들게 하거나 준비를 시켜 놓지도 않고 내쫓는다면 자식에 대한 학대가 될 수 있다.

하여튼 아버지는 아들을 독립시키기 위해 아들과의 관계를 어느 선에서 분명히 칼로 잘라야 한다. 어머니는 이런 역할을 수행하기가 쉽지 않다. 아버지가 해야 한다.

4) 부지런함

세상의 모든 아버지들은 자기 나름대로의 인생관을 갖고 있다.

그가 살아가는 방식, 곧 백 명의 아버지에게는 일백 개의 방식이 있을 것이고, 그 방식은 상황에 따라 적당히 다시 응용이 되어 일만 개의 처세술이 나올 수 있을 것이다.(그러니 어떤 인생관을 가져야 하고, 어떤 처세술로 살아야 하는지….)

타인의 인생관이 옳고 그르다고 평한다면, 그는 아마 바보일 것이다. 그러나 동양과 서양에서 사람이라는 본바탕, 곧 인생이라는 본질은 서로 같다고 인식되었다. 그러다 보니 동서양의 속담과 교훈이나 격언이 서로 비슷하다.

동서양에서 가장 일반적이고 보편적인 교훈이 있으니, 그것은 바로 부지런함〔勤勉(근면)〕이다.

필자가 가지고 있는 근면에 대한 신념은 다음과 같다.

'시대가 어떻게 변하든 인생살이의 기본 틀은 바뀌지 않는다. 게으른 사람이 게으른 눈으로 보면 근면이 보이지 않는다. 아니 볼 수가 없다. 부지런한 사람이 보면 게으른 사람의 나태한 몸짓과 부지런한 젊은이의 생기발랄한 모습이 눈에 확실하게 보인다. 우선 당신 자신을 먼저 보라. 지금 나는 부지런한가? 나의 게으른 타성은 무엇인가?'

'우리에게 나쁜 마음이 생기고, 또 나쁜 마음을 가지고 있는 것처럼 게으른 마음도 생기고 또 그대로 행동한다. 필자의 생각으로는 게으름〔태(怠)〕은 허물(過)이다. 이는 잘못(誤)이 아니라 악(惡)이다. 게으른 사람은 이 땅 위에서 사라져야 한다는 것이 나의 신념이다. 부지런한 마음이라면 그 행동은 자연히 부지런하다'

하여튼 필자는 근면이 가정교육에서도 가장 중요하다고 강조하면서 이 책의 이야기를 풀어갈 것이다.

5) 싹수가 노란 자식

흔히 '자식 농사' 라는 말을 한다. 자식을 잘 키웠는가? 아니면 잘못 키웠는가는 마치 가을에 거두는 농사와 같다는 뜻일 것이다.

농사는 우선 그 시작이 중요하다. 미리 농사일을 계획하고 준비하여, 때에 맞추어 씨앗을 뿌리면 싹은 트게 되어 있다. 일단 싹이 트면, 그 새싹을 잘 보살펴주어야 한다. 그냥 방치하면 잡초 속에 묻혀 시들어 버린다. 그렇다고 너무 많이 보살펴주는 것이 좋은 것만도 아니다.

새싹에게 거름은 꼭 필요한 것이지만 그렇다고 너무 많은 거름을 주면 싹은 노랗게 타 죽어간다. 비실비실 병든 싹은 가망이 없으니 '싹수가 노랗다' 는 말을 해야 할 것이다.

《맹자(孟子) 공손추(公孫丑) 上》에 새싹이 자라는 것을 도와준 어리석은 농부의 이야기가 나온다. 그 사람은 싹이 튼 곡식이 빨리 자라도록 조금씩 뽑아 올려주고서는 집에 돌아와 아내에게 말한다.

"오늘은 몹시 피곤하구나! 싹이 자라는 것을 도와주었도다."

그 아들이 밭에 달려갔을 때, 모든 싹은 벌써 말라죽었다는 이야기다.

싹이 자라도록 도와주는 것－이것을 조장(助長)이라 한다. 무리한 조장은 싹을 말라죽게 한다. 무리한 아들 교육은 자식농사를 망친다. 새싹이 거름이 부족하여 비실비실해서도 안 된다. 그렇다고 자식의 싹수를 노랗게 만들어서는 더욱 안 된다.

처음에는 똑같이 싹트지만 모든 싹이 다 잘 자라는 것은 아니다. 농부의 손길과 정성에 따라 전혀 다르게 자란다. 자식을 낳았으니 아버지가 되었지만, 그 아버지가 얼마나 정성을 들이고 어떻게 가르치느냐에 따라 자식은 다르게 자란다.

아버지가 농사의 주인이듯, 자식 교육의 중심은 아버지, 곧 가장(家長)이어야 한다. 아버지가 가르치지 않으면 그 자식은 싹수가 노랗게 된다.

과유불급(過猶不及)은 《논어》에 나오는 공자님 말씀이다.

공자의 수제자의 한 사람인 자공(子貢)이 물었다.

"전손사(顓孫師, 子張)와 복상(卜商, 子夏) 중 누가 더 현명합니까?"

공자께서 말씀하셨다.

"자장은 넘치고, 자하는 미치지 못한다."

"그러면 자장이 더 나은 것입니까?"

"지나친 것이나 부족한 것은 모두 마찬가지이다(過猶不及)."

자공은 세상살이에 달인(達人)이었다는 생각이 든다. 공자에게는 인정받는 제자였고, 정치적으로도 높은 자리에 올랐으며, 당시에 여러 나라를 돌며 외교적 수완을 발휘하였고, 거만(巨萬)의 재산을 축적한 상인으로 중국 '유상(儒商)'의 본보기였다.

사람의 얼굴이 다르듯 성격이나 개성이 다르다. 한 사람의 일생이나 성취는 그 성격에 따라 당연히 달라질 것이다. 차고 넘치거나 적극적인 것이 꼭 좋은 것이 아니고, 모자라거나 소극적인 태도가 꼭 나쁜 것도 아니다. 너무 꼼꼼한 것도 안 좋지만 대충대충 또한 좋지 않다. 모든 언어나 행실은 적당해야 한다. 사실 분(分)에 꼭 맞아야 하겠지만, 그게 쉬운 일은 아닐 것이다.

과유불급(過猶不及)은, 좀 지나친 것이나 좀 모자란 것이나 마찬가지(猶)라는 뜻이다. 왜냐면 둘 다 중용(中庸)에서 벗어났기 때문이다. 그러나 자식농사에서는 과불여불급(過不如不及)이다. 곧 지나침은 부족함만 못하다는 말이다.

넘치는 것이 모자라는 것보다 꼭 좋은 것은 아니다. 빨리 가는 손목시계나 늦게 가는 손목시계나 시간 틀리는 것은 마찬가지이다.

농사에서 거름이 부족하면 늦게라도 거름을 주면 된다. 그러나 거름이 너무 많아 싹이 노랗게 되면 다시 살릴 수는 없다. 자식에게 교육은 꼭 필요하지만 지나친 교육이나 기대와 욕심은 자식을 삐뚜로 자라게 한다. 특히 분에 넘치는 어린아이들의 조기(早期) 교육과 초·중학생들의 선수(先修) 학습이라는 것은 그 효과만큼이나 폐단도 많다는 것을 분명히 인식해야 한다.

6) 게으른 자식

앞에서 자식 키우는 것을 자식농사라고 했다. 농사꾼은 그 어느 직업인보다도 부지런해야 한다. 농사에는 때가 중요하다는 이야기를 했다. 더군다나 사계절이 분명한 우리나라에서 농사는 때를 잘 맞춰야 하고, 그때에 맞춰 해야 할 일을 꼭 마쳐야 한다. 이 때문에 농부는 부지런해야 한다.

자식을 키우는 아버지는 훌륭한 농부처럼 부지런해야 한다. 또 부지런함을 자식에게 가르쳐야 한다. 가장 좋은 가르침은 아버지 스스로 본보기가 되는 것이다. 자신이 부지런하지 않고서는 근면을 가르칠 수 없다.

게으른 농부가 농사에 실패하듯, 게으른 아버지는 자식 농사를 망친다. 아버지가 진정 부지런하다면, 자식이 어찌 게으를 수 있겠는가? 내 자식이 게으르다면, 내 자식의 앞날에 대하여 기대할 수 없을 것이다.

어떤 사람은 이런 이야기를 할 것이다.

'도시의 아이들은 농촌 아이들하고 다르다. 근면을 교육하고 실험할 여건이 되어있지 않다. 도시 아파트에서 아이가 부지런하면 무얼 얼마나 하겠는가? 농촌 아이들이야 바쁜 농사철에 부모를 도와 부지런히 일한다지만 도시 아이들이 그런 것을 어디에 가서 겪어보겠는가? 옛날 나라 전체가 가난할 때는 부지런해야 목구멍에 거미줄을 안쳤다. 지금은 적당히 게으름을 피울 수 있는, 곧 여유가 있어야 창조적인 아이디어가 나오고 그 때문에 큰 돈을 버는 것이다. 무조건 근면만을 강조하는 것은 구시대의 낡은 개념이고 이미 한물 간 20세기 초의 교육 이념이다'

사실, 서울이라는 대도시에서 살고 있는 필자 역시 그 주장에 조금은 동의한다. 그러나 필자는 다음과 같이 대답할 것이다.

"옛날에나 통했던 이야기로만 지금의 아이들을 가르칠 수야 없다. 더군다나 대도시의 아이들, 모든 것이 풍족하고 부족한 것이 없는 아이들에게 부지런하라는 가르침은 할아버지의 잠꼬대 같은 소리일 수 있다.

사실 요즈음 농촌에 있는 중 · 고등학생들도, 아들이건 딸이건, 집안일을 거의 돕지 않는다. 역시 제 공부만 하거나 아니면 잘 놀며 생활하고 탈선하는 학생도 많이 있다. 근면이란 미덕은 그저 나이 먹은 늙은이들의 가슴속에 남아 있는 아련한 향수 같은 단어이며, 이제 곧 사전에서도 사라질 것 같은 말이라 생각되지만 꼭 그렇지는 않을 것이다.

서울이라는 이 대도시에서도, 내가 근무했던 학교에도 부지런한 선생님이 있었고, 또 부지런한 학생이 분명히 있었다. '애가 참 부지런하다' 고 느껴지는 학생이 분명히 있었다."

솔직히 말해, 아버지가 부지런해야 자식이 부지런하다. 부지런한 아버지가 부지런하게 자식을 교육해야 한다. 집에서 자식을 가르칠 시간이 없다고 말할 수는 없다.

사실 부지런하다고 꼭 농사에 성공하는 것은 아니다. 그처럼 아버지가 부지런하다고 모두 자식농사를 잘 짓는 것은 아니다.

그러나 게으른 농부에게 애당초 풍년 농사를 기대하기 어려운 것처럼, 게으른 아버지한테 좋은 결과를 기대하기는 그만큼 어려울 것이다. 다만 자식을 부지런히 가르치면 성공 가능성이 조금 더 많을 것이다. 그래서 근면을 강조하는 것이지 근면하다고 성공을 보장받을 수는 없다.

아버지는 근면한데 자식이 게으르다면, 어딘가 잘못된 데가 있는 것이다. 논둑에 큰 구멍이 났는데, 아무리 부지런히 논물을 댄다고 무엇이 되겠는가? 아버지의 교육이 먹혀 들어가지 않는다면 분명 그 원인이 무엇인가를 찾아내어 바로잡아야 한다.

7) 계집애 같은 아들

요즈음 젊은이들의 차림새나 행동과 사고방식은 기성세대와는 그야말로 하늘과 땅만큼의 차이라고 할 수밖에 없다. 요즈음은 옷이 많고도 다양하기에 굳이 남자 옷과 여자 옷을 구별하기가 어렵다. 차림새만 보아서는 남녀 구분이 애매한 경우도 있다. 기성세대의 입장에서 보면 참으로 난감한 일이 아닐 수 없다.

남자애들이 귀걸이를 한다든지 긴 머리를 하는 것도 그렇지만, 여자 애들이 바지를 입고 사내아이들을 걷어차는데 굳이 남녀를 구분하려 할 것도 없는 세상이다. 전철 안에서 대학생 모양의 여자들의 대화에 '좆나' 라는 쌍스러운 말이 아주 입에 달려 있는 상황이니 굳이 남녀를 구별해야 할 이유도 없다. 그러나 다시 한 번 생각해 볼 필요가 있다.

남자는 남자다운 차림과 행동과 생각을 갖고 있어야 한다. 어차피 남자가 여자로 살 것이 아니라면 사내는 사내다워야 한다. 당신 아들의 차림새나 생각이 꼭 딸애와 비슷하다면, 아버지인 당신의 마음이 얼마나 불편하겠는가? 틀림없이 걱정할 것이다. 세상이 아무리 변했다고 하더라도 아들은 사내다워야 한다.

아버지는 아들을 사내답게 키워야 하고, 딸은 딸처럼 키워야 한다. 남녀 성차별이 아니라 남자는 남자로 사는 것이 편하고 쉬운 일이다. 그것은 본디 여자와 다르게 태어난 남자의 체질이나 성품에 적합하기 때문이다. 그리고 남성의 차림 속에 남성의 기질이 살아난다. 그러므로 아들의 차림새나 행동에 대하여 아버지는 부지런히 아들을 깨우쳐야 할 것이다.

4. 아버지의 권위

1) 아버지의 걱정

남자와 여자, 그리고 아버지와 어머니는 결코 둘로 분리하여 생각할 수 없는 관계이다. 그렇지만 아버지와 어머니의 차이, 곧 그 역할이나 생각은 크게 다르다.

전통적으로 어머니는 가정의 살림을 꾸려왔다. 그러다 보니 아버지가 만들어 놓은 울타리 안에서 생활하고 생각한다. 어머니는 외부의 환경－예를 들면, 가정의 경제 여건에 영향을 미치는 요인이나 가족의 주변에서 관계하고 있는 사람들과의 관계가 때로는 어머니의 걱정거리이며 관심의 대상이라 할 수 있다.

그러나 아버지는 그렇지 아니하다. 아버지는 외부여건도 문제이지만 언제나 자신 내부와의 갈등관계도 가지고 있다. 일을 성취하고서도 겪는 외로움, 강요당하는 직장과 사업상의 활동, 미래에 대한 불안감과 가족을 이끌고 모범이 되어야 한다는 가장의 책임감과 그를 수행하지 못했을 때 '무한히 작아지는 자신' 과도 싸워 극복해야 한다.

사실 남자(아버지와 아들)는 여자(어머니와 딸)에 비해 우수하거나 능력이 뛰어난 생물체는 아니다. 우선, 생물학적으로 우리나라 남자의 평균수명은 여성의 평균수명보다 짧다. 그리고 교도소에 수감된 죄수라면 으레 남자를 연상하고, 실직자나 노숙자 하면 90% 이상이 남자라는 이야기도 들었다.

또 품행에 문제 있는 아이들의 약 70%는 남학생이고, 교과 성적이 하위 30%에 드는 학생들 중에 80% 정도는 남학생이다. 이처럼 남자들은 여성보다 나은 것이 없다고 볼 수도 있다.

그렇지만, 대부분의 가정에서 어머니의 주도권이나 결정보다는 아버지의 역할과 능력 발휘를 기대한다. 사실 우리나라의 많은 아버지들도 그만한 사명감을 가지고 노력한다. 그래서 각종 스트레스와 정신적 압박감을 안고 생활한다. 아버지는 때때로 너무 외롭고 약한 존재이지만 결코 흔들리거나 작아져서는 안 된다. 이런 사명감이 바로 아버지가 극복해야 할 과제이며, 가장이 안고 있는 내부의 적이라고 말할 수 있다.

2) 최고 결정권자

요즈음 대부분의 아버지는 돈만 벌어오거나 일만 하는 사람으로 비춰진다. 사실 아내나 자식의 입장에서 보면, 아버지는 '돈 버는 기계' 아니면 '걸어 다니는 지갑' 이거나 '내 어리광을 불평 없이 받아주고 참아주는 유일한 후원자' 정도로 생각할 것이다.

옛날의 농경사회에서 가장의 권위는 언제나 절대적이었다. 뒷밭 어디에 어떤 씨앗을 뿌릴 것이며, 언제 무슨 일을 시작할 것인가에 대하여 가장 중요한 결정권은 가장인 아버지가 갖고 있었다. 가정의 대소사는 물론, 특히 자녀 교육에 관한 최고 결정권자는 아버지였다. 아들을 중학교에 보낼 것인가 아닌가는 아버지의 의중에 달렸었다. 그때는 가난했어도 아버지의 권위는 확실했었다.

그러나 요즈음 도시의 아버지들은 경제능력을 충분히 발휘하는데도 가정에서의 주요 결정권은 대부분 어머니의 수중으로 넘어가 버렸다. 지금의 아버지들은 옛날 같은 대우를 받지도 못하며, 중대한 결정 특히 자녀교육에 대해서는 어머니의 의견과 견문에 의해 결정되는 경우가 많다고 한다. 그 주요 원인은 여성 교육 수준의 향상에 따라 똑똑한 어머니가 많아졌기 때문일 것이다.

하여튼 돈만 벌어오면 되거나 아니면 돈도 충분히 벌지 못하기에 기가 죽거나 권위를 상실한 아버지와 집안의 대소사, 특히 자녀에 관한 모든 결정권을 행사하는 똑똑한 어머니나 어느 경우든, 크든 작든 아들에게 영향을 미칠 것이다.

한편 이 세상에는 편모슬하에서도 똑똑하고 훌륭한 아들들이 많이 있다. 이런 경우는 어머니가 아버지의 역할까지 충분히 잘 했다고 평가해야 한다. 그렇다면 아버지란 존재 가치는 어디에서 찾아야 하는가?

아무튼 자녀의 교육문제에 대하여 아버지의 의사와 소신이 비중 있게 받아들여지고 결정권이 확립되어야 할 것이다. 특히 아들의 장래가 아들의 소질과 희망을 고려하여 아버지의 소신대로 결정이 된다면 가정의 중심이 흔들리지 않을 것이다.

그렇다고 해서 가장의 권위만을 내세우며, 무식한 독재자처럼 무모한 결정을 내려서는 안될 것이다. 적어도 평소 가족의 신뢰를 받고 있는 가장–아버지라면, 그 결정은 언제나 최고의 결정일 것이다. 그리고 가장으로서 아버지의 결정은 언제나 존중되어야 한다.

3) 아버지의 일

아버지는 아버지의 고유한 권한과 할 일, 그리고 아버지 나름대로의 아버지만의 세계가 있다는 것을 아들에게 가르쳐야 한다. 그리고 아버지가 종사하는 직업은 좋은 직업이며, 아버지는 그 직장에서 꼭 필요한 사람이며, 그 분야에서 독보적인 존재임을 보여줄 필요가 있다.

그러나 아버지의 직업이나 아버지의 취미나 관심 영역에 자녀(특히 아들)가 계승하거나 물려받기를 기대하지 말아야 한다. 그리고 아버지의 직업과 관련하여 아버지는 지금 자식들을 위하여 희생하고 있다고 티내지 말아야 한다.

다만 아버지는 확실한 인생관을 갖고 살고 있으며, 아버지의 선악을 판단하는 기준도 확고하며, 아버지의 성실성은 어떠한 경우라도 변하지 않을 것이라는 믿음을 자식에게, 특히 아들에게 심어주어야 한다.

그리고 오늘 우리 가정의 이 여유와 행복도 아버지의 노력의 결과라는 사실을 아들이 알고 있어야 한다. 또 아버지의 정직한 삶과 불굴의 집념과 부단한 노력은 가업을 이루어낸 바탕이라는 것을 아들이 알아야 한다.

그러나 아버지는 아버지일 뿐 아들이 아버지와 똑같은 사고방식을 가져야 한다고 요구해서는 안 된다. 다만 아들이 성장하는 것을 지켜보며 잘못된 길을 가지 못하도록 가르치는 것뿐이지, 아버지가 소대장처럼 깃발을 높이 들고 "나를 따라라!" 하고 소리 지를 필요는 없다.

4) 아버지의 신념

교육의 8할은 부모의 책임이다.

'집에서 새는 바가지는 들에 나가도 샌다' 는 우리 속담은 진리이다. 가정에서 교육 못 받은 아이는 밖에 나가도 배우는 것이 없다. 집안에서 제멋대로인 자식은 밖에 나가서도 제멋대로이다.

애정이 없는 교육은 교사나 학생 모두에게 따분하고 힘들기만 하다. 본보기가 없는 교육은 그냥 공허한 메아리이다. 아버지의 아들 교육은 오직 사랑과 본보기로 이루어져야 한다.

아버지는 아버지 나름대로의 고집이 있어야 한다. 그 고집은 '일관된 원리 원칙의 강조'를 뜻하지, '막무가내의 황소 같은 고집'을 뜻하는 것은 아니다. 아버지의 고집, 곧 일관된 원리원칙이 자식들에게 통하려면 아버지의 일상생활에서 세상사에 대한 긍정적 사고가 필요하다.

아버지는 아버지 나름대로의 가치관(價値觀)을 갖고 있어야 한다. 그러나 요즈음 젊은 세대들이 보여주는 전통적인 가치관에 대한 거부나 배척은, 곧 기존 세대의 몰락을 의미한다. 전통 가치의 부정과 그에 따른 거부는, 곧 아버지의 가르침의 권위를 부정하고 가르침을 수용하지 않는다는 의미로도 해석할 수 있다. 그렇지만 아버지는 어느 정도 전통적인 가치관을 고집하면서 가르칠 필요가 있다.

세상 살아가는 방법을 가르치는 사람이 아버지인데, 아버지에게서 배우는 아들의 입장에서 본다면, 아버지의 사고 방법과 가치관은 매우 중요하다.

솔직히 말해, 삐딱한 아버지의 아들은 역시 삐딱하다. 그리고 세상을 순리로 생각하지 못하고 역리(逆理)로만 생각하며 매사에 자기 고집을 내보이는 아버지, 곧 세상을 힘들게 살아가는 사람이니, 그 아버지의 아들 역시 피곤하게 인생을 살아갈 것이다.

왜냐하면 '건전한 비판의식' 이라고 둘러대는 억지는 그 아들이 틀림없이 본받는다. 가령 어떤 사람이 '나는 지금 일만 원을 헛된 곳에 쓰고 있다' 라고 인식하면서 일만 원을 지출하는 사람은 없다. 다만 얼마간 시간이 지나고 난 다음에 '그때 그 일만 원이 낭비' 로 판단이 된다.

세상일에 대한 비판도 마찬가지라고 생각한다. 과연 지금의 이 비판이 '자신의 무능에 따른 불평은 아닌지? 아니면 감정에 치우친 말초적 불평은 아닌지?' 냉철하게 생각해야 한다.

특히 아들 앞에서 세상사에 대한 불평이나 억지 또는 고집, 예를 들어 TV 뉴스를 보면서도 열을 내는 불평은 아들이 본받게 된다. 아들도 그런 불평불만을 갖고 있으면 결국 문제가 생기는데, 그 문제의 근원은 바로 '열심히 일하기가 싫어지고 그 때문에 입만 나불거리며 늘어놓는 불평' 이라는 점이다.

5) 아버지와 아들의 관계

아버지는 아들이 노력한 결과에 대하여 어떤 보상을 할 필요는 없다. 필자의 솔직한 생각으로는, 아버지가 아들에게 무슨 대가를 준다는 것은 있을 수 없는 일이다.

가령 아들에게 "다가오는 학기말 시험에 평균 90점 이상이 되면 핸드폰을 새 것으로 바꾸어주겠다."는 식의 동기유발은 안 된다. '자신의 최고 노력으로 좋은 성적을 얻는 일'은 바로 아들이 수행해야 할 당연한 일이다. 당연히 할 일을 했는데, 보상은 무슨 보상인가? 아들에게 보상을 해주는 것이 당연한 아버지의 의무라면, 그런 의무를 이행한 아버지는 돌아가신 할아버지로부터 보상을 받아야 하는가?

마땅히 해야 할 일은 협상이나 토론, 교환의 대상이 될 수 없다. 아들이 부모의 말씀을 따르는 것은 당연한 일이다. 부모의 요구에 응한다고 보상을 요구할 수 없고 보상해서도 안 된다.

불필요한 일로 부자간에 논쟁을 하지 말라. 시간만 낭비한다. 당연히 해야 할 일을 가지고 토론하자 협상하자고 말하는 것은 이기주의이며, 이것은 아마도 인간 본래의 욕망일 것이다. 아들의 욕망을 그대로 다 들어줄 수는 없는 것이다.

필자는 교직 외에 다른 직업을 가져본 적도 없었지만, 아들을 키우면서 학교성적을 물질로 보상해주지 않았다. 물질 보상은 공부 자체에 대한 흥미를 잃게 한다.

그리고 아버지의 기분에 따라 아들에게 용돈을 줘서는 안 된다. 또 아버지와 아들이, 가장이 가족과 시간을 같이 할 수 없다고 하여, 예를 들면, 어린이날 아버지가 출장을 가기 때문에 아들에게 미안하다고 돈으로 보상하지 말아야 한다. 아버지는 당연히 바쁜 사람이고, 철이 든 아들이라면 그렇게 일하는 아버지를 오히려 존경해야 한다.

아버지와 아들의 관계에서 또 한 가지 중요한 것이 있다. 적어도 아버지에 의한 '억압적 강요'가 있어서는 안 된다. 곧 예능 방면의 기술 연마나 훈련, 학교 성적 향상을 위한 부단한 노력을 아들에게 강요해서는 안 된다.

특히 어머니의 경우, 자기 아들딸의 자질이나 능력을 언제나 과대평가한다. 내 자식이 예쁘고 귀여운 것만 생각하니까 하는 일이 모두 잘하는 것 같고 뛰어난 것 같이 보이는 것뿐이다. 사실 어렸을 적에는 누구나 많은 것들을 다 잘하는 것처럼 보인다. 특히 예능 방면의 강요된 연습과 과도한 목표 달성을 요구하면 아들이 크게 잘못되는 경우가 많다.

그리고 형제들 중에는 머리가 상대적으로 나쁜 아이도 있고, 공부하기 싫어하는 아들도 있게 마련이다. 형제나 자매간의 비교나 우열을 근거로, 더군다나 한 치를 건너 사촌하고 비교하여 공부를 강요해서는 안될 것이다. '네 누나 공부하는 것 좀 본받아라' 하는 식의 설교나 똑똑한 누나에 대한 비교는 아들을 영영 주눅 들거나 아니면 반항하는 길을 걷게 만든다.

좀 지난 이야기이지만, 젊었던 시절, 필자의 머릿속에 강하게 남아 있는 사건을 소개하려고 한다.

2002년 6월, 대학생 아들이 아버지와 할머니를 살해하는 그야말로 끔찍한 패륜적 범죄행위가 있었다. 아들은 자신의 집에서 아버지(대학교 교수)와 할머니를 살해한 뒤, 시체에 휘발유를 뿌려 불태웠다. 범인은 경찰에서 "명문대에 입학하지 못한 후, 미국 스탠퍼드대 박사학위를 받은 아버지로부터 사사건건 꾸지람을 들었고, 권위적이고 엘리트 의식을 가진 아버지에 대해 증오심을 갖고 있었다."고 말했다.

이런 패륜적 범죄의 배경에는 아버지와 아들 간의 갈등이 자리했다고 볼 수 있다. 아버지는 미국의 회계학 분야에서 아시아인 최초로 박사학위를 받을 정도로 수재였고 완벽에 가까운 사람이었다. 아버지는 공부를 제대로 못하는 큰아들을 부끄럽게 여기며 아들 문제로 남들에게 열등감을 갖고 있었다고 한다. 결국 높은 기대치를 설정한 아버지와 기대에 부응치 못하는 아들 간의 갈등이 이런 패륜범죄를 낳았다고 볼 수 있다.

아들에 대한 아버지의 강요가 있어서도 안 되지만 그렇다고 방임도 안 된다. 가령 아들이 자기 신상에 관한 것 – 성적표를 받아 왔다든지, 친구와 어디로 놀러가기로 했다든지, 무슨 책을 사보고 싶다든지 하는 것을 언제나 아버지에게 먼저 보고하거나 상의하도록 만들어야 할 것이다.

그리고 아버지가 소중히 여기는 물건, 할아버지가 쓰시던 물건의 가치를 돈으로 계산하지 않도록 가르쳐야 한다. 평상시에 깨진 거울 조각은 아무 가치도 없다. 그러나 난파선의 구명보트에서는 일행의 생명을 구하는 신호기가 된다.

이런 까닭으로 아버지에게 소중한 물건을 아들이 소중히 여기도록 가르쳐야 한다. 그것은 '물건의 값이 아니라 가지고 있는 가치' 이며, 아버지의 의지와 감정이 묻어 있기 때문이다.

제3부

아버지의 가르침 ― 보수와 전통

1. 아들 버릇들이기

1) 태교 : 몸과 마음의 조심

신혼부부의 인생 설계 중 빼놓을 수 없는 것이 임신과 출산에 관한 계획일 것이다. 임신은 부부가 육체적으로 건강하다는 증거이기에 누구에게나 자랑할 수 있고 또 당당하게 밝힐 수 있을 것이다. 또 새로운 생명을 잉태하고 키우는 것은 자연의 섭리에 대한 순응이며, 신앙심이 돈독한 부부들에게는 임신 그 자체가 '신의 거룩한 축복' 이라고 생각될 것이다.

또 가문의 대를 잇고 융성을 가져올 자식을 낳는다는 '계승 의무의 수행' 이라는 측면에서도 모든 시부모 또한 기뻐할 것이며, 은근히 사내아이의 출산을 기대할 것이다.

사실 필자도 그러했지만, '나와 닮은 2세' 를 기대하는 모든 예비 아버지들에게 아내의 임신은 머리가 하늘에 닿을 만큼 큰 기쁨일 것이다. 그리고 아내가 한없이 소중하고 자랑스럽기에, 하루에 열 번이라도 '건강을 조심하라' 고 아내에게 당부할 것이다.

동시에 임신 사실을 확인하는 그 순간부터 부부는 태교(胎敎)에 관심을 갖게 된다.

● 타산적인 태교

옛날의 태교는 '임신부가 마음의 안정을 유지하고, 바른 말과 생각이나 행동을 통하여 태아에게 나쁜 영향을 주지 않는 것' 정도로 알려졌었다. 그러나 요즈음의 태교는 보다 적극적이고 타산적(打算的)인 면이 있는 것 같다.

즉 태아에게 보다 정확한 영향이 미치도록 임신부의 복부에 음향기기를 가져다 대고 좋은 음악을 들려주기도 한다는데, 이 정도까지는 젊은 부부의 사랑스러운 애교로 봐줄 수 있다.

그러나 태교의 영향력에 과대평가나 믿음이 태교 만능주의로 발전하여, 아이가 나중에 영어를 잘할 수 있도록 임신 6개월 이후로 영어회화테이프를 복부에 대고 들려준다는 말에는 그저 놀라지 않을 수 없다.

이는 어머니가 태어나기도 전의 아이를 '들들 볶아대는 짓' 이라고 생각된다. 만약 그런 식의 태교라면 스와힐리어 회화테이프를 계속 들려주면 나중에 아프리카 흑인 말을 잘할 것이고, 아침마다 돼지 꿀꿀대는 소리를 계속 들려주면 돼지처럼 무엇이든지 잘 먹을 것이며, 저녁마다 태아에게 사자의 포효소리를 들려주면 사자머리를 한 라이온 킹 같은 아이가 태어날 것인가?

태교에 가르칠 교(敎)가 있다 하여, 태교는 적극적인 교육활동이 아니고, 또 만능(萬能)도 아니다. 다만 임신 중이라는 특수한 상황과 처지에서 임신부가 극단적인 감정에 휩싸이면 태아에게 좋지 않기에 몸과 마음을 조심하는 것이 바로 태교의 본질일 것이라 생각된다.

고대 중국의 전한(前漢) 시대에 유향(劉向, 前 77년 – 前 6년) 이 지었다는 《열녀전(烈女傳)》에 의하면,

「부인이 임신을 하면, 잠자리에서 옆으로 눕지 않으며, 비스듬히 기대앉지 않고, 삐딱하게 서지 않는다. 바르지 못한 맛〔邪味(사미)〕의 음식이나 네모반듯하게 썰지 않은 음식을 먹지 않으며, 바른 자리가 아니면 앉지 않는다. 눈으로는 정색(正色)이 아닌 것을 보지 않고, 귀는 음탕한 소리를 듣지 않는다.…(古者婦人姙子 寢不側 坐不邊 立不蹕 目不視邪色 耳不聽淫聲…) 이러했을 경우 그 태어나는 아이의 모습은 단정하고 재주가 많을 것이다.」

이는 임신기간 중, 일상생활에서의 근신(謹愼)과 조심을 의미하는 것이지, 태아에게 적극적으로 '의도적인 가르침을 주는 것'을 의미하지 않는다. 그렇다고 출산 뒤에는 임산부가 몸가짐을 제멋대로 해도 된다는 뜻은 아니다.

자식에 대한 아버지의 가정교육은 '태교에 대한 바른 이해' 를 갖고 아내가 몸과 마음을 조심하도록 하는 일부터 시작해야 할 것이다.

2) 작명(作名) : 아버지의 권리이며 의무

아들이건 딸이건 건강한 아이의 출산은 참으로 기쁜 일이다.

이 아이에게 제일 먼저 주어질 선물은 좋은 이름이다. 평생 동안 말하고, 불릴 이름 – 그 이름을 누가 제일 많이 불러주겠는가? 그 정답은 아주 간단한 것이니, 바로 아이의 부모이다.

그렇다면 아이 이름을 누가 지어야 하는가? 당연히 아이 이름을 가장 많이 불러줄 부모이고, 그중 아버지가 작명의 주체가 되어야 한다.

아이의 할아버지가 계시고 또 이름을 지을만한 식견이 있다면, 할아버지에게 지어달라고 하는 것이 아마 자식 된 도리라고 생각한다. 할아버지가 지은 이름이 마음에 안 들면 '이러이러하니 다시 지어주십시오' 라고 말씀드려야 할 것이다.

그러나 아이의 외할아버지에게 지어달라고 부탁하는 것은 한 번쯤 더 생각해 볼 필요가 있다. 그 집안에 아이 이름 두 자 지을 만한 사람도 없어 처가에 부탁하는 것이라면 체면에 약간의 손상이 있지 않을까? 나중에 아이가 성장하여 철이 들었을 때 "네 이름은 외할아버지가 지었다." 라고 일러주면 아이는 어떤 생각을 할까?

친할아버지가 지을 수 없다면 부부가 둘이 머리를 맞대고 지으면 된다. 아이 이름 석 자에서 성은 아버지의 것을 따라 붙여야 하니 걱정하지 않아도 된다. 아들의 경우 대개 돌림자로 짓는다면, 결국 아이만의 고유한 것은 한 글자뿐인 셈이다.

이름을 지을 때 염두에 두어야 할 일은 우선 발음이 좋아야 하고, 다음에 이름이 가지는 뜻이 좋고, 끝으로 한자(漢字)로 썼을 때 남이 쉽게 읽을 수 있어야 한다. 이 3가지만 고려한다면, 이 세상 부모 누구라도 자녀의 이름을 지을 수 있을 것이다.

우선, 아기 이름을 생각나는 대로 여러 개 써 놓고 부부가 같이 발음해 보고 불러본다. 성과 이름을 함께 불렀을 때, 발음하기 쉽고 또 듣기 좋아야 한다. 다시 말해 본인이 이름을 말했을 때, 상대방이 바로 알아듣고 쓸 수 있어야 한다. 성과 이름에 모두 같은 받침이 들어간다면, 예를 들어 '홍종웅' 같은 이름은 우선 발음이 어렵다.

다음에 이름이 갖는 뜻이 쉽고도 좋아야 한다. 이런 의미에서 본다면 김대중(金大中)은 좋은 이름이다. 필자의 친구는 첫딸을 신념(信念), 장남을 긍지(矜持), 차남을 웅지(雄志)라고 지었다. 그 가족에게 신념과 긍지와 웅지 모두는 참말로 소중한 이름이고, 아름다운 덕목(德目)이며, 생활철학인 동시에 추구해야 할 가치라고 할 수 있다.

아들 이름은 돌림자를 쓰는 경우가 많은데, 이런 경우에 적어도 형제끼리는 자식들(사촌) 이름에 항렬자를 쓸 것인지 안 쓸 것인지 통일하는 것이 좋을 것이다. 그렇지만 딸아이 이름에까지

돌림자를 쓴다면 이름이 상당히 제약을 받는 경우가 많다.

그리고 이름을 보면, 남자와 여자를 구분할 수 있는 이름이 좋을 것이다. 가령 자신의 이름으로 '○보람', '○하나'를 써 놓았을 때 남녀를 구분하기 어려울 것이다. 물론 이름 짓는 것도 어느 정도 유행이 있다고 한다. 그리하여 요즈음은 굳이 이름자를 가지고 남녀를 구분한다는 자체가 촌스럽다고도 한다.

요즈음 순수 한글이름을 갖는 경우가 많은데, 우리 조상의 전통에서 본다면 그리 좋은 것은 아니지만 시대의 흐름이고 부모의 주관이 그렇다면 괜찮을 것이다. 그러나 너무 독특한 이름은 아이 본인에게 부담이 될 수도 있다는 것을 염두에 두어야 한다.

또 영어 이름과 비슷하게 짓느라고 잘 쓰지도 않는 글자를, 아무 뜻도 없이 억지로 조합하는 것도 결코 좋은 이름이라고 할 수 없을 것이다.

요즈음 일부 정치인이나 연예인들이 양성평등을 주장하며, 아버지의 성과 어머니의 성을 이어받아 성이 2글자에 이름이 2글자로 4글자 이름을 사용하는 사람이 있다. 그렇게 같은 생각을 가진 부부가 사랑의 결실을 맺어 결혼하였다. 남편이 김이(金李)라는 두 글자 성을, 아내가 박남(朴南)이라는 성을 사용했다면, 그 부부가 낳은 딸 지미의 성명은 김이박남지미(金李朴南芝美)로 써야 하는가?

전통이나 관습에서 탈피하는 것이 혁신이고 진보며 선각(先覺)은 아니다. 양성평등을 주장하고 실천하는 것과 전통이나 관습에서 탈피는 마음과 실천에 따른 것이지, 형식에 있지는 않을 것이다.

아들이나 딸아이의 이름에 아예 한자를 쓰지 않는다면 상관없지만, 한자로 쓸 경우 보통 사람들이 잘 쓰지 않는 어려운 글자인 벽자(僻字)를 써서 짓는 것은 가급적 피해야 할 것이다.

대법원에서 선정한 인명용(人名用) 한자 8,319자 중에서도 뜻이 안 좋거나 일상에서 쓰지 않는 자도 상당히 많이 있으니, 그런 글자는 피해야 한다. 가령 이름에 '기'를 쓰고 싶어도 淇(강 이름 기)나 沂(물 이름 기), 圻(서울 부근 땅 기) 등은 획수가 적은 자이지만 본인에게 물어보지 않으면 전혀 알 수 없는 벽자라고 해야 한다. 또 忌(꺼릴 기), 棄(버릴 기), 欺(속일 기)와 같은 자는 뜻이 나쁘니 당연히 쓰지 말아야 한다.

특히 성명자의 획수에 맞춰 짓는다고 어려운 글자를 쓰는 일은 없어야 한다. 한자를 쓸 경우, 우리가 일상생활에서 사용하는 상용한자(常用漢字) 1,800자 정도 범위 안에서 짓는 것이 좋다고 생각한다.

그 다음, 이름을 지을 때 써서는 안 될 글자가 있다. 가령 仇(원수 구)나 病(병), 兵(병) 刀, 屠(도) 邪(사), 斜(사) 같은 글자는 한글 발음이 좋아도 흉한 글자이므로 이름에 쓰지 않는다. 또 자신이 개를 무척 좋아한다 해도 犭(개 견)변이 들어가는 글자 역시 흉한 글자기에 쓰지 않는다.

또 신체 부위를 지칭하는 글자는 이름에 쓰지 않는다. '말 두(斗)' 는 이름에 쓰지만 '머리 두(頭)' 는 사용하지 않는다. 수(洙, 壽, 秀, 修, 守, 琇)는 흔히 쓰는 글자이지만 '머리 수(首)' 로 짓는 경우는 거의 없다. 구(九, 久, 求)는 보통 사용하지만 '입 구(口)' 는 쓰지 않으며, '편안 안(安)' 은 쓰지만 '눈 안(眼)' 자가 들어간 이름은 없다. 복(福, 復, 馥)은 많이 이용하지만 '배 복(腹)' 은 쓰지 않는다.

이처럼 몇 가지 유의사항만 지킨다면, 부부가 상의하여 좋은 이름을 지을 수 있다. 그리고 이름을 지은 다음에 그 이름자에 대하여 확실한 믿음을 가져야 한다.

부모가 지은 그 이름자를 가지고 다른 사람한테 성명의 길흉(吉凶)을 물어보질 말아야 한다. 유명 작명가에게 많은 돈을 주고 지은 이름일지라도, 다른 작명가한테 가서 물어보면 열 명이면 열 명이 다 '잘못 지었다' 고 말할 것이다. 작명가의 예언이 모두 맞는다면, 작명가의 아들들은 모두 가장 행복한 삶을 살고 위대한 인물이 되어야 할 것이다.

심지어는 인장을 새겨주는 사람조차 이름이 좋으니 나쁘니 하면서, '이름 석 자에 인(印)자를 넣어 네 글자 인장을 만들어야 한다' 면서 도장 새기는 값을 더 부르기도 한다.

만약 작명가나 인장업자의 말대로 '이름자가 나빠 팔자가 안 좋을 것' 이라면, 그 사람은 자기 자신의 이름부터 바꿔야 할 것이다. 그렇지 않은가? 남의 이름자에 대하여 그렇게 확실하게 평가하고 예언하는 사람이라면, 그 본인은 왜 출세를 못하고 한 평도 안 되는 좁은 자리에서 겨우 작은 책상 하나를 가지고, 평생 남의 이름자에 대하여 시비나 걸고 앉았는가?

내가 직접 목격한 일인데, 자칭 '작명의 대가' 라면서 부하 직원이 어렵게 얻은 아들 이름에 '입 구(口)' 자를 써서 이름을 지어준 상사와 '아! 뜻이 좋습니다~(굽신)' 하면서 그대로 호적에 올린 사람이 있었다. 아이가 커서 초등학교에 들어간 다음에 그 아이는 이름 때문에 '다른 아이들의 놀림감' 이 되었고, 결국은 '상사와 부하' 의 관계가 끝난 뒤에 이름을 다시 지어 힘들여 신고하는 사람을 나는 보았다.

이는 '자신 있고 당당한 아버지' 가 되어야 한다는 생각을 하지 못했기에 그런 일이 일어났을 것이다. 하여튼 내 가문의 자랑이며, 앞날의 큰 꿈을 기대할만한 내 아들이기에 '나의 자식 이름만큼은 내 손으로 짓는다' 는 생각으로 부모가 지어야 하고, 그 다음에는 그 이름자에 의미를 부여하고 확신을 가지면 되는 것이다.

3) 오른손으로 쓰기

서양 사람 중에는 왼손으로 글씨를 쓰는 사람이 많다. 그들의 글씨는 횡서이기에 왼손으로도 오른손과 별다른 차이나 어려움

없이 쓸 수 있고 크게 불편하지도 않다고 한다.

흔히 왼손잡이가 재주가 많다고 말하고 또 유전된다고 하지만, 우리 글자나 한자를 필사할 경우 왼손 글씨는 아무래도 불편하기 짝이 없고 또 글씨를 잘 쓰기도 어렵다.

요즈음 고등학생이나 대학생 중에도 왼손으로 글씨를 쓰는 학생이 예전보다 크게 늘었는데, 이는 신세대 부모들이 '그것도 개성' 이라면서 방치한 결과라고 생각한다. 그들이 느린 필기 속도 때문에 일생동안 감수해야 할 손실은 상당하다. 그래서 왼손으로 글씨 쓰는 학생들 중에 성적이 상위그룹인 학생은 상대적으로 적은 편이다. 그렇지만 요즈음은 컴퓨터가 널리 쓰이기에 괜찮다고 말하는 사람도 많이 있다.

필자의 손자 셋은 오른손 글씨를 쓰도록 가르쳤지만, 막내인 손녀는 왼손에 너무 익숙하여, 그저 귀엽다는 생각에 응석을 받아주다 보니 이제는 중학교에 가야 하는데 왼손잡이 글씨로 굳어져 버렸다.

아이가 왼손잡이가 되는 것은 어렸을 적 부모의 버릇 길들이기에 달렸다고 생각한다. 아이가 밥숟가락을 처음 손에 쥘 때부터 오른손으로 잡도록 가르쳐야 한다.

《예기(禮記) 내칙(內則)》에도 분명히 이런 가르침이 있으며, 어릴 적부터 먹을 것이나 물건을 줄 때 오른손으로 받도록 계속 반복하면 고쳐질 수 있다고 하니 그렇게 어려운 일은 아니다.

적어도 한 집안의 가장으로 또 아이들의 아버지라면 왼손잡이가 되도록 방치해서는 안될 것이다. 아이들 습관을 제대로 가르치도록 아내에게 주의를 촉구해야 한다.

4) 유아 언어에서 벗어나기

말을 배울 때, 처음이야 유아 언어 그 자체이지만, 성장과 인지 발달의 과정에 맞추어 바른말을 하도록 가르쳐야 한다.

필자는 어려서도 '아빠', '엄마' 란 말을 쓰지 않았다. 중학교 다닐 때까지도 그런 말은 서울 애들만 사용하는 줄 알았고, 집에서는 언제나 '아버지' 또는 '아버님' 이라 호칭했을 뿐이다.

그러나 지금 젊은이들은 결혼을 하고서도 '어머니' 소리를 못하고 '엄마' 라고 불러댄다니, 거기다가 좀 심한 젊은 아들이나 며느리들은 장모를 '엄마' 라고 부르고, 시아버님을 '시아빠' 라고 한다니! 아무리 격식을 따지지 않는 신세대라 하더라도 이는 아직도 유아 언어에서 벗어나지 못한 미숙아들의 유치한 짓이라고 생각한다.

동시에 남편을 '자기', '오빠', '~형' 등으로 호칭하는 요즈음 젊은 주부들의 행태도 당연히 시정되어야 한다고 생각한다.

또 부모가 이름을 부르면 '예!' 라면서 금방 대답하도록 가르쳐야 한다. 적어도 초등학교에 들어갈 나이면, 부모한테 '예!' 라고 대답해야 한다. 그것도 부모의 부름이나 말씀이 끝나는 순간 즉시 대답해야 한다.

필자의 경험에 의하면, 고등학생 중에도 이름을 불렀을 때, '예!' 라고 대답을 하지 못하고 선생님 얼굴을 빠끔히 쳐다보는 학생들이 있었다. 이는 '내가 선생님을 바라보면 되었지, 굳이 대답을 해야 합니까?' 라고 생각하는 것이다.

또 많은 학생들이 집에서 특히 어머니한테 '응!' 이라고 대답한다니, 이는 가정에서의 기본 언어교육이 전혀 안된 것이다. 어머니가 부를 때 '응!' 하고 대답하는 것을 보고, 아버지가 엄하게 한두 번 꾸짖거나 혼냈으면 그렇게 되지는 않았을 것이다.

유아 언어야 어머니나 할머니가 가르치지만, 때가 되면 가장인 아버지가 '아빠라고 하지 말고 아버지라고 불러라!' 하고 엄히 명령하거나 지시해야 한다. 적어도 초등학교에 입학해서는 '아버지! 아침진지 잡수셔요' 라는 말을 할 정도로 가르쳐야 한다.

담임선생님께서 "이 문제에 대하여 부모님과 상의했니?" 라고 물었을 경우에, 중학생이라면 "예! 아버지께 말씀을 드리고 허락을 받았습니다." 라고 대답을 해야 할 것이다.

5) 남녀칠세부동석

그리고 사내의 옷과 여자 아이 옷은 구분이 되어야 한다. 옛날에 남자아이는 가죽 띠(혁대)를 매고 딸아이에게는 실끈을 매도록 구분했었다. 지금 세상에야 그런 구분은 아무런 의미가 없고 지킬 수도 없다지만, 아들은 사내아이에게 적합한 색깔이나 모양의 옷을 입혀야 할 것이다.

그리고 여자아이에게 굳이 바지를 입히면서 '사내아이한테 절대로 꿀려서는 안 된다' 고 가르치는 부모가 있다는데, 그런 부모는 아들에게 스커트를 입히면서 '너무 억세도 안 된단다. 부드럽고 온화해야 하며 여자 애들하고 잘 사귀어야 한다' 라고 왜 말하지 않는지 묻고 싶다.

아무리 남녀평등을 넘어 양성평등의 시대이고 유니섹스의 패션이라 하지만 아들은 사내이고 딸은 여자일 뿐이다.

《소학(小學)》에서는 '아이가 여섯 살이 되면 수(셈)와 방위를 가르치고, 일곱 살이면 남녀 부동석(不同席)에 불공식(不共食)이라' 했다.

요즈음이 어느 때인데 '남녀' 니 '칠세부동석' 같은 말을 하느냐고 비난하는 사람은 부동석의 뜻을 잘못 알고 있다고 생각한다. 부동석(不同席)을 남녀가 같은 방이나 같은 의자에 앉지 않는다는 뜻으로 알고, 가정에서 7살 정도의 남녀 아이는 친형제나 사촌들이 많이 있는데 '어찌 한 방이나 한 곳에 머물지 말라고 하느냐?' 로 해석하는데, 이는 잘못된 해석이다.

여기서 '석(席)' 은 '잠자리〔침석(寢席)〕' 를 뜻한다. 비록 친남매간이라도 일곱 살이면 잠자리를 따로 해야 한다. 같은 남자 형제들을 한 이불에 잠을 재우는 것은 당연한 일이지만 남매간은 잠자리를 구별해야 한다.

이처럼 '부동석' 은 일상에서 확실한 분리나 차별이 아니라 신체적 특징이나 사고(思考)와 행동의 차이를 고려하라는 뜻으로 받아들여야 한다. 적어도 가정에서부터 아들과 딸에 따른 남녀 차별이 아니라 '성과 역할에 따른 구별' 은 어려서부터 가르쳐야 할 것이다.

남자와 여자는 근본적으로 많은 점이 다르기 때문에 서로의 차이점을 있는 그대로 인정하고 이해해야 한다. 남녀 간의 근본적 차이는 애초부터 서로 다른 해부학적 구조를 가지고 태어났다는 선천적인 요인뿐 아니라 성장하면서 사회적 관습에 입각한 '성(性)에 따른 역할(gender role)' 등 후천적 요인도 함께 작용하기 때문이다. 따라서 어떤 일에 대한 접근 방식이나 사회현상을 바라보는 시각도 남녀 간에는 다소의 차이가 있는 것이 당연하다.

7살이 되면 사내와 여자아이는 여러 면에서 확실한 차이가 있다. 신체적 차이뿐만 아니라 성 역할이 다르다는 것은 아주 어려서부터 가르쳐야 한다.

6) 유아기의 생활습관 길들이기

다음은 취학하기 전–특히 유치원 시절에 어느 정도 습관화가 되도록 가르쳐야 할 항목이라고 생각하여 적어보았다.

▷ 잠자기 전에 양치를 한다.

▷ 잠자기 전 부모에게 인사를 한다.

▷ 저녁 아홉시면 잠자리에 들도록 한다.

▷ 아침 일찍 일어나는 것을 탓하지 않는다.

▷ 정해진 시간에 틀림없이 아이를 깨워야 한다.

▷ 자리에서 일어나면 부모에게 인사하도록 가르친다.

▷ 식사 전에 세수를 하고 제 옷을 챙겨 입도록 가르친다.

▷ 부모님께서 출·퇴근할 때, 꼭 인사를 드리도록 가르친다.

▷ 장난감을 갖고 놀았으면 제자리에 치우도록 가르쳐야 한다.

가정의 일상생활에서 정리 정돈은 부모의 의지에 따라 아이들이 어느 정도는 할 수 있는 일이다. 적어도 어질러 놓은 그대로 방치해서는 안 된다는 뜻이다. 문제는 부모가 얼마나 지속적으로, 또 원칙적으로 지도를 계속하느냐의 문제이다.

필자의 경험으로도 4살, 대여섯 살짜리 손자가 떼를 쓰면 이겨낼 방법이 없었다. 한 집에 사는 것도 아니고 일주일에 한 번 찾아오는 손자이다 보니 귀엽기만 해서 그 응석을 받아주곤 했는데, 이것이 손자의 교육에 나쁜 줄을 분명히 알면서도 그렇게 해 줄 수밖에 없었다.

2. 아버지의 스타일과 훈육

1) 아들의 반항

배우는 사람이 가르침을 베푸는 사람에게 복종해야 한다는 것은 당연한 일이다. 엄한 교육은 우선 복종하게 만들어 놓고, 곧 저항 없이 잘 따르게 만든 다음에 이루어진다.

교육기관인 학교에서 학생이 선생님의 지시를 따라야 하는 것은 당연하다. 집에서 아버지의 가정교육에 불복종해도 방치하니까 학교에서 교사의 가르침이나 훈육에 따르지 않는 것이다. 교육에 대한 불복종은 곧 피교육자의 손해이고 실패이며, 뒷날 후회나 회한이 될 것이다.

보통 아들들은 초등학교 5, 6학년이나 중학생이 되면 부모에게 반항한다. 정식으로 아버지에게 대들기도 한다. 아버지에게 직접 대들지는 못하면 그 대상이 바뀌어 어머니에게 폭발하는 경우도 있다. 필자도 겪어본 경험이다.

아들이 열심히 공부하지 않아, 곧 아버지의 마음에 차지 않으면 훈계하기 시작한다. 그러나 아들은 나아지는 기색이 없다. 점점 아들에게 잔소리를 많이 하게 되고, 그게 먹히지 않자 크게 야단도 치고 심하면 매를 드는 경우도 있다. 이제는 아버지라도 자식에게 매질을 한다면, 그런 흔적을 이웃이 알았다면 아동학대로 형벌을 받을 수도 있다.

오히려 계속 잔소리와 야단을 듣던 아들이 서서히 대들기 시작한다. 그러던 어느 날 홧김에 손찌검까지 갈 수 있다. 그러나 이것은 정말 아니다. 화가 났을 때 손찌검을 한다면 아버지가 완패하는 것이다.

이런 상황까지 간다면, 아들은 마음에 깊은 상처를 받아 더 반항적이 될 수밖에 없다. 아버지는 아버지대로 그런 아들이 더욱 못마땅할 것이고, 큰 애의 그런 행동이 바로 그 밑에 동생에게 영향을 끼칠 것이 예상되고 …, 보통의 아버지는 더 심하게 꾸중을 할 수도 있다. 하지만 아들은 그럴수록 더 자기만의 세계로 들어가면서 부자간에는 시멘트 블럭 담보다 더 견고한 담장이 만들어진다.

요즘 부모들이 아이를 낳고 기르면서 자녀교육에 관한 책을 안 읽고 인터넷에서 그런 사례를 안 찾아보는 사람이 어디 있겠는가?

부모 세대와 생각이나 말하는 것이 많이 다른 자녀들과 소통하는 데 어려움이 많다는 사실은 누구나 알고 있다.

기원전 3000년경 메소포타미아의 점토판에도 '요즘 젊은이들은 버릇이 없다'는 탄식이 쓰여있다고 한다. 지금 중·고등학생의 부모는 중·고등학교 다닐 때 부모 말씀에 절대적으로 순종했는가? 자기 자신에게 물어보면, 결론은 명확하다.

옛날이나 지금 부모들은 누구든 자신의 자식들을 어떻게 대하고 다뤄야 하는지 체계적으로 배운 적이 없다. 그걸 가르쳐주는 학교나 학원이 있을 수 있나? 아니면 내 자식은 이렇게 키웠더니 성공했다고 책으로 쓰고 텔레비전에 나와 자랑을 했다 하여 그 방법을 내가 그대로 받아들인다 하여 먹혀 들어갈 것 같은가?

자녀 교육이 어디 자동차 운전과 같은가! 자동차야 생명과 개성이 없는 기계이니 면허증을 따면 운전할 수 있지만 자녀 교육에는 면허증이 있을 수 없다.

물론 자녀를 제대로 키우려면 부모로서 최소한의 지식과 방법을 배워야 한다는 뜻으로 받아들일 수 있지만 책에서 배우는 것, 또 옆 사람과의 경험을 서로 말하여 이해한다 해도 그 적용은 전부 제각각이다. 정말 중요한 것은 아버지의 진정(眞情)이 있어야 한다.

지금 세상은 부모 노릇하기가 점점 어려워지는 세상임에는 틀림이 없다. 특히 부모를 대하는 자식들의 생각이 크게 달라진 것 또한 사실이다.

다시 말해, 부모의 권위가 없다. 이는 자식들이 변한 것도 있지만 부모들도 예전과 다른 부모 노릇을 하기 때문일 것이다.

● 아버지의 자성

2020년 기준으로 서울에서 35~40세 된 부모라면 중·고등학교 다닐 때부터 학원에 많은 부분을 의지했던 세대이다. 이들에게 부모 노릇 제대로 하는 것을 가르쳐주는 모임이나 단체가 있다면 틀림없이 환영받을 것이다.

▽ 우선 부모는 자신의 부모 됨됨이를 돌아보아야 한다.

나를 키워주셨던 부모님의 세대에는 모두가 가난했고 힘들었지만, 내가 왜 부모님을 어려워하고 존경하는가? 그리고 지금 나는 어떻게 내 자식을 키우고 있는가? 깊이 생각해 보아야 할 것이다. 내 자식을 건강하고 올바르게 인도하기 위해 부모 스스로 성찰하는 것에서 출발해야 한다.

▽ 다음으로 자식을 가르치면서 부모로서 어떤 가치관을 갖고 있는가를 생각해야 한다.

내 자식이 바른 사람으로 성장해야 한다는 목표는 모두가 같다고 할 수 있다. 그런데 부모의 입장에서 그를 실현하기 위하여 '어떤 생각을 갖고 있느냐!' 가 중요하다.

부모로서 자식에게 하는 말과 행동이 달라지지는 않았는가?

부모의 생각, 곧 자식에 대한 교육관은 언제나 도덕 교과서와 같은 원칙에 서야 한다. 자식이 손해 보는 줄 알면서도 바른 생각과 행동을 하라고 권유해야 한다.

▽세 번째로, 자식들의 성격에 대한 이해를 바탕으로 존재 가치나 정체성(正體性)을 이해하고 인정해 주어야 한다. 지금 생각하면, 나의 부모님은 필자에게 언제나 모범적으로 살아야 한다는 것을 요구하시면서도 나의 요구나 뜻을 거의 다 수용해 주셨다.

학교 다닐 때부터 '중학생이니까, 또는 고등학생이니까 제 할 일은 알아서 잘하겠지' 라고 인정해 주셨던 것이다. 나를 하나의 독립된 인격체로 인정하고 받아주셨다.

요즈음 각 분야에서 모두 '소통' 을 외치고 있다. 그 소통이란 것이 꼭 말을 많이 해야 하는가? 부모와 자식은 말이 없어도 소통이 된다. 부모가 자식을 보면, 또 자식이 부모를 생각하면 자연 소통이 이루어진다. 그러한 부모와 자식의 관계가 바로 부자유친(父子有親)의 '친(親)' 이다.

부모가 진정으로 자식을 걱정하며 모범적 태도로 생각하고 생활하면서 자식을 일관되게 대하고 가르친다면, 자식은 저절로 부모 뜻을 알게 된다. 이것이 바로 아버지가 하는 가정교육이다.

그리고 '자식농사' 라는 점을 늘 머리에 두어야 한다. 농사는 서두른다고 성공하는 것도 아니다. 방심하거나 정도(正道)에서 벗어났다면 금방 망하는 것이 농사이다.

과수원 농사도 마찬가지이다. 과수원에서는 나무에 많은 일손이 간다. 옛날 1960~70년대에 농촌의 과수원이면 부잣집이었다.

1년 내내 쉴 새 없이 일하는 곳이 과수원이었다. 또 과수원에서는 과수에 거름도 많이 주고, 농약도 많이 살포했다.

그렇다고 너무 많아도 안 되고 때를 놓쳐도 탈이다. 좋은 열매를 따기 위해서는, 먼저 좋은 나무로 키워야 하고 부지런히 돌보아야 한다. 자식 교육이 쉽지 않다는 것을 알고 시작한다면 무슨 어려움이 있겠는가? 방법은 상황에 따라 변하는 것이지만 그 중심의 생각이 변해서는 안 된다.

2) 가정교육에 대한 신념

필자가 초등학교 시절에 아버지께서 하지 말라는 일을 해서는 안 되었으며, 못해준다면 그것으로 끝이었다. 나를 몹시 귀여워해주신 할아버지가 계셨지만, 아버지의 교육과 판단은 절대적이었고 나는 언제나 완전히 수동적 입장이었다.

나에게는 부모님의 판단과 명령에 따르면서 일상생활에서 수행해야 할 임무가 있었다. 지금 생각하면, 내가 할 일을 수행하는 과정이 곧 가정교육이었다.

요즈음 시대에는 그러한 가부장적 권위가 사라지고 핵가족화가 급진전되면서 가족공동체 의식은 붕괴되었고, 가정교육은 그 뿌리가 크게 흔들리고 있다. 핵가족화에 따른 전통적 가치관의 소멸과 이혼의 증가에 따른 가정의 붕괴는 자녀들의 인성과 행동에 확실하게 부정적 영향을 미친다.

어떤 초등학교 아이가 방과 후 집으로 돌아가면 아무도 맞아주는 사람이 없다. 그 경우 냉장고에서 간식을 꺼내 먹고 어머니의 메모에 따라 학원에 갈 것이다. 학원 과외 하나가 끝나면 다음 과외가 기다릴 것이고, 정해진 틀대로 돌다가 밤 9시나 10시에 들어온다면, 언제 부모와 무슨 대화를 나누겠는가?

게다가 한 가정의 자녀가 대부분 한두 명에 불과하니, 귀여움을 받기만 하면서 별다른 규제를 받지 않고 버릇없이 자란다.

나밖에 모르는 이기적 행동을 해도 형제자매 누군가 규제할 사람이 없다. 그런데도 부모들은 자녀에게 성적 향상이나 요구할 뿐, 내 아이의 버릇을 바르게 가르치겠다는 의식은 거의 없다. 그저 우리 애가 학교에서 몇 등을 했고 몇 점을 맞았는지, 무슨 상장을 받은 것이 자랑스럽고 그것에 보람을 느끼며 그 때문에 돈을 쏟아 붓는다.

요즈음 초등학교에서는 아예 시험이나 평가가 없고, 중학교 1학년도 학업 능력에 대한 평가나 평가에 의한 석차를 산출하지도 또 가정에 통보도 없다. 그러니 초등학생은 영어나 수학학원에서 테스트 결과를 통보받고 자식의 상태를 짐작할 뿐이다. 학교에서의 평가가 학생에게 스트레스를 주고 인성발달에 부정적이라는 견해에는 동의하기 어려운 부모 세대이다.

가부장적 권위가 무너지니 가정교육이 무너졌다. 가정교육이 무너지니 학교교육은 더욱 힘들어졌고 불신을 받고 있다. 우리나라에서 사회교육은 이미 사라졌다. 사회에서는 못된 것만 모방하거나 배운다. 부모의 엄한 교육에 대한 부정은, 곧 올바른 교육을 부정하는 것이고 학교교육의 변질을 초래했다.

전통사회에서 아들은 부모의 삶에 따라 집안일을 거드는 근로를 하면서 그 행위와 의식을 본받고 답습하는 것이 바른 삶의 방식이었고 가정교육이었다. 그러나 현대에서는 부모의 삶을 답습한다는 것이 불가능하다. 또 부모의 의식구조의 계승이나 답습도 별 의미가 없을 것이다. 그렇다지만 어른들의 가치관이나 생활의 지혜나 미덕은 전승되어야 할 것이다.

한 가정을 이끄는 가장(家長)의 덕목으로 중요한 것은 가정교육에 대한 실천적 신념이라고 말할 수 있다.

'내 자식의 기본은 내가 가르칠 것이고, 내가 본보기가 될 것이다' 라는 신념이 매우 중요하다. 먼저 좋은 토양을 마련해 놓고 씨를 뿌린 다음 잘 가꾼다면, 틀림없이 많은 열매를 맺는 좋은 나무로 자랄 것이라는 신념으로 자식을 키워야 한다.

아버지와 다른 시대에서, 새로운 상황에 적응하며 살아갈 자식을 바르게 양육하기 위해서, 곧 효과적인 가정교육을 위해서 아버지 또한 적절한 자질을 갖춰야 한다.

우선 자녀들의 소질을 파악하고 창의성을 신장시키는 한편, 인성을 계발하고 남과 더불어 살아갈 수 있는 사회성을 갖출 수 있도록 자녀를 지도할 수 있어야 한다. 그 방법은 옛 것을 본받아 바탕을 마련한 뒤, 새로운 것을 보태어 꽃을 피우는 온고지신(溫故知新)이어야 할 것이다.

● 온고지신

《논어(論語) 자장(子張)》편에 「모르던 것을 날마다 알아나가고, 달마다 자신이 잘하는 것을 잊지 않는다면, 가히 호학(好學)한다고 말할 수 있다.」라는 구절이 있는데, 이는 호학(好學)과 온고지신(溫故知新)을 설명한 공자의 제자 자하(子夏)의 말이다.

새로운 지식의 부단(不斷)한 확대가, 곧 지신(知新)이다. 그러나 자신이 잘 알고 익숙한 것이라도 한두 달이 지나면 잊을 수도 있다. 그래서 계속 익히고 반복하는 것이 온고(溫故)이다. 이는 날마다 달마다 신지식의 습득과 축적한 지식의 숙려(熟慮)와 심화(深化)를 의미한다.

청(淸)나라 고증학자 고염무(顧炎武, 1613~1682년)의 명저(名著)《일지록(日知錄)》의 제목은 여기서 따온 것이다.

《논어(論語) 자장(子張)》편에 자하(子夏)가 말했다.

「박학(博學)하고 독지(篤志)하며, 절실(切實)하게 묻고 천근(淺

近)한 것부터 사색하면 인(仁)을 거기서 찾을 수 있다.」

박학(博學)은 글자 그대로 넓고 깊게 배우는 것이다. 요즈음 말로, 폭넓고 깊이 있는 독서를 말한다. 독지(篤志)는 그 지향(志向)을 돈독하게 하면서 부단한 탐구를 지칭한다. 절문(切問)은 자신이 모르는 것을 절실하게 물어 배우는 것이다. 근사(近思)는 가까운 데서부터 점차 생각의 넓이와 깊이를 더하면서 스스로 사색하여 완전히 자신의 것으로 소화하는 과정이다. 절실하게 물어 배우고 가까운 것부터 생각하다(切問近思)는 학문과 사색으로 인(仁)을 터득할 수 있는 방법을 설명한 말이다. 이러한 학문 과정을 좀 더 심화 구체화한 것이 《대학(大學)》의 격물(格物)－치지(致知)－성의(誠意)－정심(正心)－수신(修身)·제가(齊家)·치국(治國)－평천하(平天下)의 팔조목(八條目)이다.

그리고 남송 주희(朱熹, 朱子, 1130~1200년)의 명저인 《근사록(近思錄)》은 이 구절에서 서명(書名)을 따왔다.

3) 교육은 유행이 아니다

● 문해교육

필자는 1968년 논산 육군 훈련소에 입대하고서, PRI나 각개전투 등 영어와 한자가 뒤섞인 군대용어를 처음 접했다. 사격술 예비 훈련 단계에서 '조준선 정렬' 이란 말을 듣고 좀 어려운 용어라는 생각을 했었다.

그때는 무학자(無學者)도 입영했었는데, 같은 분대원에 이른 바 고문관이 있었다. 집에서 온 편지를 읽지 못한다 하여 대신 읽어 주고 답장을 써 주기도 했었다. 그런 문맹(文盲)의 훈련병이 '조준선 정렬' 이란 말을 어떻게 이해하겠나?

우리 한글을 읽고 쓸 줄 안다면, 일단 문맹은 아니다. 그러나 일상생활에서 필요한 기본적인 읽기, 쓰기, 셈하기가 불가능한 수준, 또는 기본적인 읽기, 쓰기, 셈하기는 가능하지만 일상생활에 활용은 아직 미흡한 수준, 그리고 여기서 좀 더 나아가 가정 및 여가생활 등 단순한 일상생활에 활용은 가능하지만, 공공 및 경제생활 등 복잡한 일상생활에 활용은 미흡한 수준이라면 문해(文解)교육이 필요하다고 말한다.

초등학교 5, 6학년이라면, 위인전이나 다른 나라의 문학을 쉽게 풀이한 책을 읽지만 그 의미를 완전히 이해하지 못할 수 있다.

사실 중 · 고등학교를 마치더라도 자신의 직업과 관련한 문명의 이기(利器)나 기기(器機)에 대한 사용법 설명에 익숙하려면 지속적인 학습이 필요하다.

이것이 성인에 대한 문해교육이 필요한 이유이다. 이런 문해교육에서는 어느 정도 한자(漢字)를 알고 풀이할 수 있는 능력이 꼭 필요하다. 그러나 지금 우리나라 초등학교에서는 한자교육을 시행하지 않고 있다.

● 조기 영어교육

한때 '세계화' 라는 말이 정치와 교육계에 불었고 그 추세에 따라 초등학교 3학년에서부터 영어교육이 실시되었다. 이런 영어 조기교육에 대하여 필자는 격세지감(隔世之感)을 가지면서 그 실용성에 여전히 의문이 남는다.

더군다나 우리나라처럼 '일관성 없는 교육정책' 에 '유행의 물결처럼 급변하는 학부모의 교육 열풍' 은 여러 가지 부작용이나 폐단을 낳고 있다고 말할 수 있다.

초등학교에서의 조기 영어교육의 영향으로 지금은 만 3살부터 영어교육을 한다고 한다. 영어유치원에 다니는 아이와 못 다니는 아이 자신은 별로 영어의 조기교육 필요성을 알지 못한다. 다만 그 엄마들이 느끼는 우월감이나 박탈감이 문제가 된다. 그 결과로 급기야는 '영어만 쓰는 가정' 이 자랑거리가 되었다.

초등학생의 미국 영어연수는 '부(富)를 자랑할 수 있는 여행' 에서 '영어연수를 못 갔다 오면 이야기에 낄 수 없는' 마치 통과의례에서의 필수 절차처럼 되어버렸다. 국제중학교에 입학하기 위한 영어교육이 이루어지고, 초등학교 3, 4학년 때부터 외국어고등학교에 입학하기 위한 영어교육이 시작된다니 기가 막힐 따름이다.

그리고 취업을 위한 대학생의 영어교육은 거의 필사적인 전투에 가깝다. 그렇게 한 다음에 직장에서는 승진하기 위한 영어학습에 또 매달리어야 한다.

사실 모든 사회 현상의 발생 초기에는 건전하고 바르게 보이지만, 나중에는 그와 연관한 부작용이나 폐단이 나타나게 된다. 영어교육 열풍이 강한 만큼, 그 반대로 마치 어두운 그림자처럼, 그야말로 '엽기적인 현상' 이 많이 일어나고 있다고 들었다.

이 한 세상 살아가는데 영어 발음이 조금 어눌하면 안 되는가? 우리나라 사람 모두가 유창한 영어로 먹고 살아야 하는가? 영어학원에 다니고 개인지도 받는 것도 모자라 집에서 영어만 쓰도록 강요받는 아이가 정신질환에 이어 신체적 장애로 발전할 수 있다는 것을 예상 못한다면 아마 '똑똑한 엄마' 가 아닐 것이다.

부모의 조기교육 욕심으로 돌 이전부터 교육용 영어 비디오를 보면서 자란 3살짜리 한 어린애는 '파파, 마마, 애플' 등 영어 단어 30여 개만 중얼거릴 뿐 외부 자극에 반응이 전혀 없고 대소변도 가리지 못하는 이른바 '유아 비디오 증후군' 에 걸렸다고 한다.

이는 일종의 유사 자폐증으로 두뇌발달이 채 이뤄지기도 전에 비디오의 일방적인 시각적 자극과 기호화한 메시지만을 받아들인 어린애가 언어발달 장애와 함께 사회성 결핍 등을 겪게 되는 새로운 정신 질환이라고 한다. 이런 것이 바로 '영재교육 열풍에 휩쓸려 아이를 망친' 대표적 사례일 것이다.

이는 아마 집에 있으면서도 자신의 일에 몰두하느라 비디오에 아이를 맡겨버리는 젊은 부모들의 무책임한 양육방식이 그 원인이라 추정할 수 있다.

그리고 영어를 배우다 우리말까지 못하게 된 아이에서부터 영어에 대한 과도한 부담감 때문에 머리가 한 움큼씩 빠지는 원형 탈모증에 걸린 아이까지, 각 대학병원 소아과와 정신과는 왜곡된 영어 조기교육 열풍에 희생된 아이들이 줄을 섰다고 한다.

우리나라에서는 '조금 부유한 계층 사람들' 이 새로운 시대조류를 만들고 선도한다지만, 요즈음 그런 부모들 사이에 불고 있는 '초인(超人) 만들기' 나 '영재(英才)교육' 또는 '영어교육의 광풍(狂風)' 은 그 정도(程度)를 넘어서 한참 더 넘어섰다고 볼 수 있다.

그런 유행의 피해는 아이들에게 스트레스 때문에 생기는 틱(Tic) 장애나 원형탈모 현상, 대소변 못 가리기, 유사 자폐증 등 신체적 장애에서부터 '우리말을 더듬거리고, 전체적인 학습장애와 그 때문에 또래 아이들로부터 따돌림을 받는 교우관계의 장애' 로 나타난다고 한다.

● 가장의 판단

유행이 지난 옷을 입고 나서는 것은 좀 창피할 수도 있다. 그 반대로 언제나 유행에 따라 새 옷을 입는 것이 자랑스러울 수도 있다. 그러나 자식 키우기와 교육을 유행처럼 따라가서는 안 된다. 아들 교육에서의 흔들리는 정체성(正體性), 가치관의 혼란, 그에 따른 부작용에 대한 그 책임의 일단은 분명 가장인 아버지에게 있다고 보아야 한다.

아버지는 가장으로서 가장 현명한 판단을 내려 가정생활에서의 여러 문제를 해결해야 하기에, 아버지에게는 나름대로의 신념이 있어야 한다. 아버지가 영어교육에 대한 신념을 갖고 아이를 영어유치원에 보내고 학원에 보낸다면 된다.

그러나 그런 교육이 유행을 따라 이루어졌다면 정말 똑똑한지, 아니면 멍청한 짓인지, 또는 어이없는 일을 한 것인지 당장은 알 수 없다. 그러나 아이에게 나타난 현상을 보고 그 결과가 판단이 될 때는 이미 늦었다고 해야 한다.

4) 엄격한 부모

부모, 특히 아버지의 유형은 백인백색(百人百色)이라고 말할 수 있다. 이는 필자가 교직생활을 하면서 아버지의 유형을 추론해 얻을 수 있고, 학부형들과의 접촉을 통해서 느끼고 알게 된 결론이라고 말할 수 있다.

학생이 저지른 어떤 사안에 대하여 "그 애가 제 일을 알아서 할 줄 알았는데 그렇지가 못했네요. 저는 아비로서 뭐라 할 말이 없습니다."라고 말하는 거의 자유방임형에 가까운 부모가 이 세상에는 의외로 많다. 이런 자유방임형 가정의 학생은 집에 조금

늦게 들어가도 부모로부터 아무런 꾸중도 듣지 않기 때문에 그만큼 일탈(逸脫)의 기회를 많이 갖는다.

이런 학생들은 학교 선생님의 가르침을 잘 거부한다. 왜냐하면 집에서 받지 않는 통제를 학교에서 받아야 하니 거부하는 것이다.

그리고 아들의 잘잘못을 꼼꼼하게 따지고 강조하여 죄책감을 갖게 하거나 남과 비교하는 방법을 이용해 아들을 지도하는 지능형(知能形)의 아버지가 있다. 사실 이런 형태는 어머니에게서 많이 볼 수 있다. 또 부모의 지시에 100% 순종을 강요하며 아들을 억누르거나 화를 자주 내는 공격적인(사실은 거의 폭력적이라고 할 수 있는) 아버지도 있다.

또 아들이 해달라는 대로 모든 것을 즉시 마련해주는 자상한 부모가 있다. 요즈음 우리나라 신세대 부부들은 이렇게 자상한 스타일을 이상적인 부모－이상적인 아버지의 모습으로 생각하는 경우가 많다.

필자가 인터넷을 뒤져서, 〔아버지가 되려는 사람들의 모임〕의 〈좋은 아버지가 되는 12가지 방법〉으로 다음과 같은 글을 보았는데, 이 내용을 보면 요즈음 젊은 세대 아버지가 아이들에게 헌신하는 모습이 눈에 생생하다.

▽ 자녀와 여행하는 아버지가 되자.

▽ 자녀를 칭찬해 주는 아버지가 되자.

▽ 자녀가 가정의 따뜻함을 느끼게 하자.

▽ 자녀와 함께 서점에 가보자.

▽ 자녀의 학교에 가보자.

▽ 가족에게 편지를 써 보자.

▽ 부모님의 고향을 자녀와 함께 찾아보자.

▽ 일주일에 한 번은 가족의 날로 정하자.

▽ 아버지는 자녀의 성숙을 돕는 조력자임을 명심하자.

▽ 아버지도 감정을 가진 인간임을 보여주자.

▽ 교통신호를 지키는 아버지가 되자.

▽ 약속을 지키는 아버지가 되자.

위의 12가지 중 어느 하나 틀린 것이 없고, 실행을 못해서 걱정이지 그대로 실천하면 다 좋은 일이다.

솔직히 말해서, 필자는 위와 같이 자식을 위해 봉사하는 자상한 타입의 아버지는 결코 아니었다. 필자는 자상하지 않으며, 또 자식에 대한 정이 있어도 내색하지 않아야 되는 것으로 알고 자식을 키웠다. 필자는 '커가는 아들과의 갈등을 두려워하지 않고, 가르칠 것은 분명하게 가르치는 엄격한 아버지' 를 이상적인 모습으로 생각하고 있다.

아이들, 특히 아들에게 아버지가 중요한 이유는 무엇인가? 우리 속언(俗言)에 '아비 없는 자식' 이란 말이 욕이 된 까닭은 무엇인가? 그것은 자식에 대한 아버지의 엄격한 가르침이 있느냐 없느냐를 따진 것이다.

물론 아버지도 아버지 나름일 것이다. 그러나 기본적으로 모든 아버지들이 자식 교육을 언제나 염두에 두고 있다. 다만 가정교육의 방법에서 잘잘못의 결과가 나타날 것이다.

아버지가 아들을 가르치고 가정을 이끄는 방식과 철학은, 어느 유형이든, 자신이 선택하여 믿음을 갖고 실행하는 것이기에, 어느 것만이 옳거나 최선의 방법이라고 강조할 수는 없다.

아버지의 가정교육에서 특히 금욕과 검소를 가르치려면 엄격한 가르침이 가장 근본이 된다. 부자일수록 금욕적이고 검소하고 인내하는 교육을 시켜야 한다. 부모의 사업과 재산을 상속받아도 그것으로 자식에게 닥칠 고난을 이겨내지 못하기에 더욱더 엄한 가부장적 권위에 바탕을 둔 교육이 있어야 한다.

다만 필자의 신념으로는 엄격한 부모를 둔 아이들이 더 안정적이고 능동적이며 행복할 것이라는 믿음을 갖고 있다.

엄한 교육을 받고 자란 아이는 과잉보호를 받은 아이보다 강하다. 곧 엄한 교육을 받은 아들은 굳센 의지를 갖고 생활할 수 있기에 성공할 수 있다.

5) 가르침과 회초리

● 학습의 의미

학교 선생님이 제일 많이 쓰는 말은 가르침(敎)과 배움(學)에 관련된 말일 것이다. 사실 '가르친다' 는 뜻에는 어느 정도 '강요한다' 는 타율적 의미가 있다. 아마도 '배우는 사람이 싫으면 그만두겠다' 는 전제 하에 가르치는 교사는 거의 없을 것이다.

이렇듯 가르침은 배우는 사람이 싫어도 수용해야 하는 것이다. 때문에 가르치는 사람은 때때로 회초리나 채찍을 든다. 그래서 교직을 택하면 '교편(敎鞭, 鞭은 채찍 편)을 잡는다' 고 한다.

그러나 배움(學習)의 뜻은 수동적이 아니라 자율적인 의미가 강하다. 한 둥지의 여러 새끼들이 모여 있으면서 어미의 날갯짓을 흉내로 익히는 것이 학습의 의미라고 할 수 있다. 스승의 가르침을 본보기로 배우고 반복하여 익혀 그것에 익숙했을 때의 그 기쁨은 바로《논어(論語) 학이(學而)》편의 첫 구절에 나타나 있다.

「배우고 때로 익히니 이 또한 기쁘지 아니한가!(學而時習之 不亦說乎!)」

이때 열(說)은 '마음속에 느끼는 기쁨' 으로 외형적인 즐거움(樂)과는 다르다고 해석한다.

따라서 학습자에게는 스승이 필요한 것이고, 그 스승은 학문뿐만 아니라 덕행을 갖추어야 한다.

남을 가르치는 사람이 되기 위한 공부나 수양은 물론 온 세상 사람들의 모범이 되도록 행동해야 한다. 지식과 행동을 가르치고 본보기를 보여주는 교사는 학식과 인품을 다 갖추어야 하기에 더더욱 스승 노릇이 어려운 것 아니겠는가? 곧 '본보기와 본받기'가 제대로 이루어져야 교육이 성과를 거둘 수 있는 것이다.

요즈음, 인터넷 강의를 하는 강사가 인터넷 강의에서 욕지거리를 한다든지, 또는 자신의 주의나 성향을 수강자들에게 강요하기도 한다는데, 그것은 바른 스승의 길이 아니니다. 그런 사람들은 지식을 파는 장사꾼일 뿐이다.

● 자율과 강제

그런데 배우는 학생이 기본 행동이나 예절을 스스로 익히지 않는 경우에는 어떻게 해야 하는가? 그런 경우 기본적인 것은 억지로라도 가르쳐야 할 것이다. 즉 자율(自律)이 통하지 않는 경우 방임 내지 방치가 아니라 타율적(他律的) 강제가 따라야 한다.

여기서 잠깐, 학교교육과 입시학원의 교육을 비교해 볼 필요가 있다. 입시학원에서는 입시의 성공, 즉 성적 향상이 지상과제이다. 예를 들어본다면 '성적 향상의 중압감 때문에 받는 스트레스를 풀어버리려고 흡연을 좀 했다'는 고등학생에 대하여 입시학원에서는 모른척 할 수도 있을 것이다. 그러나 그것이 학교에서는 통할 수 없고 용납되어서도 안 된다.

요즈음 중·고등학교 교사는 지식 전달에 보다 많은 비중을 둔다. 그러다 보니 자연 입시학원 강사와 같은 스타일로 변해 가는 것 같다. 분명 나쁜 짓을 한 학생에게도 어떤 제재나 엄격한 지도를 하지 않는 교사는 굳이 가르치겠다는 의지가 없다고 볼 수 있다.

어찌 보면, 교사의 본분 망각이라 할 수도 있다. 거기에 입시라는 중압감을 받고 있는 학생들은 교사의 인품이나 덕행을 본받으려 하지도 않고 교사의 제재에 반항하고 가르침을 거부한다. 결국 이런 상황에서는 진정한 '사제(師弟)의 정' 이 싹틀 수가 없다.

여기에는 학부형에게도 분명 많은 부분의 책임이 있다.

'내 자식은 집에서도 혼내지 않는다. 그런데 왜 학교에서 벌을 받아야 하느냐?'

사실 이런 항의를 하는 학부모치고 논리적, 순리적 언행이 거의 없다.

'자식 귀엽게 키운다는 것이 자랑이 되는가?'

'선생님이 제재를 가해서라도 가르치고 바른길로 이끌어주겠다는데, 그것을 왜 거부하는가?'

'집에서 혼나지 않을 정도라면 학교에서는 왜 나쁜 짓을 하는가?'

'집에서야 못된 짓을 해도 귀엽겠지만 집 밖에서도 귀여움을 받을 줄 알았는가?'

'부모가 못 가르쳤으면 오히려 부끄럽게 생각해야 하지 않나?'

집에서 안 가르쳤거나 못 가르친 부분에 대한 결과까지도 학교의 책임인가?

● 가정교육이 우선이다

내 아들의 언행에 대한 기본 교육이나 일차적인 가정교육의 부분까지 학교 교사에게 전적으로 맡길 수는 없는 것이다.

우선, 가장으로서 아버지로서 본을 보여야 한다. 아들은 기본적인 것을 가정에서 본받고 학습해야 한다. 학교의 교육은 가정교육의 다음에 오는 2차적 단계이면서 언제나 가정교육과 연계되어 있고, 또 연결된 상태에서 진행되어야 한다.

아버지는 아들에게 엄격한 가르침을 베풀어야 한다. 안 되면 엄격한 질책이나 약간의 신체적 제재를 통해서라도 가르쳐야 한다. 아이가 '잘못하고서도 반성하지 않을 때' 나 '기본적인 실수를 저지르고서도 핑계를 말할 때', 그리고 '부모의 지시를 의도적으로 어길 때' 는 언제든지 아들에게 아버지의 충고나 질책 또는 적절한 제재가 있어야 한다고 생각한다.

사실, 옛날에는 집안에서 회초리를 아끼면 밖에 나가서 미움을 받게 되고, 버릇없는 아들은 천덕꾸러기가 된다고 생각하였는데, 지금 세상에서도 이를 명심해야 한다. 그리고 이러 이런 잘못을 했으니 '종아리 몇 대 맞을래?' 하면서 아이가 스스로 결정한 뒤

때리는 것이 극히 민주적(?)인 처사 같지만, 글쎄요? 필자의 생각으로는 '천만에 말씀' 이라고 생각한다.

아버지가 회초리를 들어서라도 가르치겠다는 의지가 있다면, -지금은 제 자식에게도 회초리를 들어 때리거나 힘에 의한 구타를 할 수 없다. 이는 실정법이다. -아버지 마음속으로 때릴 만큼 또는 알아들을 만큼 때렸다면 '그만 때리겠다' 라고 관용을 베풀어야 할 것이다.

그리고 아들에게 엄격한 질책이나 아니면 적절한 제재를 가하면서 '이번의 이런 잘못, 지난 번 저런 잘못' 등 지나간 기록을 시시콜콜 들춰내는 것도 별로 좋지 않을 것이다.

지난번에 잘못하는 줄 알았으면 엄히 혼내주거나 경고를 했어야지, 그때는 아무 말도 안 하고서 이제야 그 잘못을 따지면 어떻게 하는가? 물론 사안에 따라 다르겠지만, 아버지의 확고한 기준이 있어야 한다는 뜻이다. 그리고 자식에 대한 신체적 제재의 정도가 지나치거나 너무 자주 벌을 세운다면 오히려 아들의 반발심을 불러오게 된다.

● 위압적 교육의 폐해

옛날에는 회초리를 드는 것이 가장 쉬운 해결 방법이며, 가장 신속한 교육 효과를 거둘 수 있다고 생각하였지만 회초리에 대한 반대 이론도 만만치 않았다. 예를 들어, '매를 맞고 자란 아이는 그만큼 폭력적이고 나중에 부모에게까지 매를 들게 된다' 는 주장도 있다.

그리고 아들을 때리고 난 다음에 오는 부모의 죄책감을 염두에 두어야 한다. 자식에게 회초리를 들고 난 뒤에 곧 '때리지 않았어도 될 걸!', '내가 좀 지나쳤나?' 하는 후회가 들게 마련이다.

그리고 그에 대한 보상심리로 다음에 발생하는 유사한 잘못을 한번 눈감아 주게 된다. 그러다 보면 아들의 행동은 더 나빠질 수도 있다. 그래서 그 잘못이 매를 맞을만 하면 맞아야 하고, 때릴 상황이면 때려야 하는 것이다.

아버지가 취하는 엄격함은 자식 교육의 원칙이다. 그것은 아들을 묶어두는 틀이나 구속이 되어서는 안 된다. 그리고 부모 자신의 부조리–아버지 자신의 어떤 결핍과 부족함에 대한 보상심리로 아이에게 반듯한 행동을 기대하거나, 아버지의 엄격한 권위의 상징으로 회초리를 들어서도 안 된다.

사실상, 가정에서 아버지의 엄격함이 아들에게 본보여질 때, 그 아들은 매 맞을 짓을 하지 않는다. 그리고 어린 시절 한두 번의 엄격한 가르침이 있다면, 그 효과는 청소년 시절에도 그대로 지속된다고 봐야 한다. 아버지 자신의 행동이 근엄하고 정당하다면, 또 아들을 바로 키우겠다는 열정이 일상생활 속에서 드러나 보인다면, 그 아들이 왜 나쁜 짓을 하겠는가?

실제로, 가정에서 매를 들어야 할 경우는 그렇게 많지 않다. 아니 거의 없다! 그러나 아버지가 평소 엄격한 교육을 하지 않았다면, 그러면서도 아무런 질책이나 제재가 없다면 그 아들이 잘못될 가능성은 그만큼 많다고 예상해야 할 것이다.

6) 조부모의 격대(隔代) 교육

●자식을 바꿔 가르치기?

사업이나 직장 일이야 자신의 의지대로 관철할 수 있지만, 마음먹은 대로 되지 않는 것이 자식 교육이기에, 자식 교육만큼은 모든 아버지들이 정말 어려운 과제라고 생각한다. 사업에서 성공을 거두고 대인관계에서도 자신만만한 사람이지만, 자식 교육은 거의 포기하다시피한 사람이 우리 주변에는 의외로 많다.

세상의 모든 아버지들은 자녀, 특히 아들에 대한 기대를 갖고 있다. 큰 기대를 갖고 키웠지만 초등학교 다닐 때 공부하는 것을 보면 앞으로 어떨지 짐작이 가기에 더 철저하게 교육시키거나 공부를 강요하게 된다. 거기다가 아들의 행동이나 성적이 마음이 들지 않을 때, 솟구치는 감정을 참아가며 교육시키는 것이 쉽지 않다.

그래서 옛사람들은 자식을 바꿔 가르쳐야 한다고 했다. 그러나 요즈음 세상에 이는 전혀 불가능한 일이다. 옛날에는 큰아버지 댁이나 고모 등 친척집에 보내 학교를 다니게도 했지만, 요즈음은 그런 경우도 거의 없다.

아버지가 한번 감정을 표출하거나 심한 행동을 했을 때, 아들은 크게 상처를 받거나 반발하게 된다. 아들이 주눅들거나 반항심을 갖게 되면 어떤 교육도 먹히지 않는다. 이럴 경우 부정적인 영향이 생각보다 크고, 부자간의 틈은 더욱 벌어지게 된다. 이런 관계는 어머니와 아들, 아버지와 딸에게도 그대로 통한다.

필자가 들은 바에 의하면, 아버지의 말을 안 듣고 저항하는 딸을 '개딸' 이라 부른다고 한다.(그런데 이 말이 어떤 정치인에게는 다른 뜻으로 변용되어 쓰인다고 하니 정말 이해할 수 없다.)

한강 가 공원을 지나는데, 어디서 '저기 네 아빠 온다!' 라는 말이 들려서 되돌아보니 아줌마가 강아지에게 하는 말이었다. 그래서 마음속으로 생각했다.

'강아지가 아무리 이뻐도 그렇지, 부부가 무슨 잘못을 저질렀기에 개를 낳았는가? 개딸인가? 아니면 개아들일까?'

● 할아버지의 손자 교육

옛날에는 보통 삼대가 한 집에서 생활하였다. 그래서 가정교육에서 지혜와 경륜을 갖춘 할아버지와 할머니의 교육이 더 효과적일 때도 있었다. 그리고 실제로 할아버지가 손자의 기초 문자 교육을 담당하였다.

할아버지와 할머니는 세상을 살만큼 살았기에 세상을 보는 지혜의 눈이 있다. 또 당신들이 아들을 낳고 기를 때와는 다른 감정으로 손자 손녀를 무한 소중히 여기기에 손자 손녀의 이야기에 귀를 기울이며 감정을 절제한 상태에서 여유를 가지고 타이르며 가르친다.

또 자신이 키운 아들의 성질이나 버릇을 잘 알기에 손자 손녀들에게 그런 점을 고려하여 생활하며 가르치기에 어린 손자 손녀가 저항 없이 받아들이며, 또 정서적으로 안정을 얻을 수 있기에 교육이 효과를 거둘 수 있다.

이렇게 할아버지가 대를 건너 손자 손녀를 가르치는 가정교육을 격대(隔代) 교육이라고 한다. 옛날에는 삼대가 함께 생활하였기에 이러한 격대 교육이 자연스럽게 이루어졌다.

할아버지가 손자에게 천자문을 가르치며 처음으로 붓을 쥐게 해 주었다. 또 조손이 겸상으로 식사를 하고, 조손이 한방에서 잠을 자며 생활하였기에 조손간에는 그만한 친화감 – 래포(rapport) – 이 형성되었다.

할아버지와 할머니는 손자 손녀에게는 무한 사랑의 원천이며 동시에 지혜의 보물 창고이다. 옛날에는 명문가(名文家)든 아니든 손자들의 교육은 할아버지가 맡았었다. 할아버지는 부모의 직접 교육보다 더 안전하게, 곧 안정된 정서 속에서 혈연의 정을 이어가며 효과적인 지도를 한다.

조부모가 손자를 생각하는 마음은 부모 못지 않다. 할아버지는 아들이 자라던 때를 생각해가면서, 젊은 날에 아들을 키울 때 있었던 실수를 되풀이하지 않겠다고 생각하며 손자에게 정을 쏟는다. 할아버지 할머니는 손자에게 지적 교육뿐만 아니라 생활예절과 사회질서 교육을 병행한다. 때문에 조부모의 손자 손녀 교육이 참교육일 것이다.

필자는 장손이라서 할아버지와 함께 한방에서 생활하였다. 할아버지께서는 장죽에 담배를 피우시면서 내가 공부하는 모습을 귀엽고 신통한 듯 바라보셨다.

그런데 문제는 이 시대에 서울에서 조손(祖孫)이 함께 생활하는 가정이 거의 없다는 점이다.

요즈음 서울에서 만약 할아버지가 손자의 학원이나 공부에 대하여 의견을 말하거나 아니면 좀 더 적극적으로 개입하려 한다면 아마 당장 며느리와 충돌할 것이다. 그러면 아예 손자를 만날 수도 없을지 모른다. 며느리가 손자 손녀를 데리고 오지 않는데, 어떻게 손자를 만날 수 있고, 공부와 학교생활에 대한 이야기를 하겠는가?

그렇다면 할아버지와 할머니가 할 수 있는 일은 손자 손녀에게 용돈이나 주며 귀엽다고 칭찬하는 일 밖에 할 일이 없을 것이다.

요즈음의 손자 손녀에게 냄새나는 할아버지와 잔소리나 하는 할머니로 각인되어 있지는 않은지? 컴퓨터와 영어도 모르고, 무엇보다도 손자 손녀의 말귀를 못 알아듣는 뒤떨어진 할아버지 할머니는 아닌지? 요즈음의 조부모와 부모 모두가 다시 생각해 보아야 할 것이다.

3. 예절 가르치기

1) 예절의 뜻과 필요성

예절(禮節)의 사전적 의미는 '예의와 범절의 준말' 이다.

예의(禮儀)는 남의 인격을 존중하고 경애(敬愛)하는 정신을 말과 행동으로 나타내는 공동체의 규정이나 관계이다. 즉 서로 상대방에게 갖추어야 할 말투나 몸가짐 또는 행동 등을 의미하니, 쉬운 말로 남에게 폐가 되지 않는 행동이다.

범절(凡節)은 일상생활의 모든 순서나 절차이다. 즉 언어나 행동과 몸가짐 등 여러 가지로 사회에서 널리 통용되는 형식이다.

그러므로 예절은 상대방의 인격을 존중하는 마음을 합당한 형식으로 표현하는 행위이다. 그리고 나의 도덕심과 양심에 따라 남을 먼저 존중하는 것이 예절의 근본이라 할 수 있다.

예절은 실천하려는 마음가짐을 가지고 있다 하여 되는 것이 아니라 마음이 밖으로 드러나야만 참된 예절을 행한다고 말할 수 있다. 또 어떤 구속력이나 강제적 규범에 의해서 강요되기 이전에, 아니면 기술을 전수 받듯 가르쳐주기 전에 스스로 예절을 배우려 하고 실천하는 의지가 더 중요하다.

● 사회생활의 기본

사람은 사회적 동물이다. 우리는 혼자서 살아갈 수 없으며, 여러 사람들과 도우며, 사귀며 생활한다. 이러한 사회관계 속에서나 혼자만의 이기적 행동으로 행복할 수 없으며, 사회생활의 질서(秩序)와 보이지 않지만 분명히 존재하는 조화(調和)를 깨트리지 않는다는 자아 인식과 노력, 그리고 아는 것을 실천하는 고상한 인격을 갖추어야 한다.

질서는 교육의 시작이며 끝이다. 매일 조금씩 단계적으로 질서를 배워나가야 한다. 이 사회는 보이지 않는 질서로 꽉 차 있다는 것을 아버지가 아들에게 가르쳐야 한다. 질서와 규칙을 알고 지키는 일이 작은 것 같지만 한 사람의 평생을 좌우할 수 있다. 자신과 관계되는 생활에서의 작은 질서를 지키는 일이 바로 사회생활의 기본인데, 이는 가정에서부터 교육되어야 한다.

예(禮)란, 사람의 어진 본마음을 겉으로 드러나게 하는 행위이다. 그리고 그 본마음은 바탕이 선하다는 인식에서부터 출발한다. 선한 본마음을 갖고 있으면 서로 사양하는 마음〔겸양지덕(謙讓之德)〕이 솟아나고 표정이 유순해진다. 좋은 얼굴색으로 말하면 오가는 말이 곱고, 고운 말 다음의 행동거지는 착하고 신중해진다.

이처럼 예절의 근본정신은 상대방의 인격을 존중하는 마음이며, 동시에 윗사람을 공경하고 아랫사람을 사랑하는 경애(敬愛)의 정신이다. 존중과 경애의 마음이 바탕이 되면 상대방의 입장에서 생각하는 역지사지(易地思之)가 되고, 힘들며 어려운 일을 서로 돕는 상부상조(相扶相助)의 아름다운 생활을 하게 된다. 이는 예절의 바탕과 효용성을 설명한 부분이다.

예절의 참뜻과 형식은 평소에 관심을 가지고 익혀야 한다. 존경과 경애의 정신을 소홀히 하면 허례에 빠지거나 위선적 행동을 하게 되며 참뜻만을 강조하고, 형식을 소홀히 하면 자기의 잘못된 생각이 아무 제약 없이 무례한 행동으로 이어지게 된다. 이는 예절을 실천하는 방법을 말한 것이다.

우리가 말하는 '예, 예의, 예절'에 해당하는 것을 서양에서는 '에티켓(etiquette)' 또는 '매너(manner)'라고 한다. 현대는 세계화 시대이므로, 서양 예절(에티켓)도 국제시대에 적응하기 위해서 배워야 한다. 이는 가정과 학교나 사회의 모든 생활 속에서 자연스럽게 체득(體得)되어야 한다.

우리가 전통적으로 개인 예절을 강조하였다면, 서양에서는 공중도덕과 질서의식을 어릴 때부터 교육하며 상대방에게 호감을 주도록 노력하였다. 그러나 동서양의 기본 정신은 같다고 요약할 수 있다.

2) 예(禮)의 실천

예절은 아는 것도 중요하지만 실천을 더 중요시한다. 예절을 몰라서 지키지 못한 것은 용서받을 수 있지만, 알고도 지키지 못한다면 차라리 모르는 것만도 못하다.

가령 옛날에는, 아이가 여덟 살이 되면 대문을 출입하거나 자리에 앉을 때, 또는 음식을 먹을 경우에 어른이 먼저 출입하거나 앉고 드신 다음에, 곧 어른의 뒤를 따라하는 겸양(謙讓)을 가르쳤다.(《禮記 內則》… 八年 出入門戶及卽席飮食 必後長者始敎之讓.)

지금 세상 아이들이 영특하기야 옛날 아이들보다 훨씬 더할 것이다. 따라서 가르치기만 하면 옛날 아이들보다 훨씬 잘할 것이다.

손님이 들어오는데도 일어나 인사도 못하는 아이, 할아버지나 부모 앞에서도 두 다리를 쭉 뻗고 앉아있거나, 식탁에 앉자마자 아버지보다 먼저 먹기 시작하거나, 좀 맛있어 보이는 반찬을 먼저 먹는 아이들을 우리 주변에서 얼마든지 볼 수 있다.

'자신을 낮추거나 뒤로 하는 겸양(謙讓)이 예절의 시작' 이라는 기본정신을 어릴 적부터 가르쳐야 한다. 아이들의 행동을 보고 부모가 '이건 잘못된 것' 이라고 지적해 내지 못한다면, 또 이런 때는 이렇게 하라고 가르치지 않는다면, 그 아이는 다 클 때까지도 기본 생활습관을 익히거나 예절을 배우지 못할 것이다.

'어린아이는 부모의 그림자이다(孩子是父母的影子)' 라는 속언이 있다. 자식은 부모를 빼닮는다. 특히 언행이 그러하다. 그러니 자식을 가르치지 않을 수 없다.

'우리 집안의 귀여운 자식' 이기에 우리 집이 아닌 곳에서도 또 남한테도 귀여움을 받아야 한다. 그렇다면 기본예절은 집에서 가르쳐야 하고 그 역할은 아버지가 해야 한다. 또 한두 번의 말로 끝나는 것이 아니라 완전 습관이 될 때까지 반복해서 가르쳐야 하고, 안 되면 크게 질책하거나 행동을 제어해서라도 가르쳐야 한다.

아버지보다도 먼저 식사를 시작하는 아들의 행동을 방치한다면, 중 · 고등학교 다닐 때는 순서를 몰라 문제를 일으키고 양보하지 못해 다른 급우와 싸우게 되며, 나중에는 다른 아이로부터 따돌림을 받을 것이다.

자신의 그런 행동이 왜 잘못되었는가를 20대 성인에 되어 사회생활을 시작하면서 스스로 깨달아 배우기야 하겠지만 – 어쩌면 늦게 알기도 전에 '그런 것이 왜 나쁜지?' 혼돈에 빠지거나 – 어쩌면 영영 배우지 못하는 '뻔뻔한 아들' 이 되어 사회생활을 정말 어렵게 할 수도 있을 것이다.

3) 예절을 가르치는 방법

예절은 우리에게 여유 있는 마음가짐을 갖도록 하며 삶의 질을 향상시켜 준다고 말할 수 있다. 그리고 여러 사람과 좋은 인간관계를 맺을 수 있고, 서로 신뢰할 수 있는 분위기를 조성하는데 도움을 주며 궁극적으로는 사회질서 유지에 도움을 준다.

예절은 자연스럽고도 상황에 맞아야 하니, 곧 제사는 형식보다도 정성이, 상사(喪事)에는 슬픈 마음이 있어야 상황에 맞는 것이다. 예절을 행동으로 옮길 때에는 반듯반듯하게 선(線)이 살아야 한다.

'마음은 원만하게, 행동은 당당하게' 라는 말이 있다. 또 사양하는 마음을 지녀야 한다. 사양하는 마음, 곧 겸양은 예절의 시작이고 극기심(克己心)은 늘 예절을 생각하게 해준다.

그리고 아버지와 아들의 가까운 거리는 친(親)이며, 부부 사이의 구별(別)이나 상하 간에 지켜야 할 의(義)라든지, 어른과 아이 사이의 차례(序), 그리고 벗과 벗 사이의 믿음(信)은 사람과 사람 사이, 곧 인간사회에서 '있어야 할 존재', 곧 '관계를 맺어주는 가치나 매체물' 을 의미한다.

자녀는 부부와 그 가정의 미래이다. 우리는 자손을 통해 좀 더 오래 이 땅에 남아 있을 수 있으며, 자녀를 두었고 또 키워야 하기에 가정은 소중하고 영원한 것이다. 그래서 우리에게는 당대의 발복(發福)보다는 후손이 잘 되고 번창하기를 기원하는 종교적 신념을 가지고 있다.

내 자식을 훌륭한 인간으로서, 원만한 사회인으로서 바른 품성을 지니게 하는 일은 아버지의 가정교육과 예절지도에 달려있다. 자식에 대한 예절교육 방법을 다음과 같이 생각할 수 있다.

● 말로 가르치는 예절

▽ 바른 호칭과 고운 말씨를 사용한다.

▽ 건전한 대화, 화해와 관용, 용서와 칭찬 등 긍정적 사고와 대화를 나눈다.

▽ 신중하고 책임 있는 언사. 비속어를 쓰지 않는다.

▽ 효도, 우애, 성실, 근면, 성의정심(誠意正心) 등 전통적 가치를 종종 화제로 삼는다.

● 행동으로 가르치기

▽ 온화한 표정과 단정한 몸차림을 본보인다.

▽ 상대방을 공경하는 진심에서 나오는 인사(절)를 나눈다.

▽ 부부간의 엄정하고 예(禮)스러운 언행은 아들에게 건전한 이성(異姓)관계를 가르친다.

▽ 부모 효도, 어른 공경, 은사 존경은 자식이 그대로 본받는다.

▽ 직무에 충실하고 투철한 정의감은 자식들에게 학업과 생활에서의 성실성을 깨우쳐준다.

▽ 자식 사랑과 자식 시중은 다르다. 자식 사랑처럼 자식 시중을 들어주면 끝이 없다. 적당한 선에서 스스로 하도록 가르

친다.

▽ 근검절약을 실천하고 환락을 탐하거나 요행을 바라지 않는다. 특히 아버지의 유희성 도박은 아들에게 유전된다고 믿으며 도박을 멀리해야 한다. 아들에게 착실하고 정직하게 살아야 한다고 십 년을 염불해도 헛일이다. 부모의 본보기가 절대적이다.

● 부자가 함께 실천하기

▽ 혼례, 제사 등 집안 행사와 시제(時祭) 등 문중 행사에도 아들을 참여시켜야 한다.

▽ 어른에게 문안드릴 때는 아들과 함께한다.

▽ 손님이 오시면 반드시 절을 시킨다.

▽ 남의 집을 방문할 때, 괜찮다면 아들과 동행해 방문 예절을 익히게 한다.

4. 기본 생활예절 (1)

1) 마음가짐

사람과 사람의 사이 – 그 거리는 얼마나 될까?

비록 같이 몸을 비비며 살아도 마음은 양쪽 끝에 머물고 있는 금이 간 부부나, 비록 천만리 떨어져 있어도 그리는 마음뿐인 모자(母子)간의 거리는 정말 비교가 될 것이다.

인간의 사회생활이란 사람끼리의 마음과 거리 관계가 아니겠는가? 아버지와 아들 간의 마음은, 곧 친(親)이며 거리가 있어서는 안될 것이다. 형제간의 우애나 부부간의 사랑, 그리고 어른과 젊은이 또 직장 상사와 직원 간에 어떤 마음을 가져야 하고, 어느 정도의 거리가 있어야 할 것인가? 그런 관계에서의 거리와 마음가짐에 대한 일반적인 인식이 곧 윤리나 도덕이 아니겠는가?

그러한 인간관계 – 아버지와 아들간이건, 전혀 모르는 남남의 관계이건 – 에서 가장 기본적인, 또 중요한 마음가짐은 바로 공경(敬)일 것이다. 어버이의 자식 사랑이나 부부간의 애정도, 곧 상대방에 대한 공경의 마음이 있어야 하는 것이다.

내 마음가짐에서 가장 중요한 것은 무엇일까? 내 몸은 부모에게 뿌리를 두고 있는 한 가지(枝)이다. 내 몸가짐이 바르지 못하다면, 곧 가지가 상한다는 뜻이고, 가지를 다치는 것은, 곧 뿌리를 해치는 것이다. 그리고 뿌리를 다치게 했다면, 곧 그 가지도 말라 죽을 것이다. 따라서 바른 몸가짐은 곧 부모에 대한 효도이며, 이는 내 마음가짐에 공경의 마음이 있어야 가능할 것이다.

그렇다면, 내 마음의 바탕은 과연 어떠해야 하는가?

공경의 마음으로 게으름을, 바른 마음으로 욕망을 이겨내야 한다. 오만한 마음, 욕망, 터무니없는 꿈을 가져서도 안 되며 쾌락의 끝을 보고자 해서도 안 된다. 가까울수록 공경하며, 어려워하면서도 친근한 마음을 가져야 하고, 좋아하지만 그 잘못은 바로잡아줘야 하고, 밉고 싫더라도 선행이 있다면 인정해야 한다.

재물을 모아야 한다지만 구차하게 얻어서는 안 되며 때로는 나눠줘야 한다. 여유 있고 편안한 즐거움을 안다면 어려움이 닥치더라도 착한 뜻을 바꿔서는 안 되며, 독한 마음으로 이기려 하지 말고, 재물을 나누어 가질 때 더 가지려 우겨서도 안될 것이다. 또 예가 아니라면 보거나, 듣거나, 말하거나, 행동하지도 말아야 한다. 매사를 조심스럽게, 다른 사람을 공경으로 대하고, 언제 어딜 가더라도 정성스런 마음을 버려서도 안 된다.

하는 말이 성실하며 미덥고, 행실이 착하고 공손하면 비록 야만의 땅에서도 살 수 있으나 말과 행동이 그 반대라면 자기 나라나 고향에서도 다닐 수 없을 것이다.

● 군자의 9가지 반성(君子九思)

공자는 군자의 일상에서 꼭 유념해야 할 9가지를 열거하였다. 사물을 볼 때 내가 명백하게 잘 보는가를 생각하고(視思明), 명확하게 들었는가를 생각하고(聽思聰), 안색은 온화한가를 생각하며(色思溫), 공손한 외모인가를 생각하고〔貌思恭(모사공)〕, 진실한 말을 했는가 생각하며(言思忠), 웃어른에게 공경했는가를 생각하고(事思敬), 모르는 일이 있을 때 가르침을 청했는가를 생각하며(疑思問), 화가 났을 때라도 다음에 오는 곤경을 생각하고(忿思難), 이득이 있을 때 의리를 생각해야 한다(見得思義). 이는 《논어(論語) 계씨(季氏)》편의 말이다.

사물을 밝게 보아야 한다(視思明)는 말은, 어떤 편견이나 선입관을 가지고 보지 말라는 뜻이다. 명확하게 듣는 것도 상대방 말의 뜻을 새겨서 들으라는 뜻이며, 언사충(言思忠)의 충(忠)은 충실한 말, 곧 진실된 말이며, 거짓이 없는 진실을 말하라는 뜻이다. 분사난(忿思難)은 화가 났을 때 성질대로 대응한 다음에 일어날 수 있는 곤란한 문제를 생각하라는 뜻이다.

사실 군자가 지켜야 할 이런 9가지 행실을 모두 다 지키기는 정말 어려울 것이다. 목표를 여기에 두고 성실히 노력하라는 뜻으로 새겨들어야 한다. 처음부터 너무 높고 고상한 목표를 제시해주고 실천을 강요한다면 노력하기 전에 아예 자포자기할 수도 있다.

2) 바른 말 쓰기

청소년들의 욕설 사용은 어제오늘의 일이 아니다. 문제는 최근 욕을 사용하는 청소년의 범위가 넓어지고 그 정도도 심각해지고 있다는 것이다. 어느 세대건 젊었을 때는 욕설을 많이 한다지만, 최근에는 성별이나 나이와 상관없이 또 성적의 좋고 나쁨을 불문하고 욕이 일상화됐고, 쓸 욕이나 말해서는 안 될 욕설도 구분하지 못한다.

거기에다가 욕을 사용하는 나이 하한선은 갈수록 낮아지고 있다. 초등학교 4, 5학년이나 1, 2학년 아이들은 '×발', '존나', '○새끼'와 같이 흔히 생각할 수 있는 욕은 물론이고, '갈보' '니△럴', '호로 년' 같이 아이들이 쉽게 생각하기 어려울 것 같은 욕설을 쓴다고 한다.

고등학교 여학생들 사이에서는 '×발, 존나 같은 것은 이제 욕으로도 치지 않는다'면서 '심한 욕은 일부 애들만 쓰지만 간단한 욕은 학교 성적에 관계없이 입에 달고 사는' 정도라고 한다.

● 비속어의 확산

아이들이나 청소년들의 언어 표현이 갈수록 과격해지는 그 원인은 인터넷과 영상매체에 있다고 한다. 청소년들이 언제 어디서든 쉽게 인터넷에 접속하고 종일 TV를 보는 등 과다하게 노출되다 보니 유해 언어의 사용에 둔감해진다는 것이다.

'민증 까봐야', '싸가지', '허벌나게', '쎄가 빠지게', '싼마이' 등이 지상파 프로그램을 통해 유행한 말이라고 한다. 곧 방송의 비속어가 TV를 시청한 학생에게 흡수되고, 이 말이 교실에서, 학원에서 만나는 다른 친구들에게 금세 퍼지는 현실이며, 누가 유행어를 빨리 쓰느냐는, 바람직하지 않은 속도 경쟁까지 벌어지고 있다니 정말 큰 문제라 아니할 수 없다.

그리고 TV의 연예인들은 청소년들이 따르고 싶은 롤(roll) 모델이 되는 경우가 많기 때문에 방송에서 사용하는 연예인의 말이 파급력이 크다는 것은 누구나 아는 사실이다.

인터넷에서 사용되는 말을 세대별로 너무 차이가 있을 뿐더러 한층 심각하다고 한다. 청소년들은 '조낸(매우)', '깜놀(깜짝 놀랐다)', 'ㄷㅊ(닥쳐!)', '솔까말(솔직히 까놓고 말해서)', '생파(생일 파티)', '쩐다(한 가지 일에 능통하다. 대단하다)', '열폭(열등감 폭발)', '이뭐병(이건 뭐 병신도 아니고)', '듣보잡(듣도 보도 못한 잡놈)' 등 인터넷에서 비롯된 은어를 자주 접한 결과 현실에서도 이를 구분 없이 쓴다.

최근 중학교 전국학력평가 국어시험지 답안지에는 '○○가 슬프다' 라는 정답 대신 '○○가 안습(안구에 습기 차다는 뜻으로 슬픈 상황을 가리키는 인터넷 용어)' 이라는 답까지 등장했다고 한다.

더욱 큰 문제는 익명성이라는 특징 때문에 인터넷에 욕설이 난무하는데, 청소년들이 여기에 직접적으로 영향을 받는다는 점이다. 10대 청소년들이 즐기는 온라인 게임과 인터넷은 오염 수위가 높은 욕설을 실시간으로 재생산하고 있다. 학생들은 컴퓨터 게임을 하면서 끊임없이 혼잣말을 해대는데, '한 마리만 더 잡으면, 이 쓰레기 새×', '아 권총으로 대가리 맞았네. ×됐다, 병신 새×', '개지× 떨더니…' 하는 말이 아예 입에 달려 있다고 한다.

지금 어른들이라 하여 옛날 젊었을 적에 욕지거리 안한 사람이 있는가? 본래 나쁜 언어를 같이 사용하는 것은 나름대로 소속감, 곧 서로 친하다는 느낌을 주면서 유대감을 높이는 역할을 한다. 이 때문에 또래와 소속감을 갖거나 왕따가 되지 않기 위해 욕설과 비속어를 습득하게 된다.

또 청소년들의 욕설은 억압된 청소년의 스트레스 해소 방법으로 쓰이기도 하지만 힘을 과시하고 싶은 욕구에서 쓰이기도 할 것이다. 그런 거친 말을 쓰면 약간은 강하다는 느낌이 오는 것 또한 사실이다.

최근 범죄를 저지르는 미성년자의 연령층이 낮아지는 것이 거친 언어 사용과 무관하지 않을 것이다. 언어란 소통의 매체이며, 타인에 대한 배려가 없는 거친 언어는 상대방에 대한 거친 행동으로 자연스레 귀결될 것이다.

이런 욕설에 대해 아버지는 그저 '시대풍조가 그러니 어찌하겠어!' 라고 한탄만 해서는 되겠는가? 가정에서 식사시간 식탁에 둘러앉았을 때,

'세상이 이렇다는데, 너도 그러하냐?'

'다른 애들이 다 그러하더라도 너는 하지 않겠다는 자부심과 용기가 있어야 한다' 고 수시로 일러주어야 한다.

이런 교육은 한두 번으로 되지 않는다. 한두 번 교육이 비록 효과가 없더라도 생각날 때마다 반복해야 한다. 욕설이 나쁘다는 것을 끊임없이 환기시켜야 한다. 동시에 욕설의 의미를 일러주고 듣는 사람의 입장에서 생각해 보아야 한다는 것을 일러주어야 한다.

그러면서 자식이 부모나 집안 어른들한테도 꼭 존댓말을 쓰도록 지도해야 하며 형제간에도 욕설을 하면 엄중히 타일러야 한다.

이런 교육이 반복되면 언젠가는 다른 애들보다도 '될 수 있으면 욕말을 하지 않겠다' 고 빨리 자각을 할 것이다. 당장의 효과가 있으면 더욱 좋겠지만 언젠가는 나타날 효과를 생각하고 가정교육을 하는 것이다.

● 극기복례(克己復禮)

자신의 욕망이나 감정을 참고 언행을 조심하는 것이 克己(극기)이다. 그리고 사회에 통용되는 예법을 준수하고 따라가는 것이 復禮(복례)이다.

공자는 극기복례가 바로 인(仁)의 실천이라고 정의하면서 1일이라도 극기복례한다면 천하 사람들도 인을 따라서 실천할 것(歸仁)이라고 하였다.

이어 안연이 위인(爲仁)의 실천방법을 묻자, 공자는 "예(禮)가 아니라면 보고, 듣거나, 말하거나, 행동하지 말라.(非禮勿視, 非禮勿聽, 非禮勿言, 非禮勿動.)"고 말하였다.

본래 도덕과 인의는 예(禮)가 아니면 성립할 수 없으며(道德仁義 無禮不成), 예는 상호작용이기에 저쪽에서 예로 대하면 이쪽에서도 예로 대해야 하고(彼以禮來 此以禮往), 상대의 예에 답례를 안 하면 예가 아니다. 그리고 예를 갖춰 한 치(一寸)를 물러나면 한 자(一尺)의 예경(禮敬)을 받는다(讓禮一寸 得禮一尺)고 하였다.

3) 몸가짐

사람이 사람답다는 것은 무슨 뜻인가?

그것은 아마 예절을 지키고 의리를 따지기 때문이 아닐까? 예절과 의리의 기본은 바른 몸가짐, 온화한 얼굴빛, 겸손한 말씨에 있을 것이다. 이런 기본이 갖추어진 뒤에 비로소 예가 갖추어지고, 예가 갖추어진 뒤에야 상하관계가 반듯해지며, 부모와 자식 간의 친함(親)이 있고 아래 윗사람의 화합이 있다고 생각한다.

그리고 예의란 절도를 지키는 일이다. 다른 사람을 경시하는 오만함이 없어야 할 것이다. 그리고 게으른 짓, 음란한 행위, 바르지 못한 일에 관심을 두지 말아야 한다. 자신의 행동과 마음이 바르고 순리를 따르는 것이 바로 옳은 일(義)이라 할 수 있다.

그리고 일상생활에서 당당하지 못한 행동을 해서는 안 된다. 가령 귀를 기울여 엿듣거나 곁눈질을 해서도 안 된다. 거만한 걸음걸이나 삐딱하게 서거나 앉아서도 안될 것이며, 일부러 찢어진 바지를 입는 천박한 짓도 해서는 안 될 것이다.

● 아홉 가지 모습(九容)

그렇다면 우리 조상들은 몸가짐의 기준을 어디에 두고, 어떻게 가르치며 배워서 행했는지에 대해 예절의 기본 교과서인 《소학(小學)》에 제시되고, 율곡 이이 선생이 저술한 《격몽요결(擊蒙要訣)》에도 인용된 '아홉 가지 모습' 이란 뜻의 「구용(九容)」을 살피면서 지금에 맞추어 설명을 붙여 본다.

▽ 족용중(足容重) : 걸을 때는 걸음걸이가 신중해야 한다. 발을 가볍게 촐랑거리지 말라는 뜻이다. 어깨는 수평으로 하며 머리와 몸을 흔들지 않도록 한다. 동시에 두 팔은 자연스럽게 흔든다. 발

에 딱 맞는 신을 신어야 하고 끌지 않으며 발소리를 내서는 안 된다. 발을 휘젓거나 발끝을 벌려서 걷지 않는다. 보폭은 자기의 체격에 맞도록 자연스럽게 한다. 또 옷이 펄럭이지 않도록 여미고 걷는다.

군자의 행동거지 중 첫 번째가 족용중(足容重), 곧 걸음걸이이다. 사람이 걷는 모양이나 외모를 보면 그 사람됨을 금방 알 수 있다. 오행(五行)에 맞춰 오사(五事)가 있다. 오사(五事)는 수신(修身)의 다섯 가지 덕목인데, 곧 외모(貌), 말씨(言), 보기(視, 시선), 듣기(聽, 말귀 알아듣기), 생각(思)이다. 이 오사의 첫째가 용모이며, 용모는 표정과 태도, 특히 걸음걸이이다.

그 사람의 걸음걸이는 그 사람의 모든 것을 나타낸다. 《안씨가훈(顔氏家訓)》의 저자 안지추(顔之推)가 자신이 어렸을 때 배운 풍교(風教, 가풍과 교훈)에서 걸음걸이에 대하여 언급하였다.

지금 세상에서도 걸음걸이도 분명 가르쳐야 한다. 특히 젊은데도 신발 끄는 소리를 내며 걷는 사람은 병든 몸(病身)이다. 도서관 같은 장소에서 신발 소리를 크게 내며 걷는 젊은 사람을 보면 정말 뺨이라도 때려주고 싶다.

▽ 수용공(手容恭) : 어른 앞에서 또는 평상시 특별한 일이 없을 때 두 손을 모아 포개어 쥔다. 이를 공수(拱手)라 하는데, 일을 하거나 학습할 때도 두 손을 잡으라는 뜻은 물론 아니다. 손을 흔들거나 어른 앞에서 손가락은 꺾어 소리를 내서도 안 된다. 어른 앞에서는 바지 주머니에 손을 넣어도 안 된다.

▽ 목용단(目容端) : 눈은 단정하고 바르게 떠야 한다. 치뜨거나 곁눈질을 하지 않는다. 사람을 아래위로 훑어보거나 흘끔흘끔 보는 것도 상대방에게 불쾌감을 준다. 특별한 경우가 아니면 눈을 많이 움직이지 않는 것이 좋다. 남의 이야기를 들을 때에는 이야기하는 사람의 눈을 주시한다. 손님 앞에서 시계를 자주 보는 것은 가주었으면 하는 뜻이 된다. 선글라스를 낀 채 어른을 뵙는 것도 바른 행동이 아니다.

▽ 구용지(口容止) : 입은 조용히 다물어야 한다. 입을 헤벌리거나 씰룩거리거나 특히 어른 앞에서 껌을 씹어서는 안 된다. 더군다나 소리를 내어 껌을 씹는다면 천박한 짓이다. 하품을 할 때나 식사 후 부득이 이쑤시개를 사용할 때에는 손으로 가려야 한다. 입을 쑥 내밀고 있거나 혀를 내밀거나 하는 행위는 삼가야 한다. 말할 때마다 입을 가리는 것은 열등의식이 있다는 인상을 주므로 조심해야 한다.

▽ 성용정(聲容靜) : 말소리는 항상 조용해야 한다. 함부로 지껄이거나 수선스럽게 떠들어대서는 안 된다. 신경질적이거나 남을 책망하는 어조로 말해서는 안 된다. 자신의 의견을 말할 때 자신도 모르는 사이에 목소리가 커지거나 제스처가 지나치지 않도록 조심해야 한다.

▽ 두용직(頭容直) : 머리를 곧고 바르게 가져야 한다. 머리를 쓸데없이 흔들거나 갸우뚱거려서는 안 된다. 손으로 머리를 긁적이는 것도 나쁜 버릇이다. 우리 조상들이 외출 시에 꼭 갓을 썼던

것은 머리를 곧고 바르게 갖기 위한 방법이었다고 한다.

▽ 기용숙(氣容肅) : 기운(기상)은 정숙해야 한다. 상대방의 '기를 꺾겠다' 는 마음가짐으로 상대방을 대하면 그런 기운이 얼굴과 몸에 나타나게 된다. 평상심을 가지고 조용한 마음가짐을 유지하는 것이 쉬운 일은 아니지만, 마음의 희로애락을 외부로 표출하지 않도록 노력해야 한다. 곧 때와 장소에 따른 표정과 적응이 중요하다. 쉽게 놀라거나 과장된 표정을 짓지 않는다. 숨소리는 조용해야 한다. 헐떡거리거나 숨소리가 옆 사람에게 들리지 않게 한다.

▽ 입용덕(立容德) : 서있는 모습은 의젓해야 한다. 기대어 섰거나 삐딱한 모습은 바른 자세라 할 수 없다. 어깨를 움츠리거나 뒤로 젖히지 않으며 어른 앞에서는 뒷짐을 지지 않는다. 서있으면서 음악의 장단을 맞추듯 발을 까닥거리는 것도 물론 안 된다.

▽ 색용장(色容莊) : 부드럽고 온화한 표정이 중요하다. 그 표정이 당당하고 생기가 있어야 한다. 시무룩하거나 찌푸리는 등 심각한 표정은 대인 관계에서는 좋지 않다. 남의 말을 들을 때에는 관심 있게 듣는다. 찡그린 모습이나 귀찮은 표정, 잠이 덜 깬 듯 졸린 모습은 그 사람의 마음상태가 그렇다는 뜻일 것이다.

4) 당당한 자긍심

이처럼 몸가짐은 어렵고도 중요한 일이다. 아들이 모름지기 큰 뜻을 갖고 있으면 그 행동은 자연 당당해진다. 하고자 하는 뜻은 올바르고 행동은 올곧아야 한다. 담력은 커야 하지만 욕심은 작아야 한다. 재능이 많더라도 배우지 않으면 이룰 수 없고, 배우더라도 성실하지 않으면 아무것도 이룰 수 없다.

요즈음 아이들에게 이런 이야기를 한다 하여 얼마나 마음에 새겨 듣겠는가?

지금 아이들한테 고상한 언어와 바른 자세로 옛 아이들처럼 온순해야 한다고 가르친다고 아이들이 따라 하겠는가? 유행에 따른 옷을 입고, 유행하는 비속어를 다른 아이들과 똑같이 말하기를 원하며, 그렇지 못하면 왕따 당한다고 생각하는 아이들이다.

그러나 그런 행동이 내 아들의 전부는 아닐 것이다. 가슴속에 품은 뜻이 원대하며 행동이 당당하고 바르다면, 어느 누구도 쉽게 내 아들을 깔보거나 왕따 시키지 못할 것이다.

일본어의 이지메(いじめ)란 집단이 어떤 특정한 대상을 정해 놓고 괴롭히는 일이다. 대개 이지메 대상은 약하고 힘이 없는 아이나 어른들이 된다. 괴롭히는 특별한 이유도 없이 전체가 한 아이나 어른을 놓고 집단적으로 괴롭히는 일이다.

우리말에서 '왕따' 라는 용어는 '왕(王) 따돌림' 의 준말로, 1997년에 당시 잇단 중 · 고등학교 폭력 관련 언론보도에 처음으로 등장하여 이후 급격히 대중화되면서 정착되었다. 일종의 신조어이지만 원래는 학생들의 은어였었다.

사실 왕따란 말이 나오기 전에도 어느 그룹이든 놀림감이 되거나 따돌림 당하는 아이는 있었다. 그런 아이가 모두 키가 작고 힘이 약하거나 신체적 이상 때문에 왕따 당하는 것은 아니다. 그 행동에 문제가 있기 때문이다. 당당한 자아의식이 있다면 이상한 언행을 하지 않을 것이다. 문제는 가정에서부터 '아이에게 당당한 자긍심을 심어줘야 할 사람이 누구냐?' 인 것이다.

자기 아들에게 당당한 자긍심을 심어줄 수 있는 사람도 아버지이며, 바른 언행의 기본을 가르쳐 줄 사람도 아버지이다.

공자도 그 당시 가난하고 비천한 지위에 있었다. 그러나 공자의 행동이 늘 당당했고 그 뜻이 높았기에 당시 어느 누구보다도 존경받는 사람이 되었다. 공자가 제자들에게 들려준 말,

"선비가 바른 도리에 뜻을 두고서도 옷과 음식이 좋지 않은 것을 부끄러워한다면 함께 의논할만한 사람은 아니다."〔《논어(論語) 이인(里仁)》 子曰, 士志於道, 而恥惡衣惡食者, 未足與議也.〕

이 말은 얼마나 절실한가? 뜻이 크고 바르지 못하다면 그 몸가짐은 볼 것이 없을 것이다.

5) 인사하기

교육의 가능성을 강조하는 입장에서 보면, 어린아이는 마치 백지와 같다고 한다. 가르치는 사람과 방법이나 내용에 따라, 마치

백지에는 어떤 그림도 그릴 수 있듯이, 얼마든지 교육의 효과가 나타난다고 한다. 어려서부터 재능의 향상을 위한 예능교육이나 조기 외국어교육도 중요하지만 그보다는 기본 예절교육이 먼저 이루어져야 한다.

사실, 아이가 초등학교에 취학하기 전에도 부모의 의지에 따라 기본 생활습관 지도를 해야 한다. 아기 엄마가 대소변을 가리도록 가르치고 효과를 보는 만큼 기본생활 습관도 부모, 특히 아버지의 의도에 따라 어머니가 교육할 수 있다.

그중에서도 어른에 대한 인사(人事)는 어려서부터 가르쳐야 한다. 옛 어른들이 손님이 오면 어린아이들에게 엎드려 하는 절을 시킨 것은 그만큼 인사교육의 중요성을 인식했기 때문일 것이다.

인사는 모든 예절의 기본인 만큼 어려서부터, 가정에서부터, 부모, 그중에서도 아버지의 강한 의지로 가르쳐야 한다. 인사를 걸렀다고 종아리를 때릴 필요는 없다. 자꾸 시키면 나중에는 인사하기가 습관이 된다.

인사는 말 그대로 '사람의 일' 이며, '사람이 해야 할 도리' 이다. 도리(道理)란 진정과 진실을 그 마음속에 가지고 그 뜻을 행하는 것이다. 도리를 다하느냐 아니냐에 따라 그의 품격이 정해진다.

예절은 인사로 시작하여 인사로 끝난다고 말할 정도로, 많은 예절 가운데서도 가장 기본이 되는 예절이며, 대인 예절(對人 禮節)의 출발점이다. 우리는 예로부터 인사를 잘하고 못하는 것으로 사람의 됨됨이를 가름해왔으며 인사하는 모습만 봐도 그 사람의 인품을 알 수 있다.

남이 자기를 알아보지 못하더라도 자신이 그를 알고 있다면, 인사를 해야 한다. 인사는 아랫사람이 윗사람에게만 하는 것이 아니다. 상대가 인사하기를 기다리지 않고 먼저 본 사람이 인사를 해야 한다. 비록 나이 차이가 많은 연상자라도 아랫사람에게 먼저 인사를 해서 손해를 보는 것이 또 잘못된 것도 아니다.

사람과 사람이 만나는 사이는 정중하며 즐겁고 다정해야 한다. 인사는 단정한 태도와 함께 부드러운 표정이 조화를 이루어야 한다. 인사를 할 줄 몰라서 또는 성의 없이 인사를 했다가 낭패를 보는 사람은 우리 주변에 의외로 많다. 가정이든 사회생활이든 정이 가득 담긴 인사는 많이 자주 할수록 좋은 것이다.

6) 올바른 인사

화장실이나 식당에서 밥을 먹고 있을 때, 그리고 운전을 하는 중에 아는 어른이나 사람을 만나면 당황하게 된다. 이럴 때의 인사법은 눈이 마주치면 가벼운 눈인사로 응대하면 된다. 많이 아는 척을 하는 것은 오히려 상대방에게 실례가 될 수 있다.

인사에 있어 상황에 맞지 않거나 형식을 제대로 갖추지 않은 인사는 오히려 결례나 군더더기에 불과하다.

가령 마을에서 또는 학교 내에서 선생님을 만날 때마다 인사를 해야 하는가? 이런 질문에 인사는 많아도 좋다고 대답할 수 있다. 처음 만났을 때는 정중하면서도 밝고 명랑하게 인사를 하고, 다시 만나게 될 때는 밝은 표정과 함께 가볍게 목례를 하는 것이 좋다.

그러나 만약 내가 어떤 일을 하고 있을 때는 어떻게 해야 하나? 원래 근무 중이거나 작업을 할 때 인사를 하지 않으며, 인사를 안 했다 하여 흉이 될 수 없다. 만약 작업 중에도 인사할 정도의 여유가 있다면, 잠시 멈출 수 있으면 그 상황에 맞게 가볍게 목례를 한다.

사실 인사란 가장 쉬우면서도 참으로 어려운 것이다. 어른께 공경하는 마음도 없이 인사하거나, 존경하는 마음은 있지만 그 마음을 표현하지 못한 채 머뭇머뭇하다가 인사를 못하고 그냥 지나치기도 한다. 인사에는 서서하는 인사법과 앉아서 하는 절이 있는데, 우선 서서하는 인사를 설명하면 다음과 같다.

● 인사의 구분

▽ 큰 인사 : 방에서라면 절을 해야 하는 경우에 하는 정중한 인사로, 윗몸을 45° 정도 깊숙하게 굽혀 잠시 멈췄다가 허리를 편다.

▽ 평 인사 : 평상시에 늘 하는 인사로, 윗몸을 15~30° 정도 굽혔다가 허리를 편다.

그리고 자주 만나는 친근한 사람과 복도를 지나가면서 마주쳤을 때는 부드러운 시선으로 상대를 보며 고개만 숙이는 가벼운 인사를 한다.

▽ 길거리나 건물 통로에서 어른을 만났을 때에는, 몸가짐을 단정히 하여 허리를 굽혀 인사한다. 조금 전에 만난 어른을 또 만나게 되면, 가볍게 고개를 숙이는 목례를 한다.

▽ 웃어른에게는 반드시 경어를 사용하여 인사를 한다. 인사말은 단정한 태도와 함께 부드러운 표정과 조화를 이루도록 한다.

● 인사할 때와 악수

▽ 인사하는 시기 : 인사를 할 사람과 서로 방향이 다를 때는 일반적으로 30보 이내에서 인사를 하되, 가장 좋은 시기는 6걸음 정도 앞에서 하는 것이 좋다고 한다. 그러나 옆에서 갑자기 만났다면 그 즉시 인사를 해야 할 것이다.

▽ 악수는 절은 아니지만 반가운 표시로 하기 때문에 인사의 일종으로 간주할 수 있다. 악수는 웃어른이 먼저 청한다. 같은 또래의 이성 간에는 여자가 먼저 청한다. 악수를 할 경우에는 서로 마주보고 상대방의 오른손을 가볍게 쥔다. 악수는 존경, 친애, 우정, 애정 등을 나타낸다.

5. 기본 생활예절 (2)

1) 기거동작

예절은 공경하는 마음이 외부로 나타난 것이라고 했다. 얼굴 표정이나 몸동작과 옷차림도 바로 안에 있는 마음의 발현임은 더 말할 나위가 없다.

그러므로 일상생활에서의 기거(起居)동작은 마음가짐과 표정 및 몸차림과 옷차림이 복합적으로 형상화한 것이다. 아무리 몸을 정결하게 하고 옷맵시를 깔끔하게 했더라도 몸가짐과 기거동작이 예의범절에 어긋나면 아무런 가치가 없다.

그러하기에 몸가짐은 행동 예절의 기초가 된다. 따라서 평소에 곧고, 바르고, 공손하게 행동하는 것이 습관이 되어야 남 앞에서도 예의 바르게 행동할 수 있는 것이다.

가령, 다른 사람의 이야기를 일부러 귀 기울여 엿들으려 한다든지, 곁눈질로 쳐다보는 짓은 하지 말도록 어려서부터 가르쳐야 한다. 어른이 앉아 계신 앞을 가로질러 가는 일도 있어서는 안 될 것이며, 남의 신발을 밟거나 신발 끄는 소리를 내며 걸어서도 안 된다고 가르쳐야 한다.

그리고 앉아야 할 곳이나 앉아도 괜찮을 때 앉아야 한다. 그것이 얼마나 어려웠으면 《논어 향당편》에도 '바른 자리가 아니면 앉지 않는다(席不正 不坐)' 라고 가르쳤겠는가?

가령, 방에서 앉을 때는 어른이 앉으라고 말씀을 해야 자리에 앉는다. 또 어른을 정면에 마주보고 앉지 않는다. 남자는 어른의 왼쪽 앞에, 여자는 어른의 오른쪽 앞에 앉되, 먼저 왼 무릎을 꿇고 다음에 오른 무릎을 꿇는다. 그리고 두 손을 가지런히 펴서 두 무릎 위에 얹는다. 그럴 경우 어른이 편히 앉으라고 한 후에 편히 앉는데 남자는 책상다리로 앉고, 여자는 두 발을 한쪽으로 가지런히 빼고 앉는다. 편히 앉아라 했다 하여 벽이나 가구에 등을 기대어 앉아서는 안 된다.

의자에 앉을 때는 장의자의 왼쪽에 앉는 것이 원칙이다. 또 방과 의자의 위치에 따라 오른쪽에 앉기도 한다. 허리와 가슴을 펴고 두 무릎을 모아 붙여 앉는다. 여자가 한복을 입고 의자에 앉을 때는 치마 뒤를 여미고 앉는다. 그리고 일어선 다음에 의자를 바로 놓거나 테이블이 있는 경우는 의자를 테이블 밑으로 밀어 넣는다.

사실 위와 같은 동작이나 몸가짐을 다 지킨다는 것은 어른에게도 어려운 일일 것이다. 학교에서 학생들의 표정이나 동작을 보면 어느 정도 가정교육의 수준이 짐작되기도 한다.

“너 왜 그렇게 찡그리고 있니? 어디 아프냐?” 하고 물어봐야 할 학생도 있고, 수업 시간에 계속 손발을 흔드는 학생도 있다. 어려서부터 위와 같은 가르침이나 이야기를 부모로부터 들었다면, 그런 나쁜 버릇은 아마 어렸을 적에 고쳤을 것이다.

2) 어른 앞에서의 몸가짐

몸가짐에 있어서 가장 중요하게 생각할 부분이 일어나고, 앉고, 움직이는 기거동작이다. 근래에는 어른을 대하는 방법에 격의 없는 행동과 친근함을 중요하게 여긴다. 그러나 격의 없는 친근감 이전에 예법을 아는 것과, 그것을 모르고 대하는 것과는 큰 차이가 있다.

어른을 모시는 일은 모든 전통예절의 기본으로, 지금 이 시대에도 강조되어야 할 부분이다. 어른을 모시는 예절의 바탕은 효심에서 우러나오는 정성스러운 마음가짐이어야 한다. 우리나라에서는 특히 어른을 모시고 있을 때 예의가 바르지 못하면 “버릇이 없다.”는 말로 평가된다. 어린 아들에게 가르쳐야 할 기거동작으로 다음과 같은 것을 생각할 수 있다.

▽ 저녁에는 잠자리를 펴 드리고 아침에는 안녕히 주무셨는지 살피며, 절하고 뵙는 것〔혼정신성(昏定晨省)〕을 조석 문안이라 한

다.

조석 문안을 드릴 때, 어른께서 절하지 말라고 하시면 말씀으로 인사를 여쭙고, 일부러 문안할 것 없다고 하시면 아침에 뵙는 즉시 인사를 여쭙고 저녁에 자기 전에 인사를 올린다. 지금 시대에 이것은 어렵다 하더라도 잠자리에 들기 전에 또 아침에 일어나서 어른께 인사하는 것은 꼭 가르쳐야 할 것이다.

▽ 외출할 때는 반드시 어른께 여쭈어 승낙을 받아야 한다. 돌아와서는 즉시 뵙고 밖에서 있었던 일을 여쭙는다. 이를 출필곡반필면(出必告, 反必面. 여기서 告는 '허락을 요청하다'는 뜻으로, '곡'이라 읽지만, '아뢰다'는 뜻으로, '고'라 읽어도 괜찮을 것이다.)이라고 한다. 물론 그 외출은 언제나 떳떳한 곳이어야 한다. 이는 말은 쉽지만 참으로 어려운 일이다. 요즈음 이 일만 제대로 한다면 직장에서도 칭찬을 받을 것이다.

▽ 누워있거나 앉아있다가도 어른의 인기척이 나면 바로 일어나야 한다. 그리고 문을 열고 밖으로 나가 어른을 맞아들인다.

▽ 어른이 앉으실 자리를 바르게 한 다음에 앉으시라고 여쭙는다.

▽ 어른이 앉으신 다음에 앉아야 한다. 두 손을 잡고 섰다가 어른이 앉으라고 하시면 앉는 것이 원칙이지만 그 정도까지 요구하는 것은 좀 무리일 것이다.

▽ 앉을 때, 방 한쪽으로 무릎을 꿇고 공손한 자세로 앉는다. 어른의 앞을 막아서 앉지 않는다. 입식 생활에서는 무릎을 꿇고

앉을 수는 없을 것이고, 아버지 앞에 앉을 때마다 무릎을 꿇게 시키기는 어려워도 그 뜻은 가르쳐야 할 것이다.

▽ 어른의 말씀 중간에 끼어들지 않는다. 의문이 있으면 말씀이 끝난 다음에 여쭙는다.

▽ 어른 앞에서 하품을 하거나 기지개를 켜서는 안 된다. 갑자기 참을 수 없는 하품이라면 몸과 고개를 돌린 뒤, 입을 완전히 막고 소리가 나지 않게 하품을 해소해야 한다.

▽ 어른 방에 들어갈 때는 인기척을 낸다. 노크나 기침으로 방안에 있는 분의 양해를 구한다. 문을 열고 닫을 때는 어깨나 발을 쓰지 말고 가능하면 두 손으로 소리 나지 않게 열고 닫으며 조용히 걷는다. 들어가고 나오면서 문턱(문지방)을 밟지 않는다. 그러면서도 방안에 있는 사람에게 될 수 있는 대로 뒷모습을 안 보인다.

▽ 어른이 일어나실 기미가 보이면 먼저 일어나서 부축하거나 한쪽으로 비켜선다.

▽ 어른이 나가시려고 하면 얼른 문을 열어드려야 한다.

▽ 어른이 안 보일 때에 문을 닫는다. 닫는 소리를 내어서는 안 된다.

▽ 어른의 출입을 인도할 때는 오른쪽 앞에서 모시고, 수행할 때는 오른쪽 뒤에 따르며, 무거운 짐은 아랫사람이 든다. 어른과 동행할 때는 빨리 걸어도 안 되고, 너무 뒤에 처져도 안 된다.

▽ 신문, 책 등 읽을거리는 어른께서 바르게 보이도록 두 손으

로 드린다.

▽ 컵, 잔 등의 물건을 드릴 때는 입이 닿는 부분에 손이 닿지 않도록 한다.

▽ 음식을 담은 그릇은 그릇의 안쪽에 손이 닿지 않게 한다.

▽ 물건을 바닥에 놓거나 바닥에서 들 때에는 앉아서 한다.

▽ 앉아 계신 어른에게는 앉아서 드리고, 서 계시면 서서 드린다.

▽ 어른께서 앉아서 주시는 물건은 앉아서 두 손으로 받고, 서서 주시면 서서 받는다.

3) 집안 청소

중국과 우리나라의 유교적 어린이 교육의 이론과 실천은 《소학(小學)》에 바탕을 두고 있다. 《소학》은 유년 교육을 위한 기본 교과서인 동시에 모든 유생과 학자들 언행의 지침서였었다.

이 소학의 기본은 쇄소(灑掃 ; 물 뿌리기와 쓸기, 곧 청소활동)와 응대(應對 ; 대답하고 맞이하기)의 예절과 애친(愛親 ; 부모님 모시기)과 경장(敬長 ; 어른 공경) 및 융사(隆師 ; 스승 공경)와 친우(親友 ; 벗과 사귐)의 도리를 밝히고 있다.

이처럼 소아 교육의 시작은 쇄소 활동, 곧 집안 청소에서부터 시작된다. 적어도 초등학교에 들어갈 나이가 되면, 자신의 이부

자리 정리와 방과 마루를 쓸고 닦기, 그리고 나이를 먹으면서 화장실 청소나 마루 청소, 마당이나 집 앞 골목길 쓸기 등을 시켜야 한다.

이런 청소활동을 통하여 우선 어린이 자신도 해야 할 일이 있다는 사명감을 갖게 하고, 내가 하는 일 곧 내 몫이 있고, 내 일이 곧 가족과 다른 사람을 위한 봉사라는 것을 인식케 해야 한다. 그리고 무엇보다도 이런 노작(勞作) 활동을 통하여 일을 하는 순서나 방법을 생각하고 터득하게 한다.

오늘날, 도시의 어린이들에게 이러한 과제를 부여하고 실시 여부를 확인하는 부모가 얼마나 있을는지? 실제로 공부할 시간도 부족한데, 언제 그런 일들을 시키느냐고 반문할 부모가 더 많을 것이다. 그러나 이런 청소 활동에 소요되는 시간은 결코 헛된 시간이 아니라는 인식을 부모들, 특히 가장인 아버지가 가져야 한다. 도시의 어린이들이 놀이와 공부에 쫓긴다 하더라도 하루에 10분 20분의 시간을 못 만드는 것은 절대로 아니다.

다만 부모가 시키지 않고 아이들이 '그것도 일' 이라고 이 핑계 저 핑계를 대며 실천하지 않으려 하고, 여기에 마음 약한 어머니들이 자식의 응석을 받아주기에 습관화가 되지 않을 뿐이다.

가령, 아버지가 아들과 함께 화장실 청소를 몇 번 같이 한 뒤에 '매주 수요일 저녁 식사 뒤에 네가 맡아서 청소를 해라. 아버지가 꼭 확인을 하겠다' 며 임무를 부여하고 몇 번만 확인하면, 절로 습관화가 될 것이다. 자기 집에서 화장실을 청소하는 어린이라면 학교 화장실을 또는 공중화장실을 더럽게 사용하지는 않을 것이다.

공부 외의 재능을 찾아내는 방법 중 하나가 가사노동이다. 자신의 방 청소부터 시작하여 가업을 돕는 일까지 소소한 노동을 시켜야 한다. 그런 가사 조력을 통하여 가족의 소중함을 느끼고 노동의 가치를 체득한다. 이는 아들의 미래를 위해 정말 소중한 바탕이며, 어쩌면 아들의 미래를 결정하는 전기가 될 것이다.

그리고 부모가 농사일에 고생하는데, 그 자식이 부모의 노고를 모르고 놀기만 한다면 그 부모를 욕되게 하는 것이다. 자식이 부모의 직업과 일을 이해 못한다면, 어찌 부모를 공경하겠는가?

아버지는 아버지의 직업과 일에 대하여 자식에게 어느 정도 가르쳐 알게 해야 한다.

4) 밥상머리 교육

먹고 마시는 일은 사람이 살아가는데 빼놓을 수 없는 절대적인 요건이다. 그렇기 때문에 그 예절은 더욱 중요한 것이다.

사람이 태어나서 제일 먼저 배우는 것이 음식예절이므로, 그 사람이 음식을 마시고 먹는 모습을 보면 다른 생활예절도 금방 알아차릴 수 있다. 비록 음식의 형태와 종류는 달라졌더라도 음식예절은 옛날과 지금이 달라질 수 없는 것이다.

그리고 우리나라에서는 '밥상머리 교육' 이라 하여 식사예절을 중시했고, 식사시간에 자식들에게 이런 저런 교육을 시켰다. 자식에 대한 식사예절을 가르치기 전에 아버지의 나쁜 버릇이 있다면 먼저 고쳐야 한다.

● 식사예절

우선 아버지는 아내가 만들어 그릇에 담아주는 음식은 무엇이든지 다 맛있게 먹어야 한다. 그리고 농사를 지은 사람의 고생과 음식을 만든 사람의 성의에 대한 고마움, 그리고 좋고 나쁜 음식을 떠나서 음식 자체의 소중함을 생각해야 한다. 아내의 음식이 마음에 안 든다면, 아내와 단둘이 있을 때 조용히 자신의 뜻을 말하여 고치도록 해야 한다.

가장인 아버지가 '밥이 질다, 되다' 라고 시비를 하거나 '반찬이 짜다, 싱겁다' 하면서 투정을 해서는 안 된다. 밥이 질면 국물에 말아먹고, 밥이 되면 된장찌개에 비벼 먹으면 된다. 반찬이 짜면 조금씩 먹고, 싱거우면 간을 맞추어 먹으면 된다. 음식을 만들다 보면 실수할 수도 있는 것이거늘 소소한 일로 트집을 잡거나 권위를 세우려고 까탈을 부린다면, 이는 사내답지 못한 짓이다.

그리고 무엇보다도 반찬투정은 천박한 짓이니 자녀에게 편식을 조장하며 자식이 대를 이어 반찬투정을 하게 만드는 아주 고

약한 악습이다.

가정의 식사예절에서 가장 중요한 부분은 어른 공경이다.

즉 가정의 모든 음식은 가능한 어른의 식성에 맞추어 준비해야 한다. 아이들이 좋아한다고 아이들 식성에 맞춰 음식을 장만해서는 안 된다. 그리고 새로운 음식이나 옆집에서 들어온 별식(別食)이 있으면, 먼저 어른이 잡수시게 하고 나중에 아랫사람이 먹는다. 또 계절적으로 새로운 곡식, 채소, 과실이 나오면 때를 놓치지 말고 어른께 맛보시게 한다.

음식을 먹을 때는 어른을 윗자리에 모시고, 어른이 자리에 앉으신 다음에 아랫사람이 자리에 앉으며, 어른께서 수저를 드신 뒤에 아랫사람이 먹기 시작한다. 그리고 내 식사가 먼저 끝나더라도 어른께서 다 잡수신 다음에 일어나야 한다.

아이들에게 식사예절을 가르치기 위해서는 아이와 함께 식사를 하며 시범을 보여야 할 것이다. 아이들의 활동 시간에 맞춰 혼자 식사를 하게 차려주는 일은 별로 바람직하지 못하다고 생각한다. 아버지가 같이 할 수 없다면 어머니가 함께 식사를 해야 할 것이다. 아이들에게 가르칠 식사 습관이나 예절로 다음과 같은 것을 생각할 수 있다.

▽ 상을 향해 몸을 곧게 앉는다. 상 위에 팔꿈치를 대거나 턱을 고이고 앉아서는 안 된다.

▽ 숟가락으로 국이나 김치, 국 등 국물을 먼저 떠먹은 다음에 다른 음식을 먹는다.

▽ 넝쿨진 음식은 젓가락으로 집어먹는다. 젓가락을 들 때는 숟가락을 먹던 밥그릇이나 국그릇에 넣어 걸친다.

▽ 어른이 좋아하시는 음식은 어른께 가까이 놓아드리고, 사양하며 먹지 않는다.

▽ 멀리 있는 음식보다는 가까이 있는 음식을 주로 먹는다.

▽ 반찬을 뒤척이거나 들었다 놓았다 하면 안 된다. 젓가락으로 한 번에 집으며, 여러 번 베어 먹지 않고 단번에 한 입으로 먹는다.

▽ 수저에 음식이 묻지 않게 깨끗하게 빨아먹는다.

▽ 입안에 든 음식이 보이거나 튀어나오지 않게 먹는다.

▽ 마시거나 씹는 소리, 수저나 그릇이 부딪치는 소리가 나지 않게 먹는다.

▽ 식사 중에는 어른이 물으시는 말씀에 대답하는 이외의 공연한 잡담을 않는다.

▽ 상 위나 바닥에 음식을 흘리지 않게 먹는다.

▽ 고기 뼈, 생선 가시, 조개껍질 등은 눈에 잘 안 띄는 곳에 놓는다.

▽ 밥, 국그릇에 찌꺼기가 남지 않게 정갈하게 먹는다.

▽ 음식에 대한 타박을 하거나 식사 전후에 트림을 하지 않으며, 상머리에서 이를 쑤시지 않는다.

▽ 물을 마실 때는 컵에 따라서 천천히 제대로 마시고 양치질을 해서는 안 된다.

▽ 서둘거나 지나치게 늦게 먹지 말고, 다른 사람과 같은 시간에 식사가 끝나게 조절한다.

5) 술 마시는 예절

술을 좋아하는 아버지라면 가끔 또는 집안에 특별한 행사가 있을 때, 어린 아들에게도 순하고 약한 술을 조금 따라주고 아들이 술을 마시는 모습을 보면서 흐뭇해하는 경우가 있다.

중 · 고등학교 학생 정도라면, 실제로 집안에서 제사를 올린 뒤 음복(飮福)을 시키는 것도 좋은 일이며 술을 가르칠 수 있는 기회라고 생각한다.

고등학생이라면 친구들의 생일이나 특별한 날에, 예를 들어 기말고사가 끝났다든지, 여자친구와 만난 지 100일이 되어 백일 파티를 한다든지, 자연스럽게 친구들과 어울려 술을 마신다. 아직 학생이니까 술을 못 마시거나 안 마실 거라고 생각한다면 그야말로 '뭘 모르는 아버지' 라고 할 수 있다.

'술은 어려서 어른한테 배워야 한다' 는 말의 뜻은, 술이라는 특별한 음식과 음주에 따른 예절이나 주도(酒道)가 있고 그 실천이 어려운 만큼, 곧 그것을 잘못 경험하거나 잘못 배우면 안 된다는 뜻이 있을 것이다. 따라서 술에 대한 가정교육은 조금 일찍 시작해도 괜찮다고 생각한다.

이 장에서는 어린 나이의 아들이 지켜야 할 기본생활예절을 취급하지만, 식사예절과 일부 관련이 있어 술 마시는 예절을 여기서 설명하고자 한다. 술에 관한 기본예절로 다음과 같은 것을 생각할 수 있다.

▽ 어른에게 술잔을 드릴 때는 무릎을 꿇고 두 손으로 드리고, 주전자도 오른손으로 손잡이를 들고, 왼손으로 밑을 받쳐 공손히 따르되 잔이 넘치지 않게 조심한다.

▽ 어른께 먼저 권하고, 어른이 마신 다음에 아랫사람이 마신다.

▽ 어른이 주시는 술잔은 무릎을 꿇고 두 손으로 받으며 "고맙습니다."라고 인사를 하고, 몸을 조금 돌려 겸손의 뜻을 표한 뒤, 소리가 나지 않게 마신다.(술잔을 받아 그대로 상 위에 놓지 않도록 한다.)

▽ 어른이 술을 단숨에 다 마시지 않았다면, 다 마실 수 있어도 단숨에 먼저 마시지 않는다.

▽ 먼저 술을 받았다면 반드시 그 사람에게 술을 권한다.

▽ 술잔이나 주전자, 그릇 소리 등을 내지 않고 맛을 보며 조용하게 마신다.

▽ 좋은 안주는 어른(친우)에게 먼저 권한다. 여러 안주를 이

것저것 많이 먹는 것도 별로 좋은 모습은 아니다.

▽ 절대로 술에 취하지 않도록 자제하며 조심한다.

▽ 어떠한 경우라도, 싫다는 사람에게 술을 억지로 권해서는 안 된다.

▽ 만일 과할 것 같으면 언동을 주의해 취중의 소동이 일지 않게 주의한다.

●술을 대접할 경우

▽ 술의 종류(독한 술과 약한 술)를 이야기하고, 취향을 먼저 물어 술을 준비하되 여러 가지 혼합하는 것을 피한다.

▽ 가능하면 안주도 손님이 좋아하는 것으로 마련한다.

▽ 손님의 주량을 짐작해 준비하며, 안주가 식거나 중간에 모자라지 않게 한다.

▽ 손님이 싫다는 술을 억지로 권하지 않는다.

▽ 손님이 취한 것 같으면 슬기롭게 절제하도록 한다.

제4부

오륜(五倫)의 현대적 의미

1. 부자유친(父子有親) (1)

1) 오륜(五倫) 외 무엇을 더?

● 삼강오륜(三綱五倫)

삼강오륜(三綱五倫)은 중국과 우리나라에서 유교(儒敎) 윤리의 근본이다.

삼강(三綱)이라는 개념은 중국 전국(戰國)시대의 법가(法家) 사상가인 한비(韓非, ?前 281－233년)의 저술인 《한비자(韓非子) 충효(忠孝)》에서 처음 볼 수 있다.

삼강의 항목은 군위신강(君爲臣綱, 주군은 신하을 이끌어주는 근본이다) 부위자강(父爲子綱, 부친은 아들의 근본이 되어야 한다.) 부위처강(夫爲妻綱, 남편은 아내를 이끌어주는 근본이 되어야 한다.) 이다.

곧 주군은 신하에게, 부친은 아들에게, 남편은 아내를 이끌어주는 근본(모범)이 되어야 한다는 뜻이다. 강(綱)은 '벼리 강' 이라 풀이하는데, 그물〔網(망)〕 전체를 끌어당기는 굵은 밧줄이다.

전한(前漢)의 훈고학자인 동중서(董仲舒, 前179－104年)는 그의 저서 《춘추번로(春秋繁露) 기의(基義)》에서 「군신(君臣)과 부자(父子)와 부부(夫婦)의 대의는 음양의 도(道)를 따랐으니, 주군은 양(陽), 신하는 음(陰)이고, 부(父)는 양, 자(子)는 음, 지아비(夫)는 양, 아내(婦)는 음이 된다.」고 하였다.

후한에서도 이러한 사상은 계승 발전되었는데, 삼강을 중심으로 한 명교(名敎, 명분과 교화)의 관념은 유가 정치사상의 핵심이 되었고, 사회를 이끄는 윤리 개념의 중심이 되었다.

오륜(五倫)은 전통적인 유가 윤리의 중요한 이론이다. '오품(五品)', '오교(五敎)', '오상(五常)' 이라고도 말한다. 오륜은 부자(父子), 부부(夫婦), 군신(君臣), 형제(兄弟, 長幼)와 붕우(朋友) 간에 기본적으로 지켜야 할 중요한 인간관계를 강조하였다.

사실 사람의 실생활에서 삼강이 원칙을 표명한 것이라면, 오륜은 그 실천 덕목을 강조하였다. 그 오륜은 《맹자(孟子), 등문공(滕文公) 上》에서 볼 수 있다. 곧 「부자유친(父子有親), 부부유별(夫婦有別), 군신유의(君臣有義), 장유유서(長幼有序, 幼는 어릴 유), 붕우유신(朋友有信)」을 말한다. 여기에 각 항목별 뜻과 함께 실천과 현대생활에서의 적용에 관하여 아래에 언급하였다.

● 컴퓨터 만능 시대

'요즈음 아이들은 정말 버릇이 없어!' 라는 말을 자주 듣고 또 실제로 그런 현실을 목격한다. 아이들이 어른 앞에서도 버릇이 없다는 것은 어른에 대한 존경심이 없다는 의미이다. 그렇다면 아이들이 버릇이 없는 그 책임은 어른에게 있다고 생각해야 한다.

존경심은 그 사람의 인격이나 사상을 흠모하거나 그의 행위를 공경하는 것을 말한다. 어른에 대한 존경심을 요즈음 아이들이 별로 갖고 있지 않다는 것은, 곧 어른과 아이 간에 교류할 만한 가치가 별로 없다는 것을 의미한다. 다시 말해, 본받을 것이 없으니 아이들은 '내 방식대로 산다' 는 생각을 갖게 되고, 어른들은 '버릇없다' 는 한탄만 하게 된다.

지난 날 젊은이들이 그래도 마음에 조금이나마 존경했던 대상은 시간적 공간적 경험을 많이 가진 인물, 곧 부모나 기성세대였다. 그때는 나이 많은 세대들이 연륜을 거치면서 축적한 노하우는 아이들 생활에 많은 도움이 됐다. 아이들은 모르는 것이 있으면 부모에게 물어봤다. 그러나 요즈음 아이들은 컴퓨터에 물어본다.

컴퓨터는 현대 과학이 만들어낸 가장 유용한 생활도구이며, 동시에 어른이나 아이들 모두에게 가장 좋은 장난감이다. 요즈음 컴퓨터 없이는 우리의 경제활동이나 가정생활 자체가 이뤄질 수 없을 정도다. 컴퓨터는 어른에게도 많은 정보와 재미를 준다.

학습에 필요한 자료를 인터넷에서 쉽게 구할 수 있다. 때문에 컴퓨터와 인터넷의 선용은 인생 경험을 많이 가진 노인이나 많은 도서나 신문의 이용보다 더 빠르고 편리하며 또 재미가 있다. 청소년들의 경우 컴퓨터 게임 속에서는 엄청난 힘을 가진 강자로 변모하고 그 때문에 즐거운 것이다.

그러나 컴퓨터는 인간관계에 엄청난 문제점을 던져주고 있다. 컴퓨터를 이용한 사이버 공간에서의 생활과 그 몰입은 인간소외 현상을 심화시켰고 우리들을 이중삼중의 다중적 인격체로 변모시키고 있다. 그리하여 어떤 때는 익명성을 빙자해 도덕가인 것처럼 그럴 듯한 글을 인터넷에 띄우지만, 때로는 입에 담지 못할 욕설이나 악플(사악한 댓글)로 스트레스를 풀고 가끔은 포르노에 빠지기도 한다.

이보다 더 심각한 것은 허위사실을 고의로 유포시키는 일종의 범죄행위를 서슴지 않고 자행한다는 점이다. 하여튼 컴퓨터와 인터넷의 보급에 따른 영향력은 정치나 사회의 각 부분은 물론 문화나 생활에까지 정말 심각한 영향을 끼치고 있다.

요즈음 아이들은 컴퓨터와 마주하면 마음이 편하고 즐겁다고 한다. 우선 다른 사람의 방해를 받지 않고 자기 뜻대로 무슨 일이든 시킬 수 있고 할 수 있는 것이 컴퓨터이다. 특히 인터넷을 통하여 엄청난 자료나 정보를 얻을 수 있기에, 부모들보다 더 많은 것을 알고 있으며, 미래에 대한 새로운 상황을 설계하고 그릴 수 있게 되어 있다.

따라서 요즈음의 아이들은 부모로부터는 용돈이나 받고 그 외에는 아무런 통제가 없기를 바랄 뿐이다. 그러니 얼굴도 모르는 어른들의 통제나 간섭에는 엄청난 거부감을 표출하는 것은 어쩌면 당연한 귀결일 것이다. 그러니 아이들에게 어른에 대한 존경심이 생길 이유가 없는 것이다.

요즈음의 아버지는 아이들에게 그저 나이가 좀 더 많은 친구와 같다. 딸이 아버지한테 반말을 지껄여대도 그것이 그냥 귀여워 죽을 지경이고 조금 더 성장한 아들도 집에서 아버지에게 존댓말을 쓰지 못한다.

'요즈음 애들 원래 다 그런 거지!' 하면서 얼마나 너그러운 부모들인가? 어머니는 자식 시중을 못 들어줘서 안달하니, 효자효녀는 벌써 사라졌고 자식에게 온갖 정성을 다 바치는 효부효모(孝父孝母)만 많다고 개탄하는 사람도 보았다.

부모가 자식의 시중을 들고 어리광에 너그러울 뿐만이 아니다. 그나마 학교교육을 통하여 조금이나마 배운 부모에 대한 존경심마저도 무시할 지경이 되었으니, 이 정도가 되면 부모가 오히려 자식 버릇을 나쁘게 가르치는 셈이며, 이는 참으로 걱정스런 세태가 아닐 수 없다.

모든 아이들은 어른에게 존댓말을 써야 하고 부모를 공경해야 한다는 기본을 왜 안 가르치는가? 어른 공경은 안 가르쳐도 나이가 들면 다 할 수 있다고 생각하는가? 부모 효도와 어른 공경은 가르칠만한 가치가 없는, 정말로 용도 폐기된 낡은 이념인가? 전통의 가치와 예절과 행동거지를 배우는 시간에 그것보다 더 나은 어떤 도덕을 배울 수 있겠는가? 걱정과 반문해야 할 것이 한둘이 아니다.

● 기본 윤리와 도덕

인간에게는 인간으로서 지켜야 할 도리가 있다.

배불리 먹고, 따스한 옷을 입으며, 편하게 살지만 교육을 받지 않는다면 마치 짐승과 같다고 했다. 인간에게 가장 중요한 윤리적 덕목으로 다섯 가지가 있고, 그 다섯 가지 윤리를 오륜(五倫)이라고 한다.

오륜을 맨 처음 언급한 사람은 맹자(孟子)이다. 《맹자(孟子) 등문공(滕文公)》 상편에 처음 등장하는 부자유친(父子有親)·군신유의(君臣有義)·부부유별(夫婦有別)·장유유서(長幼有序)·붕우유신(朋友有信)이 오륜인데, 삼강(三綱)보다 더 중요시되는 기본 윤리이다.

현대에 모든 사람들의 사회관계가 아무리 복잡하다지만 부자와 군신과 부부와 장유, 붕우의 다섯 부류에 모두 속한다. 직장 최고의 장(長)과 하급 직원인 나와의 관계는 군신관계의 연장과 비슷할 수 있다. 오너와 사원 간에 끈끈한 의(義)가 있기에 상호간 신뢰가 형성되고 한 직장에서 생활하며 서로에게 도움을 줄 수 있다.

부부유별의 참뜻을 아는 사나이라면, 절대로 성희롱 같은 언사나 행동을 하지 않을 것이다. 장유유서를 깊이 체득했다면 직장에서 선후배의 관계 또한 원만할 것이다. 또 붕우유신의 참뜻을 확실하게 알고 있다면, 어찌 친구를 배신하겠는가? 외국에서 오는 바이어나 내 가게의 단골들도 따지고 보면 나의 벗이 아닌가? 그런 사람들에게 신의를 지켜 거래하는데 사업이 왜 실패하겠는가?

오륜을 마치 낡고, 오래 되어 쾨쾨하게 냄새나는 윤리처럼 생각하는 사람이라면, 분명 그 언행에 문제가 있을 것이라고 필자는 단언할 수 있다. 사회가 복잡하고 관계가 얽히고설키는 이런 시대일수록 더욱더 오륜의 참뜻을 가르쳐야 한다고 생각한다.

2) 효도가 최우선

오륜의 첫째는 부자유친(父子有親)이다. 여기서 친(親)은 가깝다(近)의 뜻이다. 친(親)은 혈친(血親)으로 부친 모친이라 말하면, 아버지, 어머니이고, 양친이면 부모 두 분을 지칭한다.

부친유친이라면 핏줄로 이어졌기에 천성적으로 친애하는 정(情)이 우러나와서 부모는 자식에게 자애롭고〔부자(父慈)〕, 자식은 부모에게 효도하는(子孝) 감정이 있다는 뜻이다. 말하자면, 부모는 가르치지 않아도 자식을 아껴주고 사랑하며 양육한다. 그리고 자식은 강요하거나 가르치지 않아도 부모를 모시고 섬기며 봉양한다는 뜻이다.

부모에게 효도하고, 나라에 충성을 다하는 일 중 어느 것이 우선일까?

결론부터 말한다면, 충효를 동시에 다할 수 없다면, 부모에 대한 효도가 우선이었다. 그래서 부모가 돌아가시면 벼슬을 사직하고 돌아와 삼년상을 마쳐야만 했다. 부모에게 효도를 못한다면, 곧 자식의 도리도 다하지 못하는 것이니, 곧 제가(齊家: 집안을 다스리다)도 못하는데, 그러고서야 무슨 국가에 충성할 수 있느냐고 생각했었다.

사실, 어버이를 효성으로 섬길 수 있는 사람이기에 그가 나라에 충성을 다할 수 있는 것이며, 집안에서 형에게 공손할 수 있는 사람이 밖에서도 어른에게 공손할 수 있다. 그리고 가정을 잘 꾸려 나가는 능력이 있어야 벼슬살이에서 백성들을 잘 다스릴 수 있으니, 모든 행실은 집안에서 이루어지고(是以行成於內), 후세에 이름이 나는 것이라고 말할 수 있다(而名立於後世矣). 그래서 옛날 말에 충신은 효자 집안에서 구하라는 말이 생겼을 것이다.

그리고 부부유별(夫婦有別)도 매우 중요한 윤리이며 애정과 가정의 화목도 중요하지만, 부모에게 효도하지 않는다면 아무리 자식이 소중하더라도 아내, 곧 자식의 어미를 내보내야만 했다.

중학생 정도가 되면 자주 친구와 어울려 좀 먼 거리라도 놀러

다닌다. 그러면 적어도 누구하고, 어디엘 가며, 무엇을 하고, 언제 돌아올 것인가를 확실하게 말하고 가도록 가르쳐야 한다.

● 멀리 가지 않고, ~

옛날에 부모를 모시는 사람은 먼 데 놀러가서는 안 되고, 놀더라도 일정한 곳이어야 한다.(子曰, "父母在, 不遠遊, 遊必有方.")고 가르쳤다. 이는 《논어(論語) 이인(里仁)》의 구절이다.

부모님이 계시다면 집을 떠나 멀리 오래 머물러서는 안 된다. 아침저녁으로 부모님 보살핌〔혼정신성(昏定晨省)〕을 폐할 수도 없거니와 부모님께 걱정을 끼치기 때문이다. 그리고 어디서 무슨 일로 누구와 함께 있겠다고 말씀드린 그대로 지켜야 하고(遊必有方의 方은 方位), 또 돌아온다고 말씀드린 날에는 꼭 돌아와야 한다.

더군다나 병환 중의 부모라도 계시다면, 행선지를 갑자기 바꿔서도 안 되고 돌아올 시간을 넘겨도 안 된다고 했다.

"저 친구 ○○하고 영화 하나 보고 오겠어요."라고 아들이 말할 때, '그 애라면 안심이 된다' 고 생각하여 어머니는 용돈을 주면서 잘 놀다오라고 말할 것이다. 친구와 어울려 노는 것－소중한 일이며 사회생활을 배우는 것이다. 좋은 친구를 사귀는 것도 바로 효도라고 할 수 있다.

그러나 교우(交友)와 효도의 관계에서 간과할 수 없는 주요한 가르침이 있다. 그것은 친우라 할지라도 부모가 계시는 동안은 목숨을 거는 약속을 해서는 안 된다고 했다(親在不許友以死).

즉 친구와 죽음으로 맹서할 수 없는 것이다. 좋은 친구와의 진정한 우정은 소중한 것이기에 오륜 중에 붕우유신(朋友有信)의 가르침이 있는 것이다. 이 부분은 따로 언급할 것이다.

그러나 아무리 친구가 중요하다 하더라도 부모가 계시다면 효도가 우선이다. 이를 본다면, 부자유친(父子有親)이 왜 오륜 중에서 제일가는 덕목인가를 알 수 있다.

자식이 많으면 고생도 많다지만(多兒多累), 또 아들도 딸도 없는 사람이 신선이라(沒男沒女是神仙) 하면서, 무자식이 상팔자라고 말한다. 그러나 부모가 키우지 않은 자식이 있는가?

부모는 또 다른 하늘이니(父母是層天), 자식은 부모의 뜻을 따라야 한다. 어미의 자식 생각은 흐르는 강처럼 끝이 없지만, 자식의 부모 생각은 젓가락 길이 만큼이라고 한다. 또 자식은 어미의 몸에서 도려낸 살점(孩子是娘身上掉下來的肉)이라는 속담도 있다. 자식이 아프면 부모의 마음은 더 아프다. 부모님 마음을 헤아릴 줄 알아야 효도이다.

● 색난(色難)

자식이 늘 온화한 안색으로 부모를 모시는 일은 어렵다. 곧 부모의 안색을 보아 모시기는 쉽지 않다. 이는 《논어(論語)》의 구절이다.

공자는 여러 제자에게 효에 대하여 여러 가지 다른 설명을 해주었다. 맹의자(孟懿子)에게는 부모 뜻을 어기지 말라〔무위(無違)〕고 하였고, 번지(樊遲)라는 제자에게는 예를 다하여 모시는 것이라고 설명했다. 또 맹무백(孟武伯)에게는 부모는 자식의 병을 걱정하시니 건강한 것이 효도라고 일러주었고, 자유(子游)에게는 정성으로 공경해야 한다고 말했다.

그리고 자하(子夏)에게는 색난(色難)이라고 말했다. 일반적으로 '부모의 안색에 따라 그 뜻을 받들기는 어려운 일이다' 라는 뜻이다.

자식은 부모 앞에서 힘들거나 싫은 표정, 슬픔이나 근심을 얼굴에 나타낼 수 없다. 가령 걱정, 근심으로 자식 얼굴에 수심이 그득하다면 부모는 금세 알아채고 걱정하게 된다. 그러하기에 자식은 늘 평상시의 얼굴로 부모를 모셔야 하는데, 이 또한 쉬운 일이 아니며, 이것을 색난이라고 풀이한다.

공자는 색난(色難)에 대한 보충 설명을 추가로 말했다.

"힘든 일이 있다면 젊은 사람이 수고해야 한다. 술이나 음식은 어른에게 먼저 드린다. 그러나 이런 일을 효도의 전부라고 할 수 있겠느냐?"

곧 일상생활에서 어른 공경은 당연히 해야 하는 것이니, 효(孝)라고 특별히 지칭할 수 없다. 진짜 효도는 '색난(色難)' 이라고 말할 수 있다.

그래서 효자 가문에서 효자가 나오고(孝門有孝子), 가난한 집에 효자 난다(家貧出孝子)고 하지만, 색난이 어려운 것처럼 끝까지 효도하기가 쉽지 않다. 그러니 우리 속담에 '긴 병에 효자 없다(病長無孝子)' 라는 말이 나왔을 것이다.

●부모에 대한 원망

부모를 섬기면서 (부모가 잘못하면) 조용히 바른말을 올리지만, 부모가 받아들이지 않더라도 더욱 공경하며 부모 뜻을 어기지 말며, 기분이 상할지라도 원망하지 않아야 한다.

이상은 자식의 부모 섬김을 가르친《논어》의 구절이다.

자식은 부모가 고집을 부리며 잘못할 때, 진심으로 조용히 권유해야 한다. 그래도 부모가 받아들이지 않으면 울면서 따라가야 한다. 그러면 어느 부모라도 자식의 뜻을 다시 생각하게 된다. 효도란 쉬운 일이 아니다. 그렇다고 어려운 일도 아니다. 자식이 마음먹기 달렸다.

3) 조심조심

부모가 아들의 이름을 불렀다. 그러면 아들은 금방 대답해야 한다. "왜요?" 하면서 물어보아서는 안 된다. 부모가 하실 말씀이 있거나 시킬 일이 있기에 부른 것인데, 돌아보지도 않으면서 "왜요?" 하고 물어서야 되겠는가? 그리고 대답을 했으면 손에 하던 일도 멈추고, 식사 중이었다면 입에 든 음식을 뱉을 수야 없지만 얼른 삼키고 큰 걸음으로 빨리 달려 나와야 한다.

그리고 부모가 어찌하라고 말씀하신 일은 즉시 실천해야 한다고 가르쳐야 한다. 제가 하던 일, 또는 하고 싶은 짓 다하고 그때서야 부모의 지시를 따른다는 것은 부모의 말씀을 어기는 것과 똑같다고 엄히 일러주어야 한다.

집안에서 이런 기본적인 가정교육을 받고 자란 아들이 뒷날 직장에서 상사의 미움을 받겠는가? 절대로 그렇지는 않을 것이다. 그래서 가정교육이 중요한 것이고, 그 가정교육의 주체는 분명 아버지이어야 한다.

자식은 부모님의 말씀이 없고 표정이 없더라도 그 뜻을 헤아려야 한다고 했다.

이는 자식이 지키기에, 더군다나 현대의 생활에서 참으로 지키기 어려운 일일 수도 있다고 생각한다. 부모님께서는 아무리 힘들어도 힘들다고 말씀하시지 않는다. 또 당신께서 아무리 편찮으셔도 자식이 걱정할까봐 '난 괜찮다. 그냥 좀 누워있으면 다 나을거야!' 하며 내색을 하지 않는다. 부모님의 이런 깊은 뜻을 헤아린다면 그는 벌써 효자일 것이다. 부모님의 속뜻을 헤아리기가 그리 쉬운 일이 아니라 하더라도, 부모에게 걱정을 끼쳐드려서는 안될 것이다.

예나 지금이나 세상의 모든 부모들은 자식들에게 '높은 곳에 오르지 말라' 느니, '깊은 물가에 놀지 말라' 고 타이른다. 실제로 높은 나무에 올라간 아들을 보았을 때, 그 어머니의 타는 속을 아들이 어이 알겠는가? 요즈음의 취미생활이 얼마나 다양한가? 동해안에 가서 스쿠버다이빙을 즐긴 다음 번지점프를 하겠다고, 또 인수봉에서 암벽등반을 하겠다고 말씀드렸을 때, 부모님은 조심하라 당부하며 보내지만, 돌아올 때까지 부모의 애타는 조바심을 그 아들이 알겠는가?

아들이 조그만 외상을 당해도 부모는 가슴을 쓸어내리며 걱정한다. 그런데 중상을 입거나 먼저 간다면, 그것은 불효 중에서도 엄청난 불효이다. '내 몸은 부모로부터 받은 것이니 다치지 않는 것이 효도의 시작이라' 는 말을 언제나 유념해야 할 것이다.

이런 교훈을 적당한 계기에 아들에게 한두 번은 꼭 강조해야 한다. 어려서 들은 이야기는 성인이 되어도 기억한다. 때문에 아들은 어릴 때부터 가르쳐야 한다.

그리고 '억지로 남을 헐뜯지 말고 구차하게 웃지 말라' 는 가르침은 어떤가? 부모는 아들의 행동거지가 당당하고 바르기를 바란다. 남과 어울려 상관도 없는 일에 끼어들지 말아야 할 것이며, 권세나 금력(金力) 앞에 구차하게 웃으며 비위 맞추지 말라는 뜻이다. 이는 요즈음 사람들에게도 꼭 필요한 가르침이라 할 수 있다.

아들의 일거수일투족까지 걱정하는 것이 부모님 마음이다. 그런 부모님 마음을 헤아려, 그 부모님의 마음처럼 부모님을 위한다면, 이 세상에 효자 아닌 사람이 있겠는가?

지금 중학생 정도의 어린 아들한테 부모님 낯빛을 살피고, 뜻을 헤아리라고 가르치기는 어려울 것이다. 그러나 중학생 정도면 가정의 경제 상황을 보아 부모에게 무리한 요구를 하지 않는다.

바로 이 점이 어린 아들이 부모를 공경하고 효도를 할 수 있다는 싹이라 할 수 있다. 그 정도가 되면 부모로서, 가장으로서 최선을 다하는 부모가 될 것이고, 그러면 자식은 절로 바르게 성장할 것이다. 그리고 다시 한 번 되풀이하지만, 아들은 어려서부터 아버지가 가르쳐야 한다. 그것도 엄격하게 가르쳐야 한다.

4) 내 물건

《예기(禮記)》에는 '부모님이 계시다면 그 몸을 마음대로 할 수 없고 재물을 사사로이 처분할 수 없으니, 이는 사람들에게 위아래가 있음을 가르치는 것이다' 라고 했다.

부모가 계시다면 내 몸인들 내 마음대로 할 수 있는가? 부모님의 눈을 뜨게 한다고 뱃사람들에게 자신의 몸을 판 심청은, 엄격하게 말한다면 효녀가 아니다. 다만 나중에 그 결과가 효도가 된 것뿐이다. 부모님이 계신 동안 내 몸은 부모님을 위한 것이니 함부로 다쳐서도 안 된다.

또 부모님의 허락 없이 내가 처분할 수 있는 내 물건이나 자산이 있는가? 함부로 친구를 위한 빚보증을 설 수 없는 이유는 간단하고도 명백하다.

노인복지센터에, 또 종로 탑골공원 뒤쪽 무료급식소 앞에 한 끼 식사를 위해 줄지어 서있는 노인들을 보라! 하기야 요즈음 아들의 사업 때문에 끼니를 걱정하는 부모는 얼마나 많은가? 사위의 사업 보증으로 재산을 날리고 곤궁에 처한 노인은 얼마나 많은가? 끼니를 거르는 노인이 – '이제는 아들에게 빼앗길 재산도 없으니 마음이 홀가분하다' 며 쓴웃음을 짓던 노인 – 그는 분명 아들을 잘못 가르쳤다는 후회를 하고 있을 것이다.

아들이 중학생이라면 부모의 물건을 소중하게 여기는 것을 가르쳐야 한다. 어쩌면 용돈을 함부로 쓰지 않게 가르쳐야 한다.

중 · 고등학생의 흡연을 어떻게 계도해야 하는가? 사실 이는 국가적인 큰 문제로 인식해야 하지만, 흡연으로 병든 남녀 고등학생의 심신은 10년이나 20년 뒤가 문제인 것이다.

학생들은 담배를 무슨 돈으로 사는가? 부모로부터 받는 용돈이다. 필자가 교사로 근무할 때, 담배를 피운 학생을 잡아다가 담배의 해독을 설명해봐야 혈기왕성한 학생들에게는 전혀 먹혀 들어가지 않았다.

필자는 꼭 학생 부모의 직업이나 가정 형편을 꼼꼼하게 질문한

다음에 "너의 아버지가 힘들게 막노동해서 번 돈인데, 네가 그 돈으로 담배를 사서 연기로 날려도 되느냐?"고 따져 묻는다. 그러면 학생들은 아무 대꾸도 못하고 고개를 숙인다.

그러나 이런 경우, 학생 열 명이면 열 명 모두가 마음속으로 나를 지독하게 미워하고 다른 자리에 가서는 나에게 욕을 해댄다. 그것은 제 잘못에 대하여 부모를 거론하는 것이 자신의 가장 아픈 곳을 찌르는 것이기 때문이다.

학교 다닐 때, 부모로부터 엄한 교육을 받았다면, 효도에 대한 가르침을 받았다면, 내 것이라도 내 마음대로 처분할 수 없다는 것을 배웠다면, 학생 시절에 부모가 힘들여 번 돈으로 담배를 사 피울 수 없는 것이고, 성인이 되어서 사업한다면서 또 친구의 빚보증을 서서 부모의 재산을 다 날리는 일은 없을 것이다.

5) 부모 마음을 편하게

《명심보감(明心寶鑑)》에 효행편(孝行篇)이 있다.

거기에 나오는 공자님의 말씀에 "효자가 어버이를 섬길 때에는 공경을 다하여 모시고, 부모님이 즐겁도록 봉양하며, 병이 드시면 병구완만을 걱정하고, 돌아가시면 슬픔을 다하며, 제사 지낼 때엔 엄숙하여야 한다."고 하였다.

또, 공자의 제자인 증자(曾子)는 효행으로 유명한 사람이다. 증자의 본명은 증삼(曾參, 기원전 505~435년)으로 공자보다 46세 연하였다. 아버지 증석(曾晳)과 함께 부자가 모두 공자의 제자였다. 공자의 학통을 이은 제자로 종성(宗聖)으로 추앙받고 있다. '하루에 자신을 세 번 살피는(日三省吾身)' 수양을 했다. 《대학(大學)》과 《효경(孝經)》을 저술했으며, 효자로 널리 알려졌다. 또 曾參殺人(증삼살인)과 曾子殺猪(증자살저, 猪는 돼지 저) 등 여러 고사(故事)의 주인공이다.

증자의 가르침에 다음과 같은 내용이 있다.〔《소학(小學) 명륜(明倫)》.〕

"효자가 노친을 봉양할 때에는 그 마음을 즐겁게 하고, 그 뜻을 거스르지 않는다. 부모님의 귀와 눈을 즐겁게 하고, 편안한 거처를 마련해 드리며, 좋은 음식으로써 진심으로 봉양해야 한다."

사실 늙은 부모의 몸은 그저 따듯하고 좀 편하면 되며, 그 마음은 단순하기 짝이 없다. 젊은 날의 모든 것을 자식들에게 다 주어 버렸고 이제 아무것도 남은 것이 없다. 낙이 있다면 자식들이 잘 사는 것을 바라보는 것이 유일한 즐거움이다.

그 부모의 눈과 귀를 즐겁게 해드리는 일이나 거처를 춥고 덥지 않게 돌봐드리는 일, 그리고 입맛에 맞는 음식을 마련하여 진심으로 봉양하는 일 – 어쩌면 이 몸을 낳고 길러주면서 온 마음으로 자식을 걱정해주신 부모님께 자식이 해드릴 수 있는 전부가 아니겠는가? 다만 거기에 자식이 정성이 있어야 할 것이다.

자식이라면 부모의 연세는 꼭 알아야 하지만, 부모의 연세를 생각하면 한편으로는 기쁘고, 한편으로는 두렵다고 했다. 아들의 생각이 여기까지 미친다면 그는 효자라 할 수 있다.

자식이 부모님의 말씀을 거스르지 않으면, 그 자체가 부모님 마음을 즐겁게 하는 것이다. 열심히 공부해 주기를 바라는 부모님 마음을 헤아려 열심히 공부하고, 그래서 상이라도 타왔을 때 어머니 마음은 한없이 즐거운 것이다. 그것이 바로 효도이다.

우리 아이들이 어렸을 때, 학교에서 상장을 하나 받아오면 자장면을 시켜 먹는 것이 우리 집의 행사였다. 두 애들에게 자장면 두 그릇을 시켜준 뒤 그 먹는 모습을 바라보는 일, 그리고 애들이 먹다 남긴 자장면에 찬밥을 비벼먹으면서도 아내는 한없이 즐거웠다고 말했다. 그때 우리 애들은 우리 부부를 기쁘게 해주었으니 나름대로 우리에게 효도를 했던 것이다.

그런데 나는 부모에게 어떤 효도를 했는가? 이미 오래 전에 돌아가셨지만 어머님께서 편찮으실 때 나는 자식의 도리를 다했는가? 생각하면 부끄럽기 짝이 없다. 이 슬프고도 슬픈 회한의 눈물은 아마 내가 죽는 날까지 계속될 것이다.

자식에게 효도를 가르쳐야 한다. 그 가장 좋은 방법은 아버지가 몸소 효도하는 일이다.

2. 부자유친(父子有親) (2)

1) 부모의 허물

자식이 부모에게 효도를 해야 한다는 데는 이견이 없다손 치더라도, 부모가 잘못이 있거나 허물이 있으면 자식이 어떻게 해야 하는가? 이 문제는 그리 간단하지가 않을 것이다.

아버지가 술을 너무 좋아한다든지, 도박을 너무 좋아해 가정을 돌보지 않는다든지, 심지어는 도벽이 있어 툭하면 경찰서에 불려 다닌다고 할 때, 효도하는 자식으로서 어떻게 해야 하는가?

실제로, 평소에는 매우 온순하다가도 술만 마시면 부부싸움을 하고 살림을 부수며 자식들을 심하게 구타하는 등 폭군으로 변하는 아버지를 주변에서 쉽게 볼 수 있다.

이런 경우 옛 가르침에는 '조용히 온화한 표정으로 부드럽게 말씀드려야 한다. 자식이 바른말을 하여도 듣지 않을 경우라도 더욱 공경하며 효도를 다해야 한다. 그리하여 부모의 기분이 좋을 때 다시 말씀드려야 한다' 고 하였다.

사실 부모의 잘못을 보는 자식의 마음은 참담할 것이다. 그러나 자식이기에 “아버님, 약주가 너무 과하십니다. 조금 절제하시는 것이 좋지 않겠습니까?”라고 말씀드리는 고등학생이나 대학생이 얼마나 있을까?

하여튼 옛 가르침에는 어떠한 경우라도 온화하고 순종하는 태도를 가지고 효도를 다하면서 두 번 세 번이라도 말씀드리라고 하였다. 자식이 하는 말에 부모가 노하여 종아리를 치더라도 울면서 맞으라고 하였다.

또 부모가 불합리한 어떤 일을 하고자 할 때, 아들의 견해로는 부모님의 판단이 정말 틀렸을 때, 그런데도 아들의 말을 거부하고 고집을 부릴 때는 어떻게 해야 하는가? 그런 경우 세 번을 바른말로 말씀드려야 하고, 그래도 듣지 않는다면 울면서 부모의 뜻에 따르라고 하였다.

《맹자》에는, 옛날에 아들을 서로 바꾸어 교육했다는 말이 있다. 아무리 어린 아들이지만, 수준에 이르도록 계속 꾸짖는 것이 결코 부자지간에 좋은 일은 아닐 것이다. 아버지가 아들을 꾸짖고 나무라고 가르치는 것도 어렸을 때 이야기이지, 성인이 된 아들을 꾸짖는 것도 최선의 방법은 아니다. 그리고 성인이 된 아들이라도 연세든 아버지의 잘잘못을 따질 수도 없을 것이다.

그렇게 되면 부자간은 완전히 갈라서게 된다. 일단 아버지와 아들의 틈이 벌어지면 다시 봉합하는 것이 어려운 일일 것이다.

그래서 맹자는 '부자간에는 서로 잘하라고 책망하지 않아야 한다' 고 결론을 내고 있다.

결국 아버지는 아버지대로, 아들은 아들대로 행실을 조심하며 아들 때문에 자신의 의지를 조금 굽혀야 하고, 아버지가 계시기에 아들도 아버지의 뜻을 살펴 받들면서 부자간 조화를 이루어야 할 것이다.

요즈음 부자간의 의견 대립이 있다면, 젊은 아들이 어떻게 행동할지? 참으로 어려운 이야기이다. 그러나 옛 어른의 그런 가르침을 거부하거나 부정할 수는 없을 것이다.

2) 효도의 시작과 끝

증자(曾子, 名은 參)는 공자의 제자인데, 효행이 돈독했다. 《논어 태백》편에 보면, 증자는 병석에서 그의 제자들에게 말했다.

"내 발을 펴보아라. 내 손을 펴보아라. 《시경》에 있는 '전전긍긍하여 깊은 연못가에 있듯 얇은 얼음을 밟듯 하라' 는 말처럼 몸을 조심하였는데, 이제부터는 내 걱정을 면하게 되었구나!"

일찍이 공자께서 증자(曾子)에게 말했다.

"우리 몸의 터럭과 피부까지도 부모에게서 받은 것이니 다치지 않는 것이 효도의 시작이며, 자립하고 바른 도를 실천하여 이름을 후세에 남겨 부모를 높이 드러내는 것이 효도의 끝이다."

지금 세상에서는 부모가 주신 신체를 고스란히 보전하는 일도 쉬운 일이 아닐 것이다. 적어도 불의의 사고를 당했을 때, 손발을 못 쓰게 되는 것도 서럽지만, 그런 일을 당했을 때 부모의 가슴은 얼마나 아프겠는가? 불효라 아니할 수 없을 것이다.

자식이 건강하게 자라 학교에 다니면서 '공부 못한다' 는 소리를 듣지 않는 것도 역시 부모에 대한 효도이다. 그보다도 공부 잘하고 못하고를 떠나서 바른 행실로 부모에게 걱정을 끼치지 않아야 할 것이다.

성인이 되면 제대로 군대도 갔다와야 할 것이고, 자신의 적성에 맞는 일자리를 얻어 열심히 일하면서 때맞춰 결혼하여 일가를 이루는 것 또한 아들이 해야 할 효도일 것이다. 그 아들이 이름을 날리어 부모님을 기쁘게 하고, 또 부모님께 그 영광을 돌린다면 더 없는 효도일 것이다.

그러나 꼭 이름을 날릴 정도는 아니어도, 중학교 때는 중학생으로서 부모에게 걱정을 끼쳐드리지 않으며, 나이를 먹고 성장하면서 그 나이에서 해야 할 일을 다한다면, 그리고 경제적으로도 자립하여 부모를 봉양한다면, 그것이 바로 효도가 아니겠는가?

간단히 말하여, 효도의 시작이 내 몸을 아끼고 근신(謹愼)하며 부모를 섬기는 것이라면, 효도의 끝은 입신(立身), 곧 제 할 일을 제가 하며 살아가는 것이다.

그리고 부모가 나를 낳고 길러주셨듯이 나도 자식을 낳고 길러 뒤를 이어야 할 것이다. 부모가 나를 사랑으로 키우신 것처럼 나도 내 자식을 사랑으로 키워 대를 잇게 해야 한다. 물론 자식 사랑하는 만큼 부모님을 사랑으로 모셔야 한다. 하지만 이것이 매우 어려운 일이다.

이처럼 집안에서 효도하는 사람만이 밖에 나가서도 타인을 사랑하고 섬길 수 있는 것이다. 효자가 부모를 모심에 있어 일상생활에서는 공경을 다하고, 즐겁고 온화하게 봉양하며, 병이 나셨다면 온 정성으로 간병한다. 이런 사람은 밖에 나가도 교만하지 않고 질서를 해치지 않으며 다른 사람과 분란을 일으켜 싸울 리도 없다.

우리 속담에 '내리 사랑은 있어도 치사랑은 없다' 고 하지 않았는가! 자기 처자식만을 생각하고 자기 부모를 모시지도 않으면서 가족도 아닌 타인에게 사랑을 많이 베푼다면, 그것이야말로 패덕(悖德, 悖는 어그러질 패)이며 부모님을 공경하지도 않으면서 타인에게 공경의 예를 차린다면, 그것은 패례(悖禮)라 아니할 수 없다. 더군다나 부모에 대한 효도가 애완동물에 대한 사랑과 비교 된다면 얼마나 서글프겠는가?

'요즈음 며느리들이 강아지 사랑의 반의반에 또 반만큼만(이를 수학적으로 계산하면 0.125, 곧 12.5%가 된다.) 효도한다면, 구청장한테 효부상을 받는다' 는 노인정 노인네들의 우스갯소리에 쓴웃음을 지을 수밖에 없는 것이 요즈음의 현실이다.

적극적인 효도가 아니더라도 그저 보통의 일상생활만 한다 해도 효자 소리를 듣기도 한다. 말하자면, 불효만 아니면 그게 곧 효도라는 뜻이 된다.

일상생활에서 게을러서 부모를 모시지 않는 것이 불효이며, 노름과 주색잡기에 푹 빠져 부모를 돌보지 않는 것이 두 번째 불효이며, 제 처자만을 보살피며 부모를 돌보지 않는 것이 세 번째 불효이며, 밖에 나가 제멋대로 놀아나서 부모를 힘들게 하는 것이 네 번째 불효이며, 싸움질로 부모를 곤경에 처하게 하는 것 또한 다섯 번째 불효이다.《맹자(孟子) 이루(離婁) 下》

학교 다니면서 성실하게 노력하지 않는 것도 불효이다. 자기 직장에서 무능하다고 쫓겨나는 것도 불효이며, 범법행위도 불효이며, 병역의무 기피 행위도 확실한 불효일 것이다. 친우를 믿음으로 사귀지 못하는 것도 불효이며, 친우에게 사기 당하는 것도 불효이다.

시집 장가갈 때가 되면 좋은 배우자를 골라 결혼해야 한다. 너무 늦은 결혼도 불효이며, 이혼소송에 휘말리는 것도 불효이다. 그리고 자식을 못 두어 대를 잇지 못하기에 부모의 속을 태우는 것도 불효이다. 자식을 낳았어도 제대로 가르치지 못하거나 건강하게 키우지 못하는 것 또한 큰 불효이다.

그래서 인간이 지을 수 있는 3,000가지의 죄악 중, 가장 크고 무거운 죄가 불효라 했다.《효경(孝經) 오형장(五刑章)》 이를 본다면, 효도가 인간 모든 행실의 시작이며 끝임을 알 수 있을 것이다.

이제 마지막으로 효도와 불효는 꼭 부모를 닮는다는 것을 명심해야 한다. 내가 어버이에게 효도하면, 내 자식 또한 나에게 효도할 것이다. 나 자신이 부모에게 불효했다면, 자식이 어찌 나에게 효도하겠는가? 효도하고 양순한 사람은 효도하는 자식을, 또 불효자는 부모에게 거역하는 아들을 낳는다. 이는 처마 끝 낙수 물이 꼭 그 자리에 떨어지는 것과 같은 이치이다.《명심보감(明心寶鑑) 효행편(孝行篇)》

3) 자식의 노인학대

조선일보에서 '노인학대' 기사를 검색했다. 그중 몇 개 기사의 제목은 아래와 같았다.

△ 신발도 못 신고… 80대 노모, 영하 5도에 집에서 도망. (2022. 1. 18)

80대 노인 바닥에 내동댕이쳐 (2022. 1. 14)

△ 김천 보호센터, 80대 치매 할머니 손발 묶고서 집단폭행. (2022. 1. 7)

△ 노인학대, 집콕으로 급증… 가해자는 아들이 1위.(2021. 6. 15)

△ '경전철 노인폭행' 촉법소년–폭행죄보다 무거운 노인학대죄 적용.(2021. 1. 27)

△ 노인학대 가해자 10명 중 6명이 가족.(2020. 6. 16)

경찰청 15일부터 2주간 '노인학대 집중 신고기간' 운영(2018. 6. 14)

노인학대가 최근에 급증하고 있다. 그 학대의 대상은 노인이고, 가해자는 자녀 등 가족에 의한 경우가 대부분이다. 그런데 특히 노인 스스로 학대 사실을 알리지 않으려는 성향이 강한 만큼, 노인학대를 예방하기 위해서는 주변의 관심과 신고가 반드시 필요하다.

2021년 국내 노인학대 판정 건수(신고 중 실제 학대 행위로 판정된 사례)가 2020년 대비 20%가량 증가한 것으로 나타났다. 매년 건수가 늘고 있는 가운데, 2021년의 경우 코로나19로 인한 스트레스, 가족갈등으로 인해 증가 폭이 더욱 컸던 것으로 보인다.

전문가들은 피해자들이 대부분 신체적 · 정신적으로 쇠약한 상태임에도 학대 사실을 드러내지 않으려는 성향이 강한 만큼, 주변 가족과 이웃, 기관 등의 관심이 절실하다고 강조한다.

최근 보건복지부 조사에 따르면, 2020년 전국 34개소 노인보호전문기관에 접수된 노인학대 신고 건수는 총 1만 6,973건으로 2019년(16,071건) 대비 5.6% 증가했다. 이 중 실제 학대 판정 건수는 2019년(5,243건)보다 19.4% 증가한 6,259건으로 확인된다. 최근 5년간 증가 폭이 8~10%, 적게는 1%에 머물렀던 것에 반해 지난해는 건수가 1,000건 이상 급증했다.

복지부는 "코로나19로 인한 우울장애와 스트레스, 가족 갈등 등으로 불가피하게 노인학대가 증가했다."며 "가정 내 체류시간이 길어지고 제한된 공간에서 함께 생활하면서 갈등이 확산되고 학대가 증가한 것으로 보인다."고 설명했다.

실제 2020년 노인학대로 판정된 신고 중 가정 내 학대가 가장 많은 비중을 차지했다. 이는 과거에 비해 '부모'라는 존재에 대한 존중 의식이 낮아진 반면 불만은 높아진 까닭일 것이다.

노인학대는 크게 ▽ 신체적 학대 ▽ 정서적 학대 ▽ 성적(性的) 학대 ▽ 경제적 학대(착취) 등으로 구분된다. 이밖에 부양 의무자에 의한 '방임'과 노인 스스로 자기보호를 포기하는 '자기 방임', 보호자 또는 부양 의무자가 노인을 의도적, 강제적으로 분리시키는 '유기'도 노인학대에 포함된다. 정서적 학대(42.7%, 지난해 기준)와 신체적 학대(40.0%)가 압도적으로 많은 비중을 차지하며, 최근에는 혼자 사는 노인들이 늘면서 스스로 생존을 위한 최소한의 권리를 포기하는 자기방임 역시 꾸준히 증가하고 있다.

●아들의 노모 학대

노인학대는 여러 측면에서 아동학대나 배우자 학대 등 다른 학대 유형과 닮아있다. 기본적으로 가해자가 자신보다 약한 대상에게 폭력을 가하며, 2개 이상 학대가 동시에 발생하는 경우가 많다. 그러나 피해자 스스로 법적인 권리를 행사할 수 있다는 점, 피해자의 경제적 독립성이 높다는 점, 신체적 학대가 차지하는 비중이 낮다는 점 등에서 차이를 보인다. 이 같은 차이는 다른 학대에 비해 노인학대를 쉽게 판별할 수 없도록 하는 원인이기도 하다.

노인학대의 경우 대부분 자녀(아들 34.2%, 딸 8.8%, 2020년 기준), 배우자(31.7%) 등 가족에 의해 학대가 발생하다 보니, 피해자들이 외부로 피해 사실을 알리지 않거나 피해 사실 자체를 인정하지 않으려는 성향이 강하다. 학대 사실이 발견되더라도 당사자인 노인이 도움을 거부하는 경우 또한 적지 않은 것으로 알려졌다. 여기에 아직까지 다른 학대 유형에 비해 사회적 관심이 적고, 학대를 가정의 문제로만 여기는 분위기 또한 노인학대가 지속적으로 발생하는 데 영향을 미치고 있다.

학대를 당한 피해자 역시 자신에게서 원인을 찾거나 문제를 스스로 해결하려 해선 안 된다. 노인학대 원인은 가해자의 내적 문제(정신질환, 중독 등)와 외적 문제(부양에 대한 부담, 가정 불화

등), 경제적 어려움 등 피해자가 해결할 수 없는 문제가 대부분이다. 실제 노인학대 가해자 10% 이상이 신체장애 또는 정신장애가 있었으며, 특히 정신장애는 학대 피해 노인보다 가해자들의 비율(48.1%, 피해자 20.8%)이 높은 것으로 나타난다.

노인학대가 일어난 장소는 '가정 내'(5,505건, 88.0%)가 가장 많았다. '가정 내' 다음으로 노인학대가 많이 발생한 장소는 요양 시설 등 생활 시설(521건, 8.3%)이었다. 복지관, 노인정 등 이용시설(92건, 1.5%)과 병원(37건, 0.6%)이 그 뒤를 이었다.

학대 행위를 한 가해자는 피해자의 '아들'인 경우가 34.2%로 가장 많았다. 2019년(31.2%)보다 비율도 늘었다. '배우자'가 학대 가해자인 비율도 매년 늘어 5년 전 2016년 20.5%에서 지난해 31.7%까지 상승했다. 그다음은 기관(13%), 딸(8.8%), 타인(3.3%), 며느리(1.8%) 순이었다.

노인학대 피해자는 주로 정서적 학대(4,188건, 42.7%)와 신체적 학대(3,917건, 40.0%)를 당한 것으로 나타났다. 노인 본인의 동의 없이 재산을 가로채거나 임의로 사용하는 경제적 학대 사례도 431건(4.4%)이었다.

● 노인에 대한 경제적 학대

보건복지부에 따르면 65세 이상 경제적 학대 피해자는 2016~

2020년 연평균 428명이었다. 2020년 기준 경제적 학대 가해자 466명 중 361명(77.5%)이 피해자의 친족이었다. 이 중 아들이 205명으로 가장 많다. 친족 다음으로는 요양병원이나 요양원 등 노인 시설 및 기관 종사자가 61명(13.1%)으로 많았다. 학대를 당해도 신고하지 않는 경우가 많아 실제 피해자는 훨씬 더 많을 것이다.

우리나라에서는 '부모 재산이 곧 자녀 재산' 이라는 인식 때문에 경제적 학대가 쉽게 용인됐다. 하지만 국내 65세 이상 인구는 2029년 1,252만 명으로, 2017년 대비 1.8배로 늘어난다.

경제적 학대를 당한 노인은 "자식 잘못 키운 내 탓" 이라는 자책감으로 신고도 포기하며 신고해도 형사처벌이 쉽지 않은 현실이다.

그리고 가해자 78%가 친족이며 그중에서도 아들이 최다이며,부자보다 가난한 노인의 피해가 많다. 돈 요구를 거절했을 경우 가정폭력 등 2차 피해를 유발하게 되며 경제적 학대는 빈곤 노인에겐 생존과 직결된 문제이다. (2022년 6월 15일 동아일보 기사 참고)

4) 조상 숭배

가정의 여러 가지 의례 중에서 중요한 것이 관혼상제(冠婚喪祭)이고, 이를 보통 사례(四禮)라고 한다. 성인식(成人式)이라 할 수 있는 관례는 지금 거의 행하지 않고, 혼례는 너무나 서양식으로 변해버렸다.

상례와 제례도 많이 변했지만, 그래도 전통적 의례가 많이 남아 있는 것이 장례 의식과 제사 의식이다. 그런데 이 장례와 제례는 가가례(家家禮)라는 말이 있을 정도로 지방이나 성씨에 따라 다르고 집집마다 다른 것이다. 그러니 쓸데없는 참견을 '남의 제사에 감 놔라 대추 놔라' 한다고 말하지 않는가! 그렇다면 한 집안의 제사의식은 그 가장이 가장 잘 아는 것이고, 가장인 아버지가 알고 있는 의례나 절차는 아들에게 전수되어야 한다.

조부모 제사라든지 설과 추석의 명절 차례나 한식(寒食)과 벌초(伐草)와 같은 행사에는 꼭 아들을 데리고 가거나 아들이 참여하도록 해야 한다. 그리하여 조상이 계셨기 때문에 네 아버지가 있고, 부모가 있기에 네가 태어날 수 있었다. 또 네 할아버지의 노력과 재산으로 네 아버지가 학교에 갈 수 있었고, 네 할아버지의 가르침을 받은 아버지가 또 너를 가르치고 있다는 사실을 아들에게 분명히 가르쳐야 한다.

가문을 빛낸 옛 조상들의 행적을 들려주는 것도 훌륭한 가정교육이다. 그런 가정교육은, 곧 가문의 명예를 지킨다는 뜻이 담겨 있다. 다만 허례허식이 아닌 참된 마음으로 참여하는 각종 의식이 되어야 하고, 그런 의례에 참여하여 진정으로 조상을 위한다는 마음과 긍지 곧 자부심을 갖도록 가르쳐야 한다.

군자는 아무리 가난해도 제기(祭器)를 팔아서는 안 되며, 아무리 춥다 하여도 제복(祭服)을 입고 살아서는 안 된다. 또 집을 짓는다고 조상 묘가 있는 산의 나무를 베어서도 안 된다.《예기(禮記) 곡례(曲禮) 下》 그것은 아버지와 아들이 함께 지켜나가야 할 자존심이기 때문이며, 옛날이나 지금이나 그 정신은 아마도 마찬가지일 것이다.

5) 족보

족보〔族譜, 譜牒(보첩), 世牒(세첩)〕는 한 가문의 계통과 일족의 혈통 관계를 기록한 책이다. '족보에 오르다', '족보를 따지다' 라는 말을 한다.

온 나라의 일족의 혈통을 시조(始祖)부터 당대까지, 동성동본에 딸린 모든 파(派)의 족보를 합쳐서 엮은 족보를 보통 대동보(大同譜)라고 말한다. 이 대동보는 그 성씨 모든 사람을 수록했기에 웬만한 가문의 대동보는 수십 권에 이르고, 상당한 지식과 관심 없이는 자신의 이름을 찾아보기도 힘들다.

그러나 어찌 보면, 우리나라 안에 있는 같은 성씨 상호 모두의 혈연관계를 따질 일도 없고, 보관도 힘들기에 동성 내에 같은 파별 족보를 만들기도 한다. 예를 들면, 여양진씨(驪陽陳氏) 매호공파(梅湖公派)의 족보 같은 것이다.

그런데 사실 이마저도 그 분량이 적지 않다. 그러다 보니 직계 조상을 중심으로 간단한 가계(家系)를 기록한 족보를 만드는데, 이를 가승(家乘)이라 한다. 옛날에는 이 가승을 필사하여 일가끼리 보관하였다. 지금도 대동보를 근거로 자신의 직계 조상만을 기록한 가승은 비교적 쉽게 만들 수 있어 가정에 보관하며 가정교육에 활용할 수 있다.

이 족보는 한 가문과 그 구성원의 사회적 기반을 마련해 주는 근거이다. 몇 대(代) 조(祖)께서 이런 관직에 있었고, 이런 일을 하셨으며, 그 후손이 이렇게 번창하여 오늘의 나에 이르렀다는 자랑의 근거가 될 수도 있다.

곧 그 개인의 정체성(正體性)을 시간적, 공간적으로 확인시켜주는 존재(存在) 증명서가 족보이다. 족보는 전통 가정생활에서, 구성원 한 개인으로서 도달할 수 있는 최대의 성취를 처음으로 경험하게 해주는 자료이다. 자녀가 성장하여 학문과 경험이 쌓이고 넓어지면서 나를 떠받치고 있는 시간적, 공간적 위치는 그 가문의 한계를 넘어 크게 확대된다. 이런 의미에서 족보는 한 가정의 긍지와 당당함을 교육해 주는 최선의 방법일 수도 있다.

족보는 가족의 내원(來源)을 알 수 있고, 그 가문의 변천과 함께 당시의 역사적 사실도 증명하는 기록이 된다. 그리고 그 후손을 교육하는 긍정적인 가치가 있다.

그러나 가문의 내력이나 변천을 위조하거나, 역사적 위인을 자신의 가문의 선조로 꾸며대거나, 역사적 사실과 어긋나는 관직, 작위 등 사실을 조작하는 폐단이 있었다.

사실 '자신이 배운 것이 없다면 조상 자랑을 하지 말라!' 고 했다. 지금 한미하고 가난하다면 조상이 잘 살았다고 자랑하지 말라. 사내대장부는 출신이 낮다고 걱정하지 않는다고 하였다.

그렇지만 어지간히 살게 되었을 때, 자식들이 자기 집안의 내력도 모른다면! 또 '누구네 집에는 족보가 있다는데, 우리 집에는 족보도 없네!' 라고 아들이 말한다면, 아버지는 뭐라고 대답하겠는가?

그래서 옛날에 미천한 집안이 융성하게 되면 우선 조상의 산소를 크게 치장했다. 그리고 돈을 들여 족보를 사서 가문의 영광을 꾸몄다.

지금도 경제적으로 성공한 사장들은 돈을 들여 자신의 가문의 족보를 만들고 있다. 국립중앙도서관에는 우리나라 족보만을 모아둔 자료실이 있는데, 예상 밖으로 많은 사람들이 모여 족보를 복사하고 내용의 착오 유무를 따지며, '~이렇게 되어야 합니다. 이렇게 합시다' 라는 이야기를 한다. 이는 지금도 족보가 계속 만들어지고 있다는 뜻이다.

6) 친가와 외가

학생들에게 "너의 친척(親戚)을 생각나는 대로 말해보라."고 하면 "할머니, 큰아버지, 큰어머니, 그리고 외삼촌, 이모, …" 등으로 대답한다. 다시 "친할머니냐, 외할머니냐?" 하고 물으면, 그때서야 외할머니나 친할머니를 구분한다.

이런 현상은 서울이라는 대 도회지에서 어머니를 중심으로, 외가(外家)와 많은 관계를 가지고 생활한다는 것을 의미한다. 어려서부터 할머니와 외할머니는 엄격하게 구분하여 가르쳐야 한다.

친척(親戚)이란 혈족인 친족(親族)과 혼인에 의한 관계인 척족(戚族)을 총칭하는 것이다. 친족은 나의 8촌 이내의 부계혈족, 4촌 이내의 모계혈족, 배우자의 부모를 포함하는 개념이다.

'친가(親家)에서 귀한 손자가 외가에서도 귀염을 받는다' 는 말도 있지만, 외가에서 아무리 귀여워해도 외가는 외가이지, 결코 친가는 아니다.

부자유친에서 친(親)은 부계 혈통을 강조한 것으로, 성이 같은 아버지와 나, 백·숙부와 나, 나와 사촌 형제, 나와 조카들이 나의 친족이다. 친족이란 혈연으로 맺어진 관계와 그 배우자를 말하는데, 현행 민법에는 법률적으로 효력이 있는 친족으로서 첫째, 남자의 8촌 이내의 부계 혈족과 둘째, 남자의 4촌 이내의 모계 혈족(外家)과 셋째, 아내의 부모를 지칭한다. 그러나 전통적인 의미에서의 친족은 고조부모(高祖父母)를 같은 직계 조상으로 하는 혈족(8촌 형제까지 포함)과 그 배우자를 말한다.

외척(外戚)은 어머니 친가에서의 관계를 나의 입장에서 본 것이다. 어머니에게는 친정(親庭)이고, 나에게는 외가(外家)이다. 때문에 외가 사람들에게는 외(外)라는 말이 붙어야 한다. 어머니의 친부모는 나에게 외조부와 외조모이고, 어머니의 형제는 외삼촌과 이모이다. 어머니의 친조카는 나에게는 외사촌(外四寸)이다. 엄격하게 따진다면, 내 혈통의 절반은 외가 것이기에 외가 쪽을 닮을 수도 있는데, 친가 쪽에서는 그리 좋아하지 않았다. 그래서 '잘난 외가 닮지 말고, 못난 친가 닮아라' 하는 속담도 있는 것이다.

또 우리가 친인척(親姻戚)이라고 할 때의 인척(姻戚)은 혼인으로 생긴 관계를 말한다. 내가 아내와 결혼했기에 아내의 부모를 장인 장모라 하는 것이다. 나의 인척인 장인 장모는 내 아들에게는 외척으로 외조부모가 되는 것이다. 장인 장모에 대하여 '장인어른', '장모님' 이라고 불러야지, 다 자란 아들이 보는 데서 장모를 '어머니! 어머니!' 하고 호칭하는 것은 옳지 못하다.

친족, 인척, 외척을 분명하게 구분하는 것－그리고 그 관계를 명확히 하는 것도 아들에게 부자유친(父子有親)을 가르치는 한 방법이다.

3. 군신유의(君臣有義)

1) 시대가 달라졌어도

지금 세상에 주군(主君)과 신하(臣下)의 군신(君臣) 관계는 존재할 수 없다. 모두가 국왕의 땅이고, 그 땅 위에 사는 모든 백성이 모두 군왕의 신하라는 봉건시대적 개념은 먼 옛날에 사라졌다.

그러나 대통령과 그 참모인 비서, 대통령과 각료는 평등한 시민과 시민이지만 업무적으로는 군신관계와 유사한 일면이 분명 존재한다.

옛날 책봉을 받고, 주군을 섬기고, 또 가신(家臣)으로 주군을 섬기는 하급 신분으로 관리는 민주주의 시대에 존재하지 않는다. 그런 봉건(封建)시대의 윤리 개념으로서, 경서(經書)나 사서(史書)에 볼 수 있는 군신(君臣)의 도리나 철학을 지금 그대로 계승과 실천－이런 일은 절대로, 분명히 생각할 수도, 있을 수도 없다.

그러나 주군과 신하가 아닌 상하급의 직무 계층이나 그런 계층간의 질서 체계나 업무 체계에서도 서로를 배려하고 상호 존중하는 대의(大義)와 직장 윤리나 도덕도 없어져야 하는가?

지금 시대가 분명 민주주의 시대이지만, 행정 체제와 그와 연관한 업무나 활동, 경제적 조직과 활동에서 경영자와 직원 간의 관계나 경영이나 관리(管理)에서 상하 간 직분(職分)에 따른 직장의 도덕과 직장 윤리조차 없어지거나 무시할 수는 없다.

아무리 민주주의 시대이지만, 사회적 계층은 분명 존재하고, 어떤 조직 내에서 상하급자의 구분과 차이는 분명히 존재하며, 또 그래야만 어떤 조직이 돌아간다. 직급과 관계없는 시장(市場)에서 일대일 거래에서도 분명히 상도의(商道義)가 존재하고, 상호 간 이를 지키지 않을 수 없다.

그렇다면 군신유의(君臣有義)의 큰 뜻을 지금 시대에도 충분히 변용(變容)하거나 민주주의 시대의 사회 윤리로 대체(代替)하거나 대입(代入)할 수 있다.

● 주군에 대한 공경

조선시대 선비라면, 일단은 벼슬에 뜻을 두고 공부를 했을 것이다. 글공부는 곧 벼슬길에 접어드는 첩경이었고, 그 당시는 군사부일체(君師父一體)라 하면서 군주에 대한 충성을 무척이나 강조했다. 가령 어린아이들의 예절교육 입문서라 할 수 있는《소학(小學)》에 보면, 관리가 궁궐에 들어가는 마음가짐이나 자세와 행동 등을 상세히 언급하고 있다.

「대궐문에 들어갈 때는 몸을 마치 (출입문은 작고 내 몸은 커서) 들어가지 못하듯 몸을 굽혀라. 대궐문 가운데 멈춰 서지 말고 문지방을 밟지 말라. 군주의 자리 앞을 지나갈 때는 (군주가 자리에 없어도) 얼굴색을 (공경의 뜻에서) 바꾸듯 하고, 걸음을 조심하며, 언사는 다하지 못하는 듯 하라! 옷깃을 거두어 잡고 대청에 올라설 때는 몸을 굽히듯 하고 숨을 죽여 마치 숨을 멈춘 듯 하라!」《소학(小學) 명륜(明倫)》

이와 비슷한 언급은 공자의 일상생활을 서술한 《논어(論語) 향당(鄕黨)》편에도 들어있다.

사실 신하가 이 정도의 자세와 마음가짐이라면 '완전히 기가 죽었다' 고 해야 할 것이다. 어려서부터 이런 교육을 받은 아이가 성장해서 벼슬아치가 된다면, 아마 군주에게 평생 단 한마디 바른말을 못할 것 같은 생각이 드는데, 이는 주군에 대한 충성 이전에 공경을 강조한 것이라고 보아야 한다.

사실, 자기 할 일을 다하는 유능한 사원이라면 기업체의 사장 앞에서 기를 펴지 못할 리가 없다. 그러나 옛날의 군주에게나 지금의 사장이거나 관공서의 책임자이건 상사에 대한 공경의 마음가짐은 가져야 할 것이다.

《논어》의 내용 중 "임금이 신하 부리기를 예(禮)로써 하고 신하는 충성으로 임금을 섬겨야 한다."〔… 孔子禮曰, 君使臣以禮, 臣事君以忠.《논어(論語) 팔일(八佾)》〕 공자의 말은 새겨 둘만한 글이다. 임금과 신하를 윗사람 아랫사람으로 바꿔 생각하면 그 뜻은 자명해진다. 물론 여기서 말하는 충(忠)은 '군주에 대한 무조건적인 복종'이 아니라 '정직과 성실한 마음'을 의미한다.

2) 지조와 의리

● 철새, 소인(小人)

그리고 우리는 '충신은 두 (나라의) 임금을 섬기지 않고(忠臣不事二君), 열녀는 지아비를 바꾸지 않는다(烈女不更二夫)'라는 말을 보통 사용한다.

선비들은 각자 뜻이 있어 서로 강요할 수 없다. 그렇지만 선비가 곤궁할 때 그 지조를 볼 수 있고(士窮見節義), 세상이 혼란하면 충신을 볼 수 있다(世亂見忠臣).

지사(크고 높은 뜻이 있는 사람)는 자신을 알아주는 사람을 위해 죽을 수 있고(士爲知己者死), 여자는 자신을 기쁘게 해주는 사람을 위하여 화장을 한다(女爲悅己者容). 그러하기에 지사(志士)를 죽일 수는 있어도 욕보일 수는 없다(士可殺而不可辱).

고대 중국이나 우리나라에서 충의(忠義)를 지키는 신하는 시종일심(始終一心)이기에 두 왕조를 섬기지 않는 것이고, 정렬(貞烈)을 귀히 여기는 여자 또한 지조(志操)를 바꾸지 않기에 지아비를 바꿔 섬기지 않는다는 뜻이다.

요즈음 세상에 충신이 어디 있고, 열녀가 뭐 말라비틀어진 것이냐고 웃을지 몰라도 남자이건 여자이건 사람에게는 지조가 있어야 한다. 가령 이권을 쫓아 행동하는 정치인을 철새라고 하지 않는가? 지조가 없는 사람은 그만큼 남의 손가락질을 받는 것이다. 꼭 유명한 정치인이 아니더라도 사나이들의 세계에는 의리(義理)가 있는 것이다.

어떤 조그만 이익에 따라 지조를 바꾼다면 사람대접을 못 받는 것이다. 우리가 보통 이야기하는 대인군자(大人君子)와 소인(小人)은 어떤 차이가 있는가?

관직이나 신분의 높고 낮음이 아니라 의로운 일이나 삶에 지조를 지키는 사람과 의롭지 못한 행위를 하는 사람의 구분이며, 변함이 없는 정도(正道)를 가느냐? 아니면 이익을 따라 모이고 흩어지느냐의 차이이다. 곧 일관된 지조로 의리를 지켜 나가느냐, 아니면 그렇지 못하냐의 구분이라고 말할 수 있다.

● 시련 속에 드러나는 지조

추사(秋史) 김정희(金正喜)는 제주도에 유배 중, 학문에 정진하며 추사체라는 서체를 완성시킨다. 이는 아마 유배 중이라는 특수한 상황이었기에 가능했다고 볼 수도 있다. 추사 김정희는 문인화가로도 명성이 있는데, 〈세한도(歲寒圖)〉가 특히 유명하다.

〈세한도〉는 《논어 자한》편에 있는 공자의 "날이 추워진 뒤에야 소나무가 잎이 늦게 지는 것을 알 수 있다(歲寒然後知松柏之

後彫也).”라는 말씀을 그림으로 그린 것이다.

온 천지에 백설이 가득한 들판 가운데의 초가 옆에 선 노송 몇 그루는 소인이 가득한 세상에 홀로 우뚝 서서 지조를 굽히지 않는 군자를 상징한다. 백설은 역경이고, 홀로 우뚝 선 장송(長松)은 의리와 지조를 상징한다.

기업과 기업 간에 또 기업 경영에도 의리는 있어야 하고, 친구 사이에도 의리는 지켜야 한다. 여기에서 말하는 의리는 조직 폭력배들이 강조하는 '정의(正義) 여부에 상관없이 단지 우리들만의 약속을 지켜 배신이 없는' 그런 의리가 아니다.

의리는 사내들이 정직하고 떳떳한 삶을 살아가는 과정에서 지켜야 할 '정직하고 올바른 일과 약속에 대한 신의(信義)'를 말하는 또 다른 표현이다. 의리는 아버지가 사내 아들한테 꼭 들려주고 가르쳐야 할 고전적 가치의 하나인 것이다.

3) 충(忠)과 의(義)

옛날에 충성과 의(義)는 서로 다른 개념이었다.

충성은 쌍방 간에 서로 베푸는 것이 아니라 일방적으로 바쳐야 할 의무였다. 모든 신하는 주군의 인정을 받든 못 받든 충성으로 섬겨야만 했다. 사군이충(事君以忠)에서 충성은 신하의 의무일 뿐이다. 말하자면, 보상을 염두에 둔 충성은 진정한 충이 아니다.

신하가 임금에게, 노비가 주인에게 아무 조건 없이 자신의 목숨까지 바칠 수 있는 것이 충이다. 그러나 교우관계에서 충은 충심(忠心)으로 변함없는 성실함이었다.

물론 그런 충성을 받는 임금이나 주군(主君)이 아랫사람의 충성을 몰라서는 안 된다. 주군이 신하의 충성을 몰라준다면 의(義)가 아니며, 주군이라도 신하를 대하면서 또는 일을 시키면서 지켜야 할 예(禮)가 있다. 주군이 신하에게 예와 의를 지키지 않는다면 그런 이유로 충성을 바치지 않을 수 있는 것이다. 말하자면, 이런 주군과 신하의 관계에서 신하된 자의 충이 우선이지만 언제나 불변은 아니다.

● 의리

'지사는 지기(知己)를 위하여 죽을 수 있다(士爲知己者死)'

전국시대(戰國時代)에 연(燕)나라 태자 단(丹)은 자신이 진(秦)나라에서 겪은 치욕을 설욕하려 진시황을 암살하려 했다. 태자 단은 자객 형가를 모셨다. '도궁비현(圖窮匕見)' 성어(成語)의 주인공인 형가(荊軻, ?－前 227년)는 사마천(司馬遷)의 《사기(史記) 자객열전(刺客列傳)》에 그 의거가 기록되었다.

연나라 태자 단을 위해 진시황(秦始皇)을 죽이려 했던 형가(荊軻)는 자신의 일이 성공하든 실패하든 자신은 죽을 수밖에 없다는 것을 알고 있었다. 그런데도 자신을 인정해 주는 사람을 위해 기꺼이 승낙하고 길을 떠났다. 형가는 협객과 의리의 대명사였다.

소설 《수호전(水滸傳)》의 무대인 양산박(梁山泊)의 세계는 남자들의 세상이었고, 남자들의 사업이었다. 양산박의 사나이들은 의리를 저버리는 행동을 하지 않았다. 남자들의 세계에서는 '의리를 저버린 사내는 진짜 개나 돼지이다(負義男兒眞狗彘, 彘는 돼지 체)' 라는 말이 그대로 통한다.

양산 두령들의 의리란 것은 상대방에 대한 인정(認定)과 베풂에 대한 감사의 뜻이고, 상호 간 변함없는 신뢰라고 말할 수 있다.

소설 《수호전》의 주요 인물 중 하나인 노지심(魯智深)이 채소밭에서 선장(禪杖)을 휘두르는 것을 보고 임충(林沖)은 감탄한다. 말하자면, 노지심과 임충은 그 순간에 상대방의 실력을 파악하고 인정했기에 지기(知己)가 되었다.

때문에 임충이 역경에 처해 창주로 귀양길에 올랐을 때 노지심은 임충을 지켜주려고 그 뒤를 몰래 따라갔다. 그리하여 숲속에서 호송인들이 임충을 나무에 묶어놓고 죽이려 할 때 노지심의 쇠지팡이, 곧 선장이 날라왔다.

노지심은 자신의 마음을 준 지기, 곧 임충을 어떤 역경서든 지켜주는 것이 바로 노지심이 생각하는 의리였다. 그들 소위 무림(武林)에서 아니면 먼 곳으로 장사를 하러 다니는 사람들에게는, 또는 밑바닥 삶을 사는 그들에게는 의리가 곧 생명이었다. 무림이나 협객의 세계에서는 의리를 지키려고, 또 지기(知己)를 위해 자신의 목숨을 내주는 것은 지극히 당연한 일이었다.

● 의리와 책임

공무원이나 군인이 국가에 충성을 다하는 것은 그 신분에서 당연한 것이다. 사원이 재직 중인 회사를 위하여 자신의 성심을 다하여 근무하는 것이, 또 회사나 사장의 이익에 반하는 행동을 하지 않는 것은 당연한 일이다.

그러나 국가라고 해서 또 회사의 사장이라 하여 아랫사람의 충성만을 일방적으로 강요할 수는 없다. 그러한 충성에 대하여 그에 상당한 보호나 급여가 있어야 한다.

군신유의의 참뜻을 현대적 생활에 맞춰 적용할 줄 아는 것, 그런 가치를 가정생활 속에서 아들에게 교육해야 할 책임, 아니면 아들에게 그런 의식을 심어줘야 할 사람이 바로 아버지가 아니겠는가?

4. 부부유별(夫婦有別) (1)

1) 남성과 여성

● 알파걸

중학교에 이어 고등학교에서도 남녀공학은 이제 보편화되었다.

필자가 근무했던 학교에서 수행평가 과제를 부여하고 성적에 반영한다고 하면, 여학생들은 눈에 불을 켜고 덤벼들지만 남학생들은 별로 관심이 없었다. 말하자면, '몇 점 덜 받고 말지, 귀찮게 그런 거 하기 싫다' 는 뜻이다. 그러다 보니 차근차근 숙제를 하고 제 몫은 철저하게 챙기는 꼼꼼한 여학생들에 비해 남학생들 성적은 상대적으로 차이가 많이 난다.

그리고 이미 교실 안에서 남녀 학생의 위치가 바뀐 것도 전혀 놀라운 사실이 아니다. 남녀 학생의 역할이나 의식은 이미 180도 뒤바뀌어 얌전한 사내 녀석과 터프 걸(tough girl)이 오히려 인기가 있고, 학업 성적이나 교우관계도 여학생이 주도하고 있다.

그리고 대부분의 공학 학교에서는 학업 · 운동 · 리더십 등 모든 면에서 남학생을 리드하는 엘리트 여학생, 곧 알파 걸(alpha girl)이 존재한다. 이런 상황에서 소위 사내다운 남학생이나 공주병에 걸린 여학생은 왕따 당하기 십상이니 이제 세상은 확실하게 변했다.

이렇게 학교에서 여학생이 두각을 나타내는 것은, 학교교육에서 언어능력의 중요성이 높아졌기 때문이라고 생각할 수도 있다. 청소년기에 글을 읽고 이해하거나 논리적인 발표력 등은 여학생이 남학생보다 앞선다. 수능에서 '언어영역' 이라는 개념이 그러한 능력을 중시하는 방향으로 이끌어갔다고 볼 수도 있다. 학교 내에서의 활동이 토론이나 협력 활동을 중심으로 이루어지면서 이에 쉽게 적응하는 여학생이 자연 두각을 나타내게 된다.

● 남성우월주의

우리 사회에서 반장 · 회장 · 사장 등 '장(長)' 자가 붙는 자리는 대부분 남자들의 차지였다. 또 사회에서 별반 신통치 않은 남자라도 일단 집에만 들어가면 '가부장(家父長)' 이라며 군림하는 자리에 있었다. 그러나 이제는 아니라고 소리 높이는 여자들이 많다.

일반적으로 남성은 여성보다 감정의 기복이 심하고 잘 흔들리며, 자제력도 약하고 학습 능력도 떨어진다고 한다.

그리고 일반적 통념과는 달리 남학생들은 여학생들보다 공부를 못한다고 한다. 미국의 경우, 학급에서 D나 F를 맞는 열등생의 70%가 남학생이며, 고2 남학생의 작문 실력은 중2 여학생의 작문 실력과 엇비슷한 정도에 지나지 않는다고 한다. 이미 영국에서는 여대생 수가 남자 대학생 수를 뛰어넘었다고 한다.

그리고 미국에서는 물건을 훔치거나 패싸움하고 마약에 손대는 청소년 범죄의 80%를 남학생이 차지하며, 학교에서 퇴학당하는 학생의 80% 역시 남학생이라고 한다. 이는 남학생의 자제력이 여학생보다 부족하기 때문일 것이다.

그러나 실제 사회에서는 여자보다 남자가 더 우월한 지위에 있으며, 남자들은 사회 경제적으로 여성보다 위에서 여성들을 차별하고 있다. 특히 우리나라에서는 서양과 달리 극도의 남성우월주의의 가정과 사회생활이 운영되어 왔다.

결국 이런 불평등을 시정하기 위하여 여성가족부(女性家族部)라는 정부 부처를 두고 남녀평등이 아닌 양성평등이 되어야 한다면서 여성의 지위 향상과 권익보호를 내세우고 있다.

● 강요되는 차별화

그렇다면 지난 날 신체적 생리적인 면에서, 정서나 지능적으로 여자아이보다 떨어지는 남자아이들이 자라나서 여성 위에 군림

했고, 지금도 군림하려고 의도하는 원인은 무엇인가? 이는 남녀의 역할 차이를 정해놓고 꾸준히 지속적으로 그렇게 교육시켰기 때문이라고 한다.

'뚝 그쳐! 사내자식이 그 정도도 못 견디고! 울긴 뭐 때문에 울어!' 라고 윽박지르는 부모의 말 한마디에 남자아이들은 울음을 참고 아무렇지도 않은 듯, 아니면 주먹을 더 쥐게 된다.

그러니까 자라면서 점점 남성으로서 사내로서의 역할과 인내를 배우고 체험하며 강해진다.

그러나 여자는 여자의 몸가짐과 마음가짐을 강조하고, 계속 그렇게 요구 당하는 교육을 받으면서 아버지나 다른 남성들에 의하여 여자로 길들여지고 만들어졌다고 볼 수 있다.

그렇다 하더라도 지금 우리 사회는 계속 강한 남성을 필요로 하는가? 그 대답으로 "남성이 강하다는 고정관념은 잘못되었으며 또 이제는 없어져야 한다. 그리고 설령, 남성이 정말 강하다 해도 이제 우리 사회는 더 이상 강한 남성을 필요로 하지 않는다."고 주장하는 사람도 많다.

먼 옛날의 원시 수렵사회부터 농업사회, 그리고 2차 산업사회에서는 늘 남성의 힘을 요구해 왔다. 그러나 이제 정보화 사회로 돌입하면서 성공에 요구되는 능력은 남성적인 힘이 아니라고 한다. 그보다는 사물이나 상황에 대한 인식과 이해, 통찰력과 직관력 등 정신적 능력이 중요하다고 한다. 그리고 이러한 능력들은 여성이 우월하다고 한다.

● 남녀의 차이를 인정해야

이상 몇 가지 상식적이고 일반적인 이야기와 필자 나름대로의 의견을 제시했는데, 이 부분에 대하여 견해를 달리하는 독자가 많이 있을 수 있다고 생각한다. 다른 사람의 반론이 있다면 필자는 꼭 내 의견을 고집하는 것도 아니며, 또 굳이 누구의 이론이라고 근거를 대고 싶지는 않다.

필자의 견문이 좁기도 하지만, 남성과 여성의 차이에 대하여 굳이 학문적이며 과학적인 일가견을 펼 생각도 없다.

본래 사람의 감성이나 지적 능력은 천차만별이며 과학적 현상이나 통계로 모든 것을 다 설명할 수 없다는 생각을 필자는 가지고 있다. 그리고 필자가 가지고 있는 여성이나 남성에 대한 개념이 다른 사람의 이론이나 주장에 의하여 쉽게 바뀔 것도 아니다.

동시에 그러한 인식은 내 아들과도 차이가 있을 것이다. 남녀의 구분과 인식에 이런저런 견해의 차이가 있음을 서로 인정하는 것도 매우 중요할 것이다.

2) 성에 따른 역할의 전환

옛날에 필자가 보았던 〈조폭(組暴; 조직 폭력배의 약어) 마누라〉라는 우리 영화가 있었는데, 거기서 남자 주인공은 아내 앞에 그저 불쌍하고 초라하며 무능한 존재로 묘사되었다.

또 어떤 영화 속에서는 이혼 경력을 가진 연상의 여자가 '이제 헤어지자' 라고 말하자, 순진한 연하의 미혼 남자는 고개를 숙이며 "사랑이 어떻게 변할 수 있니?" 하면서 변함없는 사랑을 호소하는 장면이 아직 기억에 남아 있다.

이런 영화는 바로 '강한 남자에 순종하는 여성' 이 아닌 '남성을 지배할 수 있는 여성' 이 강조된 주제이다.

여대생들의 폭음 또한 일반적인 현상이며, 자칭 '터프 걸' 은 남자 동기생들이나 후배들 머리와 어깨를 툭툭 치거나 욕설을 입에 달고 다닌다고 한다. 어떤 영화에서는 여주인공이 "너 죽을래!" 를 입버릇처럼 달고 다니며 말보다 손이 먼저 앞서는데, 그런 영화가 10대와 20대에게서 폭발적인 인기를 얻기도 했었다.

요즈음 젊은이들의 언행을 보면, 남녀의 성(性)에 따른 역할이 뒤바뀌었다. 여중고생들은 말끝마다 '씨바(씨발)', '개쉐이(개새끼)', '재섭는(재수 없는)', '존나(ㅇ나게)' 같은 거친 욕설을 서슴없이 해댄다.

또 교사들의 강력한 지도 단속이 없는 학교에서는 여학생들의 흡연이 크게 늘고 있으며, 일부 지각없는 업주는 여학생들에게 담배를 팔고 흡연을 묵인하는 경우도 많다고 한다. 그리고 성인 여성의 흡연은 이제 감출만한 일이 아니다.

담배를 끊은 필자는 흡연하는 여성 운전자를 볼 때마다 난감한 생각을 한다.

'결혼했을까? 어린애에게 피해가 심각할 텐데!'

'미혼인 것 같은데 그 남자친구가 흡연을 좋아할까?'

● 세상 트렌드(trend)의 변화

이런 분위기를 타고, 이제 '여자가 강하고 남자는 부드러운 것' 이 말하자면, 여강남약(女强男弱)이 일부 젊은이들 사이에 새 문화로 형성되고 있다고 한다. 마치 하나의 거대한 시류(時流)처럼, 한때 반짝하는 유행이 아닌 트렌드(trend; 장기적인 추세나 변화의 경향)처럼 도도한 물결로 흘러갈 것 같은 느낌이 든다.

여성들이 이렇게 변하는 동안, 사내애들은 오히려 여성화되어 피부 마사지를 하며, 취미로 뜨개질이나 자수(刺繡) 같은 수예(手芸)를 즐긴다고 한다.

그 언젠가, 필자는 전철 안에서 여자친구와 나란히 앉아 십자수를 하는 사내아이를 보고 혀를 찬 일이 있었다. 그 남자아이의 부모가 그 모습을 보았다면 그 부모 마음은 어떨까? 부모 마음이 평온할 수 있겠는가?

'이것도 여강남약의 시대에 볼 수 있는 현실인데…'

'사회분위기가 그렇게 가는 걸 어떻게 하겠어?' 하면서 체념을 해야 하는가?

대학에 다니는 딸이 술에 취에 남학생 등에 업혀 들어왔을 때, 어머니는 '이제 우리나라도 많이 개명(開明)했어! 세상 좋아졌어! 여자가 술 좀 취할 때도 있는 거여!' 하면서, 마음속으로 내색은 안 하지만 대견해 하겠는가?

3) 무너지는 성의 경계선

● TG, CD, 페티시즘

우리의 일상생활 용어에 '성(性) 전환자'를 뜻하는 의학용어 '트랜스 젠더(Trans Gender)'가 있는데, 이를 줄여 'TG'라고 한다.

"나는 남자였지만 남자가 아니었고, 여자이지만 여자이지 않은 그런 사람이다."라는 말과 함께 스타로 자리 잡은 연예인은 성공한 트랜스 젠더이다. 타고난 성(性)을 부정하고 반대의 성으로 새로운 삶을 사는 TG는 분명 극소수이지만, 그들을 보는 시각이 크게 달라지면서 그들은 '자신의 존재를 분명하게 인정받았다'고 할 수 있다.

요즈음 젊은이들이 흔히 쓰는 'CD'는 '콤팩트디스크(Compact Disk)'의 약자이기도 하지만 '크로스 드레서(Cross Dresser)', 곧 '이성(異性)의 옷을 입고 다니는 사람'을 뜻한다.

퍽 오래된 일이지만, 옛날 자유당 시절에 고향의 이웃 군(郡)에 남장을 하고 다니던 여성 국회의원이 있었는데, 그녀가 우리나라의 대표적인 CD라 할 수 있다.

CD는 자기와는 다른 성(性)의 옷을 착용하는 것에서 심리적 안정감이나 성적인 흥분을 느끼는 사람이라고 한다. 이런 취향은 이성으로의 성전환에 대한 열망이 아니라 그저 상대방 성의 옷차림새에 마음이 끌리는 '인간이 아닌 사물에서 성적 흥분을 느끼는 일종의 페티시즘(fetishism)' 이라고 한다. 페티시(fetish)는 「못마땅한 집착」 또는 「특정 물건을 통해 성적 쾌감을 얻는 것」 이라는 뜻이 있다.

이러한 행동이 보통 사람의 눈에는 '일종의 변태' 로 인식되겠지만 그렇다고 그들을 배척할 필요는 없을 것이다. 그들도 보통 사람과 마찬가지로 일상생활을 영위하고 있지만 그 취향이 조금 다른 것이라고 용인해야 할 것이다.

우리나라에서 대부분의 CD는 남성이라고 한다. 이들은 여자 팬티에 원피스를 입고 스타킹과 하이힐을 신고 거리를 다닌다고 한다. 이런 여장남자(女裝男子)들이 얼마나 있겠느냐고 의문을 품을 수 있지만, 정도의 차이만 있을 뿐 우리 주위에 의외로 많으며, 인터넷에서는 'CD' 의 모임들이 상당수 있어서, 회원 상호 간에 직접 만나 서로 여장(女裝)을 도와준다고 한다.

오늘날, 인터넷으로 대표되는 정보화 사회 역시 여러 가지 면에서 성 역할의 변화를 유도하고 있다. 지금껏 여성의 영역에 머물러 온 취미활동, 예를 들어 요리나 십자수를 배우는 남성 동호

회 수는 날이 갈수록 늘어나고 있다. 이러한 문화가 가능하게 된 데는 인터넷 환경의 역할이 크다고 한다.

인터넷은 성 역할에 대한 인식의 변화를 행동으로 과감하게 옮길 수 있도록 해준다. 곧 인터넷의 보급에 따라 다른 사람의 눈치를 보지 않고도 정보를 교환하거나 성향이 비슷한 사람끼리 모일 수 있다. 여기에는 보수적이거나 강압적인 옛날 가치관의 사회질서가 끼어들 틈이 없다. 그리고 사회적인 면에서 여권의 신장과 경제적 여유와 독립은 보수적 남성관의 붕괴에 더욱 가속도를 붙였다.

요즈음 사내아이들은 '웃음이 나올 때 금방 웃어서는 안 되고, 훌쩍이거나 눈물을 보여서도 안 된다. 사내가 부엌에 들어가 요리를 해서도 안 된다' 는 말은 들어본 적도 없을 것이다. 아버지나 어머니의 그런 교육이 없어졌으니, 어쩌면 마음 놓고 여자 티를 내고 싶은 지도 모른다.

4) 더 절실해지는 가장의 책임

그러나 가장 중요한 점은, 이런 사회현상의 가려진 진실, 곧 참모습을 정확하게 파악하여야 한다는 점이다.

사내자식이 단순히 미소년(美少年)이 되려 한다면, 백치미(白痴美)를 자랑하고 싶은 여자와 무엇이 다르겠는가? 그저 여자 애들의 환심이나 사려고 여자의 소품을 찾아 사용하거나 매달고 다닌다든지, 화장을 하고 부드러운 미소와 상냥한 듯 소곤대듯 이야기하면서 미소년의 이미지를 추구한다면, 그것은 하나의 허상으로 자신과 부모와 가족에게 마냥 상처만을 줄 것이다.

아직 자신의 정체성을 제대로 갖추기도 전에, 유행에 휩쓸리듯 몰려가는 어린 아들을 보고도 방치해야 하는가? 결코 그럴 수는 없을 것이다. 아들이 정말로 말을 안 듣는다면, 아버지는 송아지처럼 아들의 목이라도 잡아매어 끌고 가면서 가르쳐야 할 것이다.

이제 가장 단순한 상식으로 생각해 보면 모든 것은 자명하다. 즉 아버지가 부리부리한 눈으로 가족을 지켜보며 가르치고 자신의 일에 성실하다면, 그런 아버지의 아들은 가출의 유혹에 넘어가지 않을 것이며, 꽃미남이 되려고 애쓰지도 않을 것이다. 또 아들이 실연한 뒤에 십자수를 놓거나 피부 마사지를 하려고 미용실을 찾아가지도 않을 것이다. 그리고 아버지와 어머니가 평소에 서로 공경하며 반듯하게 살고 있는데, 그 딸아이가 원조교제로 용돈을 조달하려는 생각을 할 수 있겠는가?

● 결국은 가장의 책임

집 밖에서 놀다가 범죄 행위로 소년원에 들어간 청소년의 부모가 '난 정말 모르겠다. 우리 애가 왜 이렇게 되었는지!' 그러면서 세상을 탓한다고 아버지의 책임이 없어지는가?

자식이 성인된 뒤에 범죄를 저질렀어도 늙은 부모에게 아무런 문책이나 귀책사유가 없을 것이다. 그렇다고 늙은 아버지는 아무렇지도 않겠는가?

아버지의 건전한 생활 자세가 확립되어 있고 신념이 확고하다면, 아들의 목을 매어 송아지 끌듯 끌고 가거나, 딸아이와 사생결단을 내듯 싸울 상황은 결코 일어나지 않을 것이다.

한마디로, 가족의 불행은 가장인 아버지에게 그 책임이 많이 있다고 생각한다. 그 책임을 지고 있는 아버지이고 가장이기에, 자식을 특히 아들을 엄격하게 가르치는 것은 가장의 당연한 의무이다. 그리고 그런 가정교육을 받은 아들이기에 뒷날 어른이 되었을 때 똑같은 의무를 제대로 잘 이행할 수 있을 것이다.

5. 부부유별(夫婦有別) (2)

1) 양성 평등

사실, 동물의 수컷이나 인간의 사내는 암컷이나 여자의 사랑을 얻으려 애쓴다는 공통점이 있다. 그 때문에 어느 정도 여자의 환심을 사기 위한 노력은 필요할 것이다. 특히 남녀 성비의 차이가 많던 시대에, 우리나라에서 여자아이의 관심을 못 끌고서야 '언제 제 짝을 찾을 수 있겠는가?' 걱정이 된다지만, 남자다움을 잊어버린다는 것은 곧 남성을 상실한다는 의미로 확대해석할 수도 있을 것이다.

그러나 이제 '남자다움' 은 하나의 환상처럼 사라져가고 있는 추세라고 볼 수 있다.

어찌 보면, 그런 환상에서 탈피해야 '새로운 남자의 참 모습' 을 찾을 수 있을지도 모른다. 그래서 가정 요리나 수예 같은 일에 관심을 갖거나 화장과 액세서리로 자신을 표현하고, 여성의 옷을 입고 진한 화장을 하고 손톱을 길러 매니큐어를 칠하는 현상은 남자가 할 수 있는 '하나의 선택' 이라 생각할 수 있다.

사실상, '이제는 남자가 변할 때가 되었다' 고 인정할 것은 인정할 필요도 있다. 세상은 이제 '거칠고 사나운 수컷' 이 아닌 진짜 남자, 곧 '부드러우면서도 자신의 감정에 충실하며 상대를 배려할 줄 아는 남자' 를 원하는 세상이 되어버린 것이다.

그리고 여성도 남자가 들어주는 시중을 받고 술을 마시면서, 그간 억눌렸고 무시당했던 여성의 분노를 표출할 수도 있을 것이다. 더 나아가 현실 속의 모순을 극복하면서 지난날에 생각 못했던 일을 성취했다는 대리만족을 얻을 수도 있을 것이다.

이제 여성이 경제활동에 종사하고 남성이 육아를 담당하는 일은 더 이상 새삼스럽지 않다. 우리나라에서 IMF 사태 이후, 또 2020년 이후 코로나19 유행 이후, 삶의 조건이 힘겨워진 것도 한 원인이겠지만, 남성의 입장에서 가사노동과 육아가 반드시 부정적인 것만은 아니다.

살림과 육아를 자기 삶으로 즐기는 남성도 있을 것이고, 그가 자신의 그런 삶을 공개했을 때, 누구든 그 삶을 폄하할 수는 없다. 이제 남성도 육아의 임무가 있다는 책임의식과 중요성을 깊이 인식하고, 동시에 육아의 즐거움과 숭고함을 깨달아야 한다. 그리고 남성이 담당하는 육아 활동이 다른 분야의 삶에 견주어 결코 하찮은 일이 아니라는 사실을 확실하게 인정해야 할 것이다.

● 구별과 차별

이쯤 되면, 남성과 여성의 경계를 설정하는 것 자체가 무의미해진다. 여성은 남성으로부터, 또 남성은 가장(家長)이라는 전통적 개념이나 속박에서 모두 해방되는 것이다.

이처럼 여성화하는 남성의 이미지는 분명 이 시대 우리 사회의 한 단면이라고 말할 수 있으며, 그런 삶인들 어느 정도의 긍정적인 효과가 왜 없을 것인가? 분명히 있을 것이지만, 그러나 참으로 여러 가지를 생각하게 하는 사회현상이 아닐 수 없다.

그리고 아들이 위에서 말한 CD 행세를 할 때, 그 부모의 심정은 어떠할까? 직접 당했을 경우, 참으로 난감한 질문이 될 것이다. 아들에게 이런 취향의 싹이 보일 때, 엄하게 가르치고 타이르며 꾸짖어 보통의 정상적 사고와 행동으로 돌아가게 하는 것 – 역시 아버지의 책임이다.

남녀 차별은 법으로 금지되어 있고, 차별을 해서도 안 되며, 학교에서는 남녀차별이 아닌 양성평등(兩性平等)을 가르치고 실천해야 한다.

남녀 학생들이 대등하게 섞여 있는 교실에서 대개 가나다순으로 출석번호를 정하는데, 강씨 성을 가진 남학생에게 앞 번호, 그리고 같은 강씨라도 여학생에게는 황씨 남학생 뒤에서 21번을 부여했다면 그 자체가 양성평등의 정신에 어긋난다고 한다. 말하자면, 출석번호에 남녀 구분이 없어야 한다고 한다.

그러나 그것은 사실상 차별이 아니라 편리해서 그렇게 하는 것이다. 이런 식으로 엄밀히 따진다면, 출생일 다음에 남자는 1(3)로, 여자는 2(4)로 시작하는 지금의 우리나라의 주민등록번호체계도 양성평등에 어긋나는 것이니 수백 억이 들더라도 다시 뜯어 고쳐야 한다.

가령 어느 학급 담임이 여학생에게 앞 번호를 부여하고 남학생에게 뒤 번호를 부여했는데, 남학생으로부터 아무런 이의제기가 없었다. 그렇다면 그것은 여학생을 우대한 것이라고 말해야 하는가? 결국 여학생 우대도 남녀 차별이 아닌가?

사실 양성평등의 정신으로 남녀 구분 없이 출석번호를 부여하면 좀 불편할 때가 있을 것이다. 양성평등론자들은 '그런 조그만 불편은 감수해야 하며, 남학생과 여학생에게 어떠한 외형적 구분도 있어서는 안 된다' 라고 말할 것이다.

실제로 남녀가 뒤섞여 있는 곳에서 구분이 안 된다 하여 여학생에게 유리할 것은 없다. 그렇다고 불리하거나 불편한 것도 없을 것이지만, 남녀의 구별이 차별을 위한 수단이 아니라면 굳이 무슨 상관이 있겠는가?

2) 남존여비

● 부부의 인연

부부는 아이 장난과 같을 수 없다. 혼인의 인연은 전생에 정해진 것이다. 5백 년 전에 맺은 인연이 있어(五百年前結下緣), 부부는 떨어져 있다가 다시 만난 것이다(夫婦由分而合).

혼인은 생전에 정해진 것이니(婚姻前注定), 늦거나 일찍 하는 것은 사람 때문은 아니다(遲早不由人). 부부의 은혜와 사랑은 쓰고도 달다(夫婦恩愛苦也甜). 부부는 서로 사랑하는 원수이다(夫婦是個寃家).

부부는 인륜의 시작이다(夫婦爲人倫之始). 부부는 한 얼굴이다(夫妻一個臉). 곧 부부의 태도나 관점이 같다는 뜻이다. 차라리 벼슬이 없을지언정 아내가 없을 수 없다(寧可無官 不可無妻). 빈천할 때 사귄 친구를 잊어서는 안 되고(貧賤之妻不可忘), 가난하여 온갖 고생을 함께 한 아내를 버릴 수 없다(糟糠之妻不下堂).

하늘 아래에 싸우지 않는 부부는 없다(天底下 沒有不吵架的夫婦). 굽이치지 않으면 물이 흐르지 않고, 부부가 싸우지 않고서는 해로할 수 없다. 부부가 화합한 뒤에야 가정의 법도가 선다(夫婦和而後家道成).

가난한 사람은 혼인으로 부자가 되기 어렵고(貧難婚富), 부자는 혼인으로 고귀해지지 않는다(富難婚貴). 부부가 한 그루 나무라면(夫婦是樹) 아들과 딸은 꽃이다(兒女是花). 부부는 본디 한

숲에 사는 새이지만(夫妻本是同林鳥), 큰 환난이 닥치면 각자 날아가 버린다(大難來時各自飛).

● 음양의 합일(合一)

남녀의 구별은 문화적인 것이고, 특히 동양에서는 철학적인 의미가 있다.

음양(陰陽)의 구분이 있은 뒤, 천(天)은 양(陽)이고, 지(地)는 음(陰)으로 보았고, 남자는 홀수와 양의 개념으로, 여자는 짝수와 음의 개념으로 파악하였다. 그러니 남녀(男女)라고 남성을 먼저 호칭한다고 남성우월주의이거나 남성의 강조라고는 볼 수 없다.

그렇다면 하늘과 땅(天地)이 아니라 땅과 하늘(地天)이라는 관용어를 새로 만들어야 하고, 홀짝이라는 단어 대신에 짝홀이라고 해야 한다. 사실 일상생활에서 사용하는 용어나 관습이 문제가 아니라 정말 문제가 되는 것은 남녀를 차별하는 의식구조이니, 그것을 고치도록 노력하고 교육해야 할 것이다.

우리 생활에서 "옛날에~," 또는 "라떼는~" 라고 서두를 꺼내면 사람들은 으레 봉건주의적 사고나 그 찌꺼기를 없애야 한다는 생각부터 한다.

옛날의 봉건주의적 사고나 찌꺼기에 해당하는, 또 남녀차별의 원흉이면서 양성평등의 기본 이념에 정면으로 위배되는 말이 바로 남존여비(男尊女卑)란 말이다.

남녀(男女)라는 성적(性的) 구분과 '높을 존(尊)' 과 '낮을 비(卑)' 의 두 대칭어를 합성한 이 말은 상당한 마력을 가지고 우리 조상들의 생활을 통제했었다. 지금은 그래도 그 잔재가 많이 없어졌지만 남성에게는 향수(愁愁) 같은 그리움을 남겨주는 단어이다.

3) 삼종지도

그 남존여비의 구체적인 실상이 바로 여자의 삼종지도(三從之道)이며, 오불취(五不取)와 칠거지악(七去之惡)이다. 우선 이런 단어가 바로 양성평등의 기본 정신에 크게 어긋난다.

'왜 3, 5, 7 홀수로 남성 우위를 암시하는가?' 라면서 이의를 제기하는 여성도 있을 것이다.

그러나 이 삼종지도와 같은 것이 여성을 질곡에 얽매는 것이 아니라, 오히려 남성에게 그에 따른 의무와 여성에 대한 배려를 가르친다고 생각해야 한다. 이에 대해서는 다음에 별도로 설명할 것이다.

정말로 공자(孔子)께서 이런 말씀을 했는지는 다시 숙고해야 하겠지만, 《소학(小學) 명륜(明倫)》편에는 공자의 말씀으로 다음과 같은 기록이 있다. 즉,

「공자께서 말씀하셨다. 부인은 남편에게 복종하여야 할 것이

니, 그래서 부인은 스스로 결정하는 것이 없어야 하며 삼종지도(三從之道)를 따라야 한다. 집에서는 부친의 뜻을 따르고(在家從父), 출가해서는 남편의 뜻을 따르며(適人從夫), 남편이 죽으면 아들을 따라야 한다(夫死從子). 그리하여 자기 마음대로 하는 것이 있어서는 안 된다. (부인의) 명령은 규문(閨門; 안채) 밖으로 나가지 아니하고, 하는 일은 제사 음식과 식사를 준비하는 일뿐이어야 한다.」

아마 공자께서 지금도 살아 있다면, 세계의 모든 여성들이 팔을 걷고 항의할 것이다. 공자의 이런 언급이 있던 시절에 여성의 경제 능력은 거의 없었고, 공식적인 배움이나 교육도 전혀 없었기에 여자는 그 일생에서 아버지－남편－아들의 뜻을 따라야만 했을 것이다.

● 시대 상황에 따른 윤리

사실 모든 윤리나 도덕은 그 사회나 집단의 경제여건에 따라 결정된다고 보아야 한다.

인디언은 남편이 죽으면 아내도 따라 죽어야 했다. 농경을 하지 않고 오로지 수렵에만 의존했던 그들에게 남편이 없다는 것은 어쩌면 부양할 사람이 없다는 뜻이었고, 때문에 남편이 전투에서 죽어도 부인은 들판에 홀로 남아 있다가 죽어야만 했을 것이다.

우리나라 고대의 부여(夫余)에서 행하여졌던 '형이 죽으면 그 형수를 아우가 데리고 산다' 는 형사취수(兄死取嫂)의 풍습도 반농반목(半農半牧)의 경제체제에서 형이 먼저 죽는다면, 죽은 형의 아내와 자식들을 그 아우가 책임져야만 했다는 뜻으로 받아들여야 한다. 그러니 지금의 경제와 윤리 도덕으로 고대 부여의 습속을 비난하거나 야만이라고 비판할 수는 없다.

● 아들에게 삼종지도를

어쩌면, 공자께서 지금 살아 계시다면 '남자는 결혼 전에 어머니의 뜻을 따르고, 결혼하면 아내의 뜻을 따라야 한다. 만약 아내가 먼저 죽으면 며느리의 뜻을 따라야 한다' 고 새로운 삼종지도로 아들을 가르쳤을 지도 모를 일이다.

지금 세상에 마마보이가 어디 1~2만 명이겠는가? 아마 십만 단위로 세어야 할 것이다. 또 아내의 손아귀에서 꼼짝 못하는, 애처가 단계를 넘어선 공처가는 얼마나 많은가? 그리고 며느리 눈치를 보면서 살아가는 시아버지를 어찌 다 셀 수가 있겠는가?

마마보이가 결혼을 했다면 그 가정생활의 모습이 어떠할지 생각해 보고, 또 그 아들이 늙어서 어떤 꼴로 살아갈는지 추측해 본다면, 아버지는 아들을 어떻게 키워야 할지 그 해답은 확실한 것이다.

사실, 우리 이웃에는 열 아들 부럽지 않은 딸들이 줄줄이 있다.

그리고 경제 영역은 물론 정치와 사회의 모든 분야에서 여성의 능력을 인정하고 활용하지 않으면 안 되는 현대의 이 상황에서 여성에게 제사와 일상 음식을 준비하는 일만 담당하라고 가르칠 수는 없다. 실제로 동서양을 통해서 여성의 생산적 근로 활동을 인정하지 않는 민족이나 국가는 없었다.

봉건적 냄새가 물씬물씬한 고대의 이러한 삼종지도는 여성에게 강요된 윤리였다. 여기에는 여성의 능력을 너무 과소평가했거나 거의 무시한 남성들의 오만과 편견이 가득하다.

따라서, 오늘날에는 고대의 삼종지도를 딸아이에게도 일러줘야겠지만 아들에게 보다 많은 책임과 의무가 있다는 것을 설명하고 교육하는 것이 더 옳다고 생각한다.

즉 옛날에는 이러한 삼종지도가 있었다. 그 당시 아버지는 딸에게 그만한 모범이 되어야 했고, 남편은 아내에게 확실한 명령과 결정을 내릴 능력을 가지고 존경을 받았다. 그리고 늙은 어머니를 봉양할 능력을 아들은 가지고 있었다고 보아야 한다.

"아들아! 너는 그만한 능력을 갖추도록 노력해야 한다. 네가 한 여자의 남편으로, 자식에게는 아버지로서, 그리고 홀로된 어머니를 편안히 봉양할, 충분한 능력을 갖춘 아들이 되어야 한다."

아들이 갖추어야 할 능력은 단순한 경제능력만을 뜻하지는 않는다. 경제적 능력은 기본이고 아내로부터는 신뢰를 받으면서 자식의 존경을 받을 수 있어야 하고, 노모가 안심할 수 있도록 행실에 문제가 없어야 한다.

옛날의 삼종지도를 지금 세상에서 딸보다는 아들이 배워야 할 이유는 바로 여기에 있다.

경제능력을 상실한 아버지와 경제권과 가사 결정권을 모두 장악한 어머니 – 이런 부모 밑에서 자라는 아들 중에는 자신감을 상실하고 심성이 위축된 아들이 있다는 것을 명심해야 할 것이다.

4) 오불취 – 배우자 선택 기준

아무리 젊은이들의 사랑이 우선이고 또 자식을 이기는 부모 없다고 하지만, 적어도 결혼에 있어서는 가족 모두가 좋아하고 인정해주는 그런 짝을 찾아야 할 것이다.

가령 어느 날, 아들이 부모의 종교와 크게 다른 종교를 독실하게 믿는 처녀와 결혼하겠다고 했을 때, 아무리 종교의 자유가 있다고 하지만, 나중에 부모와 자식 부부간 아무런 갈등이 일어나지 않는다고 누가 보장할 수 있겠는가?

또 이 세상에 직업의 귀천이 없다고 하지만, 배우자 선택에서 직업이 정말 도외시될 수 있을까? 적어도, 옛사람들에게도 '혼인할 수 없는 조건들' 이 있었다는 것을 아들이 고등학교쯤 다닐 때면 말해줄 필요가 있다고 생각한다.

「여자를 데려올 수 없는 다섯 가지가 있었으니(女有五不取), 반역한 집안의 딸과 혼인하지 않았고(逆家子不取), 음란한 집의 딸을 데려오지 않았다(亂家子不取). 선대에서 형벌을 받은 집 딸을 취하지 아니했으며(世有刑人不取), 대대로 나쁜 병이 있으면 맞이하지 아니하였다(世有惡疾不取). 또 아버지가 돌아가신 집의 장녀와 혼인하지 않았다(喪父長子不取).」

사실 엄밀히 따진다면, 이 5불취(五不取)의 조건들은 지금도 거의 틀리지 않을 것이다. 다만 아버지가 돌아가신 집의 장녀라면, 혹 아버지의 가르침이 없을까 염려하여 취하지 않으나, 모친이 현명하여 잘 가르쳤다면 행실이 바를 것이니 구애받지 않아도 된다는 주석이 달려 있다.

● 기울지 않는 혼인

결혼은 젊은이들의 사랑이 얼마나 진실하냐가 문제이겠지만, 결혼 생활은 사랑 외의 다른 조건도 어느 정도 충족되어야 한다. 혼인하는 양가의 조건을 어느 정도 고려하여 '서로 기울지 않는 결혼이 가장 좋다' 고 하는 말도 있다.

올려다보는 혼인〔앙혼(仰婚)〕이 좋지 않다면, 내려다 볼 정도의 환경도 좋지 않을 것이며〔낙혼(落婚)〕, 그렇다고 가풍을 무시할 수도, 또 그 성장과정을 고려하지 않을 수도 없을 것이다.

적어도 아들이 대학에 입학하면 아버지가 아들에게 어느 정도 기준선을 제시해 주어야 할 것이다. 예를 들면, 유행가에 이런 구절이 있다.

'어디서 무엇을 하며 어떻게 살았는지, 물어도 대답 없이, 고개 숙인 옥경이'

옥경이는 왜 대답이 없을까? 그녀의 이력서에 밝힐 수 없는 공백 – 아니면 거짓으로 채워야 할 공간이 있어서야 되겠는가?

그런 것처럼, 사내도 고등학교나 대학을 다닌 일이나 언제 군대에 복무했고, 또 얼마나 힘든 일을 했던 간에 군복무를 자랑할 수 있어야 하며, 제대한 뒤 어찌어찌 살면서 무슨 일을 해왔고, 지금은 어떤 일을 하고 있다면서 당당히 말할 수 있어야 한다.

● 배우자 선택의 기준

필자는 아들에게 다음과 같은 배우자 선정 조건을 제시한 적이 있었다.

"배우자 선택의 기본 조건으로 우선 양친이 계시고 형제들이 모두 건강해야 할 것이다. 그 가문의 건강은, 곧 다음 세대의 건강과 직결된다. 그리고 성장하며 공부한 그 과정을 자신 있게 밝힐 수 있어야 하고, 종교적 정열이나 신념도 좋지만 그보다는 보편적 상식으로 세상을 바라보고 살아갈 수 있다면 좋을 것이다. 그리고 꼭 고려해야 할 조건 – 부지런한 사람이어야 한다."

사실 이런 조건은 필자가 바랐던 최선의 조건이다. 내 입에 맞는 떡을 얻기도 힘드는데, 자식의 짝으로 부모 마음에 드는 사람을 찾기는 정말 어려운 일이니, 처음부터 기대하지 않는 것이 좋을 지도 모른다. 하여튼, 적어도 아들이나 딸이 배우자를 찾아야 할 나이 그 이전에 '5불취' 의 근본 뜻은 일러주어야 할 것이다.

5) 칠거지악 – 가장의 역할

아들이나 딸이 독신주의자라면 당신은 어떻게 하겠는가?

사랑과 결혼은 서로 다른 것이니 '나는 사랑은 할 수는 있으나 결혼은 싫다' 고 말하는 사람도 있을 것이다.

그러나 「아내가 없다면 집에 대들보가 없는 것과 같다(無妻如無樑).」는 중국 속담도 있으며, 「아내가 없는 사람은 지붕이 없는 집과 같다(A man without a wife is a house without a roof).」는 서양속담도 있다. 이를 보면, 남자이건 여자이건 독신주의자는 그 또한 일종의 비정상이라고 말할 수 있다.

그리고 만혼(晩婚)이 늘 좋은 것만은 아니다. 군복무를 마치고 직장이 있다면 결혼하는 것이 좋을 것이다. 「결혼 뒤에 사랑은 따라오는 것(Marry first and love will follow)」이고, 그 사랑은 바로 '죽음이 갈라놓을 때까지' 계속되는 사랑이어야 한다.

그러나 인천공항 출국장에서 싸우고 돌아서거나, 신혼여행 후 인천공항을 들어오며 갈라서서 이혼하는 신혼부부도 있다는 이야기를 들었다. 이런 것을 보면 모든 사랑이 꿈결같이 감미로운 결혼으로, 그리고 결혼이 곧 행복으로 이어지는 것이 아니다. 그렇다고 미리 겁을 먹고 결혼을 하지 않는다면 어찌되겠는가?

● 옛날의 이혼 사유

옛사람인들, 왜 이혼할 사연이 없었겠는가? 다만 요즈음처럼 '성격차이에 의한 이혼' 이 표면에 나타나지 않았을 뿐이다. 그리고 이혼 사유가 있다면, 합의이혼이 아니라 '일방적인 강제 축출' 이라는 점에서 여성에게 불행한 굴레가 된 칠거지악(七去之惡)이 있다. 이 내용도 《소학(小學) 명륜(明倫)》편에 기록되었다.

남자 쪽 시부모가 며느리를, 지아비가 아내를 강제로 내쫓을 수 있는 7가지 죄악으로는(婦有七去), ① 부모에게 순종하지 않음(不順父母去), ② 아들을 못 낳음(無子去), ③ 음행(淫行)을 저지름(淫去), ④ 질투가 심함(妬去, 妬는 강샘할 투), ⑤ 나쁜 병에 걸렸음(有惡疾去), ⑥ 말이 많음(多言去), ⑦ 절도죄를 지음(竊盜去) 등이다.

우리는 이 칠거지악을 남존여비 사상에 바탕을 두고 여성을 속박하기 위한 봉건적 잔재라고 알고 있으나, 이는 중국과 우리나라의 고대에서 보편적으로 추구한 가정의 일반적 도덕이라고 받아들여야 한다. 다만 그것이 여성에게만 강요되었기에 나쁜 것이지 그런 도덕 수준을 요구하는 자체가 나쁘지는 않은 것이다.

사실 부모에게 순종하지 않을 때, 그 가족의 평화는 깨질 수밖에 없다. 아들을 못 낳는 것이야 요즈음에는 문제가 되지도 않고 꼭 여자의 탓만도 아니다. 그러나 고대에는 세대가 끊어지니 큰 일이었을 것이다. 음탕 행위나 도벽이 심하다든지, 실제로 그런 죄를 저질렀다면 지금 세상에서도 당연한 이혼사유가 된다.

논란의 대상이 되는 것은 질투와 말이 많다는 다언(多言)인데, 왜 여자의 질투와 말 많은 것을 문제 삼는가? 정말 질투의 근원은 남자의 무절제한 애정행위일 것이다. 그리고 여자가 말이 많으면 형제간의 우애를 깨뜨린다고 하지만 꼭 그런 것도 아닐 것이다. 그리고 질투나 다언의 기준이 무엇이냐고 따질 수 있을 것이다. 이 점에 대해서는 남자들도 할 말이 없을 것이다.

그리고 나쁜 병에 걸렸다면 제사 봉양을 못할 것이기에 내보낸다고 하였지만, 병에 걸리고 싶은 사람이 어디 있겠는가? 그것은 어쩌면 운명 같은 것이고 또 그 가족 모두의 책임일 터인데, 그것을 여자의 잘못으로 돌리고 내쫓는다는 것은 확실히 잘못되었다고 할 것이다.

● 남편의 책무는?

칠거지악이 비록 옛사람들의 도덕이고 가치 기준이라 하지만, 지금 세상에서 아내가 위와 같은 행위로 이혼할 지경에 도달했다면, 그때까지 가장인 남자에게는 아무런 책임이나 허물이 없느냐가 문제로 제기된다. 가장이며 남편으로서 자신의 임무를 다하는 동시에 그러한 일이 일어날 가능성이나 그럴만한 싹수가 보이면 바로잡아주는 예방조치가 있었어야 할 것이다.

시부모를 모시지 않겠다는 사람이 하도 많은 이 세상에서 시부모에게 순종하지 않는 것이야 그렇다 치더라도 시부모를 학대한다면, 그것은 분명 이혼 사유가 될 것이다. 그러나 시부모를 학대할 지경에 이르도록 아들은 무얼 하고 있었는가? 아들이 제대로 남편과 가장으로서의 제 역할을 다하고 있는데, 어찌 아내가 시부모를 학대할 수 있겠는가?

그리고 아들딸의 구분이 없는 지금이고, 또 결혼의 순수성이 법적으로 보장되어 일부일처 제도가 확립된 이 밝은 세상에서 여자가 질투를 할 정도라면 분명 남편에게 문제가 있는 것이다.

물론 남자가 즐기는 만큼 여자도 중년의 로맨스를 즐길 대등한 권리가 있다고 주장한다면 그 부부관계는 사실상 금간 것이 아니겠는가? 이처럼 문제는 남자가 가정을 어떻게 이끌어 가느냐에 달려 있다. 정말로 형제간의 우애를 깨뜨릴 정도로 말이 많은 여자라면 도대체 그 남편은 바보란 말인가?

칠거지악을 설명하면서 아들과 가장의 역할을 똑바로 하라는 아버지의 교육은(사실 이런 교육은 특별한 시간이나 일정한 장소에서 실시하지는 않는다.) 바로 일상생활에서 자연스럽게 아들에게 영향을 주는 것이다. 그것이 바로 가정교육일 것이다.

6) 삼불거-아내의 은공

칠거지악이 옛 봉건시대의 남성에 의한 일방적 강요라고 볼 수 있지만, 칠거(七去)에 해당되어도 내보내지 않는다는 삼불거(三不去)는, 아내의 은공에 감사하는 남성들의 자기반성이라 할 수 할 수 있다. 이 내용도 《소학 명륜》편에 수록되었다.

삼불거는 첫째, 결혼할 당시에는 부모나 형제가 있었지만, 지금은 돌아갈 곳이 없다면 보낼 수 없고(有所取, 無所歸, 不去), 둘째, 이미 삼년상을 같이 마치었으면 보낼 수 없으며(與更三年喪, 不去), 셋째로, 결혼 당시에는 빈천했으나 그 이후 부자가 되었거나 존귀한 자리에 올랐으면 보낼 수 없다(前貧賤後富貴, 不去)는 내용이다.

결혼할 때에는 처가의 부모형제가 있었는데 지금은 없다면 아무리 어떻든 돌려보내서는 안 될 것이다. 그 정도의 배려도 없다면 사람이 아닐 것이다. 그리고 부모의 삼년상을 마치었다면 그간의 효행이나 공적이 있다고 보아야 한다. 그리고 가장 중요한 부분 – 혼인 당시는 가난〔빈곤(貧困)〕하고 미천(微賤: 출생이 천하다는 뜻이 아니라 벼슬을 하지 않았다는 뜻)했었지만 살림이 넉넉해지고〔부유(富裕)〕 귀한(高貴: 벼슬길에 들었거나 지위가 더 높아짐) 사람이 되었다면, 여기에는 아내의 내조(內助)가 있었다고 인정해야 한다.

● 자수성가-아내의 은공!

좋은 사람을 따라다니면 바른길을 걷고(跟上好人走正路), 똑똑한 사람을 따라다니면 모든 일이 잘 풀린다(跟上智者百事通). 그러다가 벼슬을 하면 교우(交友)를 바꾸고, 부자가 되면 아내를 바꾼다(貴易交富易妻).

흔히들 처지가 바뀌면 옛날 빈천할 때의 사람들과 관계를 정리하고 새로운 세계의 다른 사람과 교유하게 된다. 그러나 어진 사람은 성쇠에 따라 절조를 바꾸지 않고(仁者不以盛衰改節), 의로운 자는 존망에 따라 마음을 바꾸지 않는다(義者不以存亡易心).

미천하다가 벼슬아치가 되었다고, 또 사업을 잘해 돈을 많이 벌었다고 친구를 바꾸고 아내를 바꾼다면, 이는 한마디로 배신(背信)이다. 배신의 말로가 얼마나 비참한가를 안다면, 빈천한 시절에 그야말로 술지게미나 쌀겨를 먹으면서 고생을 같이 나누어 짊어지고 자식들을 키운 조강지처(糟糠之妻, 糟는 술 지게미 조. 糠은 쌀 겨 강)를 버려서는 안 될 것이다.

사업을 잘하여 돈을 많이 벌었다고 바람을 피우고, 결혼의 순수성을 보장하는 법 때문에 본처 외에 다른 아내를 거느릴 수 없으니, 가정법원에 가서 이혼하며 위자료를 주는 것으로 끝난다면, 다 큰 자식들을 무슨 낯으로 볼 수 있겠는가?

자식들에게 자신의 자수성가 과정을 이야기하는 아버지가 있다면, 그 과정에서 말없이 헌신하며 자식을 키우고 가정을 꾸려온 아내의 은공을 이야기해야 할 것이다.

오늘의 이 시대에서 삼종지도(三從之道)와 오불취(五不取), 그리고 칠거지악(七去之惡)과 삼불거(三不去)가 가부장적 권위를 세우기 위한 낡은 개념들이라고 매도하고 버리기 전에, 우선 가장의 능력과 역할과 권위가 중요하다는 것을 깨우쳐야 한다.

이러한 개념들을 통해 아들로서 책임감을 느끼고, 의무를 알고, 확고한 신념을 갖으라고 깨우쳐 주어야 하며, 남녀의 구분이 왜 필요한지, 부부유별(夫婦有別)이 왜 오륜(五倫)의 하나가 되었는지 일러주어야 한다. 그리고 사내가 얼마나 할 일이 많은가를 아들에게 가르쳐야 하는데, 이런 모든 일들은 오직 아버지만이, 또 당연히 아버지가 해야 한다.

6. 부부유별(夫婦有別) (3)

1) 혼례의 의미

● 남녀유별

유가(儒家)에서는 혼례(婚禮)를 '만세(萬世)를 이어가는 시작' 으로 보았고, 혼례에 다른 성씨를 맞이하는 것(族外婚)은 관계가 없었던 먼 사람의 도움을 받아 분별(分別)의 뜻을 확실히 한다는 의미가 있었다.

그 혼인의 절차에 성의를 다해야 하고 그 관계에서 오직 믿음(信)을 가장 근본으로 생각했다. 때문에 믿음이 다른 사람을 섬기는 길이었으며, 한번 맺은 관계는 죽을 때까지 바꿀 수 없는 것이기에 남편이 죽어도 그 아내가 다시 시집갈 수 없다고 생각하였다.

혼인에서 남자 쪽에서 먼저 청혼(請婚)을 하는 것은 굳셈〔剛(강)〕과 부드러움〔柔(유)〕의 차이와 같은 것이니, 마치 하늘과 땅

(天地)을 말할 때 하늘(天)을 먼저 말하고, 군(君)이 신(臣)에 앞서는 것과 같은 뜻이 있다고 말했다.

그리고 나무 기러기〔전안(奠雁)〕를 안고 혼례를 치르는 것도 공경과 구별의 뜻을 확실하게 밝히는 것이라 하였다. 그리하여 남녀, 곧 부부유별이 있은 뒤에 부자유친이 있을 수 있고, 부자유친이 있어야만 부자간의 의(義)가 생긴다. 또 의리가 있어야만 예의를 행할 수 있고, 예의가 지켜져야만 만물이 제자리를 찾을 수 있다고 하였다.

●부부생활

혼례에서의 부부유별이야말로 만세의 시작이라고 할 수 있다. 이와 같은 부부유별의 이론에서부터 부부간의 주거와 생활의 기본 틀이 만들어진다. 그리고 부부간에 '남자는 안살림에 상관하지 않고 여자는 바깥일에 관여하지 않는다' 는 것 같은 역할이 정해진다.

가령 《소학》에 나타나 있는 내용 중,

'부부간에 제사나 상례 때가 아니면 직접 그릇을 주고받지 않으며…'

'남자와 여자가 우물을 같이 쓰지 않으며(外內不共井)…'

이런 말은 지금 시대에서 전혀 지킬 수 없는 내용이다. 길을 걸을 때도 남자는 우측통행, 여자는 좌측통행을 하라고 가르치고 있는데, 지금 이런 말이 어디에서 통하겠는가?

그러나 그 기본정신을 알고 이해하는 것이 중요하다고 본다. 말하자면, 부부유별의 기본은 부부간에 서로의 존경과 보호, 역할의 구분과 자기 임무의 수행을 강조하고 있다고 보아야 한다.

가난한 집의 세 가지 보물은(家有三寶), 못생긴 아내(醜妻), 척박한 밭 한 뙈기(薄田), 해진 솜두루마기이다(破棉襖).

본래 집안에 어진 아내가 있으면 나쁜 일도 좋아진다(家有賢妻 逢凶化吉). 집이 가난하면 어진 아내를 생각한다(家貧思良妻) 하였으니, 어려운 가정일수록 아내가 현명해야 한다.

어진 처가 있으니 남편에게 화가 없고(妻賢夫禍少), 자식이 효도하니 부모 마음이 넉넉하다(子孝父心寬). 빈천할 때 사귄 친구를 잊어서는 안 되고(貧賤之交不可忘), 구차하고 천할 때에 고생을 같이한 아내를 버릴 수 없다(糟糠之妻不下堂).

하여튼 옛날부터 아내 말을 잘 따라야 한다고 말했다.

● 부부-지킬 것은 지켜야

부부간에 아무리 살을 맞대고, 더 이상 가까울 수 없이 사랑하는 사이일지라도 기본 예의와 상호존중의 자세가 있어야 한다. 그것이 무너지면, 곧 부부싸움과 불화와 이혼의 절차가 남을 따름이다.

경제적으로 무능한 남편이나 실직한 남편이 부부관계를 거절당하는 경우나 '각방 쓰기' 를 요구하는 아내도 많다고 한다. 이런 경우 가장은 얼마만큼 자신을 갖고 가정을 이끌고 자녀를 교육할 수 있겠는가?

또 요즈음은 해괴하게도 '부부강간죄' 라는 것을 도입한다고 하는데 정말 알 수 없는 일이다. 만약 '아내가 원치 않는데도 폭행이나 강압적 수단으로 성관계를 강요당했다' 며 이를 부부강간죄로 처벌해 달라는 고소를 당한 가장이 있다면, 과연 그 경우 자식에게 얼마만큼 당당한 아버지가 될 수 있겠는가? 부부유별의 기본 정신을 알고 실천한다면, 어찌 부부강간이라는 말이 나오겠는가?

부부 이혼의 그 폐해를 생각해 보라. 본인 쌍방 간의 불신과 상처는 그만두고서라도 양측 부모의 실망과 걱정, 그리고 무엇보다도 그 남겨진 자식이 겪는 고통을 누가 헤아릴 수 있겠는가?

부부유별은 행복한 가정을 만들기 위한 가장 기본적인 도덕심이며, 부부가 자식을 낳고 키우면서 자녀 사랑을 교육으로 표현하기 위한 기본 바탕이라고 인식해야 할 것이다.

2) 처가살이

결혼한 여자들은 시어머니와 같은 '시' 자 돌림이라고 '시금치를 먹지 않는다' 는 우스갯소리가 있으며, 또 시집이라는 것 자체가 없도록 남편이 고아(孤兒)였으면 좋겠다고 말하는 극단적인 며느리도 있다고 한다.

거기다가 더욱 잔머리를 굴려 '보기 싫은 시집 식구들' 의 전화를 받지 않으려고 집 전화에 발신자 표시 서비스를 신청하여 '시' 자가 들어가는 번호에서 오는 전화는 받지 않는다고 한다. 특히 핸드폰으로는 시가 쪽 사람들의 전화는 아예 받지 않는다는 며느리들도 있다고 한다.

아마 이 모든 것들이 옛날의 시집살이, 그리고 시어머니와 며느리, 곧 고부(姑婦)갈등에 그 원인이 있다고 보아야 한다.

정말로 시어머니와 며느리는 영원한 타인(他人)인가? 21세기에 들어 가족관계와 세상이 급변해도 고부관계만은 마찬가지라고 한다. 이렇게 고부관계가 나쁜 것은 '고추당초보다 매운 시집살이' 라는 선입관이나 새롭게 형성되어야 할 시집의 여러 관계－시부모, 시누이, 시동생…에 대한 거부감 때문이라고 한다. 또 그 반발이나 거부감에 비례하여 장모를 중심으로 생활하는 새로운 관계가 만들어지거나 아예 처가살이로 들어간다고 한다.

● 겉보리 3말

지금 농촌 사람이 아니라면 겉보리와 쌀보리가 있다는 줄을 모른다. 쌀보리는 나맥(裸麥)이라 하는데, 절구질을 조금만 해서 바로 밥을 지을 수가 있다. 아는 겉보리보다 알갱이가 크고 또 더 무겁다. 쌀보리는 겉보리보다 소출이 많지 않다.

그런데 겉보리는 껍질을 완전히 벗겨내야 하고, 또 절구질을 많이 해서 속껍질(겨)을 벗겨야 한다. 그러면 그 분량이 절반으로 줄어든다. 겉보리는 방아를 다 찧으면 밥을 지을 수 있는 보리쌀이 된다. 이 보리쌀에 물을 많이 붓고 끓인 다음에(한번 삶을 뒤에) 다시 밥을 앉히고 불을 때어 밥을 지어야 한다. 겉보리 3말을 찧으면 보리쌀이 1말 조금 더 나올 것이다.

어떤 총각의 집에 겉보리 3말 뿐이라면 아마 3, 4일 뒤면 보리쌀도 없어 밥을 굶을 것이다. 그러면 그 가난이 어느 정도인지 짐작할 수 있다.

우리 조상들은 '겉보리 3말만 있어도 처가살이는 안 한다' 고 했으며, '뒷간과 처가는 멀수록 좋다' 고 했다. 그만큼 처가살이나 처가의 도움은 남자의 자존심에 관한 문제이고, 그런 도움을 왜 받겠느냐며 약간은 오기를 부리는 말이라 할 수 있다.

사실, 요즈음에 처가(妻家)에 의지하거나 처가 덕으로 살아가는 사람, 아니면 전적으로 아내에 의지하는 사람이 얼마나 많은가?

요즈음 젊은이들은 "그게 무슨 말입니까? 맞벌이를 해도 먹고 살기가 힘든 이 세상에 처갓집에서 도와준다는 데 마다할 이유가 어디 있습니까? 안 주어서 못 받습니다!"라고 말할 정도로 명분이 아닌 실리를 추구한다고 볼 수 있다.

하기야 실리를 취한다고 그것까지 나쁘다고 말할 수는 없지만, 사내의 자존심이나 아들로서의 긍지마저 잊어버린 것처럼 처가에 의지한다면 그것도 문제라 아니할 수 없을 것이다.

역사적으로 우리 민족은 본래 '처가살이'로 시작하는 결혼제도가 있었다. 고구려의 사위집〔婿屋(서옥)〕은 처가살이의 원형이라 할 수 있고, 고려 시대에도 고구려의 서옥제와 비슷한 풍속이 있었는데, 고려의 결혼 풍속은 '사위가 여자 집에 머문다'는 뜻으로, 서류부가혼(婿留婦家婚)이라고 불렀다. 고려 시대의 우리나라는 중국과 달리 부계와 모계가 모두 중시되는 가족제도였으며, 고려 여성은 남성 못지않은 사회적 지위를 누리며 성적으로도 훨씬 자유로웠던 시대였다.

조선 초기에 만들어진 족보에 의하면, 아들–손자로 이어지는 부계만이 아니라 사위나 외손자까지 함께 기록하였고, 호적을 올릴 때도 아들딸을 출생 순서대로 올렸으며, 딸도 재산을 상속받아 자기 몫으로 가질 수가 있었다고 한다.

남편이 별다른 벼슬살이를 못했기에, 상당한 재산을 물려받은 신사임당은 아들인 율곡을 친정에서 키웠으며, 이순신 장군도 서울에서 태어났지만 외가가 있는 아산에서 성장한 것을 본다면, 조선 중기까지도 우리나라에서 부계중심 가족제도가 완전 정착되지는 않았음을 알 수 있다.

그러나 성리학이 국가의 지도이념으로 확고하게 굳어지면서 유학자들은 처가살이 형태의 결혼제도를 비판하게 되고, 17세기

중반 이후 시집살이 형태가 보편화하면서 여성의 지위도 함께 하락하게 된다. 재산 상속도 모든 자녀에게 균등분배에서 장자 단독제로, 부부살이도 시집살이로 바뀌면서 남녀 사이의 불평등 관계가 급속도로 형성되었으며, 남아선호사상과 고부갈등이라는 새로운 문제를 만들어냈을 것이다. 그러다 보니 '겉보리 서 말만…' 또는 '처가와 뒷간은 …' 하는 속담도 생겼을 것이다.

3) 장모의 전성시대

요즈음 서울에서는 처가살이를 하는 가정을 쉽게 찾아볼 수 있다고 한다. 또 처가살이는 아니더라도 결혼을 하면서 처가 근처에 집을 마련하는 경우는 아주 흔하고, 그러다 보니 결혼한 딸들이 친정 주위에 옹기종기 무리 지어 모여 살게 된다.

처가에 포위된 사위－그 아이들은 친할머니보다 외할머니가 더 좋고, 이모는 알아도 고모를 모르며, 이종사촌과는 잘 놀아도 고종사촌과는 잘 어울리지 못하는－그 아이들 일가친척의 분포를 지도로 그려본다면, 어떤 '친척 지도' 가 그려질까?

지금은 오직 '장모님만이 위대하신 분' 이고, 사위와 딸은 장모의 지시나 도움을 받으며 살고 있는, 그야말로 '장모의 전성시대' 이며, 장모는 '새로운 대가족의 지도자' 로 군림하고 있다.

그러나 처가살이를 하는 남자들이 떳떳하게 처가살이 사실을 밝히지 못하는 경우가 많은 것을 본다면, 처가살이는 처가가 좋아서가 아니라 사위들의 능력 부족 아니면 '어쩔 수 없는 순응'에 의한 결과라고 볼 수도 있다.

사실 순응(順應)이란, 나의 것을 버릴 때에만 가능한 것이다. 내 것을 다 가지고, 내 주장을 다하면서 어떻게 상대와 조화를 이루거나, 그 조화보다 하나 아래 단계인 '순응'을 할 수 있겠는가? 고부간에 갈등이 있고, 며느리에게 '시집살이의 고통'이 있다면, 사위에게도 그만큼의 '처가살이 설움'이 있다고 보아야 한다.

만약 사위가 경제적이나 능력 면에서 아무런 부족이 없다면, 또 '순응해야만 할 여건'에서 벗어날 수 있다면, 남자 스스로 왜 처가살이를 선택해야 하는가? 어찌 보면, 이 때문에 남자는 처가살이를 밝히거나 자랑할 수 없을 것이다.

사실 처가살이냐 아니면, 시집살이 중심의 결혼 생활이냐 하는 시대 조류는, 그 시대 여성의 사회적 지위나 위상과 관련이 있을 것이다. 최근 우리 여성의 사회적 지위가 크게 향상되면서 가족 제도가 모계 중심으로 재빨리 옮겨가는 추세이고 이런 경향은 거대한 사회적 흐름으로 당분간 더 강화될 것으로 보인다.

문제는 지금의 이런 상황이 아직은 과도기적 단계이고, 이 과정에서 가족의 구성이나 주거생활의 형태, 그리고 가족의 역할이나 자녀 교육에서 어떠한 틀이 형성되지 않아 수많은 갈등이 일어나고 있다는 점이다.

'아무리 귀여워해봐야 외손자' 이고, 아직 외손자의 제사(外孫奉祀)가 일반화되지도 않았다. 외손자를 귀여워하다 보니 어린 아이 버릇만 나빠지고, 처가살이를 하다 보니 친가의 형제나 사촌들과의 관계에서 당당하지도 못하게 되니, 아들이면서 사위인 그 당사자의 갈등은 얼마나 많겠는가?

사실, 우리의 인생 자체가 여러 역할의 수행 과정이다. 누구에게나 아들과 사위, 딸과 며느리의 역할은 동전의 양면과도 같은 것이다. 내가 친정에 가면 귀염을 받는 딸이지만, 시집에서는 할 일 많은 며느리이고, 내 부모의 소중한 큰아들이지만 저쪽 부모에게는 그저 귀여운 막냇사위일 것이다.

화목하고 원만한 가정을 꾸려나가려면 양쪽 부모에게 다 같이 효도해야 한다. 그렇지만 문제는 본가와 처가의 중간에서 그 정체성을 잊거나 상실해서는 안 된다는 것이다. 특히 '내 아들을 누가 어떻게 키우고', '내 아들이 누구로부터 어떤 가르침이나 영향을 받느냐?' 는 가장(家長)에게 정말 중요한 문제이다.

4) 이혼의 성행

결혼은 인생에서 가장 중요한 선택이며, 결혼은 인륜(人倫)의 시작이기에 인생에서 가장 좋은 일이면서도 중요한 일이다. 그렇다면 부부의 이혼도 남은 인생을 위하여 각자의 중요한 선택이며 계기가 될 것이다. 이혼이 하도 흔하다 보니 이제는 숨기고 싶은 상처나 인생의 실패가 아닌 또 다른 선택이 되었다.

이혼부부의 주된 이혼 사유는 성격차이(46.6%), 경제문제(14.4%) 순이라고 하는데, 경제문제로 인한 이혼 비중은 매년 증가하고 있다.

20년 이상 결혼생활을 유지하다가 이혼을 하고 그 이혼으로 11만 명이 넘는 미성년자가 결손가정에서 생활하게 된다니, 이는 우리나라 가정이 매우 허약하며 상당히 많은 문제를 안고 있다는 반증이다.

● 이혼당하는 남성

거기다가 요즈음은, 이혼 당하는 남성은 이혼당하는 여성보다 그 숫자가 많다고 하는데, 아내들이 이혼을 쉽게 요구하는 이유는 무엇인가? 우선은 재산분할청구권 같은 장치가 마련되었고, 경제적으로 독립하거나 사회활동을 할 기회가 많아졌으며, 여성운동이 보편화되면서 여성들이 변했다고 할 수 있다.

사실, 지금 우리나라 여성들에게 가부장제 사회의 현모양처로 돌아가기를 기대하는 것은 무리라고 할 수 있다. 우리나라 여성들은 사회 · 경제적으로 변한 가정에서 자신들의 정체성을 찾아 몸부림치고 있다고 볼 수 있다. 시대가 변하면서, 지난날 아무 말 없이 가족을 위해 희생하던 아내가 자신의 행복을 더 중요하게 여겨 이혼을 요구하며, 70살이 넘은 황혼이혼도 이젠 흔한 이야기가 되었으니 – 이런 현상을 어떻게 해석해야 하는가?

일반적으로 우리나라 남성들은 아내나 자식들의 변화에 둔감하고, 나이가 들면서 점점 더 구태의연해진다고 한다. 그러면서 아내의 불만을 대수롭지 않게 여기는 경향이 있으니, 다시 말해 아내에 대한 소통이나 배려가 부족한 것이다.

그리고 아내를 무능력하다고 보고, 실제로 아내를 무능력하게 만들어 자신에게 예속시키려 할 때 위기는 곧바로 닥쳐온다. 이와 같은 가부장적 태도는 필연적으로 여성의 저항을 받을 것이다. 문제는 시대 상황이 변하면 거기에 맞춰 남편이나 가장도 변해야 한다는 것이다.

대단한 남성 중심 사고를 가지고 살고 있다가 이혼을 당할 경우, 또는 남성 중심 사고에 익숙할수록 이혼을 당하면 더 큰 충격과 모욕감에 휩싸인다고 한다. 우리나라의 남성은 정신적 에너지를 밖으로만 쏟도록 교육을 받아와서, 아내로부터 받는 예상하지도 못한 '안에서의 공격'에 쉽게 무너진다고 한다.

● 돌아온 싱글

이혼을 해서 다시 싱글로 돌아왔다는 뜻으로, '돌싱(돌아온 싱글)'이라는 말도 우리나라에서 이미 널리 알려진 말이다. 요즈음 일본에서는 결혼식만큼 큰 행사는 아니지만 이혼식이란 것도 있다고 한다. 이혼식의 주인공 남녀는 신랑신부가 아닌 '구랑구부

(旧郎旧婦)' 라고 불러야 할 것이다. 그렇다면 이혼식에 참석한 사람은 이혼식에서 박수를 치며 축하를 해야 하는가? 아마 사회자가 하객들에게 이혼을 하게 된 계기와 재산 분배 양육문제 등을 설명해야 할 것이다. 물론 구랑구부는 아마 서로 다른 테이블에서 식사를 하고 각자의 승용차로 돌아가야 할 것이다.

이혼을 당한 대부분의 남성은 이혼 이유를 수긍하지 않으려 하고, '내가 이렇게 못났는가?' 하는 환청 같은 메아리 때문에 1년 정도는 분노에 떨며 무기력에 빠져 허우적거리거나 무능력을 자책하고 불안해하거나 외로움에 시달린다고 한다. 그러면서도 겉으로는 좌절과 절망의 얼굴을 숨긴 채, 자신이 상처받고 공허하고 슬픔을 느낀다는 사실을 철저히 부인하는 것이다.

그러나 여자들은 친구들에게 자신이 이혼했다고 당당하게 털어놓고 사후 대책을 같이 의논한다고 한다.

● 이혼 이후의 남성

이혼을 한 남성은 처음에 그 고통을 잊어버리려고 일에 파묻히거나, 차를 난폭하게 운전하고, 옛 노래를 끊임없이 듣기도 하며, 어떤 사람은 범죄를 저지르고, 분풀이 식으로 여러 여성과 관계를 맺기도 한다. 그러면서도 남성은 자신의 슬픔을 끝내 드러내지 않으려고 애를 쓴다고 한다. 그러나 한번 흔들리거나 자구 노력이 수포로 돌아가는 순간 쉽게 좌절한다고 한다. 그래서 이혼 남성이 여느 남성보다 자살할 확률이 5배 정도나 높다고 한다.

또 이혼한 남자의 수명은 보통 평균 수명보다 10년 정도 짧다고 한다. 물론 각종 사고를 당할 위험도 높을 것이다. 왜냐하면 남성에게 아내는 때로는 어머니와 같고 가끔은 성적 유희의 대상이었으며, 밖에서 스트레스를 받고 들어와 아내에게 분풀이도 하고 하소연할 수 있는 파트너였었는데, 어느 날 갑자기 배신하듯 아내가 곁을 떠나가 버리니, 남자는 정신적으로 매우 불안할 것이다. 그 과정에서 신체의 저항 기능이 현저히 떨어질 것이고, 곧 질병에 걸릴 것이다.

어느 날 갑자기 이혼 요구를 당하지 않으려면, 어느 정도 아내와 협조관계나 분위기를 만들어야 할 것이다. 우선은 한 남자로서 자기발전을 위해 노력하면서 때때로 가족과 어울려야 한다. 그리고 아내의 감정을 이해하려는 자세가 있어야 한다. 가끔 아내에게 문화체험 기회도 제공하는데도, 아내의 눈치가 이상하다고 생각되면 그 원인을 찾도록 노력하며 반성해야 한다.

● married up

2022년 5월에, 미국 대통령 바이든이 우리나라를 방문하여 윤석열 대통령 부인 김건희 여사를 만났다. 그 뒤에 바이든이 윤 대통령에게 농담을 했다. 다음은 그 일을 소재로 쓴 조선일보 2022년 5월 23일 자 만물상(万物相) 칼럼이다.

[만물상] 바이든 "우린 맹잡았소(married up)"

'내리사랑은 있어도 치사랑은 없다' 는 말이 있다. 조상들은 부모가 자식을 사랑하고, 윗사람이 아랫사람을 아끼는 일은 있어도 거꾸로 되는 경우는 드물다고 생각했던 것 같다. '치-' 는 '위를 향하여', '위로 올려' 를 뜻하는 접두사다. 비슷하게 '치혼사(婚事)' 라는 단어가 있다. 박경리 대하소설 '토지' 에 자주 나온다. 가령 "옛말에도 딸은 치혼사하고, 며느리는 내리혼사한답니다. 애당초 안 할 혼사를 한 기라요." 같은 구절이다.

▽ 신랑에 견주었을 때, 신부가 미모도 뛰어나고, 나이도 한참 어리고, 처가댁 재력도 넉넉하면 '치혼사' 가 되는 것이다. 예전에는 대개 신랑 쪽이 좀 더 괜찮은 경우가 많아서 박경리도 "딸은 으레 치혼사한다." 고 표현하였다. 그런데 이것이 반대로 되면 그때 신랑은 '땡 잡았다', '수지맞았다', '대박 났다' 같은 소리를 듣는다. 짓궂은 신랑 친구들은 '네가 전생에 나라를 구했냐?' '도둑놈 장가간다' 면서 농담 섞인 시샘을 한다.

▽ 그제 바이든 미 대통령이 공식 만찬을 하기 앞서 윤석열 대통령 부부와 인사하며 조크를 했다. "미국에는 이런 말이 있는데, 윤 대통령과 저는 메리드 업(married up)한 남자들입니다."

우리말로 치면 '치혼사' 를 했다는 뜻이다. 결혼과 관련된 서양 조크를 200개쯤 찾아보니 신부 쪽을 꼬집는 표현이 압도적으로 많았다. 조크 생산자가 주로 남성이기 때문일 것이다. 그러나 바이든은 자신을 포함한 두 남편을 낮추면서 김건희 여사를 추켜세웠다.

(중략)

▽ 한쪽이 확연하게 기우는 혼사가 있을 때면 앙혼(仰婚)과 낙혼(落婚)이란 말이 짝을 이뤄 사용되었다. '토지'에서 하인 길상은 앙혼, 최참판댁 서희는 낙혼을 한 셈이다. 고구려의 바보 온달도 평강공주와 혼인함으로써 '메리드 업'한 대표 케이스다. 김 여사가 자리를 뜬 뒤에도 바이든이 김 여사 얘기를 하며 연거푸 "뷰티풀"이라 했다 한다. 바이든이 김 여사의 외모를 높게 평가하고, 또 부부의 나이 차가 꽤 있음을 미리 알았던 것 같다.

7. 장유유서(長幼有序)

1) 호칭의 혼동

요즈음 나이든 사람들은 젊은이들에 대하여 몰라도 너무 모르기 때문에, 알 수 없고 이해할 수 없는 일들은 모두 세대 차이로 돌려버리면 마음이 편하다고 한다.

그러나 세대 차이에 관한 이런저런 유머가 많이 사라진 것을 보면, 이제 세대 차이는 아주 당연한 것으로 고정되었다는 의미일 것이다.

요즈음 유행의 흐름은 정말 알 수가 없다. 그만큼 젊은이들이 빨리 변화하니, 나이 든 사람으로서는 유행이라는 자체를 의식하지 못한다고 한다. 한때 젊은이들이 너도나도 그렇게 많이 해대던 염색머리의 유행은 이제 완전히 사라진 것 같다.

● 젊은이의 잘못된 호칭

그러나 정말 혼란한 유행은 호칭이다. 젊은 신부가 타인에게 남편을 지칭하면서 '형' 이나 '선배' 라고 부르는 것은 남녀평등의 여파라 생각하면서 혀나 한두 번 차면 될 일이지만, '오빠' 라고 부르는 것을 보면 기가 막히면서 어이가 없다. '연애할 때 사용하던 호칭의 자연스러운 연장' 이라고 둘러대겠지만, 남매끼리 연애하고 남매끼리 결혼했단 말인가?

그리고 '젊은 애들 하는 짓이란 게 그저 … 좀 나이 먹으면 고치겠지요' 라는 너그러운 사람들도 있을 것이다. 사실 이런 것은 '그렇게 부르지 말라' 고 가르칠 내용이 아니다. 그것은 본인 자신이 알아서 그렇게 불러서는 안 되는 것이다.

아버지는 아들에게 호칭이나 여러 격식에 관하여 가르쳐야 한다. 그런 기본이 있어야 사회생활을 제대로 할 수 있는 것이다. 젊은 세대나 X세대이건 Y세대이건 그리고 Z세대이건, 아버지가 가르쳐야 할 분명한 하나는 젊은 세대만의 사회나 조직은 없고, Y세대와 Z세대만 모여서는 살 수도 없다는 것이다.

나이 든 사람에서부터 어린 세대까지 뒤섞여 살게 만들어진 것이 바로 사회이며, 각 계층이 서로 조화를 이루며 살아야 하는 사회이기에, 젊은이들만의 가치관만이 통용되고 그 이외의 것을 비난하거나 배척해서는 안 된다는 것을 어린 아들에게, 또 사회생활이나 직장생활을 시작해야 할 젊은 아들에게 확실하게 가르쳐야 한다.

2) 위계질서

● 예절-질서 유지

인간의 평등사상을 표현하는 말로 '사람 위에 사람 없고, 사람 밑에 사람 없다' 는 말이 있다. 그러나 이것은 정치적 법률적 인권을 말할 때나 통용되는 말일뿐, 일반 가정생활이나 직장 생활 속에서 평등은 여러 가지 다른 의미로 해석해야 한다.

평등은 차별에 대한 상대적인 말인데, 민주 사회에서 평등을 강조하다 보니까 순서와 차례를 의미하는 위계를 나쁜 것으로 해석하는 오류를 범하기 쉽다.

우리가 보통 사용하는 위계(位階)란 위와 아래, 앞과 뒤, 먼저(先)와 다음(後) 같은 차례를 말하는 것이고, 질서(秩序)란 그 위계를 원만하게 지켜서 대처하는 방법을 의미한다.

만약 가정이나 학교, 직장 등 조직사회에서 위계질서가 무시된다면, 그 조직이나 사회는 와해되고 말 것이다. 사람이 남과 더불어 함께 살려면 인간관계에 있어서의 위와 아래, 앞과 뒤의 차례인 위계를 정해야 하고, 정해진 위계를 지키는 데는 분명한 질서가 있어야 한다. 위계와 질서는 자기 혼자의 마음대로 하는 것이 아니고, 함께 사는 모든 사람들이 약속해서 정하는 것이며, 그것이 예절이다.

가정의 구성원인 가족 간에는, 부모와 자식은 세대 차에 의한 위계가 있고, 형과 아우는 출생의 선후 차이에 의한 위계가 있다. 부모는 윗세대이고, 자식은 아랫세대이며, 형제자매는 같은 세대이다.

윗세대는 아랫세대를 사랑해야 하고, 아랫세대는 윗세대를 효도로 모시는데, 그것을 부자자효(父慈子孝)라 하고, 형은 아우와 우애하고 아우는 형에게 공손해야 하는데, 그것을 형우제공(兄友弟恭)이라 한다.

● 사회생활의 위계

또한 사회생활에서도 가정과 같은 위계가 있다.

첫 번째는 나이가 많은 웃어른과 나이가 적은 아랫사람이고, 두 번째는 직위가 높은 상급자와 직위가 낮은 하급자, 그리고 나이가 비슷한 친구와 직위가 같은 동료가 있다.

그리고 세대나 연령, 직급 차이에 상관없이 위계가 있는 경우가 있다. 가르치는 선생님과 배우는 제자, 잘하는 사람과 못하는 사람, 앞선 사람과 뒤진 사람과 같은 경우이다.

학식과 덕망이 있어 남의 모범이 되고 존경을 받는 사람은 웃어른인 셈이고, 그렇지 못한 사람은 아랫사람으로서 그를 배우고 본받고 존경해야 할 것이다.

웃어른을 공경하고 아랫사람을 사랑하는 것을 경장애유(敬長愛幼)라 하고, 상급자를 섬기고 하급자를 지휘하는 것은 사존사비

(事尊使卑)라 한다. 사회의 위계질서에 대해 맹자는 다음과 같이 말했다.

「조정에서는 작위가 우선하고(爵一), 마을에서는 나이를 우선으로 하며(齒一), 세상을 바르게 하고 백성의 어른이 되는 데는 학문과 덕성을 우선으로 한다(德一).」

이는《맹자》공손추(公孫丑, 丑의 音은 추) 장구 하에 나오는 말이다. 물론 작위가 높다고 자기 마을의 어른을 깔보아서는 안 되며, 나이가 많다고 덕행이 뛰어난 사람을 무시해서도 안 될 것이다.

3) 터울에 따른 역할

● 어른 모시기

장유유서의 요점은 공경과 공손(恭遜)이다.

《예기(禮記) 곡례(曲禮) 上》에 의하면, 20살 정도의 차이가 난다면 아버지를 모시듯 대하여야 하며(年長以倍, 則父事之), 10년 정도의 차이라면 형으로(十年以長, 則兄事之), 5년 정도의 차이라면 나란히 걸을 수 있지만(五年以長, 則肩隨之), 앞서지는 말아야 할 것이다.

그리고 어른을 모시고 갈 때, 빨리 걸을 수도 있지만, 한 발짝 뒤에 따라가는 것이 공손한 태도이다. 어른이 계신 방을 청소한다면 빗자루를 자기 앞으로 해서 물러나면서 쓸어야 할 것이다.

그리고 부친의 친구를 뵈올 때는 오라고 말하지 않으면 앞으로 나갈 수 없고, 물러나라고 말하기 전에는 물러날 수 없는 것이다. 어른의 대화에 끼어들어서도 안 되지만, 어른의 말이나 뜻이 자기 마음에 안 든다고 금방 맞서 이야기해서도 안 된다. 존귀한 손님 앞에서 개를 때리거나 욕해서도 안 된다.

그리고 스승을 모시고 길을 가다가 건너편에 아는 사람이 있을 때 길을 사이에 두고 큰 소리로 이야기하는 것은 예의에 맞지 않는다. 스승의 서책이나 물건이 있다면 꿇어앉아 그 물건들을 한쪽으로 치워놓고 지나가야지 그 위를 넘어 다녀서는 안된다. 스승을 모시고 있을 때 스승께서 물으시면, 일어나 대답을 해야 하고 가르침을 청할 때도 일어나야 한다.

● 어른이 주시는 물건

어른을 모시고 음식을 먹을 때 음식을 거듭 주더라도 사양해서는 안 된다.

어른이 주시는 물건이라면 아무리 적은 것이라 할지라도 젊은이가 사양을 해서는 안 된다. 겸손과 겸양의 뜻으로 "저는 괜찮습니다."라면서 굳이 받지 않으려 한다면, 물건을 주려는 어른을 정말로 난처하게 만든다.

자신이 받기 과분할 정도라면, 주시는 물건을 받고 감사 인사를 한 다음, 나중에 다른 기회를 보아 그와 비슷하게 다시 사례를 해야 한다. 특히 어른이 책이나 문방구 등을 하사하면, 다른 어떤 물건을 받은 것보다 더 기뻐하며 진심으로 감사를 드려야 한다.

또 어른께서 자신을 칭찬하는 말씀이 있었다면, 그런 격려에 감사하며 고개 숙여 인사해야 한다. 어른이 보내준 문자나 카톡이라면 지체 없이 회신하며 감사를 표해야 한다.

젊은 사람들은 이를 아주 소홀히 하는 경우가 많다.

은사나 직장 상사 또는 고향 선배가 보내준 책이나 저서를 받고서 받았다는 인사도 없거나 고마움을 표하지 않는 것은, 그 어른과 관계를 단절하려는 뜻으로 큰 오해를 받을 수 있다.

설령 자신의 관심 분야의 책이 아니더라도, 그런 책을 집필하는 어려움이나 특별히 비용을 들이거나 인편에 보내주는 성의를 생각할 때, 어찌 받았다는 인사도 하지 않을 수 있겠는가!

우리 일상생활에서 아이가 어른을, 젊은이가 연장자를, 하급자가 상급자를 모셔야 하는 경우, 또는 같이 있을 경우 행동을 어떻게 취해야 하는가? 참으로 어렵고 복잡하며 상황에 따라 다르겠지만 그 근본정신은 한 가지일 것이다.

곧 장유유서－순서나 차례가 있다는 것은 아랫사람이 자신을 낮추어 윗사람을 공경해야 한다는 것이다. 물론 그에 걸맞은 윗사람의 예의나 행동이 있어야 한다는 것은 말할 필요가 없다.

4) 형제간의 예절

● 촌수 따지기

'한 치 건너 두 치' 라는 속담처럼 촌수와 혈연의 정은 멀수록 엷어진다. 혈연관계의 계통과 그 멀고 가까움을 나타내는 촌수를 계촌(系寸)이라고 한다. 계통은 혈통의 관계와 친족 간에 자기와 상대가 어떤 관계에 있는지를 나타낸다. 촌수는 자기와 상대와의 사이에 몇 마디의 분기점(分岐点)을 이루는가를 나타낸다.

촌수 계산(計寸)하는 기본 원칙은 자기와 상대가 몇 대의 조상을 동일 조상으로 하는지 분기점을 기준으로, 자기와 그 분기점까지가 몇 대인가, 그리고 그 분기점에서 상대까지의 대수를 합해서 촌수로 한다.

예를 들면, 아버지와 나는 1촌이다. 내 동생은 나－아버지－내 동생이니, 2촌이라고 할 수 있다. 나의 4촌 형제는 나－아버지－할아버지－큰아버지－큰아버지의 아들이니, 4촌 곧 종형제(從兄弟)이다. 6촌 형제는 재종(再從), 8촌간은 삼종형제(三從兄弟)라고 부른다. 고조의 후손을 통털어 동고조팔촌(同高祖八寸)이라 말한다. 일가(一家)는 팔촌까지를 총칭하는 말이다.

● 형제－숙명적 동기(同氣)

형제간은 촌수로는 2촌이지만 같은 부모 아래, 어머니의 젖을 같이 먹었고, 같은 이불 속에서 잠을 잤으며, 옷을 물려 같이 입었다. 그래서 형제는 마치 내 몸의 손발과 같은 것이다.

한 부모의 자식이라는 점에 있어서 형제는 같은 위치를 차지하고 있지만, 세상에 태어난 차례가 있다는 점에서는 윗사람과 아랫사람의 순서가 있다.

형제는 숙명적인 동기간이다. 서로 내 몸 같이 아끼고 위해야 한다. 부모와 조상에 관한 일에는 공동 참여, 공동 부담하면서 서로 앞서는 정신으로 임한다.

특히 부모를 위하는 마음과 행동과 물질의 부담 등을 미루지 않는다. 내가 이만큼 했으니까 너도 이만큼 해야 한다고 서로 미루거나 떠넘기지 않는다.

아무리 가까운 동기간이지만 형제간에는 서로 지켜야 할 예절이 있다. 가장 큰 형을 동생들은 마땅히 아버지 모시듯 해야 한다. 극진한 존대 말씨와 뵈올 때마다 절을 하며, 들어가고 나가는 기거(起居)의 예절에 빈틈이 없어야 한다.

그리고 형에게 동생은 자신의 분신이다. 사랑하고 보살피기를 아버지나 어머니께서 하시듯이 해야 한다. 자주 왕래하며 자기들과 자손들이 일체감을 갖도록 한다. 동기간의 일을 자기의 일같이 어려움을 나누고 힘을 보탠다.

● 형제간의 말씨

형제간에 지켜야 할 예절로서 무엇보다도 중요한 것은 바른말씨를 쓰는 것이다. 함부로 말하면서 마음속으로 공손한 자세를 갖고 있다고 하기는 어렵다. 그와는 반대로 속에는 공손한 마음이 있으면서 말투가 거칠게 나오는 경우도 없을 것이다. 항상 다정한 우애가 우러나오는 부드러운 말을 쓰는 버릇을 어렸을 때부터 몸에 배도록 해야 한다.

아울러 형제간의 예절에서 빼놓을 수 없는 것이 양보이다. 형은 아우가 어리므로 양보하고, 아우는 형이 자기보다 윗사람이니까 양보한다면 형제간에 다툼은 일어나지 않을 것이다.

형제간에 우애를 돈독히 다질 줄 아는 사람이라면, 틀림없이 사회생활도 순조롭게 잘 해나가는 사람일 것이다. 그 이유는 사람을 대하는 근본 자세가 똑바로 서있기 때문이다.

● 남매간의 예절

그리고 형제간에서 좀 특별한 것이 남매간으로, 여기에는 남녀간의 구분도 작용하므로 남매간의 예절에 대해서는 좀 더 엄격해야 한다. 즉,

▽ 남매는 남자와 여자로 성(性)이 다른 동기이다. 때문에 더욱 각별한 예절이 요구된다.

▽ 남매는 어렸을 때부터 서로 섞이지 않으며, 엄격한 분별이 있어야 한다.

▽ 남매간에는 한방을 쓰거나 서로 속살을 보이거나 몸을 부딪

치지 않도록 단속한다.

▽ 남매간에 이성의 예를 차리지 못하면, 남과의 이성교제가 또한 무례하게 된다.

▽ 남매간에 누워있는 방에 들어가지 않으며, 몸이 닿도록 가까이 위치하지 않으며, 허물없이 말을 섞지 않는다.

▽ 남매간에는 서로 은밀한 소지품을 뒤지지 않으며, 밝히려고도 않아야 한다.

5) 올바른 존댓말

어른을 모신다거나 위계질서를 따져서 지키고 어른을 대우하는 것이 결코 쉬운 일이 아니다.

아무리 예를 잘 안다고 하더라도 때와 장소와 경우에 따라 달라지는 것이 윗사람을 모시는 일이다. 특히 일상생활에서 언어 대화의 상대에 따라 웃어른에게 '말씀을 여쭐 때'는 높임말로 하고, 아랫사람에게 '말할 때'는 낮춤말을 써야 한다.

높임말과 낮춤말은 말씨와 어휘를 어떻게 골라 쓰느냐에 따라 결정된다. 윗어른에게 높임말을 쓰는 일이나 존대 어휘를 가려 쓰는 일은 어려서부터 몸에 익숙하도록 지속적으로 가르치고 배워야 한다.

● 압존법

어른을 어떻게 높여야 하는가? 어른 한 사람을 높이는 것은 그런대로 익숙하지만, 높여야 할 사람이 말하는 나보다는 높지만 나의 말을 듣는 분보다는 낮을 경우라면 좀 복잡해진다.

우선 어른에 대한 존경심이 바닥에 깔려있어야 하지만, 상대적인 관계를 잘 알아 받들어야 한다.

이를 압존법(壓尊法)이라 하는데, 압존법에서 가장 중요한 것은 '나에게 높은 분이지만 그분보다 더 높은 사람 앞에서는 낮춘다'는 원칙이다.

예를 들면, "할아버지! 아버지께서 지금 들어오십니다."는 틀린 말이고, "할아버지! 아버지가 지금 들어옵니다."가 맞는 말이다. (옛날에는 할아버지 앞에서는 아비라고 하였다.)

그러나 아버지에게 할아버지를 말할 때는 "할아버지께서 잠이 드셨어요. 아버지께서도 주무시지요."라고 모두 높여야 할 것이다.

또 "아버님! 어머님 들어오시라고 말씀드리겠습니다."라고 존댓말을 써야 할 것이다. 왜냐면 나의 입장에서는 부모가 다 같이 어른이시고, 또 부모님 부부간에도 서로 공대를 하니까 아버지한테 어머니를 지칭할 때도 존대를 해야 할 것이다.

마찬가지로 아우에게는 "지금 아버지께서 할아버님 방에 들어가셨다."라고 말해야 할 것이다. 그리고 아랫사람에게 웃어른을 말할 때는 "애야, 선생님께서 무엇이라고 말씀하셨니?"라고 아랫사람은 낮추고 웃어른은 높여야 한다. 그러나 할아버지가 손자에게 아들을 말할 때는 "아무개야. 네 아비 언제 온다고 하더냐?" 고 모두를 낮춘다.

●존대 언어

일상 언어에서 존대 어휘를 사용하는 것은 매우 중요하다. 가령 '진지와 밥', '잡수시다와 먹다'는 같은 뜻의 말이지만, 언어예절로 보면 커다란 차이가 있다. 우리의 일상생활에서 흔히 사용하는 존대 어휘를 예시하면, 다음과 같은 것이 있다.

- 밥 → 진지
- 성질 → 성품
- 집 → 댁
- 술 → 약주
- 아들 → 아드님
- 딸 → 따님
- 말하다 → 여쭙다
- 주다 → 드리다
- 보다 → 뵙다
- 말 → 말씀
- 늙은이 → 노인
- 나이 → 연세, 춘추
- 사람 → 분
- 아들 딸 → 자녀 분
- 이름 → 성함, 존함
- 먹다 → 잡수시다
- 죽다 → 돌아가시다
- 자다 → 주무시다

●이웃 호칭

존댓말과 함께 정말 어려운 일은 이웃에 대한 호칭이다. 상황에 따라 적절한 호칭을 골라 쓰는 것은 이웃 간의 예절에도 매우 중요하다. 웃어른, 같은 또래, 아랫사람에 대한 말씨와 호칭을 다음과 같이 구분하여 사용한다.

부모의 친구, 친구의 부모, 또는 나이가 많으신 남자는 '어르신' 이라고 호칭하면 무난할 것이지만, 친구나 잘 아는 사람의 부모에게는 '○○ 아버님', '○○ 어머님' 이라고 호칭해도 좋다. 또 존경하는 웃어른이나 직업이 선생님인 남녀 어른은 '선생님' 이라고 불러야 한다.

'형님', '형', '누님' 은 나이 차가 많지 않은 연장자를 호칭하는 말이지만, 학교 선배나 같은 일을 하는 연장자에게는 보통 '선배님' 또는 '김 선배' 라고 부르면 될 것이다.

직장에서는 보통 상대의 직책 명에 '님' 을 붙여 '○○님' 이라고 불러야 할 것이며, 상하 10년 이내의 연령차로서 친숙한 사이라면 이름을 부르거나 '자네' 라고 부를 수 있지만, 친분관계가 아직 형성되지 않았다면 적어도 반말이나 하대를 할 수 없을 것이다.

6) 일가친척 간의 예절

여기에서는 방계(傍系: 직계에서 갈라져 나온 계통) 가족과 기타 친척 간의 예절을 설명하면, 다음과 같은 것을 생각할 수 있다.

▽ 항렬이 위이거나 나이로 어른이든 웃어른에게는 반드시 절하고 높임말을 써야 한다. 비록 나이는 같고 생일이 먼저인 형이나 누이에게도 절하고 존댓말을 쓴다.

▽ 바른 호칭과 말을 써야 일가친척 간 우애가 돈독해진다. 가까울수록 예절을 지켜야 한다.

▽ 나이가 나보다는 적지만 항렬이 높은 윗세대의 경우라도 반드시 윗세대 어른으로 존대한다. 나이가 적더라도 부모의 세대이면 '아저씨', '아주머니' 라고 부르고 '하세요', '해요' 의 존댓말을 쓴다.

▽ 항렬이 아래라도 나보다 나이가 많으면, 나이대접을 해서 함부로 말하지 않는다. 나이가 10년 이상 많은 조카에게는 '조카님' 이라 부르고, 말씨도 '하세요' 를 쓴다.

▽ 8촌이 넘는 할아버지뻘은 '대부' 라 하고, 할머니뻘은 '대모' 라고 부르고 존대한다. 8촌이 넘는 일가 간에는 상대가 미성년이 아니면 절을 하여 답배한다. 그리고 비록 아랫사람이라도 '해라' 를 안 쓰고 '하게' 를 쓴다.

▽ 8촌 이내의 혈족 간에는 '당내(堂內) 간' 이라고 해서 엄격한 위계질서를 지키고, 8촌이 넘는 같은 종파는 '동파지친(同派至親)' 이라고 하며, 촌수를 따지기가 어려운 사이는 '일가(一家)', '종친(宗親)' 이라고 한다.

7) 손님 모시기

어른을 찾아오신 손님은 어른을 모시는 마음으로 대접한다. 어른의 손님을 대접하는 데는 어른의 말씀에 따라 공경을 다해 공손히 모신다. 어른이 안 계실 때에 어른의 손님이 오시면, 어른을 모시듯 공손하고 친절하고 편안하게 모신다.

어른께서 자기의 손님에게 '절을 하라' 하시면 절을 올리고, '무엇을 대접하라' 하시면 어렵더라도 주선하여 아끼지 않고 대접한다. 어른의 손님이 비록 어리더라도 어른이 아끼고 사랑하시면 아랫사람도 그렇게 한다. 어른의 의사에 어긋나게 어른의 손님을 대접해서는 절대로 아니 된다.

어른이 청하시는 손님이 마땅치 않더라도 내색하지 말 것이다. 어른이 즐거우신 것이 더 좋은 일이다.

어른이 손님을 데리고 오시거나 청하는 일을 귀찮게 여기지 않는다. 오히려 어른에게 여쭈어 자청해서 함께 즐기실 손님을 청해드려야 한다. 어른의 손님이나 친구는 아랫사람의 어른이시다. 조금이라도 소홀함이 없이 대접해 받들어야 나의 어른이 그에게서 그렇게 대접받으시게 된다.

● 이웃 어른에 대한 예절

옛날에는 한 마을의 모든 사람들이 서로 잘 알고 지냈으므로 이웃 어른을 부모와 같이 공경했다. 최근에는 인구가 많아지고 개인의 사생활을 존중하는 도시화, 서구화가 되어 서로 무관심해졌다. 때문에 이웃 어른에 대해 결례를 하는 경우가 많다. 이웃 어른에 대한 올바른 자세를 살펴보자.

이웃 어른을 만나면 몇 번을 만나도 공손히 인사한다. 어른이 혹시 기억을 못하시면 자신을 밝힌다. 또 이웃 어른의 근황에 관심을 갖고 알고 있도록 한다. 이웃 어른이 길을 지나실 때에는 급한 일이 아니면 가로질러 먼저 지나치지 않는다.

어른이 무거운 짐을 들고 가는 경우에는 부탁하기 전에 미리 도와드린다. 어른을 대하는 말씨는 항상 조심하여 올바른 경어를 쓰도록 한다. 친구 집을 방문했을 때 그 집에 어른을 모시고 계시다면 오래도록 떠들고 놀지 않는다.

8) 스승 공경

요즈음 누구나 옛사람의 군사부일체(君師父一体)란 말로, 스승의 은혜나 가르침의 중요성을 강조한다. 그러나 지금 이 시점에서 '스승의 은혜' 나 '스승을 존경하라' 는 이야기를 하면, 요즈음 아들이나 딸이 얼마나 이해하겠는가?

마치 '시류(時流)를 모르는 어른의 고지식한 잠꼬대' 로 치부할 것이다. 그렇게 된 배경에는 그간의 또 지금의 위정자들의 '실패한 교육정책' 의 탓도 있을 것이다.

우리나라 초·중등학교의 교사들은 그들의 삶에 윤기를 낼만한 경제적 여유나 어떠한 힘 또는 사회적 명성이나 존경심 중 그 어느 하나도 가질 수 없는 현실 속에서 교직을 수행하고 있다. 그런데 아이들에게는 자신의 부모를 기준으로 해서 다른 사람을 평가하려는 경향이 있다.

즉 경제적 여유가 있는 사장의 아들은 경제적 여유나 승용차의 차종으로, 또 고관의 아들은 권력의 힘을 기준으로 자신의 담임 선생님이나 교사들을 바라볼 것이다. 따라서 그런 부모를 둔 아이들 눈에는 교사들의 통제나 가르침이 우습게 보일 때가 많을 것이지만, 그래도 학교생활 중에는 자신의 밑바닥 심정을 표출하지 않으려고 노력할 것이다.

그러나 가끔씩 무의식중에 그런 티가 나타날 것이고, 교사의 눈에는 그저 버릇없는 학생으로 보일 뿐이다. 이런 현상은 외국도 마찬가지라고 한다. 다만 선진국에선 사회 상류계층일수록 가정교육이 철저하지만 우리나라에서는 그렇지 못한 경우가 더 많을 것이다.

그런 집 아이들의 버릇없는 행동을 교사가 규제했을 때, 학생은 반발할 것이며, 또 그 권력이나 돈을 자신의 것으로 착각하는 학생의 어머니 눈에는 불이 켜질 것이고, 그 다음에 무슨 현상이 일어날 것인가는 분명하다.

'내 집에서는 내 자식들에게 매를 한 대도 대지 않고 아이들을 키운다' 고 생각하는 학부모들 중에는 버릇없는 제 자식의 행위를 바로잡아주려는 '선생님의 매' 에 대해서 거칠게 항의하는 경우를 가끔 본다.

"그것도 교육적인 체벌이냐?"

"사랑의 매가 그런 것이라면 당신도 맞아 봐라!"

"교육권의 남용이 아니냐?"

이렇듯 삿대질에 욕지거리를 퍼붓는 사람은 성질이 좀 급한 사람일 것이다. 요즈음은 어른이나 애나 할 것 없이, 시 교육청이나 교육부, 심지어는 청와대 민원실 소리함에 '선생의 일방적 잘못 때문에 나는 선량하고 억울한 피해자' 라고 '부풀려지고 날조된 사실' 의 진정서를 인터넷에 가명으로 띄우는 일이 아주 흔하게 일어나고 있다. 서울시 교육청 홈페이지 게시판을 보면, 학부모와 학생들이 학교와 선생님에 대한 욕설과 비난과 억지 주장으로 도배가 되어있다.

그리고 이런 글을 본 사람들은 자칭 '정의의 네티즌' 이라면서 사실을 확인하거나 알아보려는 아무런 노력도 하지 않고, 또 그 상대방의 변론을 들으려 하지도 않고 일방적으로 학교와 교사들을 매도한다. 마치 '학교 선생에게 욕을 해야 자신의 행위가 정당화되는 것처럼' , 아니면 '욕을 한번 했더니 속이 시원하다' 고 스트레스 해소의 방식으로 여론몰이를 한다. 그리고 그 피해자는 언제나 교사들이다.

● 그러나 학원 강사에게는

학교 선생님의 교육과 지도를 믿지 못하는 사람일수록 학원 강사에게는 "우리 아이를 때려서라도 가르쳐 주셔요." 하면서 사정을 한다니 기가 막힐 수밖에 없다.

이런 경우의 잘못이란 대개 '학원을 몰래 빠진다든지, 졸면서 잘 듣지 않거나 떠들고 장난치는 잘못' 일 것이다. 이는 아마도 입시학원에 비싼 돈을 냈으니 그 돈만큼 배운 것이 있어야 한다는 타산적 생각에서, 아들에 대한 인성교육은 애당초 생각하지도 않는 '때려 달라' 는 주문일 것이다.

이렇듯 본말이 거꾸로 뒤집힌 현상은 어디에서 오는가?

교육부의 정책이나 상급 교육 관청의 지침에 의하면, 초등학교에서는 시험을 치를 수도 없고 성적에 의한 서열을 산출해서는 안 되며, 다만 학력이 일정 수준에 올랐는가를 평가할 따름이라고 한다. 그런데 이런 평가마저 일부 단체의 반대에 따라 시행하지 못한다니 기가 막힌 일이다.

이런 초등학교 교육은 중학교의 교육과 아무런 연계가 없다. 중학교 2, 3학년에 가면 모든 것이 점수로 계량화된다. 중학교에서는 교과 성적, 출석상황, 봉사활동 시간 수 등등에 의거 3학년 말에 내신성적이 56.789%하는 식으로 소수 셋째 자리까지 백분율을 산출하고 0.001% 차이로 고교입시에서 당락이 결정된다. 이처럼 중학교의 성적은 단지 과학고나 외국어 고등학교 또는 고등학교에 진학하기 위한 방편으로 쓰일 뿐이다. 중학교에서의 학습활동은 고등학교 수업을 듣기 위한 중간 과정일 뿐, 그 외 별다른 의미가 없다.

지금 각 시도 교육감의 방침에 따라 학교에서 체벌이 일체 금지되는 조치가 취해졌다. 체벌이냐, 아니면 사랑의 회초리인가? 적극적인 교육의지인가? 아니면 방임(放任)인가에 따라 학생 지도에 대한 견해가 달라져야 할 것이다. 하여튼 뭔가가 좀 이상할 뿐이다.

● 상벌(賞罰)

교육에서 상이 필요하다면 제재도 필요하다. 필자는 제재의 당위성과 유용성을 의심할 필요는 없다고 생각한다. 긍정적인 제재는 학습효과를 배가 시킨다. 다만 지금 시대에는 제재의 방법으로 체벌이 문제가 된다.

체벌은 아이의 인격을 해치는 독이라고 하여 체벌에 반대하지만 체벌 없이 학생을 이끌고 자식을 키울 수만 있다면 가장 좋다. 그러나 자식이 영 말을 안 듣는다면 체벌이나 체벌과 유사한 벌칙이라도 주어져야 한다.

체벌 금지가 지금도 계속 논란이 되고 있다. '체벌을 해서는 절대로 안 된다' 란 명제는 있을 수 없다. 어쩌면 교육 현장에서 '절대로' 란 말로 단정 지을 수 있는 일은 거의 없다. 왜냐면 학생 1명에 대한 교육 방법도 때로는 10가지 20가지가 될 수 있고, 한 가지 내용을 학생 100명에 가르친다 해도 교육 방법은 100가지가 될 수 있다. 올바로 키우려면 때로는 체벌도 있어야 한다.

자식들한테 존경받지 못하는 부모가 반항기의 자식에게 무슨 교육을 시키겠는가? 교사 앞에서는 '선생님만 믿겠습니다' 라고 말하면서도 학부모들은 실제로는 교사를 불신한다. 그러면서도 집에서 아무런 통제도 받지 않고, 가정교육도 없이 방치한 애들을 중 · 고등학교에서는 성적도 올리고 인격적 감화도 주며 전인교육을 시키라고 교사들에게 요구하는 목소리를 높인다.

그런 학생들을 가르치는 학교 교사들을 국가나 사회에서는 일방적으로 매도하면서, 때리지도 말고 퇴학도 시켜서는 안 되며 수행평가로 전인교육을 하면서 대학 진학까지 시키라고 주문을 낸다.

자기 자식을 가르치는 정말 중요한 일을 수행하고 있는 교사에게 자식 면전에서 욕지거리를 해대는 그 부모의 그 자녀가 잘되는 경우를 나는 아직 보질 못했다.

그렇게 욕을 해댔으면 데려다가 자신이 가르치든지, 아니면 다른 길을 찾아가야 할 것이다. 정규 학교교육이 아니더라도 자녀를 가르치는 길은 많이 있다. 그리고 교사의 행위가 정말 잘못되었다면 정식 재판이라도 요구해야 할 것이다.

다시 한 번 말하지만, 모든 교사가 다 잘하고 열심히 가르치지는 않을 것이다. 때로는 비난을 받을 교사들이 왜 없겠는가? 어느 그룹이든 선인(善人)이 있고 그렇지 못한 사람이 있으며, 능력자와 능력이 덜한 사람이 섞여 있게 마련이다.

교사의 실수나 무신경, 때로는 아무 생각 없이 던진 말이 학생에게 상처를 주는 일도 있을 것이다. 내가 생각해도 '인터넷에 뜬 것이 사실이라면?', '어쩌면 사실일 수도 있다'는 생각이 들 때도 있고, 학교 선생님도 잘못할 때가 있다.

그러나 교사 전체를 무능력한 사람, 아니면 내 아이만 괴롭히는 사람으로 치부하는 것은 잘못이다. 문제는, 부모로서 자식에 대한 가정교육을 하지도 않으면서, 자기 자식 나쁜 것이 전부 학교 탓이나 교사의 탓으로 돌리는 학부모의 의식이 문제라 할 수 있다.

사실, 가정교육이 제대로 된 학생이라면, 학교에서 나쁜 짓을 하지도 않고 교사에게 불손한 짓거리를 하지도 않는다.

그리고 교직을 천직으로 생각하는 교사는, 학생들을 사랑으로 가르치고 하나라도 더 일러주려고 애를 쓴다. 학생에게 용기와 자신감을 불어 넣어주고, 진정으로 인격적 감화를 줄 때, 스승과 제자의 그 정은 부자유친(父子有親) 만큼 깊을 것이다.

「보통 백성들은 세 가지 근본에 바탕을 두고 살아가나 그 섬김은 다 같다. 즉 아버지께서 낳아주셨고, 스승께서 가르쳐주고, 임금은 먹고 살 길을 열어주었다. 아버지가 아니면 태어날 수 없었고, 먹을 수 없었으면 클 수 없었고, 가르침이 아니면 아는 것이 없었다. 이는 다 내 생명의 은인들이다. 그러므로 한결같이 이들을 섬겨야 한다.」

이 말은 《소학 명륜》에 실려 있는 중국 춘추시대 진(晉)의 대부(大夫) 난공자(欒共子)의 말이다.

여기에서 '군사부일체(君師父一体)'란 말이 나왔다고 한다. 그러나 지금 세상에 주군(主君)이 어디 있고, 신하가 어디에 있겠는가? 집에서 아버지로부터 아무런 가정교육을 받지도 않은 아들이 언제 제 학교 선생님을 아버지처럼 존경하겠는가?

아들에게 아버지의 스승 이야기를 해줄 필요가 있다. 아니면 학교를 가고 싶었어도 사정이 여의치 않아 학교를 못 다닌 아버지의 슬픈 옛이야기라도 해주어야 한다.

훌륭한 스승을 따라 배운 사람은 좋은 친구를 가진 사람만큼이나 틀림없이 행복할 것이다.

8. 붕우유신(朋友有信)

1) 또래와 마음의 벗

오륜의 마지막 덕목으로 벗과 사귀는 도리를 밝힌 붕우유신(朋友有信)은 참으로 중요한 가르침이다. 대개의 학생들이 화랑(花郞)의 세속오계(世俗五戒)에 들어 있는 교우이신(交友以信)과 혼동하는데, 그 본뜻은 같다.

● 붕우의 뜻

먼저 붕우(朋友)의 뜻을 정확하게 알아야 한다. 우리말로는 '벗 붕(朋)', '벗 우(友)' 라고 하지만 붕과 우는 분명히 다르다.

붕(朋)은 같은 글자 두 개가 겹친 글자 뜻 그대로 비슷한 '또래' 란 뜻이다. 초등학교 때 짝이나 중학교 동기, 고등학교에서의 같은 학년이나 같은 반 학생으로 얼굴을 알고 있으면 모두가 벗 붕(朋)이다. 그 벗들은 함께 튀김 집에도 몰려갈 수 있고, 골목에서 담배를 몰래 피울 수도 있다. 오토바이를 빌려 폭주족에 가담

할 수도 있고, 나쁜 짓을 함께 모의할 수도 있는 벗이며, 학교 다닐 때는 전혀 친하지 않았지만 사회생활을 하다 알게 되어 서로 거래를 틀 수 있는 것도 또래 벗이다.

그러나 우리는 또래 간의 교제보다 더 진실하고 깊은 마음으로 사귀는 벗이 있는데, 마음과 마음이 통하는 몇 안 되는 벗을 한자로 우(友)라고 쓴다. 우(友)는 서로 그 마음을 알고, 그 마음을 줄 수 있는 벗이다. 때문에 벗 우(友)는 많은 사람이 아니다.

학교 다닐 때, 정말 마음에 맞아서 언제나 같이 붙어 있었고 서로의 아픔을 위로해주며, 앞날의 푸른 꿈을 같이 이야기했던 벗, 좋은 일을 하자고 서로 격려해주었던 벗이기에 그가 지금 위기에 처했다면, 내가 가진 것 모두라도 다 주고 건져주고 싶은 벗이다. 우리가 잊을 수 없는 벗이며, 또 변해서는 안 되는 벗이기에 우리는 그 뜻을 우정(友情)이라고 부른다. 우리에게 붕과 붕 사이의 정, 곧 붕정(朋情)도 있겠지만 '붕정을 잊지 말자' 라고 말하지는 않는다.

이처럼 붕(朋)과 우(友)는 크게 다르지만 붕에게도 우에게도 모두 신의를 지켜야 한다. 그래서 붕우유신(朋友有信)의 덕목이 중요한 것이다.

남자들은 좋은 차나 오토바이를 좋아한다. 그렇지만 사내들에게 페라리 신차보다 친구가 더 소중하다. 아무리 좋은 차를 가진

들 친구들이 없다면 무슨 행복을 바랄 수 있을 것인가?

● 소중한 벗

사람에게 벗이 없다면(人沒有朋友), 나무에 뿌리가 없는 것과 비슷하다(就像樹沒有根). 인생에서 얻기 어려운 것은 한 사람의 진정한 친구이다(人生難得一知己). 좋은 친구는 친형제보다 낫고(好朋友賽過親兄弟), 친우만큼 나를 아는 이 없다(知己莫如友). 엄한 스승은 유익한 친우만 못하다(嚴師不如益友). 재능은 어려운 여건 속에서 배워야 하고(本領要在困難中學), 친구는 환난 속에서 사귀어야 한다(朋友要在患難中交). 그 사람을 모르거든 그 사람의 친구를 보라(不知其人觀其友). 술과 고기로 사귄 친구는 오래 가지 않는다(酒肉朋友一世無).

집에 있을 때는 부모에게 의지하고(在家靠父母), 밖에 나가서는 친우에게 의지한다(出門靠朋友). 좋은 말은 사려는 사람이 많고(好馬主人多), 착한 사람은 벗이 많다(好人朋友多). 바다가 깊다고 생각하지 말라(海水不爲深), 우정이 가장 깊다(友情第一深).

2) 좋은 벗이란?

일찍이 공자의 제자인 증자(曾子)가 말했다.

"군자는 글로써 벗과 사귀고(君子以文會友), 벗으로써 어진 덕행을 쌓는다(以友輔仁)."

《논어(論語) 안연(顔淵)》편은 안연이 문인(問仁)하는 것으로 시작하여 이 구절로 끝이다. 어쩌면 〈안연〉편의 결론으로 일부러 맨 마지막에 배치했을 것이다.

여기서 문(文)의 개념은 매우 포괄적이다. 단순한 무(武)의 상대적 개념을 넘어 문화나 사상, 학문과 문예, 문장이나 문헌 등 전부를 망라한다. 사람이 독학(獨學)하여 벗이 없다면 고루하고 식견이 좁다고 하였다. 학교는 지식을 가르치고 배우는 단순한 기능만을 갖고 있지 않다.

산속에서 사부한테 무술을 연마하더라도 어느 수준에 이르면 하산케 한다. 산속에서 혼자 연마하는 무술에는 한계가 있다. 배움이나 인격도야도 마찬가질 것이다. 벗을 통해 인덕(仁德)을 보완(補完)해야 한다(輔仁).

또 증자는 날마다 3가지로 자신을 반성하였는데(日三省吾身), 그중에 '친우와 사귀면서 믿음이 가지 않는 행실을 했는가?' 라는 항목이 들어 있다.《논어(論語) 학이(學而)편》

공자께서도 "벗은 간절히 살펴 좋은 일을 권하고, 형제는 기뻐하며 즐거워해야 한다."고 말했고, 자공(子貢)이 벗과 사귀는 도리에 대하여 묻자, 공자께서는 "착한 일을 하라고 진심으로 청하고 잘 말하되, 안 된다면 그만 사귀어야지 나 자신을 욕되게 해서는 안 된다.”고 하였다. 또 맹자께서도 “착한 일을 하라고 재촉하는 것이 벗의 도리(責善, 朋友道也)”라고 하였다.

이상의 몇 가지 예를 보더라도 ‘좋은 일을 권하는 사이’가 바로 진실한 벗이라 할 수 있다. 흔히 학생들은 같이 담배 피고 비행을 저지를 동료들을 모두 친구라고 하는데, 그런 친구는 진실한 벗이 아니라는 것을 깨우쳐주어야 한다.

공자는 “군자(君子)는 다른 사람의 장점을 키워주지 나쁜 짓을 거들어주지 않는다. 소인은 이와 반대이다.〔《논어(論語) 안연(顏淵)》子曰, 君子成人之美, 不成人之惡. 小人反是.〕” 하였다.

친구의 좋은 점을 찾아 또 친구가 실력이나 재능을 발휘할 수 있도록 격려하고 도와주어야 친구이지, 나쁜 일을 권유하는 사람은 결코 벗이라 할 수 없는 것이다.

내가 어떤 지위에 있다면, 내 주변에는 여러 사람들이 모여든다. 내가 어느 정도 재력이 있어 아는 사람들에게 술과 음식을 자주 대접한다면, 그 소문을 듣고 더 많은 사람들이 나를 찾아올 것이다. 그때 그들이 나의 또래는 될지언정 진정한 벗은 아닐 것이다. 술 사주고 밥을 사주어 사귄 벗은 술과 밥의 공급이 끝나면 만남의 관계도 끊어질 것이다.

그런 사람들은 단지 나와 사귐으로써 얻을 수 있는 이(利)를 따라 행동할 뿐이다. 어떤 이익을 따라 모이고 헤어지면 그들은 소인(小人)일 뿐, 나에게 좋은 뜻을 권하는 진실한 벗은 아닐 것이다. 단 한 명이라도 좋으니 진실한 벗을 얻을 수 있다면 그 인생은 성공한 것이고 뜻있는 삶일 것이다.

3) 익자삼우(益者三友)

사실 중 · 고등학교를 다니는 아이들이 좋고 나쁜 친구를 가려서 교우관계를 갖는다는 것은 어려운 일이다. 그러나 성인이 되어 생활하다 보면, 나쁜 친구는 내가 싫어하거나 나에게서 멀어지게 된다. 《논어(論語) 계씨(季氏)》편에는 좋은 친구와 나쁜 친구를 구체적으로 설명하고 있다.

곧 "나에게 도움을 주는 벗이 셋이고(益者三友), 해로운 벗이 또한 셋이니(損者三友), 벗이 정직하고(友直), 벗이 신실(信實)하고(友諒), 벗이 견문이 넓으면(友多聞), 도움을 주는 벗이다(益矣). 벗이 바르지 못하고〔友便辟(우편벽)〕, 벗이 남의 비위나 잘 맞추고〔友善柔(우선유)〕, 말만 번지르르 하고 아부나 잘하면〔友便佞 (우편영)〕, 해로운 벗이다(損矣)."

어쩌면 한문의 매력이 이런 것인지도 모른다. "우(友)가 직(直)하고, 우(友)가 양(諒)하며, 우(友)가 다문(多聞)하면 익(益)이라." 했다.

여기서 直(곧을 직)이야 그 뜻이 쉽게 파악될 것이다. 諒(믿을 량)은 '진실한', '참된'의 뜻으로 작은 일에도 정성을 다한다는 뜻이다. 그렇게 곧고 진실하며 거기에다 배우고 들은 것이 많다면(多聞), 정말 좋은 친구가 아니겠는가?

벗이란 사람이 '한쪽으로 치우쳐 꽉 막혔거나〔便辟(편벽)〕 남의 눈치나 보면서 이래도 저래도 홍홍하면서 줏대도 없으며〔善柔(선유)〕, 말만 많고 번지르르하며 아부나 떤다면〔便佞(편영)〕, 당장 쫓아버려야 할 것이다. 이 정도의 친구를 구별할 정도가 되려면 적어도 30~40세는 되어야 하지 않겠는가?

그리고 맹자는 "벗을 사귈 때, 벗의 재산이나 지위 또는 그 가문이나 형제를 믿고 사귀는 것이 아니다. 벗이란 그 덕을 벗하는 것이지 믿을만한 것이 있어 벗하는 것이 아니다.〔《맹자(孟子) 만장(萬章) 下》 참고〕" 라고 하였다.

정말 그러하다. 친우의 '사람됨' 이 좋아서, 그 친우의 '인간미' 가 좋아서 우정을 계속하는 것이지, 재산이나 권세나 배경이나 재주(능력)를 벗해서는 안될 것이다.

이러한 친구와의 우정에 대하여 아들에게 이야기해 줄 수 있는 사람이 누구인가? "이문회우 이우보인(以文會友 以友輔仁)" 의 좋은 뜻을! 그리고 좋은 일을 하자고 권하며, 좋은 일을 하도록 도와주는, 곧 "책선(責善)하는 벗" 이 있어야 한다는 인생의 진리와 익자삼우(益者三友), 손자삼우(損者三友)의 구별을 설명하여 아들의 머리를 깨우치고 가슴속에 새겨 줄 사람은 아버지 – 바로 아버지의 가르침이 있을 뿐이다.

제5부

아버지가 가르치는 인생의 교훈 (1)

1. 학업 정진 (1)

1) 암기 교육

필자는 평생을 학교에서만 살았기에 친구들로부터 '어떻게 하면 애들이 공부를 잘하게 할 수 있느냐?' 는 질문을 자주 들었다. 그런 질문에는 '선생이니까 선생 아들은 공부를 잘할 것이다. 아마 선생 나름대로 좋은 방법을 알고 있을 것이다' 는 뜻이 들어있다.

그러나 나에게 무슨 '뾰쪽수' 나 '기발한 착상 또는 방법' 이 있을 수 없다. 또 내 자식에게 통하는 방법이 다른 아이들한테 꼭 맞는다고 할 수도 없다. 그러니 이처럼 어려운 질문에는 대답을 하지 않는 것이 가장 좋다.

그러나 안타까운 것은 서구식 교육 이론의 영향을 받은 탓인지 초·중등학교의 교육에서 암기의 중요성을 간과한다는 사실이다. 옛날에 '사서삼경(四書三經)' 을 통째로 외우는 주입식 암기 위주의 교육이 나쁜 것만은 아니라고 생각한다.

요즈음 많은 사람들이 학습에서 이해력을 강조하고 있는데, 필자는 그 이해력이라는 것이 암기력과 비례한다고 생각한다. 사실, 어느 정도 암기가 이루진 것이 있어야 이해를 하는 것이며, 암기를 통한 기초지식의 축적 없이 학습내용에 대한 이해는 말처럼 그리 간단하지는 않다고 생각한다. 사실 어린아이들 교육에 있어서 우선 암기가 되어야 한다.

● 한자(漢字) 교육의 필요

또 필자는 특히 우리나라 초등학생의 학습활동에서는 어려서부터 한자와 한문을 가르쳐야 한다고 생각한다. 한자를 알아야만 낱말의 뜻(개념)을 쉽고도 정확하게 이해할 수 있다.

그리고 한문은 풍부한 어휘력과 조어능력(造語能力)을 길러주며, 어떤 문제에 대한 논리적 사고에 도움이 된다고 생각한다. 이는 옛날의 논술 위주의 과거시험양식을 보면 쉽게 수긍할 수 있을 것이다. 우리가 사용하는 말의 70~80% 이상이 한자(漢字)에서 나온 말이라고 한다.

예를 들어, 초등학교 교과서에 나오는 대부분을 한자로 써 가르치면 그 뜻을 확실하게 알 수 있을 것이다. '시장에 가다' 와 '시장을 찾아가다' 에서 '시장(市場)' 과 '시장(市長)' 을 알면 어떤 형태가 문제이든 틀리지 않을 것이다. 그리고 '삼각형(三角形)', '사각형(四角形)' 이라는 수학 용어 자체를 한자로 이해하면 '다

각형(多角形)' 이라는 개념은 저절로 형성될 것이다.

특히 한자와 한문을 많이 익힌 뒤, 중 · 고등학교에 진학을 하면, 사회 교과나 과학과 그밖에 예체능 과목까지 이해가 정확하고 공부가 아주 수월할 것이다.

그리고 어린 학생들에게 공부를 가르치면서 '올바른 이해' 를 강조해야겠지만, 많이 읽고(多讀), 많이 쓰고(多作), 많이 듣고(多得聞), 많이 말하기(多言)가 중요하고 이런 주입식 교육과 훈련은 어릴 적부터 빨리 시작해야 한다고 생각한다.

그러다가 어떤 분야에 흥미나 관심을 가지게 되면, 자연히 그 분야의 책을 좋아하여 혼자 읽고 생각하며 또 집중하게 된다. 그런 바탕 위에 논리적 사고나 창의력도 길러지는 것이라고 생각한다. 만약 어린아이들의 '과학적 창의력을 기른다' 고 과학적 지식을 교육하며 암기시키지 않고 과학놀이만을 시켜봐야 헛일이라고 생각한다.

그리고 규칙적인 생활이 창의성을 키운다. 흔히 자유분방한 생활에서 창의성이 발휘된다고 생각하지만, 어린아이들의 자유는 곧 방임이며 방종으로 연결된다.

솔직히 말해, 어떤 분야에서의 놀랄 만한 창의와 창조는 그 분야에 대한 정신집중의 산물이라고 생각한다. 그렇다면 어느 한 분야에 관심을 갖고 강하게 집중할 수 있을 만큼의 기본 지식이 먼저 마련되어야 하는데, 이런 기본 지식은 어릴 적에 주입식 암기 위주의 기초학습에 의하여 얻을 수 있다고 생각한다.

필자는 한문교육과 함께 숫자 개념의 확립과 두뇌 개발과 훈련을 위하여 주산(珠算)을 가르쳐야 한다고 생각한다. 계산기와 뒤이어 컴퓨터가 보급되면서 이미 잊혀진, 한물 건너간 교육이라고 생각할지 모르지만, 주산의 연습을 통한 계산 훈련과 손가락 훈련은 두뇌발달에 가장 이상적이라는 신념을 필자는 가지고 있다.

많은 부모들이 자식들에게 책을 읽으라고 말한다. 독서는 많은 것을 얻기 위한 것이 아니다. 가장 중요한 것은 독서를 통해 스스로 알고 깨닫는 것이다. 스스로 깨달으면 제 일은 제가 알아서 하게 된다.

2) 개천에서 용 나기

아버지가 아들에게 해서는 안될 말 중에 하나가 '공부하라' 는 말이라고 한다. 그러나 제 공부를 제때에 안 하고 놀아대는 아들녀석을 마음 편하게 바라볼 수 있는 아버지는 별로 없을 것이다. 그렇기에 아버지의 입장에서 가장 많이, 또 자주 하고 싶은 말은 아마 '공부 좀 해라' 하는 말일 것이다.

여기서 아버지와 아들의 갈등이 일어날 것이다. 이런 갈등이 심화되거나 조화롭게 해결되지 않으면 부자 관계는 영영 금이 가고 서로 돌아오지 않는 다리를 건너갈 것이다.

필자는 교직에 있었기에 아이에게 조금은 일러주기도 했고, 나 자신이 공부하는 모습을 보여주기도 했지만, 대부분의 경우 이 문제는 참으로 '해결 묘책이 없는 난제 중의 난제' 라 할 수 있다.

사실, 아들이 가정 형편을 살펴 스스로 노력한다면 더 바랄 것이 무엇이겠는가? 아주 먼 옛날도 아닌 40~50년 전만 해도 가난한 농촌 마을 마을마다 똑똑한 영재가 있었고, 그 학생은 마을 어른과 아이들에게 칭송의 대상이었고 역할모델(role model)이었다.

1960년 4.19와 1961년 5.16 혁명 이전, 서울에는 수업료가 없고, 졸업 후 공무원 취직이 보장되는 교통 고등학교와 체신 고등학교가 있었다. 그 학교에 합격한 학생은 우리 마을의 자랑이었고, 선망의 대상이었다. 그리고 그런 가난한 집 아들이 성공했을 때, 우리는 '개천에서 용 났다' 고 말했었다.

지금 그 가난한 영재들은 다 어디에 숨었는가? 농촌의 살림이 좀 넉넉해지면서 분투노력하는 정신이 사라졌는가?

물론 옛날보다 농촌의 학생 수가 줄었다고는 하지만, 지금도 농촌 마을에서 경제적 어려움을 딛고 일어서려 분투노력하는 아들들이 줄줄이 이어져야 한다. 그리고 서울의 달동네에도 둥근 달처럼 하늘에 높다랗게 떠오르는 인재가 쏟아져 나와야 할 것이다.

● 계층 상승 사다리

우리나라 부모들의 교육열은 세계 최고이다. 고등학교 졸업자의 80% 이상이 대학에 진학하는 이 시대에 교육은 직업의 획득과 사회적 계층 상승의 유일하고 구체적인 통로이다.

사실 우리나라 역대의 여러 대통령들이 자수성가형 대통령이고, 그들은 교육을 통해 개천에서 나온 용(龍)이었다. 그러나 지금 세상에서는 교육을 통해 개천에서 용 나기 힘든 세상이 되었다.

같은 서울에서도 강남과 강북 지역의 학력 격차는 물론이고, 일부 구청별 고등학생들의 소위 명문대 진학률이 10배 가까이 벌어지기도 한다.

얼마 전에는 부모 모두 대졸자의 자녀와 그렇지 않은 학부모 자녀들 사이에 수능 평균이 20점 정도나 차이가 난다는 통계를 접하기도 했다. 또 부모의 소득에 따라 대학생 자녀의 토익점수가 엄청난 차이가 나는 세상이다.

수능과 토익의 점수 차는, 곧 취업과 취업 후 연봉의 차이로 연결된다. 따라서 오늘날 교육을 통한 계층 상승은 거의 생각을 못하는 세상이 되어버렸다. 곧 교육의 상승 사다리는 이미 제 기능을 발휘하지 못하고 교육 양극화는 오히려 확대되었다고 한다. 이는 부모의 계층적 지위가 자녀에게 그대로 대물림되는 현상이라고 정리할 수 있다.

우리나라 교육에서 고교 평준화 정책은 오히려 계층 고착화로 정착되고 있는데, 이는 교육에서 구멍투성이면서 생색내기 사다리정책 때문이라고 한다. 빈곤층에 속하는 약 100만의 초·중고 학생들이 아무런 희망과 의욕도 없이 거의 방치되고 있으며, 이들은 곧 청년실업으로 연결된다고 하니 서민 가장의 걱정이 어느 정도일지 짐작할 수 있다.

● 아버지가 모범보여야

그러나 이런 상황에서 그저 사회만을 원망할 수 있겠는가? 어려운 때일수록 더욱 분투노력해야 하는 것이 이 사회의 기본임을 알아야 한다. 이런 때일수록 아버지는 더 열심히 노력하는 것으로 아들에게 성공할 수 있다는 믿음을 심어주어야 한다.

아버지 – 원하든 원하지 않던, 직접적이든 간접적이든 아들에게 가르침을 주어야 한다. '학문에 왕도(王道)가 없는' 것처럼 아들 교육에 왕도는 없다. 다만 아버지가 알고 있으면 언젠가는 아들에게 들려줄 수 있다. 그래서 아버지는 아들을 위해서라도 공부를 해야 하며, 성실한 생활 모습을 보여줘야 한다.

3) 자수성가의 역설

자유(自由)에 대한 의지는 인간만의 것이기는 하지만, 자유의 존중이 방임(放任)으로 연결되어서는 절대로 안 된다.

가정에서 자녀들의 자유는 스스로 도덕적 가치를 추구하는 목표가 확실하고 그를 실천하려는 의지가 있을 때 가치가 있다. 자식에게 자립의지가 없다면 자유를 허용할 수 없을 것이다.

자식이 스스로 '나는 우리 가정에서 필요한 존재이며, 가족들의 사랑을 받는 소중한 가족' 이라고 의식할 때 '나는 할 수 있다' 라는 자긍심을 갖게 된다.

부모로부터 인정받지 못한다고 생각하는 아들은 그 자존심에 결정적인 상처를 받아 '나는 해낼 수 있다' 는 자립 의지가 꺾여 버린다.

자유와 자립은 같은 것이 아니다. 자유는 노력하고 힘쓴 결과로 얻어지는 귀한 결과물이다. 부모가 공짜로 제공해서도 안 되고, 아무런 대가도 없는데 허용해서도 안 된다.

● 역경 극복

자수성가(自手成家)는 물려받은 재산이나 배경 없이 스스로의 노력으로 많은 재산이나 큰 업적을 이룬 것이다. 세계의 역사와 문명의 진보에는 이러한 사람들의 역할이 컸다.

미국 경제지 포브스(Forbes)가 '2010년 전 세계 억만장자 1,011명' 을 분석한 결과, 빌 게이츠, 워런 버핏 등 자수성가형(型)이라고 할 수 있는 사람이 67%인 679명이었다고 한다.

1945년 해방과 1948년의 대한민국 건국, 1950년의 6.25 사변을 거치면서 우리나라는 극도의 난관과 혼란에 처했었다. 그러나 이 시기에 많은 사람들은 역경을 딛고 자수성가를 했다.

현대그룹의 창업주 정주영의 성공과 자수성가는 거의 신화(神話)라고 말해야 한다. 현재 60대 이상 세대의 절대다수는 의·식·주를 걱정해야 하는 어린 시절을 보냈다는 점에서 각계에서 일가를 이룬 사람들 중에서 자수성가형 아닌 사람을 찾기가 더 어려울 정도다.

또 유명 정치인 중에도 자수성가형의 인물이 많다. 김대중, 노무현, 이명박 대통령 등이 모두 자수성가형이면서도 입지전적(立志傳的)인 인물들이다.

이처럼 유명 정치인은 아니더라도 일제 치하의 가난한 농촌 출신으로서 자수성가한 기업인은 얼마나 많은가! 필자가 알고 있는, 우리나라 제약업의 발전을 두 어깨에 짊어지고 경제적 자수성가와 함께 그 깨끗한 재산을 육영과 교육 사업에 쏟아 부은 종근당의 창업주인 고 이종근(故 李鍾根, 1919~1993년) 회장과 같은 분 또한 자수성가형 인물이며 육영의지를 실천한 분이다.

● 도전과 추진력

자수성가형 인간은 끊임없이 노력하고 도전한다. 목표를 세우면 무슨 수단을 동원하더라도 달성하려 한다. 옆과 뒤보다는 앞을 보고 달려간다. 그러나 이렇게 살다 보니 타인에 대한 배려가 부족하기에 그 때문에 세상 사람들의 비판을 받는 경우도 있다. 자신에게 그만한 재능과 어려운 여건 속에서도 짧으나마 교육의 기회를 준 부모나 사회의 역할을 크게 생각하지 않는 그야말로 자신의 의지와 능력만을 신봉하는 그런 인물도 존재한다.

자수성가한 사람들은 실패보다는 성공의 기억이 압도적이어서 저돌적이며 위기나 선택의 순간에 독단적 경향을 갖기 쉽다. 차근차근 모든 단계를 거치지 않고 뛰어넘는 경우가 많아 경험이거나 사고방식 또는 그 성격 어딘가에 허점이 있을 수 있다.

이런 점을 특히 '자수성가의 역설(逆說, paradox)' 이라고 한다. 자수성가를 하더라도 허점을 최대한 줄이는, 올바른 자수성가를 할 수 있다면 금상첨화일 것이다.

자신의 자수성가를 또 집안 인물 중에 자수성가의 입지전적인 이야기를 아들에게 해줄 수 있는 사람이 아버지 말고 또 누구겠는가? 이런 이야기를 해주는 아버지와 그 이야기를 듣고 감명을 받은 아들 – 그 아버지와 아들은 서로를 신뢰하게 된다.

4) 노력

학업을 흙을 날라 산을 만드는 일에 비유해 보라.

마지막 한 짐을 나르지 않아 완성하지 못했다면 그것은 내가 포기한 것이다. 땅을 평평하게 고를 때, 한 짐을 날라 덮는다면 그것도 나의 진보이다.

새싹이 자란다 하여 모두 다 꽃이 피고 이삭이 나오는 것은 아니며, 또 모든 꽃이나 이삭이 다 여무는 것은 아니다. 노력하지 않는다면 아무리 훌륭한 싹이건, 바탕이건 열매나 얻음이 없을 것이다.

첫 걸음을 떼지 않으면 천 리 길을 갈 수 없고, 조그만 시냇물이 모이지 않으면 강이나 바다가 될 수 없다. 천리마〔騏驥(기기)〕가 하루에 달린 길을 둔한 말〔駑馬(노마)〕도 열흘이면 갈 수 있다. 이를 노마십가(駑馬十駕, 원문《荀子 勸學篇》騏驥一躍 不能十步 駑馬十駕 功在不舍)라 하는데, 아무리 둔한 말이라도 쉬지 않고(功在不舍, 舍는 그만둘 사) 꾸준히 걸었기에 가능했던 것이다.

공자께서 '동산에 올라가서는 노(魯)나라가 작다고 했고, 태산(泰山)에 올라 천하를 작다' 고 한 이야기는 맹자(孟子)의 말이다. 〔《孟子(맹자) 盡心(진심) 上》공자등동산(孔子登東山) 章〕

그리고 바다를 본 사람은 작은 물을 가지고 큰 바다를 설명하기가 쉽지 않을 것이다. 물을 제대로 보려면 큰 바다와 그 바다를 때리는 파도를 보아야 할 것이다.

흐르는 물은 웅덩이를 다 채우기 전에는 더 나아가지 않는다. 어려움을 극복한다는 뜻으로도 해석할 수 있겠지만, 아마 배움의 단계가 이러하지 않겠는가?

비단을 짤 때 아름다운 무늬는 한 올 한 올이 모여서 이루어지는 것이지, 한꺼번에 만들어지는 것이 아니다. 학문을 하는 것도, 자신의 수양도 그러할 것이다. 군자가 도(道)에 뜻을 두었다면 덕(德)을 계속 쌓아가야 한다.

● 신중한 끝맺음

하늘의 해와 달은 어디든 그 빛을 비춘다. 설령 조그만 구멍만 있어도 빛은 그 안을 비춘다. 이를 용광필조(容光必照)라고 한다. 곧 훌륭한 덕행이라면 그 혜택이 누구에게나 미치는 것이다. 반대로 네가 빛을 받아들이고 싶다면 가려있는 문을 열어야 빛이 들어올 것이다.

그만두어서는 안 되는데 단호하게 그만두는 사람이 있다. 그런 사람은 무슨 일이든, 또 언제든지 중간에 그만둘 수 있을 것이다. 후하게 베풀어야 할 곳에 각박하게 베푸는 사람은 매사에 각박할 것이다. 그리고 예리하게 파고들며 진도가 빠른 사람은 그 물러남도 신속할 것이다.〔《맹자(孟子) 진심(盡心) 上》 어불가이이이(於不可已而已) 章〕

열 길을 파야 물이 나올 것인데, 아홉 길을 파고서 그만두는 경우가 너무 많다. 물론 거기에서 물이 나올 줄을 모르니까 그만두는 것이겠지만, 하여튼 시작도 신중해야 하지만 그 끝은 더욱 신중해야 한다.

5) 호학(好學)하지 않으면

배움에 시간과 장소가 따로 있는가?

책을 읽지 못할 곳이 어디 있으며(何處不可讀), 배우지 못할 때는 언제인가(何時不可學)? 공부는 언제든지 또 어디서든 할 수 있다. 배움이란 흐르는 물을 거슬러 올라가는 것과 같다. 곧 나아가지 않는다면 밀리는 것이다(不進卽退).

또 어질다(仁)는 것은 좋은 일이지만, 배움이 없는 인(仁)은 어리석음〔愚(어리석을 우)〕이다. 사람이 착하기만 했지 바보 같으며, 요즈음 말로 왕따 당하기 십상일 것이다.

똑똑한 지혜를 원하면서도 호학(배우기를 좋아하다)하지 않으면 그 폐단은 허황한 방탕〔蕩(쓸어버릴 탕)〕이며, 학문의 바탕이 없는 용기는 혼란(亂)만을 불러온다. 곧 질서의 파괴란 뜻이다.

믿음(信)은 우리 생활에 꼭 필요한 것이지만 학문적 뒷받침이 없는 믿음은 경솔한 짓이고 미신이며, 그 폐단은 남을 해치는 지경에 이르므로 도둑〔賊(도둑 적)〕과 같다고 하였다.

그리고 바르고 곧음(正直)을 좋아하면서도 호학하지 않으면, 그 폐단은 융통성이 전혀 없는 각박함이라고 했다. 마지막으로 강직한 것을 좋아하지만 호학하지 않는 사람의 폐단은 망발, 곧 미친 짓(狂)이라고 했다.

공자께서는 "내가 종일 먹지도(吾嘗終日不食), 자지도 않고(終夜不寢), 생각해 보아야 무익할 뿐(以思無益), 공부하는 것만 못하다(不如學也)." 면서 시간을 아껴 열심히 배우라고 가르쳤다. 《논어(論語) 위령공(衛靈公)》

2. 학업 정진 (2)

1) 배움(學)과 알음(知)

● 배움과 가르침

우리 같은 보통 사람이 공자(孔子)를 따라가기 가장 어려운 일은 아마 공자의 호학(好學)일 것이다. 요즈음 말로, 공자는 진정으로 배우기를 좋아했고 또 열성적이었다. 그리고 그런 공부를 티내지 않았고, 혼자 묵묵히 깊게 생각하여 진리를 터득하였다.

공자는 잘 알지 못하는 것을 함부로 말하지 않았다. 많은 것을 들은 뒤에 그중 가장 좋은 것을 골라 따랐으며 많이 보았기에 알게 되었다. 이것은 생이지지(生而知之)의 다음 단계인 학이지지(學而知之)일 것이다. 바로 이런 배움이 공자의 묵이식지(默而識之)이다.

배움은 끝이 없다고 누구나 말한다. 그러나 정말 끝이 없다는 생각이 들 정도로 애써 공부한 사람은 얼마나 되겠는가? 밥을 많이 먹으면 더 이상 먹기 싫어진다. 이것을 우리는 보통 '물린다〔厭(싫을 염)〕' 고 말한다.

오랜 기간 시험공부를 하다 보면 지치고 힘들어 그만두고 싶다. 공부에 물렸다고 말한다. 배움은 똑같은 공부의 반복이 아니다. 배움은 늘 새롭다. 그 새로운 것을 배우고 또 배우면서 물리지 않는 것이 학이불염(學而不厭)이다.

다음으로 공자는 제자를 열심히 교육했다. 공자는 문(文), 행(行), 충(忠), 신(信)을 강조하고 교육했으니, 이를 공자의 사교(四敎)라고 한다.

교육 방법론에서 공자는 정말 다양한 시도를 했고 또 성공을 거두었다고 생각한다. 평생 교단을 지켰던 필자로서, 공자는 정말 따라갈 수 없는 열정의 소유자라고 생각하였다.

재능이 많이 부족한 학생을 가르치는 것이 뛰어난 학생을 가르치기보다 어려울 것이라고 생각하는 사람이 많다. 그러나 이는 그렇지 않다. 가르치기가 쉽다면 모두 쉽고, 어렵다면 모두가 어렵다. 다만 가르치는 사람이 게으르다면〔倦(게으를 권)〕 배우는 학생은 학습이 더 어렵게 느껴진다. 교육활동을 게을리하지 않는 것이 회인불권(誨人不倦, 誨는 가르칠 회)이다.

공자는 이런 3가지(默而識之, 學而不厭, 誨人不倦)가 자신에게 부족하다고 말했다. 정말 겸손한 표현이다.

● 생지(生知), 학지(學知), 그리고,

태어나 자라면서, 특별하게 따로 배우지 않았어도 만물의 이치를 터득하는 사람이 있다고 한다. 이처럼 '타고난 천재' 라고 말할 수 있는 경우를, 생지(生知, 生而知之의 축약)라고 하여 상등(上等)으로 친다.

《논어》에서는 공자와 같은 성인(聖人)이 여기에 해당한다고 말한다. 물론 공자 자신은 생이지지(生而知之)의 경지에 이른 사람이 아니고, 다만 부지런히 힘써 배워 얻은 지식이라고 겸손하게 말하고 있다.

그 다음으로 스승의 가르침을 받거나 스스로 탐구하여 아는 사람을 학지(學知)라고 하는데, 지난날의 훌륭하고 현명한 학자들이나 철인(哲人)이 여기에 속할 것이다. 배우면 어지간히 다 아는 것 아니냐고 반문하겠지만 그렇지 않다. 하나를 들어 하나를 터득하는 것은 여기에 속하지 않는다. 하나를 가르치거나 배우면 열 개를 터득할 수 있는 '문일지십(聞一知十)' 의 정도가 여기에 속한다.

보통 사람들이 배워야 할 필요성을 절실하게 겪은 뒤에 살아가는데 필요한 것을 배우려는 경우를 '곤이학지(困而學之)' , 곧 곤학(困學)이라고 한다. 곤학이라면 아마도 생업을 유지하기 위한 배움이 여기에 속할 것이다. 그러나 생지(生知)이건 곤학이건 '안다(知)' 는 점에서는 마찬가지일 것이다. 곧 배워야 하고 알아야 한다.

그러나 배운 것과 아는 것이 없어 답답하고 힘이 드는 데도 전혀 배우지 않는 것을 '곤이불학(困而不學)' 이라고 한다. 이 곤이불학을 하우(下愚)라고 하는데, "생지(生知)와 하우(下愚) 둘은 결코 변하지 않는 것이라." 고 한다.

2) 배움의 자세 – 거일반삼(擧一反三)

공자(孔子)는 찾아오는 제자들을 아무 차별 없이 가르쳤다. 귀천이나 노소를 불문했고, 기질이나 바탕이 좋고 나쁨을 따지지 않고, 제자의 예를 취하면 누구에게나 가르침을 베풀었다. 이를 유교무류(有教無類)라고 한다.

그러나 노력하지 않으면 가르치지 않았으니, 마음에 무언가 깨쳐야 한다고 생각하여 아무리 이리저리 궁리해도 알듯 모를 듯 마음속에 불이 날 지경에 이르렀거나, 마음속으로는 이해하고 터득했지만 말로 표현이 안 되어, 곧 입이 떨어지지 않아 무어라고 말하지 못해 안타까워하는 모습일 때가 아니면 직접 가르치지 않았다고 한다.

그리고 배우려는 사람이 스스로 탐구하면서 알고 싶어 몸살이 날 지경이 아니라면, 곧 한 모퉁이를 들어주었을 때 나머지 세 모서리도 같이 들려 따라 올라올 정도 – 이를 거일반삼(擧一反三)이라고 한다 – 가 되지 않으면, 두 번 반복해서 가르치지 않았다고 한다. 이는 하나를 일러주었을 때 그 비슷한 것 두세 개를 스스로 깨달아야 한다는 뜻이다.

● 배움의 과정

교육과 학습의 효과를 말한다면, 우선 배우려는 성의(誠意) 곧 마음가짐이 중요할 것이다. 배우는 사람은 부지런해야 하고 또 배우는 것을 즐겨야 한다. 이를 민이호학(敏而好學, 敏은 재빠를 민)이라고 한다.

그리고 억지로 하는 공부는 공부가 아니다. 배움에 싫증이 나서야 되겠는가? 정말로 배우겠다면, 아랫사람한테 배우는 것도 부끄러워해서는 안 된다. 이를 불치하문(不恥下問)이라 한다.

맹자는 군자가 가르치는 방법으로 다섯 가지가 있다고 하였다.〔《맹자(孟子) 진심(盡心) 上》 군자지소이교(君子之所以教) 章〕

그 다섯 가지란,

○ 봄날 비가 내리면 초목이 푸르고 생기가 돈다. 이와 같이 직접 가르침을 베풀지 않아도 가르치는 경우가 있고,

○ 배우는 사람의 덕행(德行)을 이루게 해주는 가르침과,

○ 가지고 있는 재능을 발휘할 수 있도록 가르치는 방법이 있다.

○ 그리고 학습자가 물어올 때에만 그 물음에 적합하게 대답해주는 가르침이 있으며,

○ 혼자서 덕을 잘 쌓아가도록 옆에서 도와주거나 일러주는 방법이 있다.

이를 역으로 생각하면, 내 아들이 어떤 가르침을 받으면서 성장했고 또 앞으로 어떻게 배워야 하는가를 생각하게 해준다.

가르치는 사람의 입장에서는 무엇을, 언제, 어떻게 가르치느냐가 중요하다. 학교에서 학생들에게 무엇을, 언제, 어떻게 가르치느냐 하는 문제가 곧 교육과정(教育課程)이다.

마찬가지로 아버지는 아들에게 무엇을 가르쳐야 하는가를 늘 생각해야 한다. 이와 반대의 경우, '저 학생은 그 아버지한테 무엇을 어떻게 배웠기에 저럴까?' 하는 질문이 나올 것이다.

공자는 그 제자들에게 학문(文), 바른 실천 곧 바른 행실(行), 진실한 마음(忠), 그리고 진실한 믿음(信)을 가르쳤다고 한다. 이를 사교(四教)라고 하는데, 이 4가지가 나란히 순차적인 체계라기보다는 학행일치(學行一致)의 교육이라 할 수 있다. 가정에서 교육도 틀림없이 이러해야 할 것이다.

3) 학행(學行)의 단계

우선 무엇을 얼마만큼 배워야 하는가?

'배움에 끝이 없다' 는 말은 학문의 넓이와 깊이를 말한 것이다. 일상생활에 필요한 기본 소양은 넓을수록 좋을 것이고, 전문 영역이라면 깊을수록 좋겠지만 학문의 대성을 위해서는 아무튼 여러 사람의 의견과 주장을 널리 배워야 할 것이다. 이를 박학(博學)이라고 한다.

박학한 선비가 바로 박사(博士)이며, 박사는 박학다식(博學多識)할 것이다. 겨우 한두 가지의 이론이나 주장만을 배우고 고집하거나 편향적인 주의 주장은 학문의 기본이 아닐 것이다.

학문(學問)이란 말은 '질문을 통한 배움' 을 뜻한다. 잘 배우려면 자세히 질문할 수 있어야 한다. 이를 심문(審問)이라고 한다. 물론 배울수록 모르는 것은 더 많아지고 그 때문에 더 많이 물어야 한다.

수업시간 중, 학생의 질문 내용으로 곧 그 학생의 사고(思考)와 지적 수준을 알 수 있으며, 동시에 질문에 대한 답을 들어보면 학생의 수준과 배움에 대한 성의를 알 수 있다.

배운 것을 담아두는 방법은 스스로 깊이 생각하는 것이다. "왜? 어째서?" 라는 깊고도 신중한 생각을 거듭해야만 그 배움이 내 것이 될 수 있다. 이를 '신중한 사고' 신사(愼思)라고 한다. 생각이 없으면 머릿속에 남아 있는 것이 없다.

다음으로는 배운 것을 상호 연관시키고 동원하여 명확한 분별이나 판단이 내려져야 한다. 이를 명변(明辯)이라 하는데, - 이는 배운 지식을 내 것으로 다시 창조해내는 과정이고, 이 과정을 거쳐야만 비로소 내 지식이 쌓이게 되고 체계가 서는 것이다.

그 다음에는 배운 지식이나 내 것으로 만든 지식을 진실한 마음으로 선용하는 것이니, 곧 학문의 활용과 실천이 성실해야 한다. 이를 독행(篤行)이라고 한다. 후배에게 정성으로 가르치거나 깨우쳐주고, 남을 위하여 좋은 뜻으로만 활용하여야 한다. 지식을 나쁘게 쓰거나 이기적 주장의 근거로 사용한다면, 그는 나쁜 사람이다. 차라리 무식한 사람만도 못한 사람이다.

결론적으로 박학(博學) - 심문(審問) - 신사(愼思) - 명변(明辯) - 독행(篤行)의 이 다섯 단계 모두가 중요하고, 또 그 성(誠)이 없으면 그 어느 것도 성취할 수 없다.

4) 배움의 일생

사람은 누구나 평생 동안 배워야 한다.

가령 의사라고 해서 의사 자격을 얻을 때 갖고 있던 지식과 기술로 평생 의료 활동을 할 수는 없을 것이다. 공자는 만년에 자신의 학문과 인격의 수양 단계를 간략하게 술회했는데〔《논어(論語) 위정(爲政)》〕, 그 내용은 연령에 따른 수준을 요약한 말로, 지금까지도 통용되고 있다.

즉, "열다섯에 학문에 뜻을 두고 시작하였으며(吾十有五而志于學), 서른 살에는 학문과 식견의 확립을 보았다(三十而立). 사십에는 마음이 미혹되는 바가 없었으며(四十而不惑), 오십에는 천명(天命)을 깨달았다(五十而知天命). 예순에는 남의 말을 바로 들을 수 있었고(六十而耳順), 일흔에는 마음의 욕구가 일정한 규준(規準)을 넘지 않았다.(七十而從心所欲 不踰矩. 踰는 넘을 유. 矩는 곱자 구. 법도)"

이후, 15세 나이를 지학(志學), 30세를 이립(而立), 40세를 불혹(不惑), 50세를 지명(知命), 60세를 이순(耳順), 70세를 종심(從心)이라고 부르게 되었다.

공자의 이런 말씀은 여러 가지로 해석할 수 있다. 가령 삼십의 이립(而立)을 경제적인 자립이라고 해석할 수도, 또는 독자적 학문 영역의 확립이라고 해석할 수도 있다.

40의 불혹(不惑)은 여러 이단의 학문이나 주장에 빠지지 않을 정도의 자기 정체성의 확립을 의미할 수도 있고, 인생의 마흔 고개에서 이런 저런 세상사의 유혹에 빠지지 않게 되는 경지를 뜻한다고 해석할 수도 있다.

또한 50세의 지명(知命)에서 천명의 뜻이 무엇이냐 하는 문제는 정말 해석이 분분하다. 자신이 삶의 목표나 역량을 깨닫고 포기할 것은 포기한다고 해석할 수도 있으며, 자신의 운명이나 여생의 가능성 같은 것을 알 수 있다는 의미도 있을 것이다. 아니면 글자 그대로 "하늘의 뜻"이라 하여, 왕조 교체나 세상 이치에 통달했다는 확대 해석도 가능하다.

그리고 60세 정도면 남이 나를 비방하는지, 그가 나에게 거짓을 말하는지, 아니면 들을 말과 못 들은척해야 할 일들을 다 알 수 있는 경지가 되었다는 뜻일 것이다.

그리고 나이 70이면 무슨 일, 무슨 말을 하든, 또 무엇을 얻는다고 하여도 자연과 인간사의 순리에서 결코 벗어나지 않을 것이라는 달관(達觀)의 경지에 이르렀다는 뜻일 것이다.

사실 공자 같은 분이 그 시대이니까 이런 말이 가능했을 것이다. 지금도 마흔 고개를 넘어서고도 미혹에 빠져 일신을 망치는 사람이 어디 한둘인가? 나이 70에 분별없는 욕심으로 그 이름을 더럽히는 사람은 얼마나 많은가? 참으로 새겨볼 말이다.

5) 배움의 시작과 끝

《논어》의 첫 편은 학이편(學而篇)인데, 맨 앞에 「배우고, 배운 것을 때때로 익힌다면 이 또한 기쁘지 아니한가?(子曰, 學而時習之, 不亦說乎?)」라는 공자님의 말씀으로 시작한다.

그리고 바로 다음에 「벗이 먼 곳에서 찾아오니 이 또한 즐겁지 아니한가?(有朋自遠方來 不亦樂乎?)」라는 구절이 이어진다. 그 다음에 「사람이 나를 알아주지 않는다 하여도 화를 내지 않는다면 그 또한 군자가 아니겠는가?(人不知而不慍 不亦君子乎?)」로 결론을 맺는다.

《논어》의 처음 시작이 배움(학습)에 대한 이야기로 시작하는 것은 그 시사(示唆)하는 바가 매우 크다. 《논어》에는 우선 일생동안 계속해야 할 배움의 의미를 강조하면서 배움의 시작과 완성의 단계를 설명해주고 있다.

우선, 한 사람이 배우고(學), 또 익히기(習)에서 학습(學習)이라는 말이 생겨난다. 학교에서는 스승한테서 배우고 또 본받기가 이루어지기 때문에 교사의 인격을 논하기도 한다. 그리고 집에 와서는 나 혼자 익혀야(반복적 연습) 한다. 여기까지는 학습자의 개인적 활동이다.

한 사람의 학습활동이 어느 정도 성과가 있으면 자연스레 벗(朋; 동문수학하는 또래의 의미)이 생기고 모여들게 된다. 그래서 학문을 통한 우정이 형성되는 것이고(以文會友), 이는 곧 '학문의 사회화' 를 의미한다. 그러한 벗들이 뜻을 같이 하여 학파를 형성하고 때로 관직에 나아가 배운 것을 실제 운용하기도 한다.

그러나 아무리 학문이 완성되었고 뜻이 원대하고 열정이 있더라도 다른 사람들이 모두 나를 좋아하는 것은 아니다. 남이 나를 알아주지도 않고, 또 인정을 못 받으니 좌절과 실패가 있을 것이다.

그렇더라도 화를 내지 않고 자신의 인격과 지조를 지켜나간다면, 그가 바로 안심입명(安心立命)의 군자(君子)인 것이다. 공자가 말한 지천명(知天命)과 이순(耳順)의 경지에 이른 군자가 되는 것, 곧 학문과 인격의 완성이라 할 수 있다.

《논어》의 첫 구절에는 이처럼 학문의 시작과 적용, 그리고 인격완성이라는 3단계의 깊은 뜻으로 배움의 길을 설명하고 있다.

그리고 《논어》는 20편으로 구성되어 있는데, 최종편의 마지막 장은〔《논어(論語) 요왈(堯曰)》〕「천명을 모르면 군자라 할 수 없고(不知命, 無以爲君子也), 예를 모르면 사회생활을 할 수 없고(不知禮, 無以立也), 말을 듣고 시비를 판단하지 못하면 사람을 알지 못하는 것이다(不知言, 無以知人也).」라는 공자의 말로 대미를 장식하고 있다. 이를 본다면, 《논어》 20편의 시작과 끝은 하나로 일관하고 있다.

3. 독서 권장

1) 독서의 이점과 고통

솔직히 말해 독서만큼 고상한 일은 없다. 그러니까 중국인들은 '모든 일이 다 하품(下品)이고, 오직 독서만이 고귀하다(萬般皆下品, 唯有讀書高)' 고 말했다.

사실 책을 읽는 것은 습관이다. 여하튼 무슨 책이든 펼쳐든다면 유익한 것이다〔開卷有益(개권유익)〕. 그러나 실제로 모든 사람이 다 독서를 하고 공부를 하는 것은 아니다. 분명 독서를 좋아하는 혈통, 곧 종자가 있다(讀書種子)고 나는 생각한다.

사실 독서를 권장하는 중국인들의 여러 말 중에서도 '3대에 걸쳐 독서하지 않는다면 사람이 소로 변한다(三代不讀書會變牛)' 또는 '배운 것을 실천하지 않으면, 소나 말에 옷을 입힌 것과 같다(學不上實行, 馬牛而襟. 襟은 옷깃 금)' 는 말은 거의 엄포에 가깝다.

'3년 독서를 해야 비로소 말할 줄을 알게 된다(讀書三年會說

話)' 는 말은 3년 정도 공부를 해야만 문장을 이해할 수 있다는 최소한의 시간을 지적한 말일 것이다.

옛날에 '독서는 곧 공부' – 좀 더 노골적인 표현으로 벼슬하기 위한 시험 준비였다. 공부해서 성공하기, 곧 과거시험에 합격하면 속세의 모든 것, 예를 들면 권세, 재물, 좋은 집, 고급 수레(자동차), 최고의 미녀는 저절로 얻어졌다.

때문에 책 속에 길이 있는 것이 아니라 책 속에 '황금으로 된 집(書中自有黃金屋)', '옥 같이 예쁜 미인(書中自有顏如玉)' 이 있다고 생각했다. 하여튼 독서하면 복을 받고, 독서하지 않으면 빌어먹게 된다는 말은 공부하는 사람에게 당연한 결론이었다.

● 고생스런 공부

필자가 중학교에 들어가던 1959년, 농촌에서 상급학교 진학은 경제적인 문제에 속했다. 말하자면, 경제적으로 어려우면 독서(공부)할 수 없었다.

'사료가 없다면 돼지를 키우질 말고, 돈이 없다면 독서를 하지 말라' 는 말처럼 가난한 사람에게 독서는 정말 힘든 고통이었다.

형설지공(螢雪之功: 고생하면서도 꾸준히 학문을 닦은 보람)이니 천벽인광(穿壁引光: 벽에 구멍을 뚫어 이웃집의 불빛으로 공부하다)는 말은 가난 속에서도 열심히 공부했다는 뜻이지만, 그런 공부를 하는 사람의 고통은 말로 다 표현할 수가 없을 것이다.

지금도 대학입시를 준비하는 학생들에게는 4당5락(四當五落)이란 말이 있지만, 하여튼 독서인과 농부는 일찍 일어나고 늦게 잠들어야만 한다.(讀書種田, 早起遲眠. 遲는 늦을 지. 眠은 잠잘 면), 그리고 그 고통은 겪어본 사람만이 안다.

'게으른 농부는 밭고랑을 세어보고, 게으른 선비는 책장만 세어본다' 는 속담처럼 시험범위의 책 페이지를 넘기면서 한숨을 짓는 것은 보통이다. '이루 다 셀 수 없는 흙 알갱이, 결코 건널 수 없는 학문의 바다' – 공부에 그 끝이 있는가?

'책의 산에 길이 있으니 근면이 가장 빠른 길이고(書山有路勤爲徑, 徑은 지름길 경), 학문의 바다는 가없으니 고생만이 건널 수 있는 배이다(學海無崖苦是舟)' – 이런 말은 늙은 사람이 하는 말이다. 공부해야 하는 젊은이는 이를 깨닫지 못한다. 공부는 정말 힘든 일이니까!

2) 독서 시간과 습관화

어느 시대이건, 경제적인 뒷받침이 없는 사람이 독서(공부)로 성공하는 길이 없지는 않았지만, 그만큼 고통이라는 이야기는 앞에서 말했다. 그러나 인생에서 독서(공부)는 때가 있고 그 때를 놓치고 나서 공부로 성공하기는 가난 속에서 공부하는 것보다 더 힘들다고 생각해야 한다.

밤은 하루 중에서 여유가 있는 시간이기에, 비 오는 날은 여유가 많고, 계절적으로는 겨울이 일 년 중 가장 여유가 있다는 '삼여독서(三余讀書)' 는 고대 농업사회에서나 통하던 말이다. 그러나 지금도 하루 8시간 근로 이외의 시간이 결코 적은 것은 아니다.

말하자면, 독서의 집중력이 문제가 된다. 두 귀로는 창밖의 일에 대하여 듣지 말고(兩耳不聞窓外事), 한마음으로 오직 성현의 글을 읽어라(一心只讀聖賢書)!

그리고 '맹목적인 공부에(死讀書), 쓸모없는 책을 읽으면(讀死書), 공부는 하나마나(讀書死)' 이다. 말하자면, 이는 독서의 방법론에 속하는 경구(警句)이다.

'소년 시절의 독서는 돌에 글자를 새기는 것(少年讀書 石板刻字)' 과 같다고 했으니, 젊었을 적에 읽는 책은 오래 남는다는 뜻이고, '중년의 독서는 분필로 쓴 글씨(中年讀書 粉筆寫字)' 라 하였으니, 중년의 독서는 쉽게 지워진다는 뜻일 것이다.

마지막으로 노년의 독서는 물 위에 쓰는 글자〔老年讀書(노년독서) 河裏劃水(하리획수)〕라는 말은, 곧 남는 것이 없이 금방 잊힌다는 뜻이니 독서에 때가 있다는 말은 사실이다.

● 독서의 우선순위

독서는 하나의 버릇(습관)이다. 바쁜 사람은 책 읽을 틈이 없다고 한다.

그러나 독서는 일상에서 우선순위를 정하기 나름이다.

실제로, '달아나는 수레 위에 중니(仲尼: 孔子) 없고, 엎어진 수레 아래 백이(伯夷) 없다' 는 말은 '쫓겨 달아나는데, 무슨 공부이며, 깔려죽을 위기에 무슨 예의염치(禮儀廉恥)를 따지겠느냐? 공자나 백이 같은 성인일지라도 위기 상황에서 무슨 공부를 하겠느냐? 책 읽는 것은 팔자 좋은 사람들 이야기이다' 고 할 수 있다.

그러나 이 세상 모두가 막일만 해야 살아갈 수 있는 사람만은 아니다. 설령 육체적 노동으로 생활을 하더라도 본인이나 그 자식이 그런 상황에서 벗어나고 싶다면 책을 읽어야 한다. 그러나 공부나 책을 읽기 싫은 사람은 여하튼 그럴만한 이유를 둘러대게 되어있다.

'이 일 저 일 많은 것이 독서의 첫째가는 핑계(多事爲讀書第一病)' 이고, 배우는 사람은 잠시라도 책을 놓을 수 없고(學者不釋書), 서예가 역시 잠깐이라도 붓을 놓을 수 없는(書家不釋筆) 것도 사실이다.

● 독서 – 가풍(家風)이 되어야!

하루라도 배우지 않는다면 언덕을 굴러 떨어지는 듯, 이틀 간 공부하지 않는다면 살아갈 길이 없다고 생각해야 한다. 학문은 부지런해야 성취가 있나니, 부지런하지 않으면 뱃속이 빈 것과 같고, 하루라도 글을 쓰지 않으면 모든 일이 황망해진다(一日不書, 百事荒蕪)는 사실을 알아야 한다. '한밤 3경까지 등불을 밝히고 5경 닭 울음에 일어나야(三更灯火五更鷄, 이 경우 취침 시간은 4시간이다)' 큰 뜻을 세운 사나이라 할 수 있을 것이다.

그리고 독서는 환경이고 가풍(家風)이며 어른이 몸소 실천해야 한다.

독서인의 자제는 필묵(筆墨)을 잘 알고, 목수의 아이들은 도끼나 끌을 가지고 놀 줄 안다. 그리고 독서인은 종이를 아까워하고 농사꾼은 거름을 아낀다(讀書人惜紙, 種地人惜屎. 惜은 아낄 석. 屎는 똥 시)는 말이 왜 생겼겠는가?

3) 정독(精讀)과 다독

● 독서 삼도(三到)

뜻을 세워 공부를 한다 하여도 공부의 방법이 문제가 된다. 초등학교에서 소리를 내어 읽게 하는 음독(音讀)은 어린 시절에 효과적인 독서 방법이라고 생각한다.

중·고등학생에게 수학이나 과학은 방법이 좀 다르겠지만 국어나 문학, 역사 같은 과목의 공부는 역시 읽어야 한다. 독서할 때는 눈과 입과 마음이 하나가 되어야 하나니, 곧 안도(眼到), 구도(口到), 심도(心到)니, 이를 '독서에 삼도(三到)가 있다' 라고 한다.

우리가 밥을 먹으면서 씹지 않으면 맛을 모르고, 독서하면서 생각하지 않으면 그 뜻을 알 수가 없다. 하여튼 다독이건 정독이건 그 의미의 새김은 역시 중요하다. '일만 권의 책을 독파하면 글을 지을 때 신이 도와준다'는 당(唐) 나라 시인 두보(杜甫)의 시구는 다독을 권장한 말이다. 하기야 좋은 시를 짓기 위해서는 정말 많은 책을 읽어야 한다.

● 만권 읽기(讀万券書)

'만 권의 책을 읽고 일 만리를 여행하라(讀万券書 行万里路)'는 말 역시 독서를 통한 간접 경험과 여행을 통한 직접 체험을 강조한 말이다. '책을 천 번 읽으면 그 뜻이 저절로 보이는 법(書讀千遍 其義自見)이라'는 말은, 다독을 권장할 때 흔히 쓰이는 말이다.

그리고 '사나이라면 모름지기 다섯 수레의 책을 읽어야 한다(男兒須讀五車書)'는 말은, 종이책이 나오기 전 이야기일 것이다. 대나무나 나무쪽에 쓴 책이야말로 얼마나 부피가 많고 무거웠겠는가? 그러나 아무리 다독과 중단 없는 노력을 강조한다지만, 이 세상의 모든 책을 다 읽을 수 없고 천하의 모든 길을 다 걸어볼 수는 없는 법이다.

'독서에는 모름지기 마음을 기울여야 하나니, 글자 한 자가 천금과도 같다'는 말은, 정독의 이점을 강조한 말이다. 또 '독서는 벗을 고르는 것과 같다(讀書如擇友). 마땅히 적어야 하고 또 정밀해야 한다(宜少且宜精)' 는 말도 정독을 권고하는 충고이다.

필자가 그 옛날, 1973년에 마곡사의 생골 서당에서 공부할 때, 그 마을에 사서(四書)의 하나인 《중용(中庸)》을 일만 번을 읽고서 사물의 이치를 터득한 농부 노인이 계셨다. 그 노인은 거름지게를 지고서도 입으로는 《중용》 구절을 외우고, 밭을 매는 밭고랑에서도 중얼거리는 독서를 그치지 않았다. 우선 그 중단 없는 노력에 감탄하지 않을 수 없었다. 그야말로 정독과 연찬, 궁구(窮究)의 결실이라 아니할 수 없다.

이 경우 《중용》이라는 고전이니까 또 그만큼 심오하니까 일만 번 읽을 가치가 있겠다지만 '책 한 권을 늙을 때까지 계속 보지 말라(莫一本通書看到老)' 는 중국인의 속담은, 독서의 폭이 좁은 것을 경계하는 말이다. 또 '책은 많이 읽으면 읽을수록 더 바보가 된다(書越讀得多越蠢)' 는 조롱 섞인 말은 맹목적인 독서나 독서하는 사람의 편협한 집착을 비꼬는 말일 것이다.

4) 어설픈 독서의 병폐

흔히 '공자 앞에서 문자 쓰기' 니 '번데기 앞에서 주름잡기' 와 똑같이 중국에는 '공자의 집 대문 앞에서 효경을 읽는다(孔子門

前讀孝經)' 또는 '공자집 문 앞에 와서 시문을 팔다(孔子門前賣詩文)' 라는 속담이 있다.

말하자면, '최고의 전문가 앞에서 어설픈 기량을 자랑하다' 라는 뜻이다. 또 '공자 앞에서 《삼자경(三字經)》을 외우지 말라(孔夫子面前莫背三字經)' 라는 속담은, 달인(達人) 앞에서 어설픈 지식이나 기량을 뽐내지 말라는 뜻이다.

"천재 한 사람이 만 명을 먹여 살린다."며 인재 등용을 강조했던 유명한 기업인을 나는 존경한다. "지혜는 일천 명을 부양할 수 있지만 육체노동은 한 명을 먹여 살린다(智養千○ 力養一○)."라는 말이 있다. 곧 독서를 통해 얻어지는 진정한 지(智)는 만인을 이롭게 한다는 뜻이다.

'젊어서 학문을 해야 늙어 성취한다(少而學 老而成)' 하고 '젊어 배우지 않아, 늙어 무식(少而不學 老而無識)' 은 당연하다. 그런데도 젊어서 노력하지 않았다면, 늙어서 마음 아프고 슬플 뿐이다. 이것을 감내하면 그래도 나은 사람이다. 위에서 말한 그대로 쥐꼬리만한 지식을 침소봉대하고 자랑하려고 하는 사람이 위험할 뿐이다.

이 세상은 '배우지 않아 아는 것이 없으면 살아있어도 죽은 것과 같으며, 배우지 않으면 버드나무가 바람 따라 흔들리는 것과 같다. 학문을 하면 푸른 솔이 산언덕에 우뚝 서있는 것 같다' 는 시적인 표현은 한 번쯤 생각해볼 말이다.

5) 독서와 인생

공부에 관한 여러 충고는 사실 별로 감동을 주지 못한다. 학교 선생님들이 시간과 장소를 불문하고 '공부해야 한다' 는 말을 하도 많이 하니, 듣는 학생들에게 '늙은이의 으레 하는 소리(老生常談)' 정도로 치부된다.

사실 공부는 하기 싫은 것이지만, 본인이 그 필요성을 알고 다른 일보다 좀 쉬운 일이라는 생각을 들 때, 약간의 재미로 할 수 있어야 한다.

'세상에 어려운 일은 없다. 다만 뜻을 가진 사람이 없을 뿐이다' 라는 말 그대로, 마음만 먹으면 세상에 어려운 일은 없다. 공부가 아무리 하기 싫고 힘들다 하더라도, 하려는 마음만 있다면, 그 어떤 역경도 이길 수 있다. 마치 유월 홍수에도 두꺼비는 물에 빠져 죽지 않고, 섣달에 눈이 내린다 하여 참새가 굶어죽지 않는 이치와 같은 것이다.

그리고 공부는 정확한 것이다. 기본 머리가 있어야 하지만, 평범한 사람이라도 공부한 만큼 지식은 늘어나고 성적은 나오는 것이다. 마치 처마 위에서 한 방울이 떨어지면 땅에 한 방울 그대로 떨어진다. 그리고 그 물방울이 오래오래 떨어지면 바위를 뚫는다.

젊어서 부지런히 배워야 한다는 것을 일찍 알지 못했다면, 흰 머리가 되어서 공부가 늦었다는 것을 비로소 후회하게 된다. 곧 지식은 써먹을 때가 되어야 자신의 지식이 부족한 것을 후회하게 된다.

다시 말하지만, 평소에 학식을 많이 축적해 두어야 한다. 인생에 '중년상처(中年喪妻)도 불행이지만 노년무전(老年無錢)은 더 큰 불행' 이라는 유머가 있다. 그러나 젊어 공부하지 않고, 중년에도 연구하지 않아 노년에 무식하다면, 그 자체가 무의미한 인생이 아니겠는가? 그러기에 우리는 평생 동안 독서를 해야 한다.

우리는 살면서 여러 소리를 듣는다. 바람 소리, 비 오는 소리, 책 읽는 소리 – 이 모든 소리가 귀에 들린다. 하지만 독서하는 소리보다 더 좋은 소리는 없을 것이다. 요즈음 어른이나 학생 모두 음독보다는 묵독(默讀)을 한다. 글 읽는 소리가 없더라도 그 모습을 보는 것만으로도 즐거울 것이다.

4. 바른 행실을 깨우침

1) 생활 속의 실천

우리가 예(禮)와 인(仁)이나 덕행(德行)을 배웠다면 그것을 실생활 속에서 실천해야 한다. 어떤 사람은 자연스럽게 편안한 마음으로 힘들이지 않고 실천하는데, 이를 '안이행지(安而行之)' 라고 한다.

그 다음으로 선행을 쌓거나 예절을 행하고 도덕을 지키는 것이 사회생활이나 또는 그 개인에게 이롭고 도움이 된다는 사실을 깨달아 이를 실천하는 경우가 있는데, 이를 '이이행지(利而行之)' 라고 한다.

그 다음으로는 자신이 배우고 안 것을 남의 강요에 의하여, 또는 시키는 사람이 있으니까 억지로 실천하는 경우가 있는데, 이를 '면강이행지(勉强而行之)' 라고 한다. 그러나 어떻든 실천이라는 점에서는 '이이행지' 나 '면강이행지' 도 마찬가지일 것이다.

그리고 마지막으로 억지로 시켜도 실천하지 않는 사람이 있다면, 아마 그런 사람이나 행위는 법적인 제재나 형벌로 다스려야 할 것이다.

2) 절사(絶四)

자신에게 많은 악습이나 고집스런 병폐가 있다는 점을 우선은 인정해야 할 것이다. 그리고 자신의 언행이나 의사를 깊이 성찰하고 반성하여 다른 사람과의 관계나 직장생활, 사회생활에서의 나쁜 점은 과감하게 고쳐야 할 것이다.

공자께서는 4가지 나쁜 점을 끊어 버렸으니(子絶四), 그 4가지는 잘못된 억측〔毋意(무의), 毋는 無와 같음〕과 절대적 확답(毋必)과 고집스런 집념(毋固)과 자기중심적 독선이다(毋我). 이는《論語(논어) 子罕(자한)》편의 말이다.

공자께서 끊어버린 것은 사회생활에서 보통 소인들의 일반적인 폐단이라고 말할 수 있다. 곧 대인관계에서 자기 나름대로의 억측으로 사물을 생각하거나 사람을 판단해서는 안 될 것이다. 내가 죽어도 이 일을 해내겠다는 말이나 집념, 그리고 절대로 안 된다든지 틀림없이 수행해야 한다고 내세우는 고집, 그리고 모든 것을 자기중심으로 생각하고 자신만이 가장 옳고 정확하다는 독선적 사고나 행동이 바로 끊어버려야 할 잘못일 것이다.

3) 허물

친구의 선행과 덕행(德行)을 보면, 나도 그와 같은 선행과 덕행을 하겠다고 생각하고(見賢思齊), 그렇게 노력해야 한다. 또 바르지 못한 것을 보았다면 스스로 반성의 계기로 삼아야 할 것이다(見不賢而內自省也). 선인(善人)을 부러워할 뿐, 스스로 그렇게 노력하지 않는다면, 또 남을 책망하고 자신의 허물을 책망하지 않는다면 언제 바른 사람이 될 수 있겠는가?

그래서 공자는 "길을 가는 세 사람 중에 틀림없이 내 스승이 있다(三人行 必有我師)."고 하였다.

이 세상에 허물없는 사람이 있겠는가? 누구든 실수하지 않는 사람이 있겠는가? 바로 된 사람은 어떤 잘못이나 허물을 우선 내 잘못 내 탓으로 생각하며(君子求諸己), 반성하기 때문에 다시 그런 허물이 없는 것이다. 그러나 소인은 우선 남의 잘못, 남의 탓으로 돌린다(小人求諸人). 때문에 또 다른 실수나 과오나 비행을 저지르게 된다. 잘못을 했으면 과오를 인정하고 고쳐야 하는데, 고치지 않는 것 그 자체가 바로 또 다른 허물인 것이다.(過而不改, 是謂過矣.)

사실, 우리들의 허물은 우리 자신의 노출이다. 사람에 따라 그 과오의 사연이나 질이 다르다는 뜻이다. 그런 허물이 있을 때(君子之過也), 그 허물은 하늘의 일식이나 월식과도 같아 누구나 보고 알게 된다.(如日月之食焉, 人皆見之.) 그리고 그 허물을 고쳤을 때 사람들은 그를 우러러보게 될 것이다.(更也, 人皆仰之.) 《논어(論語) 자장(子張)》

4) 사람 보기

'사람을 잘못 보았다' 며 후회하는 사람이 많다. 그렇다면 그 원인은 아마 사람을 외모나 말로 평가했거나 아니면 어떤 선입관이나 고정관념을 가지고 보았기 때문일 것이다. 특히 사람을 외모로 평가하는 일은 없어야 한다.

공자께서 사람을 바로 볼 수 있는 방법을 말했는데, 「우선 그가 한 일을 보고(視其所以), 다음으로 원인이나 동기를 살펴보고(觀其所由), 마지막으로 그 마음이 즐기는 것을 보라(察其所安).」고 말했다. 《논어(論語) 위정(爲政)》

우선 어떤 사람이 하고 있는 일이나 외형적으로 나타난 결과를 보아야 할 것이다. 남한테 좋은 일을 하는 사람이 있다면, 우선은 그러한 좋은 일에 대하여 칭찬을 해야 할 것이다. 다음으로 그가 왜 그리하는지 그 행위나 결과의 원인을 살펴야 할 것이다.

솔직히 말해, 어떤 명예를 낚기 위하여 또는 다른 큰 이익을 얻기 위하여 작은 혜택을 베푸는 사람도 많이 있을 것이다. 그리고 마지막으로 그 사람이 그 결과에 대하여 어떻게 생각하는지? 결과에 만족하거나 자랑하는지, 아니면 부끄러워하는지를 살펴본다면 그 자신을 숨길 수 있겠는가? 사람을 잘못 보는 실수를 조금은 줄일 수 있을 것이다.

5) 능력 발휘

주머니 속의 송곳〔낭중지추(囊中之錐), 囊(주머니 낭). 錐(송곳 추)〕은 언젠가는 밖으로 뚫고 나오는 것처럼 군자(君子)의 능력이나 덕행은 결국 드러나는 것이다. 물건을 만드는 사람은 자신의 공장이나 점포에서 자신의 업무와 사업을 성취한다. 그런 것처럼 군자는 학문의 길에서 자신의 도(道)를 완성해야 한다.

그리고 자라나는 젊은이, 크면서 치받고 올라오는 후배들, 그래서 '후생이 두렵다〔후생가외(後生可畏)〕' 라는 말도 있다. 그러나 그런 후생도 40~50이 되도록 어떤 덕행이나 능력이 알려지지 않았다면 별 볼일 없는 사람일 것이다!(…四十五十而無聞焉 斯亦不足畏也已.) 그 점은 아마 공자께서 사셨던 그 시대에도 마찬가지였던 모양이다. 《논어》에 그런 구절이 있다.

어떤 덕행이나 훌륭한 인품이 드러나는 것처럼, 사람의 단점도 같이 드러나게 마련이다. 만약 능력이 부족하다면 욕심을 안내고 분수껏 살면 되는데, 욕심 때문에 또는 게으름을 피우거나 이기적 행위로 나이 40에 다른 사람들의 미움을 받는다면 어찌 되겠는가?「나이 사십에 손가락질을 당하거나, 다른 사람이 그를 싫어한다면 그 사람은 끝난 것 아니겠는가?(年四十而見惡焉 其終也已.)」《논어(論語) 양화(陽貨)》편에 있는 구절이다.

6) 인정받기

사람은 어디인가에 소속되어 있어야 하고 사랑과 인정을 받고 싶은 욕구가 있다. 그래서 가족이 중요한 것이고, 일가친척이 모이며, 가까운 친우끼리 모임이 있고, 동창회 선후배를 찾으며, 회사 내 부서별 또는 입사 동기생끼리의 모임에 참석하기도 한다.

그리고 집 근처 조기축구회의 멤버이거나 산악회의 총무를 맡는 등 어디에든 소속되고, 또 그 안에서 일정한 역할을 하면서 인정받기를 원한다. 주소지 파출소의 '청소년선도위원회 부위원장' 이라는 명함을 찍어 뿌리는 사람은 그 다음에 정식 위원장이 되고 싶고, 좀 더 나아가 지역주민 환경연대 대표까지 겸하고 싶어 하는 사람도 있다.

오래 전에 등단한 소설가인데, 소설을 쓰는 동료나 후학들이 몰려와 "금년 말 정기 총회에서 다음 회장으로 추대하겠다." 고 추켜세운다면, 그런 추대를 기분 나빠할 사람이 몇이나 있겠는가?

공자께서도 인간의 이러한 심리를 잘 파악하였다. 그래서 "사람들이 너를 알아주지 않는다고 걱정을 하지 말고, 다른 사람의 좋은 점을 알지 못하는 것을 걱정하라.〔《논어(論語) 학이(學而)》 子曰, "不患人之不己知, 患不知人也.〕" 고 말씀하셨다. 이는 근본과 책무를 다하기 위해서는 우선 자기 수양부터 해야 한다는 뜻이다.

사실 훌륭한 사람이라면 자신의 능력 부족을 걱정할 뿐, 남들이 자신을 알아주지 않는다고 걱정하지는 않을 것이다.〔《논어(論語) 위령공(衛靈公)》 子曰, "君子病無能焉, 不病人之不己知也."〕

5. 큰 뜻을 세움

1) 지(智) · 인(仁) · 용(勇)

군자에게는 지(知; 智와 통함), 인(仁), 용(勇)의 3가지 미덕이 있으니, 인자한 사람은 근심 걱정이 없고〔仁者不憂(인자불우)〕, 지혜로운 사람은 의혹에 빠지지 않으며〔知者不惑(지자불혹)〕, 용기를 가진 사람은 두려움이 없다〔勇者不懼(용자불구). 懼(두려워할 구)〕.

지(知)는 정확한 지식이니, 그런 지식을 바탕으로 한 총명한 판단을 뜻하기도 한다. 자신의 굳건한 주관으로 인간사 여러 이치에 통달하고 시비곡절을 분명하게 판가름할 수 있으니, 어찌 미혹(迷惑)에 빠지겠는가?

인(仁)은 사람의 본마음 바탕이 외부로 나타난 것이며 마치 편안한 집과 같은 것이다. 그러니 인을 실천하고, 인을 바탕으로 삼아 생활하는 사람에게 무슨 근심이 있겠는가?

용(勇)은 굳센 의지이다. 칼을 빼들고 험상궂은 얼굴로 '네가 감히 나와 맞서다니!' 하면서 노려보는 것은 진정한 용기가 아닌

필부의 용기(匹夫之勇)이며 겨우 1인을 상대할 뿐이다. 용기는 어진 사람이 또 지혜로운 사람이 가지는 확고부동한 마음가짐이다. 그러니 그런 용자에게 무슨 두려움이 있겠는가?

여기서 '부지런히 배우기를 좋아하면(好學) 지(知)에 근접한 것이며(好學近乎知), 힘써 실행한다면(力行) 인에 가까이 간 것이며(力行近乎仁), 부끄러움을 안다면(知恥) 용기에 가깝다(知恥近乎勇)' 고 하였다. (이는 《중용(中庸) 20장》이다.)

여기서 지 · 인 · 용 삼덕(三德)에 도달할 수 있는 호학(好學)과 역행(力行)과 지치(知恥)는 수신(修身)하는 방법이라고 말할 수 있다.

인자(仁者), 지자(知者), 용자(勇者)의 불우(不憂)와 불혹(不惑), 그리고 불구(不懼)의 경지는 수련의 결과이지 타고난 성품이 아니다. 공자가 이 3가지 중 한 가지도 실현하지 못했다는 말을 공자의 겸사(謙辭)일 것이라고 자공은 생각했다.

인자의 생각에 인(仁)으로 모든 문제를 해결할 수 있다. 국가의 정치도 백성을 다스리는 일도 인(仁)으로 할 수 있다. 할 수 없어서, 하지 못해서 걱정해야 할 일이 없다는 뜻이다. 또 인자는 물질에 구애받지 않는다. 욕심이 없는데 무슨 근심이 있겠는가?

인(仁)을 실천하려는 굳은 의지는 용기와 통한다. 그런 의지를 가진 사람이 무엇이 두렵겠는가? 참된 지식을 가진 자가 인(仁)을 추구할 수 있으니, 그런 사람이 감언이나 거짓에 현혹되겠는가? 인(仁)을 실천하려는 선한 의지를 가진 사람이 또 무슨 걱정이 있겠는가? 인자는 틀림없이 용기를 갖고 있지만, 용자가 꼭 인심(仁心)을 갖고 있지는 않다고 공자는 말했다.

인자(仁者)는 '성쇠(盛衰)에 따라 절조를 바꾸지 않고(仁者不以盛衰改節), 의로운 자는 존망(存亡)에 따라 마음을 바꾸지 않는다(義者不以存亡易心). 또 인자는 군주를 원망하지 않고(仁不怨君), 지자는 역경을 어렵다 생각하지 않으며(智不重困), 용자는 죽음을 회피하지 않는다(勇不逃死)' 는 말도 있다.

2) 요산요수(樂山樂水)

'어진 사람(仁者)은 산을 좋아하고(仁者樂山) 지혜로운 사람(智者)은 물을 좋아한다(知者樂水)' 는 뜻의 요산요수(樂山樂水, 樂는 즐길 요)란 말은 우리가 흔히 쓰는 말이다. 그리고 지자(知者)는 동(動)을 좋아하고(知者動), 인자(仁者)는 수(壽)를 누린다고도(仁者壽) 했다. 《논어(論語) 옹야(雍也)》

요즈음 말로 박애주의자이며 인도주의자라고 표현할 수 있는 어진 사람(仁者)은 대범하고 넓고 깊으며 변함이 없는 훌륭한 품성을 갖춘 사람일 것이다. 그 어진 마음은 끝이 없을 정도로 커서 마치 거대한 산일수록 수많은 골짜기와 온갖 나무와 짐승과 사람을 품고 있는 것과 같은 모습일 것이다.

산은 계절이 바뀌건 세월이 가건 움직이지 않고 여전히 그대로 자리하고 있다. 그렇다고 산이 죽은 것은 절대로 아니며 만물은 그 산의 품 안에서 생성 변화 소멸한다. 시종일관 변함이 없고 유연자약(悠然自若)한 인자의 모습이나 생활과 덕성은 산과도 같다. 때문에 인자는 산을 좋아한다. 그리고 산이 고요히 백 년이건 천 년이건 변함이 없는 것처럼, 어진 사람은 고요하며(靜) 또 수(壽)를 누릴 것이다.

지(知)는 냉철하고 현실적이다. 지혜는 사물의 변화와 운용에 대하여 분석하며 종합할 수 있는 능력이며, 상황에 따라 적용되기에 매우 유동적이다. 지식은 늘 변할 수 있고, 그 유용성은 어제와 오늘이 같지 않다. 이런 점이 바로 지혜가 갖는 유동성이다.

지식과 지적인 것, 그리고 지자(知者)의 모습은 곧 흘러가는 물과 같다. 지형에 따라 또 많고 적음에 따라, 급하게 소리 내며 흐르는 물이 있고 천천히 흘러가는 물이 있다. 물의 속성은 마치 지자(知者)와 같다고 할 수 있다. 그러다 보니 지자는 물을 좋아하고, 쉼 없이 움직이고(動) 현실적인 즐거움(樂)이 있다.

한문은 본래 띄어쓰기와 구독점이나 문장 부호가 없는 글이다. 글을 배워 읽으면서 잠깐 멈추며 숨을 쉬거나, 문장이 끝난 곳에서 잠시 멈출 줄 알면 문리(文理)가 난 것이다.

'지자(知者)는 물을 즐기고 인자(仁者)는 산을 즐긴다' 라고 풀이하며 간단히 '요산요수(樂山樂水)' 라고도 축약한다. 지자의 知

는 유동적이기에 물을 좋아할 것이라고 연결 짓고, 인자한 사람은 변함없는 산을 좋아한다고 그럴 듯하게 설명하면 다 그런 것으로 받아들였다.

이에 대하여 장자(莊子)의 어투를 빌려 표현하자면, 메기나 미꾸라지, 자라 등은 모두 물을 좋아하니, 그것들은 총명한 지혜를 가졌는가? 노루나 멧돼지, 호랑이 등은 산이 좋아서 뛰어다니니, 모두 인자한 동물인가?

따라서 위 원문은 '지자요(知者樂)는 수(水)이고, 인자요(仁者樂)는 산(山)이다' 이 되어야 한다는 주장이 있다. 곧 지자(知者)의 요(樂)는 물과 같고, 인자(仁者)의 요(樂)는 산(山)과 같다. 곧 지자의 즐거움은 물처럼 유연하고 평안하며, 인자(仁者)의 요(樂)는 산과 같아서 숭고(崇高), 위대(偉大), 정숙(靜肅)하다는 뜻이다.

인자의 8, 90%가 산을 좋아한다는 일반적 특성이나 통계라도 있었는가? 인자한 사람은 산만 좋아하고 물은 싫어하는가? 언어도단이라는 생각을 많이 했지만 어렸을 때 학교에서 그렇게 배웠는데, 또 학교에서는 지금도 그렇게 가르치고 있으니 새로운 해석을 시도하는 것은 쉬운 일이 아니다.

3) 지면서 이기기

군자는 점잖은 사람이다. 거기에다 용기도 가진 사람일까?

'남을 밟아야 내가 산다' 는 생각은 세상의 모든 관계를 경쟁과 대립으로 보는 것이다. 분명 경쟁과 대립은 존재하지만 최후의 승리를 생각한다면, 때로는 양보하거나 손해 볼 줄 아는 자세도 필요하다. 손해를 예상하면서도 손해를 감수한다면 얼마나 큰 용기인가! 소인은 조그만 손해도 참지 못한다. 군자니까 손해를 보면서 윈윈(win-win)게임을 할 수 있다.

군자는 의리를 진정으로 높이 숭상한다. 만약 군자가 용감하지만 의롭지 못하다면, 그는 세상을 혼란에 빠뜨리는 사람이다. 또 소인이 용감하지만 의롭지 못하다면 도둑이 된다고 했다.

마치 공손하지만 예의가 없는 행동은 헛수고〔徒勞(도로)〕이며, 신중하지만 예의가 없다면 겁쟁이처럼 두려워하는 것과 마찬가지라고 할 수 있다.

군자는 남의 허물을 떠들어대는 사람, 윗사람을 훼방하는 아랫사람, 그리고 용감하지만 예의를 모르는 사람을 미워한다고 공자가 말했다.

그렇다면 남의 말에 맞장구나 치면서 똑똑한척하는 사람과 남의 비밀을 폭로하면서 정직하다고 생각하는 사람, 그리고 불손한 짓을 하면서도 용감한 것으로 착각하는 사람도 미워해야 할 사람일 것이다.

본래 인의(仁義)에 어긋나는 일은 하지 않겠다는 신념과 용기가 있은 다음에 인의를 실천할 능력이 생기는 것이다. 그리고 타인의 불선(不善)을 과장하여 말한다면, 거기에 따라올 후환을 어찌할 것인가? 용기를 내세우기 전, 우선 자신을 돌아보며 반성하고 신중해야 할 것이다. 그것이 바로 예의 출발일 것이다. 그렇다고 비겁해서도 아니 된다.

4) 절차탁마(切磋琢磨)

높은 뜻을 가져라! 큰 뜻을 품은 사람은 작은 일에 구차하게 매달리지 않는다. 사나이는 옷이나 외모에 마음을 쓸 사이가 없다. 큰 뜻을 품었다면, 지금의 가난을 한탄하거나 그 때문에 비굴해질 수는 없다.

가난을 부끄럽게 여기는 친구라면 친구로 생각하지 마라. 가난하다고 남에게 아첨하거나 구차한 미소를 짓는다면 언제 큰 뜻을 이루겠는가? 가난하다고 그 가난을 남의 탓으로 돌려서는 안 된다. 가난하면서도 도(道)를 즐기는 – 안빈낙도(安貧樂道) – 경지를 생각해야 한다.

부자이지만 교만하지 않은 사람 – 가난하다고 남을 원망하는 일보다야 쉬울 것이다. 그리고 그런 부자가 겸손하다면, 그는 쓸 만한 사람이다. 그래도 부자이면서도 예를 좋아하는 사람만은 못할 것이다.

가난하건 부유하건 자기 마음을 더욱더 열심히 갈고 닦는 노력 – 찬란하게 빛나는 옥을 얻기 위하여 자르고 깎고 쪼며 갈기를 계속해야 한다. 즉 절차탁마(切磋琢磨)의 노력이 있어야 한다.

切(절)은 玉(옥)을 잘라내고, 磋(차)는 갈아 다듬으며, 琢(탁)은 옥을 쪼아내어 무늬를 만들고, 磨(마)는 곱게 갈아 광택을 내는 작업이다. 이를 간단히 '절차탁마'라 하는데, 군자의 부단한 연학(硏學)과 인격 수양을 의미한다.

내가 남을 아껴주는데도 그와 가까워지지 않는다면, 자신의 인(仁)이 철저하지 않은가를 반성해야 한다. 다른 이를 예로써 대하는데도 그의 답례가 없다면, 자신이 취한 공경의 태도나 마음이 성실하지 못했는가를 반성해야 할 것이다. 무슨 일을 계획하고 실천했을 때 그 목적을 달성하지 못했다면, 모든 원인을 자신에게서 찾아야(反求諸己) 할 것이다.

5) 안빈낙도(安貧樂道)

나물밥을 먹고 물을 마신 뒤, 팔을 베고 누워있어도 그 삶이 즐겁다면, 그것이 바로 안빈낙도의 경지일 것이다. 의롭지 못한 짓으로 부자가 되고 높은 자리에 오르는 것 – 마치 떠도는 구름과도 같이 덧없는 것이다. 언제 어디서 생겨났는지도 모르게 피어올랐다가 곧 사라지는 구름과 같은 것이 인간의 부귀영화라고 했다.

부귀영화를 꿈꾸지 않는 사람이 어디 있겠는가? 다만 정당한 방법으로 얻거나 차지한 것이 아니라면 그것을 향유해서는 안 된다. 또 가난과 낮은 지위가 운명처럼 나에게 주어진 것이라면 그것을 굳이 털어버리려 애쓰지 말아야 한다.

군자는 단 한순간이라도, 비록 엎어지고 넘어지는 순간일지라도, 오직 인(仁)을 생각하여야 한다. 사람이 오직 경제적, 물질적 이익만을 생각하고 그에 따라 행동한다면 주변 모두로부터 원망을 들을 것이다.(子曰, "放於利而行, 多怨.")

6) 안회(顔回)의 호학(好學)

공자는 최소한의 예를 갖추고 가르침을 청하는 사람을 누구든 다 받아들였고 그 가르침에 신분의 차이를 두지 않았다. 이를 유교무류(有敎無類)라고 말한다. 때문에 그 제자가 삼천 명이라는 약간의 과장이 있는데, 그 제자 중 뛰어난 열 사람을, 특히 공문십철(孔門十哲)이라고 지칭한다.

《논어》에는 공자 제자들의 언행이 많이 기록되어 있는데, 공자가 가장 인정하고, 아끼며, 기대했던 수제자는 안회(顔回)였다.

안회(顔回, 前 521~481년)의 자(字)는 자연(子淵), 안연(顔淵)으로도 호칭. 춘추시대 노국인(魯國人). 공자 72 문도(門徒)의 첫째. 공문십철(孔門十哲) 중 덕행(德行)으로도 첫째였다. 한대(漢代) 이후로 안연은 72제자의 첫째 인물로 공자 제향 시에 늘 배향되었다. 이후 여러 추증을 받았는데 명(明) 세종(世宗) 이후 「복성(復聖)」이라 존칭하였다. 안연은 공자보다 30세 적었다. 顔淵(안연)이 인(仁)에 대하여 묻자, 공자는 "극기(克己)하여 복례(復禮)한다면 천하 사람들은 너를 인덕을 갖춘 사람이라고 칭송할 것이다." 공자가 안회에 대하여 말했다.

"안회의 덕행은 훌륭하도다! 한 그릇의 밥과 물 한 바가지를 마시며 좁은 골목에 살아도 다른 사람은 그런 고생을 감당하지 못하지만 안회는 도락(道樂)을 바꾸지 않는다."

"안회는 어리석은 것 같다. 그러나 안회가 물러난 뒤 그 행실을 살펴보면 내 가르침을 착실히 지키니 안회는 결코 어리석은 사람이 아니다."

공자는 '회(回)야!' 라고 이름을 자주 불렀는데, 이는 안회에 대한 각별한 애정의 표시였다. 안회가 공자의 어머니 쪽, 곧 공자 외가(外家)의 일족이라고 주장하는 사람도 있다. 공자는 안회의 호학(好學)을 극구 칭찬했다. 곤궁 속에서도 배움과 인을 실천하는 즐거움을 바꾸지 않았고 안빈낙도의 경지에 이르렀으나 영양 실조로 29세에 백발이 되었다가 40세에 죽었다. 안연이 죽자, 공자는 "하늘이 나를 버렸다." 통곡했다.

공자의 설명에 의하면, 안회는 「진정 배우기를 좋아하였고, 다른 사람에게 노여움을 갖지 않았으며〔不遷怒(불천노)〕, 같은 잘못을 두 번 저지르지 않았다〔不貳過(불이과)〕.」

공자가 가르침을 베풀면 안회는 어리석은 듯 특별히 기뻐하거나 흡족해하는 모습은 없으나 그 다음 평상 시 언행은 공자를 놀라게 하는 일이 많았다.

안회는 하나를 들으면 열을 아는(聞一知十) 능력을 가진 사람이었고, 자신이 들은 가르침은 반드시 실천하는 부지런한 사람이었다.

안회는 중용(中庸)을 지키면서 한가지 선(善)을 얻으며, 그것을 마음속에 꼭 기억하며 가슴에 새기고 실천하여, 마치 잃어버려서는 안 되는 것처럼 소중하게 지켰다. 때문에 그의 배움은 오직 진보만 있었고 제자리에 머물지 않았다고 한다.

또 많은 사람들이 반찬도 없는 밥 한 그릇에 한 쪽박의 물을 마시며 좁은 골목에 사는 것을 근심하며 부끄럽게 여기었으나 안회는 그런 생활 속에서도 자신의 즐거움을 바꾸지 않았다(回也不改其樂).

제6부

아버지가 가르치는 인생의 교훈 (2)

1. 본성과 인품

1) 화살과 갑옷

화살을 만드는 사람은 그가 만든 화살에 다른 사람이 상처가 나기를 바라면서 화살을 만든다. 그러나 갑옷을 만드는 사람은 행여 사람이 상처를 입을까 걱정하면서 갑옷을 만든다.

그렇다면 갑옷을 만드는 사람은 화살을 만드는 사람보다 더 인자한 사람인가? 화살을 만드는 사람은 잔인한 사람이기에 화살을 만들어 먹고 사는가?

무당은 굿으로 사람의 병을 고치려고 한다. 관을 만드는 사람은 사람이 많이 죽어야 잘 먹고 살 수 있다. 그렇다면 관을 만드는 사람은 무당보다 나쁜 사람인가?

요즈음 세상에는 직업에 귀천이 없다. 때문에 화살을 만드는 사람이 더 나쁘지는 않다. 다만 직업상의 기술은 그렇다 치더라도 인자한 마음을 잃어버려서는 안 될 것이다.

사람이 인자한 마음을 갖고 인자한 행동을 해야 하는 것은 당연하다. 사람이 인자하지도 않고, 지혜롭지 않다면, 또 예절을 모르고 의리를 따르지 않는다면, 다른 사람으로부터 좋은 대우를 받을 수 없다. 문제는 그 사람의 마음가짐이다.

2) 우산(牛山)의 나무

전국(戰局)시대 산동(山東)반도 일대에 자리 잡았던 제(齊)나라는 강국이었다.

제나라의 수도 임치(臨淄)는 7만 호의 대도시였고, 임치 남쪽에 있는 우산(牛山)은 숲이 울창했다. 그러나 사람들이 도끼로 나무를 베어내자 숲이 사라지고 풀이 무성해졌다.

그러자 사람들이 소와 말을 풀어놓아 결국에는 풀마저 사라진 민둥산이 되었고, 사람들은 누구나 '우산은 본래 민둥산이었다'고 말했다. 그러나 '그 민둥산이 어찌 우산의 본모습이었겠는가?' 라고 맹자(孟子, 名은 軻. 前 372－289, 軻는 수레의 굴대 가)는 묻고 있다.

사람의 본성에는 인의(仁義)의 마음이 있지만, 마치 도끼로 나무를 찍듯 사람들은 인의의 마음을 버린다. 비가 내리고 이슬을 맞아 새싹이 나오려 하면, 소와 말이 마구 뜯어먹듯 밤사이 착한 마음으로 돌아갔다가도 다음날 역시 나쁜 짓을 한다. 아무리 본성이 착한 사람이라도 매일 나쁜 사람과 어울리고 나쁜 생각을 하면 곧 짐승과도 같아질 것이다.

착한 마음은 꼭 붙잡았을 때만, 곧 조심(操心, 操는 잡을 조)하면 우리 마음속에 남아있고, 놓아버리면, 곧 방심(放心, 放은 놓을 방)하면 없어져 버린다. 들고 나는 곳이 일정하지 않고 또 그 갈 곳을 모르는 것이 우리의 마음이다.

눈동자는 사람의 정기가 모인 곳이다. 그 눈동자에는 선악이 그대로 나타난다. 눈동자는 자신 내부의 악을 덮어두지 못한다. 마음속이 올바르면 눈동자가 맑고, 마음속이 흐리면 눈동자가 교활해진다. 그 사람의 말을 듣고 그 눈동자를 본다면, 그 누가 본마음을 감출 수 있겠는가?

그러하기에 사람들은 늘 선행만을 생각해야 한다.

3) 물의 본성

고여 있거나 막혀서 담겨 있는 물은 동쪽으로 트면 동쪽으로 흐른다. 또 그 반대로 흐르게 할 수도 있다. 곧 물은 동서를 알지 못한다. 이처럼 물이 동서 쪽 어느 곳으로도 흐를 수 있는 것처럼, 사람의 본성이 착한가? 착하지 않으냐를 따질 때, 착할 수도 있고 악할 수도 있다고 주장할 수 있다.

그러나 이 논리는 분명 잘못되었다. 물은 동쪽, 서쪽을 따지지 않고 낮은 곳으로만 흐른다. 낮은 곳으로만 흐르는 것이 바로 물의 본성이다. 물을 손으로 탁 치면, 물은 사람의 이마를 뛰어넘을 수도 있다. 사람의 이마를 때릴 수 있도록 튀어 오르는 것은 물의 본성이 아니고 외부의 힘으로 그렇게 되는 것이다.

사람이 악한 것은 외부의 어떤 영향이나 작용 때문이지 본성은 아니다. 물이 계속 낮은 곳으로 흐르는 것처럼, 착한 본성을 믿고, 착한 생각을 하고, 착한 일을 하면 정말 착한 사람이 되는 것이다. 인간의 본성은 착하다는 신념을 갖고 살아야 한다.

4) 제나라 사람의 처와 첩

제(齊)나라에 아내와 첩을 하나 거느린 사람이 있었다. 이 사람은 외출했다가 돌아와서는 술과 고기를 배불리 먹었다고 늘 자랑을 했다. 아내가 누구하고 음식을 먹었느냐고 물어보면, 그 사람은 매번 돈 많은 부자이거나 높은 벼슬아치와 먹었다고 대답했다.

그 아내는 자기 집에 그런 사람들이 방문하지 않는 것을 이상하게 여겨 첩에게 말한 뒤 남편을 미행했다.

집을 나선 남편은 거리에서 누구와도 인사를 나누거나 이야기를 하지도 않고 곧바로 동문 밖 공동묘지로 향했다. 그 사람은 묘지에서 제사 지낸 곳을 찾아 돌아다니며 술과 음식을 구걸했다. 여러 곳을 돌며 구걸하는 것이 그가 술과 고기를 물리도록 먹는 방법이었다.

그의 아내는 돌아와 첩에게 말했다.

'남편은 우리가 믿고 의지할 사람인데, 지금 구걸로 배를 채우고 있다오'

그리고는 두 여인이 서로 끌어안고 마당 가운데에서 통곡했다. 아무 영문도 모르는 그 사람은 돌아와 이를 쑤시면서 "오늘도 고기와 술을 배터지게 먹었다." 며 으스대었다.

이 이야기는 《맹자(孟子) 이루(離婁) 下》에 실려 있다.

사람들은 누구나 부귀와 공명을 얻으려 한다. 그러나 진정 처첩에게 부끄럽지 않게 당당한 사람들은 그리 많지 않을 것이다. 밤중에 애걸(哀乞), 복걸(伏乞), 구걸(求乞)하여 얻은 부귀를 다음날 아침 뽐내는 사람은 없을까?

소인은 제 아내도 부끄러워할 짓을 하면서, 자신의 구차한 행동을 남이 모를 것이라고 생각한다. 머리가 나쁜 사람은 남의 생각도 자신의 생각이나 수준과 같을 것이라고 생각한다.

5) 자포자기(自暴自棄)

사람이 깊이 생각하지 않고서도 알 수 있는 것을 양지(良知)라 하고, 배우지 않아도 할 수 있는 것을 양능(良能)이라고 한다.

어린아이가 부모를 좋아하고, 따르며, 위할 줄 아는데, 자라서는 어른을 공경하고 부모에게 효도하는 것이 인(仁)과 의(義)의 본

모습이다. 이는 깊이 생각해서 알고 배워서 그렇게 하는 것이 아니다. 바로 양지이고, 양능이다.

스스로 해치는 자와는 더불어 의논할 수 없고, 스스로를 버리는 사람하고는 같이 일할 수 없다.

"예의 바른 행동을 나는 할 수 없다."

"나는 인이 무엇인지 모르기에 실천할 수 없다."

이렇게 말하는 것이 바로 자포자기이다. 인(仁)은 사람에게 편안한 집과 같고, 의(義)는 사람이 가야 할 크고 평탄한 길이다. 사람들은 편한 집을 버려두고 살지 않으며 큰길을 가지 않는다면 참으로 슬픈 일이 아니겠는가?

2. 군자와 소인 (1)

1) 군자의 뜻

군자(君子)는 우리가 흔히 쓰는 말로, 소인(小人)의 상대적인 말이다. 우리 주변에서 '저런 인간이 바로 소인이야!' 라고 생각되는 사람은 가끔 눈에 띈다. 그러나 군자라고 생각되는 사람은 쉽게 만나지 못한다.

군자라면 우선 풍채가 좋은 사람을 떠올리지만, 이 세상에는 풍채가 좋은 사람보다는 풍채가 별 볼일 없는 사람이 훨씬 많다. 멋진 외모가 군자의 첫 조건일 수는 없다. 그리고 도덕군자(道德君子)라면 좀 더 구체적으로 형상화된 말인데, 예절이 바르고 점잖은 사람이라 하여 반드시 군자는 아닐 것이다.

그리고 군자라는 말에는 성인남자를 지칭하는 뜻이 있고, 여성에게는 해당되는 말이 아니다. 군자에 해당되는 여성을 뜻하는 말로는 '요조숙녀(窈窕淑女)' 란 말이 있다. 이런 점에서 본다면, 군자는 봉건적 낡은 개념일 수 있지만, 성인 남성으로 자랄 아들에게는 꼭 가르쳐야 할 인간형이라고 말할 수 있다.

필자가 검색한 바에 의하면, 사서(四書; 논어, 맹자, 대학, 중용)에는 '군자'란 말이 238회에 걸쳐 언급되고 있는데, 사서 중에서도 《논어》에 제일 많이 또 다양하게 언급되어 있다.

군자(君子)의 사전적 의미는 '훌륭한 덕을 갖춘 사람(盛德之人)', '현명한 학자', '벼슬자리에 있는 사람(在位之人)', 때로는 '군주(君主)'나 '벼슬길에 있는 부군(夫君)'을 의미하기도 한다.

군자란, 한마디로 정의를 내리기는 어렵지만 종합한다면 '유가(儒家)에서 강조하는 여러 가지 훌륭한 인격과 학식을 갖춘, 가장 이상적 인간형'임에 틀림없다고 말할 수 있다.

그렇다면, 군자는 어떤 사람, 어떤 모습이며, 어떻게 행동하며, 무엇을 생각하고 조심하며, 다른 사람에게 무엇을 베풀고 가르치는가? 여기서는 《논어(論語)》를 중심으로 살펴보고자 한다.

2) 성의

우리는 늘 성의(誠意)를 말한다.

성의는 '자기 자신을 속이지 않는 것'이다. 자신을 속이지 않는다는 것은 마치 누구나 악취를 싫어하고, 예쁜 모습을 좋아하는 것처럼 자신의 마음에 느껴지는 것 그대로를 말한다.

그렇기 때문에 군자는 혼자 있을 때 더욱 조심을 한다. 소인은 혼자 있을 때, 곧 아무도 보는 사람이 없다고 생각되면 온갖 나쁜 생각, 나쁜 행동을 다한다. 그러다가도 다른 사람이 보거나 군자 앞에서는 자신의 온갖 악행을 덮어버리고 선행만을 내보이려 한다. 그러나 다른 사람이 그의 폐와 간을 다 들여다보듯 빤히 다 알고 있는데, 자신을 가리는 행위가 무슨 도움이 되겠는가? 이른바 마음속의 성의는 외부로 나타나게 마련이다. 그렇기에 군자는 혼자 있을 때를 더욱더 조심하는 것이다.

공자의 제자인 증자(曾子)가 말했다.

"열 사람의 눈이 나를 바라보며(十目所視), 열 사람의 손가락이 나를 지목하고 있으니(十手所指), 어찌 무섭지 않은가? 넉넉한 재물은 집을 멋지게 장식할 수 있고(富潤屋), 훌륭한 덕망은 몸을 윤택하게 하니(德潤身), 곧 마음에 여유가 있고 몸이 편안하다. 그래서 군자는 반드시 진실되고 거짓 없는 마음을 가진다(必誠其意)."

3) 군자의 신념 – 중용

한쪽으로 치우침이 없는 것이 중(中)인데, 이는 천하의 정도(正道)라 할 수 있다. 변하지 않는 진리가 용(庸)인데, 천하의 정리(定理)라고 한다. 여기서 중용(中庸)이라는 말이 나왔다.

중용은 이쪽저쪽 눈치나 보고 이쪽 편도 저쪽 편도 아닌 어정

쩡한 것이 아니다. 중용은 군자의 신념이다.

우리 감정의 희로애락이 외부로 드러나지 않는 것을 중(中)이라 하며, 감정을 표현하되 모든 것이 절도에 맞고 지나치거나 모자람이 없는 것을 화(和)라고 한다.

중(中)이라 하는 것은 천하 만물의 자연적 본성이며, 화(和)란 것은 천하에 으뜸가는 큰 도(道)라고 말할 수 있다.

공자께서 일찍이 이런 말씀을 하셨다. "군자는 중용의 덕을 가지나 소인은 중용의 미덕을 어긴다. 군자의 중용은 시의(時宜)에 맞으나 소인이 중용을 지키지 못하는 것은 그가 꺼리는 바가 없기 때문이다."

"중용의 도가 실행되지 않는 이유를 나는 알고 있다. 총명한 사람은 너무 앞서가고, 우둔한 사람은 따라오지를 못하기 때문이다. 또 중용의 도가 밝게 드러나지 못하는 것은, 현명한 사람은 이를 뛰어넘지만 불초한 사람은 미치지 못하기 때문이다."

중용을 지키며 중화(中和)를 이룬다는 것은 참으로 큰일이며 어려운 일이다. 늘 마음속에 새겨두고 지킨다 하여도 막상 현실에서 실행하기는 어려운 것이다. 우선 이런 중용과 중화의 덕을 가지려고 노력하는 것이 바로 그 시작이라고 할 수 있다.

4) 바탕과 형식

군자는 인격의 근본 바탕을 중시하며, 그런 바탕 위에 학문을 하고 예를 실천하며, 저술을 하며 가르치고 벗과도 사귈 것이다.

군자가 본바탕(질, 質)만을 강조하고 학문이 없다면, 거칠고 세련되지 않았다는 곧 조야(粗野)하다는 폐단이 있다. 그러나 본바탕도 없이 학문이나 번듯한 예절로 겉만 꾸민다면, 외양만 그럴싸하다는 지적이 있을 것이다. 인격의 완성이란, 내면적 정신과 외면적 형식이 서로 조화를 이루어야 하는 것이니, 곧 내면적 본질에 충실하면서도 일정한 형식미도 있어야 한다.

곧 인격적 수양으로 본바탕(質)을 다진 위에 학문을 하고 예의를 실천하는 외적인 형식을 갖추는 것이다(文). -곧 질(質)과 문(文) 두 가지가 다 갖추어져야〔文質彬彬(문질빈빈)〕 진정 군자라 할 수 있을 것이다.

군자는 의리에 맞게 처리한다는 원칙을 가지고 예(禮)에 맞도록 실행하되 겸손한 말과 행동으로 자신의 뜻을 표출하여 진실과 성실로 일을 마무리해야 한다.

군자는 그 행동에 무게가 실려야 할 것이다. 군자가 신중하지 않다면 위엄이 없을 것이다. 군자는 끊임없이 배우고 탐구하기에 막혔거나 고루하지 않은 사람이다. 군자의 모습은 멀리서 바라보면 엄숙 단정할 것이고, 가까이 다가가 보면 따스한 인품을 느낄 수 있고, 그의 언사는 명확하고 단호한 모습일 것이다.

5) 의리와 이익

어진 군자는 틀림없이 용감하다. 그러나 용기 있다고 하여 모두가 어진 사람은 아니다. 마찬가지로 고매한 덕을 갖춘 군자가 말로 자신의 뜻을 제시한다 하여 말할 줄 아는 사람 모두가 덕을 갖춘 것은 아니다.

그리고 군자이지만 언제나 인(仁)을 체득하고 그 경지에서 행동하지 못할 때도 있을 것이다. 그러나 소인이면서 어진 사람은 없다고 공자께서 말했다.

즉 때로는 군자에게도 실수가 있을 수 있다. 공자의 수제자인 안연(顔淵)이 3달 정도 인을 실천할 정도라고 말한 것을 보면, 군자라 하여 언제나 인을 실천할 수는 없을 것이다.

군자의 덕은 만물을 움직이는 바람과 같은 것이고(君子之德風), 소인의 덕은 바람에 따라 쓸려 눕는 풀과 같다고(小人之德草) 했다. 이는 군자의 덕행과 그 영향력을 비유한 말이다.

군자는 이 세상 어디든 갈 수 있고, 어디서든 머물 수 있으며, 무슨 일이든 못할 일이 없으며, 언제나 이웃이 있기에 외롭지 않을 것이다. 그리고 훌륭한 덕행을 쌓은 고고한 군자는 외롭지 않으니 언제나 그 이웃이 있다고 했다.

군자는 인의(仁義)와 도덕 같은 근본을 터득하고 깨우치고자 노력하는 사람이다(君子上達). 그러나 소인은 재물이나 이익을 얻고 육신의 욕망이나 쾌락을 채우는데 주로 관심을 갖는다(小人下達).

그리고 군자는 오직 의로운 일에만 깨어있고 분발하며 노력한다(君子喩於義). 그러나 소인은 언제나 이익(利)만을 생각한다(小人喩於利). 이는 곧 군자와 소인의 차이는 세상을 보는 관점이 곧 의에 있느냐, 이에 있느냐 하는 뜻일 것이다.

그래서 이(利)가 있는 곳에 소인이 모여들고 의로운 일은 군자의 몫으로 남게 된다. 정치 마당에 이(利)가 있다 생각하여 모여드는 소인배를 보면, 이(利)와 의(義)－소인과 군자를 알 수 있을 것이다.

3. 군자와 소인 (2)

1) 외모와 언행

어느 누구나 어느 정도의 선입관이나 고정관념을 가지고 있으며 나름대로의 고집이나 편견도 있을 것이다. 그리고 그런 선입관이나 편견으로 사람의 말을 듣거나 이해할 것이다. 그렇게 되면 명철한 판단과 본질에 대한 공정한 평가도 어려울 것이다.

군자는 사람의 말만 듣고 사람을 높이거나 대우하지 않는다. 물론 그 사람의 외모를 먼저 보고 그 때문에 그의 말을 배척하거나 버려서도 안 될 것이다.(君子不以言擧人, 不以人廢言.)

많은 사람들이 좋다 하는 사람도, 또 많은 사람들이 안 된다 하는 사람도, 군자는 그 나름대로 통찰하고 공정하게 평가를 해야 한다.

할 말을 줄이고 줄여서 손해를 보는 사람은 없다. 본래 말은 천천히, 그러나 행동은 민첩해야 한다. 그리고 말을 아끼고 아끼는 것은, 혹 자신의 행동이 말과 일치하지 못할까 걱정하기 때문일 것이다.

군자의 언사는 늘 어눌하여 마치 말을 못하는 사람 같고, 화려하지도 않지만 인의 실천이나 행동은 매우 민첩하다. 군자는 자신의 말이 실천보다 앞서가는 것을 늘 부끄럽게 생각한다(君子恥其言而過其行).

군자는 모든 일을 쉽게 처리하면서도 말은 신중하게 한다. 그러나 소인은 아주 쉽고 간단하게 약속도 잘하고 큰소리로 시원하고 화려하게 말하지만, 그 실천은 매우 힘들어 한다.

맹자께서도 "사람들이 말을 쉽게 하는 것은, 그 책임을 지지 않겠다는 뜻이다(人之易其言也無責耳矣)."라고 말했다.

하여튼 모든 언행은 침착해야 한다. 인생에서 패가망신하는 원인의 80%는 말을 잘못했기 때문이라고 한다.

2) 국량(局量)

군자는 배우며, 그 배운 것을 실천하는 학자이다. 그런데 그 학문을 하는 수준에 따라 군자와 소인의 구분이 있다고 한다. 마음을 쓰고 관심을 가져야 할 대상은 무엇이며, 뜻을 어디에 두어야 할 것인가?

중요한 문제와 깊이 생각해야 할 어떤 과제, 원대한 이상 같은 것은 무엇인가? 딱히 무어라 설명할 수 없지만, 공자께서 그 제자 자하(子夏)에게 한 말을 보면 어느 정도 느낌이 온다.

"너는 군자유(君子儒)가 되어야 하지, 소인유(小人儒)가 되지는 말아라."

그리고 군자는 절대로 그릇(器)이어서는 안 된다(君子不器).

그릇이란 용량이 한정되어 있고, 그 쓰이는 곳이 제한적이며 상통하지 못한다. 즉 호환성(互換性)이 없다. 사람도 마찬가지다.

군자는 그렇게 제한적 – 생각과 행동이 어떤 틀에 얽매이거나 스스로 한계선 안쪽에 안주하는 것 – 이어서는 안될 것이다.

군자는 그 자신 모든 것을 다 갖추고 어떤 처지나 경우에도 두루 그 능력을 발휘할 수 있어야 하며 한두 가지 재주나 솜씨를 뽐내서는 안 될 것이다.

3) 내 허물과 너의 탓

군자는 자신의 탓을 인정하지만(君子求諸己), 소인은 남에게서 그 원인을 찾는다(小人求諸人).

그리고 소인은 자신의 과오를 언제나 변명하거나 아니면 잘못이 아닌 것처럼 꾸며댄다(小人之過也必文).

군자는 언제나 자신을 반성하고 자신에게 어떤 잘못이 없는가를 먼저 생각한다. 쉽게 말하여, 군자는 "내 탓이오."라고 말하지만, 소인은 언제나 남에게서 찾고 얻으려 한다. 곧 나는 잘못이 없고 '저 사람 때문'이며, "저 사람의 무능력이 내 일을 망치게 했다."고 말한다. 그것도 아니면 시대가 어떠니 경기가 안 좋거나 또는 "이번에는 정말 운이 없었다."고 자신의 불운을 탓하면서 자신의 무능이나 과오를 인정하지 않는다.

군자가 범하는 과오나 잘못은 마치 하늘의 일식이나 월식과도 같아 누구나 다 쳐다보고 알게 된다. 그리고 군자가 자신의 그런 과오나 실수를 곧 바로잡거나 고치기에 모든 사람이 군자를 우러러본다.

자신의 과오를 덮거나 숨기지 않는 것은 얼마나 큰 용기인가? 잘못을 인정했기에 곧바로 그 잘못을 고칠 수 있는 것이며, 그러하기에 그 행동이 군자답지 않겠는가? 자신의 과오를 인정하고 잘못을 고치는 것－마치 운동경기에서 페어플레이처럼 멋있지 않은가?

4) 두려움과 조심조심

바른 심성과 바탕을 가지고 그 행동이 언제나 떳떳한 군자에게 무슨 두려움이 있겠는가? 그래도 군자는 천명(天命)과 대인(大人)과 성인의 말씀(聖人之言)－이 3가지를 두려워한다.

이는 군자의 의지로서도 어쩔 수 없는 운명과도 같은 불가항력적 요소가 있다는 이야기가 아니겠는가? 아니면 군자도 정치적 권력을 진 사람을 두려워한다는 뜻인가?

또 성인(聖人)은 누구인가? 지난 날 훌륭한 삶을 마친 사람의 유언이나 저술 같은 것을 말하는가? 그렇다면 존경해야지 왜 두려워해야 하는가?

군자가 조심해야 할 것－군이 공자의 말씀이 아니라도 또 군자가 아닌 평범한 사람에게도 적용되는 가르침이지만 － 젊은 청년시기에는 혈기가 안정되지 않았기에, 곧 감정의 기복이 아직은 심한 시기이기에 여색을 조심해야 하고, 장년이 되어서는 혈기가 가장 왕성한 시기이기에 싸움을 조심하며, 혈기가 쇠약해진 노년에는 소유욕을 억제하거나 조심해야 한다.(及其老也, 血氣旣衰 戒之在得.)

소년시절에 이어 청년시절에 이르기까지 색(色)을 조심하라는 말 － 마치 성도덕의 문란(紊亂)을 걱정한 것 같지만 사실은 여색을 탐하다가 본업인 배움을 소홀히 하거나 또는 포기해서는 안 된다는 가르침이라 생각한다.

그리고 장년의 싸움(鬪)이 어찌 주먹다짐뿐이겠는가? 장년에 이르도록 주먹다짐을 생각한다면, 그것은 조직폭력배들의 세계일 것이다.

사실 인생 장년기의 싸움은 얼마나 치열한가? 생존을 위한 싸움은 기본이겠거니와, 나이 들면서 살아남기 위해서는 승진을 해야 하고, 그 승진 경쟁이 어찌 주먹싸움보다 치열하지 않을 것인가? 나와 경쟁자의 싸움, 내 소속과 저쪽, 우리 회사와 경쟁사와

의 싸움에 나는 초연할 수 있겠는가? 내가 먼저 싸움을 걸지 않는다 하여 싸움이 없는 것인가?

그리고 가장 조심해야 할 것 – 노년의 얻음(得) – 명예를 얻으려 변절하는 노년(老年)의 그 심사를 어떻게 해석해야 하는가? 그리고 재물욕에 평생을 쌓아왔던 명예를 망친 사람은 우리 주변에 얼마든지 볼 수 있다.

그리고도 아무리 도덕군자일지라도 조심하고 또 조심해야 할, 정말 버릴 수도 없이 어쩔 수 없는 노년의 욕심 – 그래서 '노탐(老貪)' 이란 단어가 있지 않은가?

한마디로 노탐(老貪) 때문에 자신의 이름을 욕되게 하고, 자식들 얼굴을 못 들고 다니게 하는 사람은 얼마나 많은가? 노탐에서 자유로울 수 있는 사람 – 그가 진정 군자가 아닐까?

5) 조화와 동화

군자는 누구와도 조화(調和)를 이루지만 동화(同化)되지는 않는다(君子和而不同). 그러나 소인은 같이 동화할 수 있지만 조화를 이루지는 못한다(小人同而不和).

자신의 인격을 바탕으로 자신의 훌륭한 품성을 버리지도 않고, 개성을 잃지 않고도 남과 잘 어울리는 사람이 바로 군자이다. 곧 조화를 추구하지 부화뇌동(附和雷同)하지는 않는다는 뜻이다.

물에 물을 탄 것이 곧 동(同)이다. 이처럼 소인은 자아(自我)가

없이 곧 자신을 잃어버리고, 그 집단이나 사회에 물량적(物量的)으로 하나를 보태었을 뿐, 그 집단 내 창조적 존재는 아니다. 그리하여 소인은 모두가 하나가 되어, 금방 같은 목소리로 자기 집단의 이익만을 추구한다. 그리고 추구했던 이익을 얻으면 더 많은 것을 요구하거나 아니면 모두가 뿔뿔이 흩어진다.

군자는 언제나 자신의 긍지를 지켜 남과 다투지 않는다. 비록 동료와 같이 그룹을 형성하지만 배타적인 집단으로 변하지는 않는다.

그리고 군자는 수양이 깊고 믿는 바가 두텁기 때문에 항상 마음이 넓고 대범하며, 언제나 태연하지만 교만한 마음이나 티가 없다. 하지만 소인은 조그마한 일에도 자신의 공적이나 고생을 내세우며 근본 바탕에 수양이 없기에 교만할 뿐 유연한 너그러움이 없다.

4. 직장 생활을 위한 조언

1) 성공적인 삶을 위하여

모든 직장인은, 또 사업을 하는 사람 모두는 자신의 분야에서 성공하기를 원한다.

직장에서의 성공은 엄밀하게 따져 어떤 것인가? 사업의 성공이란 경제적인 성공만을 의미하지는 않을 것이다.

눈에 보이는 성과를 거두고 남들이 인정할 정도의 성공은 아니더라도 적어도 내 자신이 스스로 실패했다고 생각한다면, 그것은 분명한 실패이다.

내가 살아온 한 시대는 밀물이 바닷물 전체의 수위를 밀어 올리던 시대였다. 그런 시대에는 노력한 만큼 노력의 성과가 나타나는 삶이었다.

내가 살아온 내 삶을 바탕으로 내 자식에게 나의 경험을 말해주고 싶다.

● 4개의 기(基, 氣, 技, 記)

내 생각으로는 인생을 살아가는 데는 '4개의 기(基, 氣, 技, 記)'가 필요하고, 이 4개의 기가 하나로 합쳐지면 '기(起)'가 된다. 그러고 보면, 나의 이름자에 들어간 기(起)는 정말 대단한 의미가 있다고 생각한다.

내가 말하는 '4개의 기'란 것도 실상은 누구나 다 아는 처세의 방법이며 성공적인 삶을 위한 말이다. 특별한 것도 없지만 나는 이를 나의 신념으로 삼았었기에 내 아들에게 말해 주고 싶다.

첫 번째, 기는 바탕 기(基)이다. 이는 기본(基本), 기지(基地), 기금(基金), 기초(基礎)와 같이 본바탕을 의미한다. 사람으로 태어났기에 사람으로서 갖추어야 할 됨됨이를 의미한다.

공부하는데 기초 실력이 있어야 하고, 사업을 한다면 일정한 기금이 있어야 한다. 인간으로서의 본바탕 갖추기는 어떠한가? 어른을 만났을 때 인사하기, 친구와 만나 인사하기, 직장에 출근하여 상사와 동료에게 인사하기 – 이런 인사하기를 모르는 사람이 있겠는가?

그러나 그렇지 않다! 직장에서 인사할 줄 몰라 상사와 동료로부터 찍히는 사람이 있는가 하면 인사성이 밝다고 인정받는 사람이 분명히 있다.

사회의 구성원으로서 인사하기, 이것은 배우지 않아도 아는 양지(良知)이며 누구나 다 할 수 있는 양능(良能)에 속한다. 그러나 이런 인사의 기본을 잘 알고 실천하는 것은 쉬운 일이 아니다.

내가 다른 사람한테 무엇인가 호의를 받았다면 반드시 고맙다고 인사를 해야 하고, 또 기회가 되면 그만큼을 돌려주어야 하는 것이 사회생활의 바탕(基)이다. 그러나 이것 또한 쉬운 일이 아니다. 인간으로서 좋은 일에 같이 기뻐하고 슬픔을 나누는 일은 당연한 일이라고 하지만, 동료의 성공을 진정으로 축하하기가 그렇게 쉬운 일인가? 실제로 사회생활에서 쉬운 일이 아님을 곧 알 수 있을 것이다.

직장 생활의 기본(基)을 알고 실천하기, 직장 동료의 애경사에 같이 참여하기, 어려운 일을 같이 나누어 하기 – 이런 모든 일이 사람의 본바탕(基)에 해당한다. 조직의 기본을 익히기, 바른 인간성을 갖추고 그대로 생활하기 쉬운 일이 아니다.

자신의 욕심이나 육체적 욕망이라도 다른 사람과의 관계에서는 당연히 절제해야 한다. 짠돌이가 인색한 것은 남에게 베풀기보다는 자신의 욕심을 우선하기 때문이다. 자신의 분수를 알고 그 한계를 지키기가 쉬운 일인가? 직장인이 또 직장에서 부적응 사례는 사실 사람으로서의 기본 됨됨이에 문제가 있는 것이다.

이 모든 것이 사람의 됨됨이가 문제가 되기 때문이다. 사회생활의 실패자들은 이 기본을 모르거나 지키지 않았기 때문이다.

인간으로서 됨됨이가 안 되어 사회생활을 실패하는 데, 그런 사람이 무슨 사업에 성공할 수 있겠는가?

기(基)－참으로 중요한 글자이다.

두 번째 기는 '기운 기(氣)' 이다. 힘이나 성질, 때로는 기분(氣分)을 의미한다. 혈기(血氣)가 왕성하며, 생기(生氣) 있고 활기(活氣)차다. 또는 사기(士氣)가 드높으며 용기(勇氣) 있는 행동이니, 기고만장(氣高萬丈)이란 말에서 '기(氣)' 는 최고의 컨디션과 자신감을 의미한다.

'기를 쓰고 싸워 이겼다' 고 할 때의 기(氣)가 무엇인가를 짐작할 수 있을 것이다. 하여튼 애나 어른이나 젊은이나 늙은이나 모두 원기(元氣)가 왕성해야 하는데, '기(氣)가 막힌다' 든지, '기(氣)가 끊어진다' 면, 곧 기절(氣絶)한다면 무슨 일을 하겠는가?

그렇다면 기는 기운, 즉 건강과 기분 곧 마음의 컨디션을 상징한다. 명랑하고 즐거운 표정이나 찡그린 표정은 그 사람의 심리상태의 표현이니, 육체적으로는 최고의 건강과 심리적 안정은 참으로 중요하다. 이 세상에 병약한 사람, 또 본인의 뜻과 상관없이 장애를 갖고 태어난 사람은 얼마나 많은가! 사람이 사지가 멀쩡하다면 그 자체가 축복을 받은 것이다. 축복을 받아 태어난 몸이라면 바른 일 좋은 일만 해도 모자랄 텐데 건강한 몸으로 나쁜 짓을 하고 게으름을 피울 수 있겠는가?

그리고 기(氣)는 '끼' 와도 같으니, 이는 스스로 조절해야 되는 것이다. 자신의 기(氣)나 끼를 조절하지 못하면, 곧 실패다. 사나이 가는 길에 장애물이 있다면 넘어야 하고, 위기가 닥치고 암초(暗礁)가 나타난다면 젊은 기(氣)로 극복해야 한다.

사나이라면 기(氣)를 살려야 한다. 자신의 건강을 지킴은 기본이고, 자신감을 가지고 언제나 긍정적 사고로 즐거운 표정을 짓고 살아야 한다. 또한 사나이의 배짱이나 당당함도 모두 기의 표출이다.

세 번째 기는 '재주 기(技)' 이다. 기능(技能), 기술(技術)과 같은 단어나 묘기(妙技), 실기(實技), 특기(特技)와 같은 단어에서 보듯이 기는 '벌어먹고 살 수 있는 도구나 능력' 을 의미한다. 이 기(技)는 스스로 배우고 키워야 하는 것이다.

씨름 선수에게는 씨름의 기술이 있어야 하고, 건축업에 종사한다면 해당 분야의 기술이 있어야 한다. 신문 기자는 글재주가 있어야 하고, 회계사에게는 회계 지식과 성실성이 기술에 속할 것이다. 나는 학력(學歷)이 아닌 학력(學力)도 훌륭한 기술의 일종이라고 생각한다.

이 기(技)는 보통 '실력(實力)' 이라고 표현되기도 한다. 실력은 한번 인정을 받은 뒤 액자에 넣어 걸어두고 보는 것이 아니다. 실력은 계속 갈고 닦아야 한다. 그렇지 않으면 뒤떨어지거나 낙오자가 된다.

굼벵이도 구르는 재주가 있고, 바보에게도 바보 몫의 복이 있는 것처럼 누구나 먹고 살 기술을 스스로 찾아야 한다. 기술은 스스로 닦고 연마할수록 돋보인다. 어느 분야에서든 기본기(基本技)에 충실해야 하며, 잔재주, 곧 잔머리 굴리기는 금방 들통이 난다. 사람이 백 가지 재주에 두루 능통하기보다는 일인일기(一人一技)면 족할 것이다.

넷째, 내가 위에 열거한 3가지 기(基, 氣, 技)와 함께 특별히 강조하는 것은 '쓸 기(記)' 자이다. '써 넣기' 는 기입(記入)이고, 이름을 쓰는 것은 기명(記名)이라고 한다. 기록(記錄), 기술(記述), 기억(記憶), 기재(記載)라는 단어나, 서기(書記), 일기(日記), 수기(手記), 전기(傳記)가 있고, 필기(筆記)와 암기(暗記)도 있다.

우리 인간이 동물과 같은 생활을 한다면, 기(記)가 불가능하거나 애당초 필요하지도 않을 것이다. 그러나 우리는 인간이기에 기록을 통한 지식의 축적과 전달이 이루어져 왔다. 기록은 지식의 원천이다. 인간의 기억력은 한계가 있으니, 기억은 짧고 기록은 길며, 기억의 한계는 기록으로 극복해야 한다.

담당 업무를 처리하면서 언제나 메모장을 지니고 다니며 상사의 지시사항을 적어야 하고, 업무 아이디어를 메모하고 생각한 것과 느낀 것을 그때그때 적어야 한다.

일기 쓰기의 중요성과 효용성을 다시 강조할 필요는 없다. 업무 전체를 파악하기 위해서는 기록이 있어야 하나니, 상세한 업무기록을 갖고 있는 사람은 업무상 실수가 거의 없다.

그리고 가장 중요한 한 가지, 자신에 관한 기록을 남겨야 한다. 자신의 기록을 한 달 뒤에 읽든, 또는 일 년 뒤에 읽든 자신의 기록을 읽고 음미하면서 반성과 수양의 계기를 마련해야 한다.

업무일지야 의무적으로 기록할 수 있지만, 자신에 관한 기록을 남기는 것은 성실하고 부지런한 사람만이 할 수 있다.

기록을 통하여 성실성을 배양할 수 있고, 기록은 곧 창조력의 바탕이 된다는 확실한 사실을 분명히 기억해야 한다. 일기 쓰기, 메모하는 습관 외에 자신과 관계되는 일은 모두 기록한다는 마음다짐이 필요하다.

흔히 자연에서 또는 현대의 경쟁사회에서 많은 사람들이 적자생존(適者生存)을 말한다. 어떤 사람이 급변하는 사회, 치열한 경쟁을 뚫으면서 살아남을 수 있는가? 자신을 뒤돌아볼 수 있을 때 앞날을 예견할 수 있다. 자신의 지난날 기록이 없는 사람의 앞날은 예상하기 어렵다. 적자 생존 – 적응하기 위한 것이 바로 기록이다. 자신에 관한 모든 것을 적을 수 있는 사람만이 살아남을 것이다.

● 일어날 기(起)

이제 중대한 결론을 도출해 내야 한다.

인간의 됨됨이(바탕 基)를 갖추고 건강한 힘, 곧 기운차게(氣) 활동하며, 자신만의 재능과 재주(技)를 갖고 생활하면서, 자신의 업무에 관한 것은 물론 자신에 관한 것까지 상세한 기록(記)을 하고 있다면 어떻게 될까?

결론은 '일어날 기(起)' 이다. 자신이 스스로 일어나고 또 다른 사람을 일으키거나 하여튼 일어나야 한다. 사나이가 아침에 일어나지 않으면 무슨 일을 하겠는가?

아침에 잠자리에서 일어나는 것을 기상(起床)이라고 한다. 앉았다가 일어나 반듯이 서는 것을 기립(起立)이라고 한다. 자신의 직업을 갖거나 자신의 입지를 확보하는 것을 기신(起身)이라고 한다. 아들이 집안을 일으켜 세우는 것을 기가(起家)라고 한다. 사나이가 기신하고 기가했다면, 우리는 그를 '성공한 사람' 이라고 말한다.

모름지기 사나이는 기신하고 기가해야 한다. 기신과 기가는 곧 기업(起業)이며, 이 기업(起業)의 결과로 무엇인가를 이뤄내려고 시도하는 조직이 바로 기업(企業)이다.

처음 시작은 미미한 중소기업을 거쳐 대기업까지 발전하게 된다.

사람을 쓰는 것을 기용(起用)이라고 한다. 채용(採用)보다도 더 좋은 말이 기용이다. 기용이라는 단어에는 쓰는 사람의 신임(信任)의 뜻이 들어 있다. 사나이는 언제든지 역경과 싸워 이겨야 한다. 최악의 상태에서 죽음을 딛고 살아나는 것을 기사회생(起死回生)이라 하지 않는가!

생각해 보라! 발기(勃起), 분기(奮起), 생기(生起), 흥기(興起), 칠전팔기(七顚八起)라고 할 때 '기(起)' 가 얼마나 멋진가를! 사나이는 언제나 '기(起)' 자(字)를 생각해야 한다.

그러나 기(起)는 저절로 이루어지지 않는다. 4개의 기(基, 氣, 技, 記)가 하나가 되어야 '일어날 기(起)' 자가 만들어진다.

● 피해야 할 기

우리의 삶에는 이외에도 기억해야만 할 여러 개의 '기' 가 있고, 또 피해야 할 '기' 도 있다.

기(己)는 자신의 몸을 뜻하는 글자이다. 자기(自己)에만 집착하는 것도 좋지 않다. 사나이는 찬스에 강해야 할지니, 이런 점에서 기회(機會, 機는 기미 기)를 놓쳐서도 안 된다.

사나이는 결코 그릇일 수는 없다. 이때 그릇〔器(그릇 기)〕은 '용도가 제한된' , 곧 호환(互換)이 안 되는 것이다. 그래서 공자님도 '군자는 그릇이어서는 안 된다(君子不器)' 라고 말씀하셨다.

그리고 사나이는 어느 정도 자신만의 개성이 있어야 하는데, 개성은 다른 사람과 구별될만한 '기이할 기(奇)' 이다.

사나이가 하는 일에 자신감이 넘친다 하더라도 때로는 간절하게 기도할 줄도 알아야 하니, '빌 기(祈)' 자가 있지만, 안 되면 적당한 선에서 버릴 줄〔棄(버릴 기)〕도 알아야 한다.

사내가 피할 것은 피해야 하는데, 곧 '꺼릴 기(忌)' 를 몰라서도 안 되며, '바둑 기(碁)' 와 같은 내기 중심의 오락에 집착하는 것도, 때로는 '기생 기(妓)' 에 빠진다면 패가망신의 지름길에 들어선 것이다. 다른 사람에게 속임을 당한다면 창피한 일이고 남을 속이는 것〔欺(속일 기)〕 또한 나쁜 것이다.

●손흥민 선수의 성공

2021－22시즌 잉글랜드 프리미어 리그(England Premier League)에서 거둔 손흥민(孫興慜)의 대기록은(23골) 아시아에 '우리도 할 수 있다' 는 자긍심을 심어주었다. EPL은 유럽 5대 리그 중에서도 최정상이다.

▷ 이번 시즌 손흥민은 말 그대로 기록 제조기였다. 필드골로만 23골을 넣으며, 차범근 전 감독이 1985~1986시즌 독일 분데스리가에서 세웠던 한국 선수 유럽 축구리그 시즌 최다골(17골) 기록을 넘어섰다. 종전 자신이 갖고 있던 아시아인 유럽 1부 리그 최다골(21골) 기록도 경신했다. 손흥민이 고교 1년을 중퇴하고 유럽으로 간 지 14년 만이다. 경기장 안에선 '축구 못하는 동네에서 온 녀석' 이란 편견에 패스도 안 해주던 동료들을 실력으로 돌려세웠고, 경기장 밖에선 문화 차이와 언어 장벽을 극복해낸 피와 땀의 결실이었다.

▷ 손흥민이 득점왕에 이른 과정도 개인주의가 강한 유럽 축구계에 깊은 인상을 남겼다. 경기 때마다 개인 기록보다 팀 성적을 우선시했다. 시즌 막판 숨 막히는 득점 왕 경쟁을 하면서도 팀 승리를 위해 PK 찬스를 흔쾌히 양보했다. 경기 후 인터뷰에선 언제

나 공(功)을 동료들에게 돌렸다. 손흥민이 앞장서 EPL에서 보기 힘든 팀 문화를 만들었고, 23일 최종 경기에서 동료들은 한마음으로 득점을 돕고 나섰다.

▷ 손흥민의 뒤에는 늘 아버지 손웅정 씨가 있었다. 그는 어린 자식에게 7년 동안 기본기(基本技)만 단련시켰고, 양발을 자유자재로 쓰도록 하루에 1,000개의 슈팅을 시켰다. 자신은 '기본 기술이 부족한 삼류 선수였다' 며 "나처럼 축구하면 안 되겠다 싶어 아들에겐 정반대로 가르쳤다."고 말했다.

아들이 2010년 유럽 무대 첫 골을 넣자, 인터넷을 보고 자만할까봐 노트북을 치워버렸다. 최근까지도 그는 "아들은 절대 월드클래스가 아니다."라며 몸을 낮추었다.

▷ 과거 한국 축구 전설은 차범근과 박지성이었다. 누가 최고냐는 논쟁에 차(車) 전 감독은 작년 한 방송에서 "지금 손흥민이 이루고 있는 업적은 우리 둘이 못 따라간다."며 자신을 꼴찌로 꼽았다. 물론 후배들은 선배를 앞세웠다. 실력과 겸손함을 갖춘 월드 스타들의 진면목이다. 인생살이 덕목도 다를 바 없을 것이다.(2022년 5월 24일 동아일보 〈횡설수설〉 칼럼)

2) 아들의 직장 생활

필자의 큰 애가 나이 스물일곱에 직장을 갖게 되었다. 태어나서 지금까지, 그 애가 잘한 것은 제때에 입대하여 군 복무를 무사히 마친 것뿐이었는데, 대학을 졸업하고 본인의 전공분야에서 공채로 취업이 결정되었기에 걱정거리 하나를 덜었다. 3년 뒤에는, 3살 터울의 작은 애도 대학의 전공을 살린 자격을 얻었고, 또 자신의 전공 그대로 직장을 얻었다.

사실, 모든 아버지의 생각에 자식들은 한없이 미욱한 데가 있다. 연수를 제대로 받을지, 수습 과정을 제대로 밟을 수 있을지, 또 실수나 과오로 직장 생활에 실패하지나 않을까? 이 모든 것이 취직한 아들을 둔 모든 아버지들의 새로운 걱정거리가 된다.

내가 처음 교직에 들어섰을 때, 부모님께서도 나를 무척이나 걱정하셨을 것이다. 그렇지만 부모님께서는 걱정스런 말씀을 단 한마디도 하시지 않았다.

다만 내가 술을 마시고 늦게 들어오는 날, 어머님께서는 하루 종일 농사일에 피곤하셨을 텐데 주무시지 않고, 언제나 나를 기다리셨던 일이 생각난다.

지나간 내 인생은 나에게 어떤 의미가 있을까? 내 생의 모든 것이 지금도 바로 어제 일처럼 눈에 선하다. 실수와 좌절의 연속, 그때마다 나를 엄습하는 자괴감(自愧感) – 그래도 내가 갈 길은 오직 하나 – 책상 앞에 다시 앉아 책을 펴면서 다짐을 해야만 했다.

이제, 내 인생을 되돌아보면 아들에게 일러주어야 할 생각들이 많이 있다. 비록 내 자식이지만 나와 다른 성격이며 생각이 같지 않다는 것을 잘 안다.

그래도 내가 생각했던 일이나 생각을 아들에게 말해주고 싶다.

● 승어부(勝於父)

내 아들들은 나보다 더 똑똑해야 하고, 더 잘 살고, 더 많은 것을 이루어야 한다. 곧 아버지를 뛰어넘어야 한다. 이를 '승어부(勝於父)' 라고 한다. 아들은 아버지를 여러 면에서 이길 수 있어야 한다.

직장 생활을 시작하는 아들이 낙오자나 실패자가 되어서는 아니 될 것이다.

아버지의 생각으로는 내 자식이 그 직장에서 인정을 받으면서 제 역할을 다하고, 그리하여 남들하고 비슷하게 승진할 때 승진하고, 이루어야 할 때 이루는 것이 있어야 한다.

또 가능하다면 의사결정이나 결단을 내려야 하는 자리까지 나아갈 수도 있어야 한다. 물론 그렇게까지는 안 되더라도, 적어도 남의 손가락질을 받으면서 인생을 살아가서는 안 될 것이다.

내 아들이 보다 나은 삶을 꾸려나가길 바라는 아버지로서의 내 마음을 정리하여 아들에게 말해주고 싶다. 나아가 직장 생활을 하는 세상의 모든 젊은이들에게 들려주고 싶다.

3) 성공적 직장 생활을 위한 조언(가나다 순 정리)

● 건강(健康)

▽ 게으른 사람이 대개 건강도 나쁘다.

▽ 육체적 건강과 함께 정신적 건강도 매우 중요하다.

▽ 자신의 노력에 의한 건강 유지는 자수성가와 같다.

▽ 타고난 건강은 상속받은 자산이다.

● 결혼(結婚)

▽ 만혼(晩婚)이 언제나 좋은 것만은 아니다. 군필(軍畢)에 직장이 있다면 결혼해야 한다.

▽ 만년에 경제능력을 상실했을 때, 자식이 자립하지 못했다면 매우 난처할 것이다.

▽ 결혼 후 가정이 있어야만 자신의 행동에 책임지는 자세가 확립될 수 있다.

▽ Marry first and love will follow.

▽ A man without a wife is a house without a roof.

● 검약(儉約)

▽ 검소와 절약은, 곧 남에게 베푸는 길이다.

▽ 겸손하지 않으면 검약 없다.

● **겸손**(謙遜)

▽ 자신의 몸을 낮추고 뜻을 낮추며, 예리한 날을 감추는 것.

▽ 속이 비었기에 우쭐대는 것이고, 생각이 깊어서 겸손하다고 생각하라.

▽ 겸손은 낡은 가치관이고 보수적인 이념이 아니고, 전통적 미덕의 하나이다.

▽ 겸손은 무능(無能)을 커버하기 위한 가면이 아니다.

▽ 겸손이 강조되는 것은 과도한 자기자랑에 대한 반작용이다.

● **겸양**(謙讓)

▽ 마라톤 경기 중, 맨 앞에서 달리면 너무 힘이 든다.

▽ 의견 개진에서 2등이나 3등은 겸양이다.

▽ 물러설 줄 모르고 튀는 것은 적을 만들뿐이다.

● **경장**(敬長)

▽ 연장자 공경 – 직속 상사든 타 부서장이든, 상급자에게는 무조건 먼저 인사하고 공경하라.

▽ 회사 내의 연장자에게는 모르는 사원이라도 무조건 먼저 목례하라.

▽ 퇴직한 선임자에게도 일 년에 한두 번은 꼭 안부전화를 드려라.

● **경청**(傾聽)

▽ 말하기보다 듣기가 우선이다.

▽ 상대방의 말을 건성으로 듣지 말라. 경청이 바로 예의이다.

● **곁눈질**

▽ 지나가는 사람에게 눈길을 주지 말라. 버릇된다.

▽ 관심은 당당하게 표시하라.

● **곤궁**(困窮)

▽ 나는 평생 동안 곤궁했다. 참아라, 그리고 절약해라.

▽ 곤궁한 사람을 가엽게 여기고 도와주어라.

▽ 사람이 가난하면 그 뜻도 짧다(人貧志短).

▽ 사행성 놀이나 내기에 집착하지 말라. 더욱 곤궁해진다.

● **관용**(寬容)

▽ 특히 너와 같은 입사 동기나 비슷한 사원이 너를 이해 못할 때, 오해하고 있을 때, 너의 신경을 건드렸을 때 – 무조건 참고 용서하며, 그리고 기다려라.

▽ 금전적 손해를 어느 정도 인내하면서도 감정적 손해는 전혀 참지 못하는 것이 젊은 사람의 폐단이다. 감정적으로 손해를 보더라도 참아야 한다.

▽ 진짜 지켜야 할 것은 내 기분이나 감정상의 불쾌함을 내색하지 않는 것이다.

–A soft answer turns away wrath.(wrath ; 분노)

▽ 인내(忍耐)도 어려운 일이지만 인내보다 더 어려운 것이 관용(寬容)이다.

▽ 물론 업무적 실수나 고의적 사고나 비리를 관용하라는 뜻은 아니다.

▽ 평생 동안 지킬 한마디 말, 그것은 아마 '용서(恕)' 일 것이다.

▽ 남이 원하는 것을 알고 준다면 성공한다.

▽ 내가 하기 싫은 일을 남에게도 요구하지 말라(己所不欲 勿施於人).

● **국량**(局量)

▽ 재주 없다 걱정 말라! 지식이 많으면 재주도 늘어난다.

▽ 국량이 좁아서는 안 된다. 견문(見聞)이 많으면 국량도 늘어난다.

● **근면**(勤勉)

▽ 애써 노력한 만큼 얻는다. –Nothing comes ease.

▽ 나는 여태껏도 또 앞으로도 내 평생 동안 근면을 내 생활신조로 삼을 것이다.

▽ '대부유천(大富由天; 큰 부자는 하늘이 내고) 소부유근(小富由勤; 작은 부자는 근면에서 나온다.)' 이란 말도 있다. 현대 그룹의 창업주인 故 정주영(鄭周永)씨도 '근면이야말로 최고의

보배' 라는 말을 했고, 그는 평생 동안 부지런했다.

▽ 직장에서 '저 사람은 참 부지런하다' 라는 평가를 받는다면, 일단 인정을 받은 것이다.

▽ 그 사람이 게으르냐? 부지런하냐? 하는 평가는 직장 생활에서 금방 나타난다. 걸음 걷기, 문서관리, 주변 정리, 시간 준수 등 소소한 행동들이, 곧 그 사람의 근면 여부를 보여주는 좋은 단면이며, 직장 상사는 이를 금방 파악한다.

● **긍정적 사고(思考)**

▽ 긍정적 사고-"예! 해보겠습니다.", "제가 할 일입니다.", "지금 시작해 보겠습니다."

▽ 부정적 사고-'이는 안 되는 일', '왜 이런 일을 해야 하는지?', '해도 효과가 없을 것'

▽ 스스로 자청한 일은 어렵지 않다.

-A burden of one's own choice is not felt.

▽ 어느 정도 진행을 한 다음에 '필요한 지원' 이나 또는 '일의 처리 방향' 을 다시 묻거나, '조정 또는 변경' 에 대하여 상의해야 한다.

▽ 일을 성공적으로 마쳤다면, 마친 그 자체로 끝을 내야지 어떠한 보상을 요구하거나 인정을 기대하지 말라.

● **기록(記錄)**

▽ 육체적 근로자가 아니라면 네가 한 일을 기록으로 남겨야

한다.

▽ 회사의 기밀 사항이나 동료의 실수 또는 좋은 일이 아니라면 일체 기록하지 마라.

▽ 문체(文體)는 네 자신의 표현이다.

–Style is the dress of thoughts.

▽ 너의 생활을 일기로 남겨라.–PC 활용. 너에 관한 기록은 비밀이어야 한다.

● **나태(懶怠)**

▽ 최선을 다하지 않으면 나태이다. 나태와 무성의는 죄악이다.

▽ 사람이 부지런하면 땅도 게으름을 피우지 않는다.–부지런한 농부에게 나쁜 땅은 없다.

▽ 근면으로 창업하고 검약으로 수성(守成)하다가 나태하면 패가(敗家)한다.

● **노력(努力)**

▽ No sweat, no sweet.

▽ No cross, no crown.(희생 없이 영광 없다.)

▽ No pains, no gains.

● **답습(踏襲)**

▽ 남처럼, 전에 했던 대로 답습하지 말라.

▽ 답습은 머리가 빈 사람들이 즐기는 방법이다.

▽ 답습은 가장 손쉬운 해결 방법이지만 성과가 없다.

● 독립(獨立)

▽ 네가 스스로 일을 만들고, 수행하고, 완결하고 … 독립으로 가는 길이다.

▽ 경제적 자립은 물론, 정신적으로 너 자신의 특성을 갖는 것이 바로 독립이다.

▽ 너 자신만의 독자적 학문 영역을 개척하라. 독립의 중요한 근거이다.

● 동료의식(同僚意識)

▽ 동료는 경쟁자가 아니고 동반자이다.

–No roads is long with good friends.

▽ 동료에게는 무조건 베풀라.

▽ 내 손해가, 곧 동료의 이익이라면 기꺼이 손해를 감수하라.

▽ 동료의 애경사(哀慶事)에 빠지지 말라.

▽ 직장 선배에 대한 예의를 잘 지켜라.

–선배가 끌어주지 않으면 못 올라간다.

▽ 다수나 강자 편에서 부화뇌동(附和雷同)하지 마라.

▽ 약자를 지원하지 못한다면 차라리 침묵하라.

▽ 도(道)가 다르다면, 같이 일하지 말라.(道不同, 不相爲謀.)

● 마무리(뒷정리)

▽ 퇴근할 때는 반드시 책상을 깨끗하게 정리정돈하라.

▽ 부서, 사무실 내 도서나 문서, 기물(器物) 등은 수시로 정리정돈하라.

▽ 문서철이나 업무 관련 자료는 나름대로 체계를 세워 정리하라.

▽ 상사가 요구할만한 자료는 언제든지 제공할 수 있도록 준비해야 한다. 허둥대며 찾으면 이미 낙제한 것이다.

● 반성(反省)

▽ 자신의 성행(性行), 예의, 용모를 늘 점검하고 확인해라.

▽ 신의와 의리를 망각하지 않았는가 늘 자성(自省)하라.

▽ 업무의 실수 여부나 성실한 처리에 부족하지 않았는가 반성하라.

● 배우자(配偶者)

배우자를 선택할 때 다음에 유의하라.

▽ 부모구존(父母俱存) 형제무사(兄弟無事). 그 가문의 건강성과 관련이 있다.

▽ 가문을 중시하라. 가풍은 건전한 직업과도 관계있다.

▽ '어디서, 무엇을 하며, 어떻게 살았는지?' 대답을 못한다면 분명 어두운 그림자가 진한 것이다. 그 이력서에 공백이 있

어서는 안 된다.

▽ 애인과 아내는 다르다.

–A diamond girlfriend turns to glass as wife.

▽ 여자가 자주 아프면 한 가정이 거덜 난다.

▽ 미모보다는 개성을, 부유(富裕)보다는 직업을 생각하라.

▽ 얼굴이 억센 여자는 성격도 억세다.

▽ 학교 성적을 무시하지 말라. 2세 두뇌의 '양호 또는 불량'은 경제적 부담과 직결된다. 네 두뇌가 유전되지 못할 경우를 생각하라.

▽ 신중하게 선택하라. 감성적 선택이 아닌 이성적 선택이어야 할 것이다.

▽ 눈으로 확인하고, 귀로는 평판을 들어라.

–Choose a wife rather by your ear than your eye.

● **보 고(報告)**

▽ 지시 받은 일에 대해서는 반드시 보고하라.

▽ 집에서 출필고(出必告) 반필면(反必面)하듯, 회사에서도 똑같다.

▽ 보고가 늦어 상급자가 너를 불렀다면 벌써 꾸중을 들은 것과 같다.

▽ 보고는 상대방이 무얼 알고자 하는가? 그 요점을 짚는 것이

중요하다.

● **분발**(奮發)

▽ 발분망식(發憤忘食)이란 말이 있다. 일에 대한 관심과 정열이다.

▽ 분발은 죽자 사자 매달릴 수 있는 정렬과 자신감이다.

● **불만**(不滿)

▽ '사무실이 왜 이리 더워!' 등 소소한 일로 불특정 다수나 일반 상황에 대하여 불평하지 마라. 백해무익이다.

▽ '아 짜증 나!' 등 사소한 신경질을 내지 말라. 사람이 가벼워진다.

▽ 마음에 여유가 없고, 너그럽지 못하니 불평이 생긴다.

● **비판**(批判)

▽ 회사의 지침이나 방향, 상사의 지시에 대해서 부정적 비판을 하지 말라. 그런 것을 논의할 만한 '그런 자리'에 앉아 있을 때에야 비로소 자신의 의견을 말할 수 있다.

▽ 타인의 일이나 행동에 대하여 아무리 건전한 비판이나 대안 제시도 해당 본인은 '비난으로 인식' 한다. 그리고 언젠가는 그 사람한테 당한다.

▽ 열 번 잘한 비판, 또는 꼭 필요한 비판이라도 단 한 번의 침묵이나 수용만 못하다.

▽ 다른 사람에게 들은 말을 절대로, 또 다른 사람에게 전하지 말라. 남의 험담을 말했을 경우에 그 뒤 얼마만한 어려움이 생길는지? 또 네가 그것을 어떻게 감당할지 생각해 보라.

● **비효율**(非效率)

▽ "비효율이 비도덕이다." – 故 삼성 이건희 회장의 말이다. 분명 명심하고 매일, 무슨 일이든 시작하기 전에 생각해 보아라.

● **상담**(相談)

▽ 중요한 일, 어려운 일이라면 우선 여러 사람에게 의견을 물어보라.

▽ 너하고 생각이 다른 사람의 의견을 먼저 물어 보아라.

▽ 선배의 말에 귀를 기울여라.

● **성공**(成功)

▽ 많은 지식이나 적극적 행동이면 잠시 성공한다.

▽ 바른 인격을 가진 소수의 사람들은 언제나 성공한다.

▽ 성공의 대부분은 다른 사람의 덕분이다.

▽ Making a life, making a living!

▽ Winner takes it all. ; 승자독식(勝者獨食)

● **성의**(誠意)

▽ 진실하고 부지런한 마음이, 곧 성의이며 성심이다.

▽ 성의가 곧 열성이고, 열성을 가져야 일이 즐겁고 성과와 성취가 있다.

▽ 일에 대한 열성은, 곧 자신감의 표현이다.

▽ 약속 이행은, 곧 성의의 표시이다.

● **세대**(世代) **차이**

▽ 옛 세대의 좋은 것을 배우는 양만큼 개선할 점이 보인다.

▽ 기성세대를 부정하면 자신도 철저하게 부정 당한다.

▽ 칼자루와 지휘봉은 나이 많은 상사(上司)가 쥐고 있다. 그 칼을 지금 뺏어야 하는 것이 아니고, 칼 사용법을 그에게서 배워, 그로부터 물려받아야 한다.

● **소수**(少數)

▽ 다수가 아닌 소수라서 옳지 않은 것은 아니다.

▽ 소수에 속한다고 열등의식을 가질 필요는 없다.

▽ 소수가 변방(邊方)이긴 하지만 언젠가는 주류가 될 수 있다.

▽ 소수는 때로 독자성과 자유의지를 가지고 있다. 소수의 의견을 존중해야 한다.

▽ 소수가 진리라는 믿음이 있다면 소수를 따라가라. 다수를 따라가면 마음은 편하다.

● **소유**(所有)

▽ 네 것은 있어야 한다. 그러나 집착하지 말라.

▽ 물적 소유에 대한 집착이 바로 욕심이다.

▽ 소유를 '일시적 보관' 이라고 생각하라. 그래야만 잃었을 때 아깝지 않다.

▽ 재물에 대해서는 소유보다 공유(共有) 쪽을 늘 생각하라.

● **수분**(守分)

▽ 자기 직분을 지킴. 네 자신을 알라.

▽ 타고난 역량은 분명히 다르다. 운명 같은 것이다.

▽ 지족상락(知足常樂).

● **수용**(收容)

▽ 누구의 어떤 말도 수용하라. 단, 금방 반응하지 말라. 수용하되 신중히 하라는 뜻이다.

▽ 다른 사람을 수용하고 용서하되, 내가 그렇게 되어서는 안 될 것이다.

● **승진**(昇進)

▽ 승진에 엘리베이터나 에스컬레이터는 없다. 오직 계단을 혼자 올라가야 한다.

–Be a person who steps up.

▽ 사다리는 두 계단씩 오르는 것이 아니다.

▽ 나이를 먹고 경력이 차면 남들과 같이 승진해야 한다.

▽ 승진하지 못한 것은 남의 탓이고, 남이 나를 몰라주기 때문이라고 말하지 말라.

▽ 승진하기 위한 특별한 노력이나 또는 늘 승진을 염두에 둔 행동을 하지 말라. 조급하게 생각한 나머지 아부하지 말라는 뜻이다.

▽ 자기 책임을 다하고 직장 생활에 성실하면 저절로 승진이 된다는 믿음을 가져라.

● 신분(身分)

▽ 신분은 사회적 지위를 법적으로 인정해주는 것이다. 우리 사회에 신분은 없지만, 사회 계층은 분명히 존재한다.

▽ 신분은 사라진 과거이지만, 계층(階層)은 존재하는 현실이다.

▽ 신분제도가 없으니 신분 상승은 없다. 어느 계층에 속하느냐는 내 노력의 결과이다.

● 실패(失敗)

▽ 실패를 두려워하지 말라. 새로운 시도가 없으면 언제, 무엇을 거둘 수 있겠는가?

▽ 실패와 실수는 다르다. 서둘거나 살피지 않아서, 또 부주의는 실수이다.

▽ 실수 두 번은 한 번의 실패이다.

▽ 실패에는 책임을 지고, 실수에는 보상을 해야 한다.

▽ A danger foreseen is half avoided.

▽ Nothing venture nothing have.

● 업무(業務)

▽ 남을 따라오게 하는 가장 좋은 방법은 자신의 일에 자신감을 가지고 꾸준히 계속하는 것이다.

▽ 일의 양이 많다고 불평하지 말라. 또 업무 분배가 균형을 잃었다고 불평하지 말라. 일은 자로 재거나 저울로 달아서 균등 분배할 수 있는 것이 아니다.

▽ 일은 물과 같다. 물이 아래로 흐르듯, 일은 일할 줄 아는 사람 또 할 수 있는 사람에게 흘러간다.

▽ 상사가 일을 많이 준다는 것은 능력을 알고 있으며 신뢰한다는 뜻이다.

▽ 상사와 부하 직원의 신뢰와 발탁은 업무를 통해서만 가능하다. 상사로부터 업무적으로 인정을 받아야 클 수 있다.

▽ A tree is known by its fruits.

● 연구, 연수(硏修)

▽ 업무분야에 관련된 폭 넓은 지식과 전문 지식을 갖추어야 한다.

▽ 언제나 책을 읽어라. 그렇다고 잡동사니 지식을 자랑하지 말라.

▽ 네가 필요한 분야의 전문 지식을 얻기 위한 길을 찾아야 한다.

▽ 뜻이 있으면 길이 보인다. 간절히 바라면 틀림없이 기회가 찾아온다.

▽ 회사에서 주어지는 각종 연수가 있으면 우선 지원하라. 그리고 연수에 힘써라.

● 예의(禮儀)

▽ 예의는 가정에서 교육받은 그대로 나타난다.

▽ 베풀고, 양보하는 마음이, 곧 예절의 바탕이다.

▽ '버릇이 없다' 또는 '건방진 사람' 이라는 평가가 바로 낙인(烙印)이다.

▽ 직장 선배에 대한 예의를 잘 지켜야 한다.

● 용의 복장(容儀 服裝)

▽ 될 수 있으면 옷을 멋지고 깨끗하고 점잖게 입어라.

–Fine feathers make fine birds.

▽ 잘생긴 외모도 자산이다. 그런 자산이 없다면 단정한 용의 복장과 의젓한 매너로 보충하라.

▽ 생김새(외모)와 차림새로 사람을 평가하지는 마라! 허우대 값을 못하는 사람도 많이 있다.

● **원칙(原則)**

▽ '저 사람은 융통성이 있다' 곧 일을 상황에 따라 잘 처리한다는 칭찬의 뜻이라 할 수도 있다.

▽ '저 사람은 원칙에 충실하다' 곧 일을 처리하는 것이 너무 답답하다는 뜻일 수도 있다.

∴ 그러나 두 평가 중 하나만 선택할 수밖에 없다면 원칙론자가 되어야 한다.

▽ '원칙 고수' 와 '고집불통' 은 다르다.

▽ 원칙은 일을 가장 잘 처리할 수 있는 바른 길이란 뜻이다.

▽ 원칙은 곧 책임감을 갖고 있다는 뜻이고, 원칙을 강조하는 사람은 '자신의 이름을 중히 여기는 사람' 이다.

▽ '원칙은 좋은 것이지만 꼭 그걸 지킬 필요는 없다' 고 생각하지 말라.

–그렇다면 벌써 출발부터 원칙이 무너진 것이다.

● **융통성(融通性)**

▽ 융통성은 운전 중에 장애물 때문에 잠깐 중앙선을 넘어 운전하는 것이다.

–중앙선을 넘어 계속 달리면 틀림없이 사고가 난다.

▽ 능력 부족, 자질이나 함량 미달 또는 담당하는 일에 자신감이 없는 사람은 원칙보다 융통성으로 해결하려고 한다.–그러나 그 부족한 부분은 곧 들통이 난다.

● 음주(飮酒)

▽ 술은 좋은 음식이다. 그렇지만 나는 술 때문에 너무 많은 실수를 했기에 술 좋아하는 것을 부끄럽게 생각한다.

▽ '술을 좋아하는 사람 치고 악인은 없다' 는 것이 나의 평소 지론이다. 그러나 술을 잘 먹는 사람이 다 유능한 것은 절대 아니다.

▽ 술 먹을 때, 큰소리(豪言壯談) 말라.

–Big talker means little knowledge.

▽ 상사와 술 먹을 때는 절대로 취하도록 마시지 말라. –상사는 주석(酒席)에서 언제나 너그럽고 네 편이고 너를 이해해 주지만, 술자리가 아닌 곳에서는 그 반대일 수도 있다.

▽ 술자리일수록 내 비밀, 내 개인적인 것, 내 속마음을 열지 않도록 조심하라. –술이 깬 다음 반드시 후회한다.

▽ 기분 나쁜 일 때문에, 또는 일이 실패한 날에는 술을 마시지 말라.

▽ 술을 얻어먹었으면 꼭 갚아야 한다.

▽ 술자리에서는 어떠한 약속도 하지 말라. –특히 업무상 일이나 금전 거래에 관한 일, 타인과 미래에 관한 업무를 논하지 말라.

▽ 술자리에서는 가벼운 화제가 오히려 좋을 때가 있다.

▽ 소위 '주도(酒道)' 에 정답은 없다. 사람의 됨됨이가 최고의 주도이다.

▽ 전날의 과음(過飮)을 늘 반성하라.

▽ 술잔을 강권하지 말라.

▽ When the wine is in, wisdom is out.

▽ A man apt to promise is apt to forget.

● **인내**(忍耐)

▽ 참아라! 무조건 참은 뒤, 그 상황이 아닌 다른 곳에서 다시 논의하거나 행동하라.

▽ 큰 인내심이 있어야 큰일을 해낼 수 있다.

▽ 인내의 표정을 얼굴에 짓지 말라. 표정에 나타나면 인내가 아닌 흉내이다.

● **인사**(人事)

▽ 인사해서 뺨 맞는 사람 없다.

▽ 인사는 직장 생활의 기본이다. '인사성이 밝다' 고 평가받아야만 그 직장에서 성공한다.

▽ 인사는 친절함의 표현이다. 또 돈도 들어가지 않는다.

–Kind words are worth much and they cost little.

▽ 낮은 직급(수위, 급사 등)의 사람에게도 꼭 먼저 인사하라.

▽ 출근할 때, 길에서, 현관에서, 복도에서 누구에게나 먼저 인사하라. 회사의 모르는 직원이라도 먼저 목례해야 한다.

● **인생**(人生)

▽ 인생은 애당초 불공평하다. 투덜대지 말라!

▽ 참고 참으며 사는 것이 노여움으로 사는 인생보다 백 배 낫다.

▽ 인생은 무거운 짐을 지고 먼 길을 가는 것이니 서두르지 마라!

▽ 풀잎에 맺힌 이슬이 인생이라고 한다. 그렇지만 이슬도 무거우면 굴러 떨어진다.

▽ 제대로 살려고 계속하는 연습이, 곧 인생이다. 인생은 무엇인가를 해내는 과정 그 자체이다.

● **자만**(自慢)

▽ 일을 확실하게 처리하는 사람은 자만하지 않는다.

▽ 일을 잘했다고 자랑하지 말라. 결점 없는 완벽한 성공은 없다.

▽ '선무당이 사람 잡는다' 는 말을 잊지 말라.

▽ 사소한 것을(detail) 간과(看過)하지 말라.

▽ Pride goes before a fall.

● **자립심**(自立心)

▽ 타인의 성공 사례를 경청하라.

▽ 자신의 직업에 대한 자긍심이 있어야 한다.

▽ 그 직업에서 가장 성실히 일해야 자립할 수 있다.

▽ 비전을 가져라. 비전이 없으면 자립도 없다.

● 자신감(自信感)

▽ 일－특히 새로운 일을 두려워하지 말라. 그렇다고 덤벙대지 말라.

▽ 진짜 자신 있는 사람은 언제나 조용하다.

▽ 자신감의 그 바탕은 성실성(誠實性)이다.

● 전문지식(專門知識)

▽ 일을 잘하는 사람은 연장을 먼저 챙긴다.(工欲善其事, 必先利其器.)

▽ 네 영역에 전문지식이 있어야만 너의 말과 행동에 무게가 실린다.

▽ 무식해서 범하는 실수를 줄이려면 공부해야 한다. 무식한 사람이 일을 맡는 것이 가장 나쁘다.

▽ 전문지식을 가장 쉽게 습득할 수 있는 곳은 책이다. 그리고 가장 친절하고 유능하며, 때로는 거만한 사부(師傅)가 바로 선배와 상사이다.

▽ 전문분야의 어설픈 지식은 오히려 화근이다.

－A little knowledge is a dangerous thing.

● **절제(節制)**

▽ 절제는 중용(中庸)의 길을 걸을 수 있다는 의지의 표현이다.

▽ 감정의 절제는 정신적으로 성숙했다는 증거이다.

▽ 감정의 절제는 감성(感性)과 이성(理性)의 조화이다.

● **정성(精誠)**

▽ 내 마음은 언제나 그대로 나의 말과 행동으로 나타난다.

▽ 정성이란 자신을 속이지 않으며, 진실한 마음 그대로의 표현이다.

▽ 모든 일에 공경과 관용의 마음을 가져야 한다.

▽ 조심하면 공손하고, 삼가면 실수가 적다.

● **정직(正直)**

▽ 정직은 가장 마음 편한 길.

▽ 네가 내세워야 할 가장 값진 내면의 바탕.

▽ 고집을 부리듯 정직을 고집하라!

▽ 정직은 최고의 선(善)

–Honest is the best policy.

▽ A clear conscience is a good pillow.(pillow; 베개)

▽ 이것을 쌓아 올리기에는 많은 유혹과 시련이 뒤따른다.

▽ 작은, 때로는 필요한, 악의가 없는 거짓말이라도 하지 말라.

–배우지 않았어도 누구나 최고의 거짓말을 할 수 있다.

● 주인 정신(主人 精神)

▽ 주인 한 사람의 눈은 머슴 열 명의 눈보다 밝다.

▽ 주인과 머슴은 사명감과 책임감에서 큰 차이가 있다.

▽ 주인 정신으로 일을 하면 즐겁고 또 발전이 있다.

● 진리(眞理)

▽ 진리는 변방(邊方)에서 새롭게 창조된다. 핵심이 아닌 변방이 변화의 가능성이 크다.

▽ 주류(main stream)에서는 새로운 것이 싹트고 자라기가 어렵다. 어울리면서도 네 영역을 개척해야 한다.

● 차용(借用)

▽ 물건을 빌리고자 할 때 상대방이 기꺼이 응하지 않는다면 굳이 청하지 말라.

▽ 대차(貸借) 관계에서 '갚을 때 마음이 빌릴 때 마음'과 완급(緩急)이 달라서는 안 된다.

● 창의성(創意性)

▽ 먼저 계획을 세우라. 할 일이 간절해야 생각이 떠오른다.

▽ 창의력이 순간적이고, 번개처럼 스치는 영감(靈感)에 의한 것처럼 보이지만, 게으른 사람에게는 창의력이 있을 수 없다.

▽ 창의성은 평소 그 사람의 열성과 노력의 산물이다.

▽ 현대그룹의 창업주 故 정주영씨가 서산 간척지 공사에 폐

유조선을 활용하여 방조제를 막은 것은 세계가 다 인정하는 신공법(新工法)이었다. 그것은 그의 열성과 집념이 있었기에 그런 아이디어가 나온 것이다. 거기에 그의 창의성이 있어서 그가 재벌로 일단 성공할 수 있었다.

● 책선(責善)

▽ 좋은 일 하자고, 더 좋아지라고, 더 열심히 하라고! 좋은 말이지만 가장 하기 어려운 말이다.

▽ 친구의 잘못을 직접화법으로 말하지 말라. 받아들여줄 때 책선(責善)이 되지만, 잦으면 친구가 순간에 적으로 변한다.

▽ 동료 누구라도 자신의 과오는 자신이 안다. 네가 먼저 말하지 말라.

● 책임(責任)

▽ 내 몸, 내 가족, 내 직장의 모든 일이 나에게 맡겨졌다고 생각하라.

▽ 내가 남의 짐을 지고 가다가 쓰러질지라도 내 짐을 남에게 넘기지 말라.

▽ 내 책임도 완수 못하면서 남을 걱정하지 말라.

▽ 책임질 줄 모르는 사람은 리더가 될 수 없다.

● 충성(忠誠)

▽ 충(忠)은 그 마음에 거짓이 없다는 뜻이다.

▽ 의무감이나 책임감이 없는 사람은 충성심도 없다.

▽ 상사의 명예를 지켜주는 것이 하급자의 임무이고, 그것이 바로 충성심이다.

▽ 그가 나의 상사(上司)이기에 정도(正道)를 지켜 내가 할 일을 다 하는 것, 그리고 예의를 지키는 것이 바로 충성이다.

▽ 직장과 상사에 대한 충성은 아부가 아니다.

● **침묵**(沈默)

▽ 꼭 필요할 때, 가장 작은 소리로 조금만 말하라. 특히 신참(新參)이니까!

▽ 어떠한 경우라도, 모두의 의견을 묻는 자리에서도 제일 먼저 의견을 말하지 말라. 제일 먼저 제시된 의견이 채택될 가능성은 언제나 적다.

▽ 그에 대한 비난에 그가 침묵하고 있는 것은 반격을 위한 준비이다.

▽ A word and a stone let go, can't be recalled.

● **평정**(平靜)

▽ 존심신독(存心愼獨) – 본마음을 보존하며, 혼자일 때 더욱 근신하라.

▽ 허심평지(虛心平志) – 마음을 비우고, 뜻은 평안하게!

▽ 독좌관심(獨坐觀心) – 홀로 앉아 자신의 마음을 보라!

▽ 무심일체(無心一切) – 특별한 마음이 없는 것이, 곧 모든 것

이다.

● **포용**(包容)

▽ 다른 사람의 설령 무리한 요구라도 단칼에 거절하지 말라.

▽ 매사에 관용을 베풀고, 곤란한 경우에는 즉답하지 말라.

▽ 남의 우직함, 어리석음, 협애, 고집 등을 네 입으로 말하지 말라.

● **품위**(品位)

▽ 품위는 내가 여러 날에 걸쳐 쌓아올린 돌탑이다.

▽ 찢어진 청바지는 입지 말라. 천박한 문화나 유행에 대해 분명하게 거부하라.

● **학벌**(學閥)

▽ 그의 실력 때문에 학벌이 돋보이는 것이지, 학벌 때문에 그가 눈에 띄는 것은 아니다.

▽ 학벌은 겉포장일 뿐, 내실(內實)과는 무관하다.

▽ 학벌은 무능력자에게만 가장 중요한 화두(話頭)이다

▽ 학벌은 무능력자가 기대하는 최초의 지원부대이며, 평상시의 가면이고, 최후에 매달리는 썩은 동아줄이다.

● **허물**

▽ 남의 허물을 입에 올리지 말라.

▽ 네 허물은 다른 사람이 말을 안 할 뿐, 없는 것이 아니다.

▽ 남의 허물을 즐겨 말하면 화기(和氣)를 해칠 뿐, 네 이득은 없다.

● 화제(話題)

▽ 회사의 지시나 방침에 관하여 언급이나 비판하지 말라.

▽ 여러 사람이 모인 곳에서 새로운 화제를 꺼내지 말라. 남의 말을 듣는 것으로 충분하다.

▽ 남에 대한 비판이나 험담에 동조하지 말라. 네 생각과 같더라도 찬동(贊同)하지 말라.

▽ 남의 과실을 화제로 삼지 말라.

▽ 여럿이 모인 좌석에서 옆 사람과 귓속말을 하지 말라.

● 흡연(吸煙)

▽ 아무리 사석(私席)이라도, 술자리라 하여도, 상사가 피우라고 하여도 선배나 상사 앞에서는 절대로 흡연하지 말라.

▽ 회식자리라도 어른 앞에서 흡연은 건방진 행위이다.

▽ 담배를 얻어 피우지 말라. 없으면 안 피운다 생각하라.

▽ 걸으면서 흡연하지 말라. – 폐 건강에 아주 해롭고 남에게 폐해를 끼친다.

▽ 될 수 있으면 빨리 담배를 끊어라. – 백해무익(百害無益)이다.

● **희망(希望)**

▽ 희망이 보여서 노력하는 것이 아니라 노력해야만 희망이 보인다.

▽ 희망과 욕망은 다르다. 희망을 품었다면 욕망은 버려라.

▽ 하나를 쥐면 열을 갖고 싶으며(得一望十), 열을 얻으면 백을 바라본다(得十望百).

부록

1. 절에 관한 예절

1) 공수법(拱手法)

우리가 어른을 모시거나 의식행사에 참석하면 공손한 자세를 취해야 하는데, 그 방법은 두 손을 앞으로 모아 잡고 다소곳하게 서든지 앉는데, 두 손을 모아 잡는 것을 공수(拱手)라 한다. 공수법의 대략은 다음과 같다.

○남자의 평상 시 공수는 왼손이 위로 가게 두 손을 포개 잡고, 흉사 시에는 오른손이 위로 가게 포개 잡아야 한다. 여기서 흉사(凶事)란 상주가 되었을 때나 영결식에 참석하거나, 문상할 때를 말한다. 단, 제사를 지낼 때는 흉사의 공수가 아니다.

○여자의 평상 시 공수는 오른손이 위로 가게 두 손을 포개 잡고, 흉사 시 공수는 왼손이 위로 가게 포개 잡아야 한다.

공수하는 방법에서 남좌(男左; 동쪽) 여우(女右; 서쪽)는 남존여비 사상이 아니라 음양의 이치를 자세에서도 표현하는 것이다.

2) 절의 종류

내가 절을 할 때 나에게 답배(答拜)를 하지 않아도 되는 높은 어른(직계존속, 배우자의 직계존속, 8촌 이내의 나이 많은 존속)에게 올리는 절을 큰절이라 하는데, 남자의 큰절은 계수배(稽首拜), 여자는 숙배(肅拜)라고 한다.

그리고 내가 절을 하면 답배 또는 평절로 맞절을 해야 하는 웃어른(선생님, 연장자, 상급자, 배우자, 형님, 누님)에게 하는 절이 평절인데, 남자는 돈수배(頓首拜), 여자는 평배(平拜)라고 한다.

이에 대하여 아랫사람(제자, 친구의 자녀나 자녀의 친구, 남녀 동생)의 절에 대해 답배할 때 하는 절이 반절인데, 남자는 공수배(控首拜), 여자는 반배(半拜)라고 한다.

3) 절하는 횟수

절은 많이 할수록 공경을 많이 나타내는 것으로 생각할 수 있다. 그러나 남자는 양(陽)이기 때문에 최소 양수인 한 번, 여자는 음(陰)이기 때문에 최소 음수인 두 번이 기본 회수이나, 오늘날에는 똑같이 한 번만 한다.

그러나 의식행사나 죽은 사람에게는 기본 회수의 배인 남자는 두 번, 여자는 네 번을 한다. 그러나 절의 종류와 회수는 절을 받을 어른이 시키는 대로 변경하거나 줄일 수 있다.

절을 할 수 없는 장소에서 절할 대상을 만났을 때는 절을 하지 않고 경례로 대신한다. 경례를 했더라도 절을 할 수 있는 장소로 옮겼으면 절을 한다.

4) 남자의 절

● 큰절(계수배, 稽首拜)

- ㅇ공수하고 절할 분을 향해 바로 섰다가 허리를 굽혀 공수한 손을 발가락으로부터 한 뼘 정도 앞의 바닥에 짚는다.(이때 손을 벌리지 않는다.)
- ㅇ왼쪽 무릎을 먼저 꿇은 다음, 오른쪽 무릎을 왼쪽 무릎과 가지런히 꿇는다.
- ㅇ발의 모양은 왼발이 앞(아래)이 되게 발등을 포개며, 뒤꿈치를 벌리고 엉덩이를 내려 깊이 앉는다.
- ㅇ팔꿈치를 바닥에 붙이며 이마를 공수한 손등에 댄다.(팔꿈치는 너무 넓게 벌리지 말고, 엉덩이가 들리면 안 된다. 또 허리를 적당히 구부리며 머리를 숙여 단정하고 공손한 자세가 되도록 한다.)
- ㅇ잠시 머물러 있다가 머리를 들며 팔꿈치를 바닥에서 뗀다.(하나, 둘, 셋을 셀 정도 또는 마음속으로 안녕하세요? 하는 말을 할 정도의 순간, 너무 빨리 머리를 들지 않도록 한

다.)

○오른쪽 무릎을 먼저 세운 다음, 공수한 손을 바닥에서 떼어 세운 오른쪽 무릎 위에 얹는다.

○오른쪽 무릎에 힘을 주며 일어나서 왼쪽 발을 오른쪽 발과 가지런히 모아 공수하고 단정히 선다.

● 평절(돈수배, 頓首拜)

평절은 큰절과 같은 동작으로 한다. 다만 큰절의 이마가 손등에 닿으면 머물러 있지 말고 즉시 팔꿈치를 들고 일어나는 것이 다르다.

● 남자의 반절-공수배(控首拜)

○큰절과 같은 동작으로 한다. 다만 큰절의 뒤꿈치를 벌리며 깊이 앉는 것과 발꿈치를 바닥에 붙이며, 이마를 손등에 대는 것과 잠시 머물러 있다가 머리를 들며, 팔꿈치를 바닥에서 떼는 부분은 생략한다.

○공수한 손을 바닥에 대고 무릎 꿇은 자세에서, 엉덩이에서 머리까지 수평이 되게 엎드렸다가 일어나는 절이다. 평절을 약식으로 하는 절이라 이해하면 된다.

● 맞절의 요령

정중하게 맞절을 할 때는 아랫사람이 하석에서 먼저 시작해 늦게 일어나고, 웃어른의 상석에서 늦게 시작해 먼저 일어난다.

웃어른이 아랫사람의 절에 답배할 때는 아랫사람이 절을 시작해 무릎을 꿇는 것을 본 다음에 시작해 아랫사람이 일어나기 전에 끝낸다. 비록 제자나 친구의 자녀, 또는 자녀의 친구 및 10년 이하의 연하자일지라도 아랫사람이 성년이면 반드시 답배를 해야 한다.

5) 여자의 절

● 큰절(숙배, 肅拜)

○ 공수한 손을 어깨높이로 수평이 되게 올린다.
(한복을 입었을 때, 너무 올리면 겨드랑이가 보이므로 수평을 유지)

○ 고개를 숙여 이마를 공수한 손에 댄다.(엄지 안쪽으로 바닥을 볼 수 있으면 좋다.)

○ 왼쪽 무릎을 먼저 꿇는다.(허리를 세우고 왼발을 뒤로 빼며 왼쪽 무릎을 꿇는다.)

○ 오른쪽 무릎을 왼쪽 무릎과 가지런히 꿇는다.(이때까지 허리를 세운다.)

○ 오른발이 앞(아래쪽)이 되게 발등을 포개며 뒤꿈치를 벌리고 엉덩이를 내려 깊이 앉는다.

○ 윗몸을 반(45도)쯤 앞으로 숙이며 절한다.(이때 손등이 이마에서 떨어지면 안 된다.)

○ 잠시 머물러 있다가 윗몸을 일으킨다.(허리를 완전히 편다.)

○ 오른쪽 무릎을 먼저 세우고 일어나면서 왼쪽 발을 오른쪽 발과 가지런히 모은다.

○ 수평으로 올렸던 공수한 손을 원위치로 내리며 고개를 반듯하게 세운다.

● 평절(평배, 平拜)

○ 공수한 손을 풀어 양옆으로 자연스럽게 내린다.

○ 왼발을 뒤로 빼면서 왼 무릎을 꿇고, 오른쪽 무릎도 왼쪽 무릎과 가지런히 꿇는다.

○ 오른발이 앞(아래쪽)이 되게 발등을 포개며 뒤꿈치를 벌리고 엉덩이를 내려 깊이 앉는다.

○ 손가락을 가지런히 붙여 모아서 손끝이 밖(양옆)을 향하게 무릎과 가지런히 바닥에 댄다.

○ 윗몸을 반(45도)쯤 앞으로 굽히며, 두 손바닥을 바닥에 대며 절한다.(이때 엉덩이가 들리지 않아야 하며, 어깨가 치솟아 목이 묻히지 않도록 팔꿈치를 약간 굽혀도 괜찮다.)

○ 잠시 머물러 있다가 윗몸을 일으키며 두 손바닥을 바닥에서 뗀다.

○ 오른쪽 무릎을 먼저 세우며 손끝을 바닥에서 뗀다. 일어나

면서 왼쪽 발을 오른쪽 발과 가지런히 모은 뒤, 공수하고 원 자세를 취한다.

● 반절(반배, 半拜)

○ 여자의 반절은 평절을 약식으로 하면 된다.

2. 예절의 방위와 자리

1) 방위

일상생활이나 의식행사에 방향을 말할 일이 많이 있는데, 예절에서 방향을 말하려면 전후좌우라 하지 않고 동서남북이라 한다. 여러 사람이 각기 향한 곳이 다르면서 전후좌우라 말하면, 누구의 전후좌우인지 분간할 수 없을 것이므로 그 혼란을 막기 위해서이다.

예절에서 말하는 동서남북은 자연의 동서남북과 관계없이 예절을 하는 장소에서 제일 윗자리(상석)가 북쪽이고, 상석의 앞이 남쪽이며, 왼편이 동쪽이고, 오른 편이 서쪽이 된다. 그 이유는 상석에 웃어른이 앉아야 하는데, 언제든지 웃어른은 남향해 앉아야 하기 때문이다.

따라서,

○제사에서는 신위를 모신 곳이 북쪽이고,

○혼인예식에서는 주례가 있는 곳이 북쪽이고,

○사무실에서는 제일 상급자가 있는 곳이 북쪽이고,

○행사장에서는 단상이 북쪽이 되고,

○묘지에서는 그 묘지가 어디를 향했던지 북쪽에서 남향한 것으로 본다.

2) 상 · 하석의 기준

우리가 일상생활을 할 때나 예절 행사를 할 때는 위계에 맞게 상 · 하석을 찾아서 위치하고 좌석을 정해야 한다.

○동쪽과 서쪽에서는 산 사람은 동쪽이 상석이고, 죽은 사람은 서쪽이 상석이다.

○좌석을 동과 서로 배치할 때는 동쪽이 상석이고, 서쪽이 하석이 된다.

○북쪽과 남쪽에서는 생사 모두 북쪽이 상석이다.

○중앙과 양단에서는 중앙이 상석이다.

○높은 곳과 낮은 곳에서는 높은 곳이 상석이다.

○편리한 곳과 불편한 곳에서는 편리한 곳이 상석이다.

○안전한 곳과 위험한 곳에서는 안전한 곳이 상석이다.

○상석에 가까운 곳과 먼 곳에서는 상석에 가까운 곳이 상석이다.

○앞쪽과 뒤쪽은 앞쪽이 상석이다.

○안쪽과 바깥쪽은 안쪽이 상석이다.

○남자와 여자는 남자가 상석이다.

남녀가 좌석에 위치할 때 남자가 상인 것은 남존여비(男尊女卑) 사상이라고 오해하는 경우가 있는데, 이 경우는 남자와 여자로서가 아니라 양과 음으로 해석해야 한다. 남자는 양이고, 여자는 음이며, 양인 하늘이 위에 있고, 음인 땅이 아래에 있기 때문에 양이 상이고 음이 하라는 의미이다. 따라서 남자인 아버지가 동쪽에 앉으시고, 여자인 어머니는 서쪽에 앉는다.

전통혼례에서 신랑과 신부가 서는 위치도 남자인 신랑이 동쪽이고, 여자인 신부가 서쪽이며, 제례를 올릴 때 자손들이 북쪽의 신위를 향해 설 때도 남자 자손이 신위의 좌측인 동쪽에 서고, 여자 자손이 신위의 우측인 서쪽에 선다.

○주인의 자리는 동쪽이고, 손님의 자리는 서쪽이다.
○산 사람과 죽은 사람은 다르다.

위에 설명한 여러 기준은 생사에 관계없이 적용되지만, 동쪽과 서쪽의 경우는 생자와 사자가 정반대가 되어 죽은 사람이나 무생물은 서쪽을 상으로 한다. 그 이유는 산 것은 살았다는 사실이 양이므로 양의 방위인 동쪽을 상으로 하지만, 죽은 것은 곧 음이므로 음의 방위인 서쪽을 상으로 하는 것이다.

또한 산 사람은 밝은 세상에 있으니까 해가 뜨는 동쪽을 상으로 하지만, 죽은 사람은 어두운 세상으로 갔으니까 해가 지는 서쪽을 상으로 한다. 때문에 제례에 신위를 모실 때와 묘지에 시체를 매장할 때에는 서쪽을 상으로 해 웃어른의 신위나 시체를 서쪽에 모신다.

3. 호칭과 지칭

호칭(呼稱)이란 어떤 사람을 직접 부르는 말이고, 지칭이란 어떤 사람을 다른 사람에게 말할 때 가리키는 말인데, 합해서 말할 때는 칭호(稱號)라 한다.

우리나라는 다른 나라와 달라 같은 대상이라도 경우에 따라 여러 가지로 부르거나 말하게 된다. 또 순수한 우리말 칭호와 한자말이 섞여서 쓰이고 있다. 그리고 호칭이나 지칭을 잘못 쓰면 무례한 사람이 된다.

1) 자신에 대한 칭호

○저 · 제－웃어른이나 여러 사람에게 말할 때.

○나－같은 또래나 아랫사람에게 말할 때.(근친 어른에게 쓰기도 한다.)

○우리 · 저희－자기 쪽을 남에게 말할 때.

○상대가 부르는 칭호–자기를 아랫사람에게 말할 때는 상대가 나를 부르는 호칭으로 말한다.(예; 손자에게는 할애비 · 할미 / 자녀에게는 애비 · 애미 / 제자에게 선생님)

2) 부모에 대한 칭호

○아버지 · 어머니–자기의 부모를 직접 부르고 지칭하거나 남에게 말할 때.

○아버님 · 어머님–남편의 부모를 직접 부르고 지칭하거나 남에게 말할 때와 남에게 그 부모를 말할 때.

○애비 · 애미–부모의 어른에게 자기의 부모를 말할 때와 부모가 자녀에게 자기를 지칭할 때 및 조부모가 손자손녀에게 그 부모를 말할 때.

○아빠 · 엄마–말 배우는 아이가 자기의 부모를 부르거나 말할 때.(유치원 때까지)

○가친 · 자친(家親 · 慈親)–자기의 부모를 남에게 말할 때의 한문식 지칭.

○춘부장 · 자당님(椿府丈 · 慈堂님)–남에게 그의 부모를 한문식으로 말할 때.

○부친 · 모친(父親 · 母親)–남에게 다른 사람의 부모를 말할 때.

○현고 · 현비(顯考 · 顯妣)–축문이나 지방에 죽은 부모를 쓸

때.

○선친, 선고 · 선비(先親, 先考 · 先妣)－남에게 자기의 죽은 부모를 말할 때.

○부주 · 자주(父主 · 慈主)－편지에 부모를 쓸 때의 한문식 표현.

○선고장 · 대부인(先考丈 · 大夫人)－남에게 그의 죽은 부모를 한문식으로 말할 때.

3) 아들에 대한 칭호

○애 · 너－직접 부를 때와 지칭할 때.

○아들 · 자식－남에게 자기의 아들을 말할 때.

○애비－자녀를 둔 아들을 그 아내나 자녀에게 말할 때.

○아드님 · 자제 · 영식(令息)－남에게 그 아들을 말할 때.

○망자(亡子)－지방이나 축문에 자기의 죽은 아들을 쓸 때.

○네 남편－며느리에게 그 남편인 아들을 말할 때.

4) 딸에 대한 칭호

○애 · 너－시집가지 않은 딸을 직접 부르거나 지칭할 때.

○실(室) · 집－시집간 딸을 남편의 성을 붙여서 부르거나 말할 때.(진씨에게 시집간 딸을 '진실' 이라고 지칭한다.)

○딸 · 여식(女息)－자기의 딸을 남에게 말할 때.
○따님 · 영애(令愛)－남에게 그 딸을 말할 때.
○에미－자녀를 둔 딸을 그 남편이나 자녀에게 말할 때.

5) 며느리에 대한 칭호

○얘 · 며느리 · 너－며느리를 직접 부르거나 지칭할 때.
○네 댁 · 네 아내－아들에게 그 아내인 며느리를 말할 때.
○애미－자녀를 둔 며느리를 직접 부르거나 그 자녀에게 말할 때.
○며느님 · 자부님－남에게 그 며느리를 말할 때.

6) 사위에 대한 칭호

○◯서방－장인이 사위를 직접 부르거나 지칭할 때.
○◯서방 · 자네－장모가 사위를 직접 부르거나 지칭할 때.
○네 남편 · 서방－딸에게 그 남편인 사위를 말할 때.
○사위님 · 서랑(壻郞)－남에게 그 사위를 말할 때.

7) 부부간의 칭호

○여보 · 당신－부부가 서로 부르거나 지칭할 때.

○사랑(舍廊)－시댁의 어른이나 동서에게 자기 남편을 말할 때.

○제 댁－자기 집이나 처가의 윗대 어른에게 자기 아내를 말할 때.

○서방－친정의 어른에게 자기 남편을 말할 때.

○안－자기 집이나 처가의 같은 세대 어른 또는 제수에게 말할 때.

○안사람 · 집사람 · 아내－남에게 자기 아내를 말할 때.

○주인 · 바깥양반 · 남편－남에게 자기 남편을 말할 때.

○주인어른 · 바깥어른 · 부군(夫君)－남에게 그 남편을 말할 때.

○전 현직 장관이라도 그의 부인이 남편을 '장관님' 이라 지칭하는 것은 예에 어긋난다.

○안어른 · 부인 · 영부인(令夫人)－남에게 그 아내를 말할 때.

8) 시댁 가족에 대한 칭호

○아버님 · 어머님－남편의 부모를 부르거나 말할 때.

○아주버님－남편의 형을 부르거나 가족 간에 말할 때.

○시숙(媤叔)－남편의 형을 남에게 말할 때.

○형님－남편의 형수나 누님을 부를 때.

○도련님－남편의 장가 안간 동생을 부를 때.

○서방님－장가든 시동생을 부를 때.

ㅇ시동생 – 남에게 자기 남편의 동생을 부를 때.

ㅇ동서 · 자네 – 시동생의 아내를 부를 때.

ㅇ작은 아씨 – 시집가지 않은 손아래 시누이를 부를 때와 가족 간에 말할 때.

ㅇ◯서방댁 – 시집간 손아래 시누이를 부를 때.

ㅇ시누이 – 남편의 자매를 남에게 말할 때.

ㅇ◯서방님 – 시누이의 남편을 부를 때.

ㅇ삼촌 – 장가 안간 남편의 동생을 자녀들에게 말할 때.

ㅇ작은아버지 · 작은어머니 – 장가간 남편의 동생 내외를 자녀들에게 말할 때.

9) 처가 가족에 대한 칭호

ㅇ장인어른 · 장모님 – 아내의 부모를 부를 때.

ㅇ빙장 · 빙모 – 아내의 부모를 남에게 말할 때.

ㅇ처남댁 · ◯◯ 어머님 – 처남댁을 부를 때.

ㅇ처형 · ◯◯ 어머님 – 처형을 부를 때.

ㅇ처제 · ◯◯ 어머님 – 처제를 부를 때.

ㅇ처남 · 자네 – 손아래 처남을 부를 때.

ㅇ기타 처가 가족의 호칭은 사회적인 호칭으로 한다. 아내의 직계존속을 제외한 사람은 사회적 사귐이기 때문이다.

10) 형제간의 칭호

○형 – 미혼의 형을 동생이 부를 때.

○형님 – 기혼의 형을 동생이 부를 때.

○형 – 집안의 어른에게 형을 말할 때.

○사형(舍兄) – 자기의 형을 남에게 말할 때.

○백씨(伯氏)·중씨(仲氏)·백씨장·중씨장·존형장·자네의 형님 – 남에게 그 형을 말할 때.

○얘·○○(이름) – 미혼이나 10년 이상 연하인 동생을 부를 때.

○동생·자네·○○(이름) – 기혼이나 10년 이내 연하인 동생을 부를 때.

○아우 – 동생의 배우자나 남에게 자기의 동생을 말할 때.

○아우님·계씨 – 남에게 그 동생을 말할 때.

11) 자매간의 칭호

○언니 – 여동생이 여형을 부를 때.

○얘·너·○○(이름) – 언니가 여동생을 부를 때.

○○실 – 시집간 여동생을 부를 때.(남편의 성을 위에 붙인다.)

○○○(이름)애미 – 집안의 어른에게 자녀를 둔 여동생을 말할 때.

12) 남매간의 칭호

○오빠 – 미혼 여동생이 남자 형을 부를 때.

○오라버님 – 기혼 여동생이 남자 형을 부를 때.

○오라비 – 여동생이 집안 어른에게 남자 형을 부를 때.

○누나 – 미혼 남동생이 손위 누이를 부를 때.

○누님 – 기혼 남동생이 손위 누이를 부를 때.

○얘 · 너 · ○○(이름) – 손위 누이가 미혼인 남동생을 부를 때와 오라비가 미혼인 누이동생을 부를 때.

○동생 · 자네 · ○○아버지 – 손위 누이가 기혼인 남동생을 부를 때.

○○실 · ○집 – 오라비가 기혼인 누이동생을 부를 때.

13) 형제자매의 배우자 칭호

○아주머니 · 형수님 – 시동생이 형의 아내를 부를 때.

○아주머니 · 형수 – 집안 어른에게 형수를 말할 때.

○형수씨 – 남에게 자기의 형수를 말할 때.

○제수씨 · 수씨 – 동생의 아내를 직접 부를 때.

○제수 – 집안 어른에게 제수를 말할 때.

○제수씨 – 남에게 자기의 제수를 말할 때.

○언니 – 시누이가 오라비의 아내를 부를 때.

○올케 · 새댁 · 자네 – 시누이가 남동생의 아내를 부를 때.

○◯◯댁 – 집안 어른에게 남동생의 아내를 말할 때.

○매부(妹夫) – 누님의 남편을 부를 때와 자매의 남편을 남에게 말할 때.

○자형(姉兄) · 매형(妹兄) – 누님의 남편을 부를 때와 남에게 말할 때.

○◯서방 · 자네 – 누이동생의 남편을 부를 때.

○매제(妹弟) – 누이동생의 남편을 남에게 말할 때.

○형부(兄夫) – 여동생이 여형의 남편을 부를 때와 말할 때.

○◯서방 – 여형이 여동생의 남편을 말할 때.

14) 관계를 나타내는 말

○부자간(父子間) – 아버지와 아들.

○부녀간(父女間) – 아버지와 딸.

○모자간(母子間) – 어머니와 아들.

○모녀간(母女間) – 어머니와 딸.

○구부간(舅婦間) – 시아버지와 며느리.

○고부간(姑婦間) – 시어머니와 며느리.

○옹서간(翁婿間) – 장인과 사위.

○조손간(祖孫間) – 조부모와 손자.

○형제간(兄弟間) – 남자 동기끼리.

○자매간(姉妹間)－여자 동기끼리.

○남매간(男妹間)－남자 동기와 여자 동기.

○수숙간(嫂叔間)－남편의 형제와 형제의 아내.

○동서간(東西間)－형제의 아내끼리, 자매의 남편끼리.

○숙질간(叔姪間)－아버지의 형제자매와 형제자매의 자녀.

○종형제(從兄弟)－4촌 형제.

○재종(再從)형제－6촌 형제.

○삼종(三從)형제－8촌 형제.

○구생간(舅甥間)－외숙과 생질.

○내외종간(內外從間)－외숙의 자녀와 고모의 자녀.

○이숙질간(姨叔姪間)－이모와 이질.

○이종간(姨從間)－자매의 자녀.(4촌)

○고숙질간(姑叔姪間)－고모와 친정 조카.

○외종(外從)－외숙의 자녀.

○고종·내종(姑從·內從)－고모의 자녀.

○이종(姨從)－이모의 자녀.

○처질(妻姪)－아내의 친정 조카.

○생질(甥姪)－누이의 자녀.

○이질(姨姪)－자매의 자녀.

○처이질(妻姨姪)－아내의 이질.

에필로그(Epilogue)

{가정 교육}

어린이나 청소년에 대한 가정교육은 학교교육이나 사회교육과는 크게 다르다. 가정교육은 출생과 동시에 시작되는 조기(早期) 교육이고, 자격증을 가진 교사나 교육 전문가에 의한 교육이 아닌, 보통 사람에 의한 교육으로 일상 생활 속에서 진행된다.

가정교육은 인격의 기초를 마련하는 생애 최초의 교육인 동시에, 청소년은 물론 자녀가 성인이 된 뒤에도 장기간에 걸쳐 진행되는 중단없는 교육이다.

그런데 지금 우리나라는 급격한 사회적 경제적 변화 속에서 가치관의 혼란과 함께, 가정교육은 학교교육보다 더 심한 위기에 처해있다. 가정교육의 이념과 목표로 삼아야 할 이상적인 삶이나 인간상이 뚜렷하지 못하고, 가정교육의 주체인 부모가 무엇을 어떻게 가르쳐야 할지 모르는 상황에 처해 있다. 곧 '가정교육의 부재(不在)' 라고 말할 수 있다.

{ 가정교육의 부재(不在) }

특히 6.25 사변 이후 씨족공동체의 해체와 유교적 전통 가치관이 붕괴되었고, 21세기에 들어와 산업화와 경제적 발전 속에 세계화와 민주화의 큰 흐름을 타고 출산의 감소와 핵가족화의 추세 속에 만혼(晩婚)과 비혼(非婚), 이혼(離婚)의 성행에 따라 종래의 가족 윤리와 도덕의 붕괴가 이루어졌다. 거기에다가 고령화에 따른 노인 학대, 남녀의 젠더 갈등에 따른 가족 결속력이 해이해지면서 가장(家長)인 아버지 권위 또한 크게 추락하였다.

이런 사회 조류 속에서 가정교육마저 이뤄지지 않으니, 이는 우리 사회의 윤리나 도덕의 붕괴로 이어진다. 사회윤리나 도덕의 붕괴나 부재는 결국 정규 학교교육에도 부정적 영향을 끼칠 것이다.

사실 이런 가정교육의 사회윤리나 도덕의 붕괴, 그리고 가정교육의 부재를 어떻게 극복해야 하는가? 이는 위정자나 교육부의 관료, 일선 교육기관의 교육자만으로는 해결할 수 없고, 온 나라 온 가정에서 가정교육의 재건과 확실한 실천이 있어야 한다.

위기에 처한 현대 우리나라 가정교육을 바로 세우기 위해서는 무엇보다도 우리나라의 전통적인 가정교육의 뿌리를 찾아서 이 시대에 맞게 변형 적용되어야 한다.

{ 필자의 관점 }

필자가 교육학을 전공한 전문적 학자는 아니지만, 고등학교에서 학교교육을 담당했고, 학생을 가르치면서 보고 듣고 느낀 것을 바탕으로, 또 두 아들을 키운 가장의 견지에서 이 책을 썼다.

필자는 지금 이 시대에서 중시되는 민주와 평등이, 곧 가장의 권위와 신념을 흔들어서는 안 된다고 생각한다. 한 가옥에 기둥과 대들보가 있는 것처럼 가정에는 가장인 아버지를 중심으로 부모가 가정의 주체로서 가정교육을 실천해야 한다.

지금 우리나라의 전통적인 가족 구성 – 조부모와 손자에 이르는 삼대 가족은 찾아보기 어렵지만, 그래도 그 시대의 가족윤리와 도덕이 아직은 사라지지 않고 살아 있다.

지금 우리나라의 가족은 부자간의 혈연적 수직구조를 근간으로 하는데, 가부장 중심의 가정교육을 시행하여 유교적 사회윤리 및 가정의 전통적, 구조적 특징과 결합시켜 우리 민족 특유의 애착심리를 통하여 사회 안전망을 강화하고, 학교교육을 지원하는 단계까지 발전시켜야 한다고 생각한다.

{ 가부장적 가정교육의 요점은? }

본서에서는 우선 우리 사회의 현실의 여러 현상을 사실대로 기록하였다.

가족의 해체, 늦어지는 결혼과 출산, 이혼, 졸혼 등 인구감소와 고령화, 가정교육의 부재에 따른 청소년의 의식과 실태, 젠더 갈등 등에 관련한 우리의 현실을 기록하였다.

2부에서는 가정교육의 중요성을 언급하였다.

3부에서는 아버지의 가르침, 곧 가정교육에서 보수적, 전통적 요소를 강조하였다.

4부에서는 오륜(五倫) 교육이 왜 중요한가? 그리고 그것을 현대에 어떻게 적용하고 해석해야 하는가를 논했다. 본서의 핵심 부분이다.

5부와 6부에서는 아버지가 아들에게 가르치는 인생의 교훈을 열거하였다. 아버지가 모르고서는 가르칠 수가 없다. 아버지는 자신의 지식과 사고(思考)와 체험을 자식에게 전달하고 교육시켜야 한다.

단, 가부장적 가정교육이라 하여 결코 권위적 강압적이어서는 절대로 안 된다. 아버지가 자식에게 강압적이고 권위적이라면 그 가정은 끝났고, 그 가정교육은 실패며, 그 자식은 크게 성공할 인물이 되지 못할 것이다.

{ 가부장적 가정교육의 전제(前提) }

가부장적 가정교육은 첫째, 자녀에 대한 보수 전통의 전달교육만이 그 목적이 아니다. 필자가 강조하는 가정교육의 전제는 우선 부모에 대한 교육, 곧 부모의 자각과 책무, 그리고 지식과 열성, 무엇보다고 애정을 바탕으로 한 가부장적 가정교육이다.

자식에게 사납거나 폭력적인 동물은 지구상에 존재하지 않는다. 아버지의 엄격은 강압과 폭력을 의미하지 않는다.

둘째, 자식의 출생과 성장, 그리고 성년이 되는 모든 과정과 성년 이후까지 일관되게 진행되는 가정교육은 생애교육이며 평생교육이다. 이를 위해서는 아버지도 공부해야 하며 특히 일상생활에서 모범을 보여야 한다.

필자의 개인적 신념으로 우리나라의 모든 아버지들에게 《논어(論

語)》를 읽고 공부하기를 권한다. 필자는 공자와 《논어》에 관한 몇 권의 저서를 출간했는데, 나이가 들수록 《논어》에 빠져들었다. 본서에서는 《논어(論語)》의 구절을 많이 인용하였다.

셋째, 아들의 인격형성의 기본이 되는 기초적이고 바른 습관 형성을 강조한다. 그래서 언어와 기거, 의복과 음식 및 생활예절 전반을 서술하고 강조하였다.

넷째, 가부장적 가정교육은 생활 교육에 관한 책이다. 필자의 이 책이 아마 논리적인 허점이 있을 수도 있지만, 본서는 논리적인 이론이 아닌 생활의 실제를 다루었다. 그래서 체제가 정연하지 못한 부분이 있겠지만, 필자는 일상생활을 통한 가정교육 강조에 역점을 두었다.

{ 가장의 책무를 다해야! }

가부장적 가정교육의 주체는 아버지이다. 가정에서 아버지가 흔들려서는 안 된다. 설령 어머니가 가정 경제를 책임진다 하여 가장의 권위가 흔들리거나 약화시켜서는 절대로 안 된다.

그러면서 아버지는 가장의 권위를 위하여, 가정교육의 주체로써 모든 면에서 모범이 되어야 한다. 본서는 가부장적인 권위 확립을 위해서가 아니라 가장의 책무를 강조하려는 뜻으로 지었다.

우리나라 전통적 가정교육을 한마디로 요약하자면, 그것은 경(敬)이다. 공경 경(敬)은 가장(家長) 권위의 핵심 실체이며, 아버지라는 존재의 참모습이어야 한다. 경(敬)은 자신에 대한 성실이며, 진심이다. 그리고 남에 대한 참된 배려이다.

이러한 우리 전통적 가정교육의 원칙을 바탕으로 오륜(五倫)의 참뜻을 현대사회와 우리 일상생활에 맞춰 변용(變容)하고 재창조되어야 한다.

사실 학교교육이든 사회, 또는 가정교육에서 교육의 본질은 보다 진실한 삶, 사람다운 삶을 영위하도록 이끌어주는 일이다.

가부장적 가정교육을 통하여 아버지의 뒤를 이을 아들이 장성하여 가장이 되고, 그 가정이 또 자식을 낳고 가르쳐 다음다음 세대로 이어져야 한다.

이런 일련의 과정에서 연결이 끊어진다면, 그 전체가 두동강, 아니면 여러 토막으로 단절되고 몰락할 것이다. 이런 단절과 몰락을 예방하기 위한 방법의 하나가 가정교육이며, 가정교육은 아버지가 주체가 되어 아들을 아들답게 제대로 키워야 한다.

전통은 이어져야 한다. 전통은 낡은 것이 아니다. 전통이 낡았다면 당연히 계승되지 않을 것이다. 가정교육은 새것으로 완전 교체가 아니라 계승과 재창조되어야 할, 바람직한 우리 삶의 방식이다. 우리의 이런 삶의 중심에 아버지가 존재해야 한다.

가부장적 가정교육(家父長的 家庭教育)
(아들을 아들로 키우기)

초판 인쇄 2023년 7월 24일
초판 발행 2023년 7월 28일

지 은 이 | 진기환
발 행 자 | 김동구
디 자 인 | 이명숙 · 양철민
발 행 처 | 명문당(1923. 10. 1 창립)
주 소 | 서울시 종로구 윤보선길 61(안국동)
국민은행 006-01-0483-171
전 화 | 02)733-3039, 734-4798, 733-4748(영)
팩 스 | 02)734-9209
Homepage | www.myungmundang.net
E-mail | mmdbook1@hanmail.net
등 록 | 1977. 11. 19. 제1~148호

ISBN 979-11-91757-84-2 (03190)

25,000원